图 1—1　搜狐网《波兰总统卡钦斯基在俄罗斯坠机遇难》

PACKERS JUKEBOX
BETTER DAYS AHEAD?
GREEN BAY PRESS-GAZETTE
Students, school keep eye on fees
State expands CWD testing into region
Wisconsinites stingy with giving, charity index finds
Some happy to support UWGB projects
U.S. not ready for flu pandemic, official says
School crime rates cut in half over 10 years, but steady since 2000

图 1—7　美国《绿色海湾新闻公报》

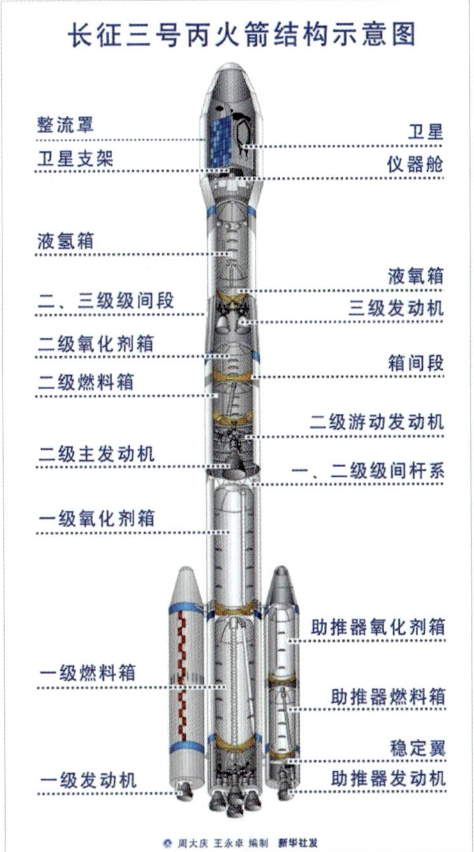

图 1—12　新华社关于发射航天器的运载火箭的信息图表

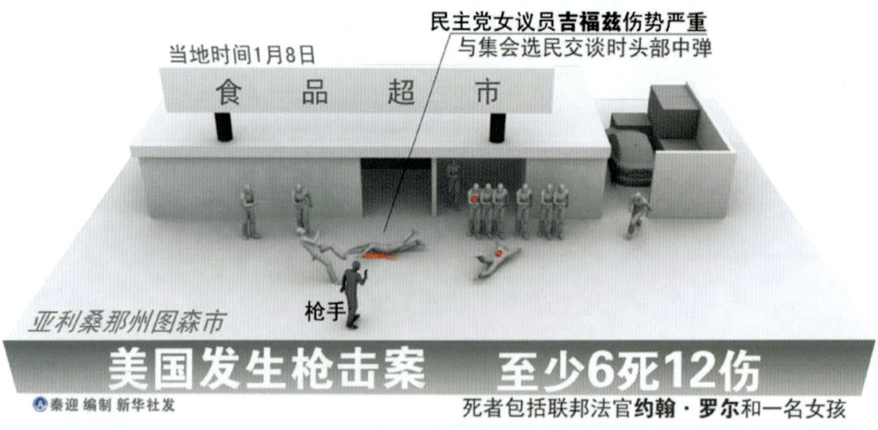

图 1—13 新华社关于美国亚利桑那州枪击案的三维仿真图

Capturing Saddam: An eight-page special section begins on A11

MONDAY December 15, 2003

The Oregonian

SUNRISE EDITION

PORTLAND, OREGON

Saddam's capture opens new chapter in Iraq

THE OUTLOOK: Hopes for stability rise, but attacks are likely to go on

THE CAPTURING OF SADDAM HUSSEIN

THE RAID: Soldiers are stunned when man who is hiding says he is Saddam Hussein

ANALYSIS: U.S. regains initiative, now it must earn Iraqis' confidence to win peace

INSIDE

WEATHER

图 1—15 《俄勒冈人报》的剖面图

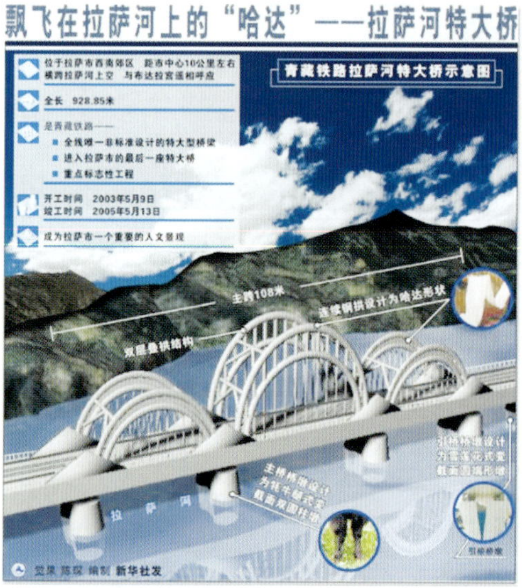

图 1—18 新华社《飘飞在拉萨河上的“哈达”
——拉萨河特大桥》

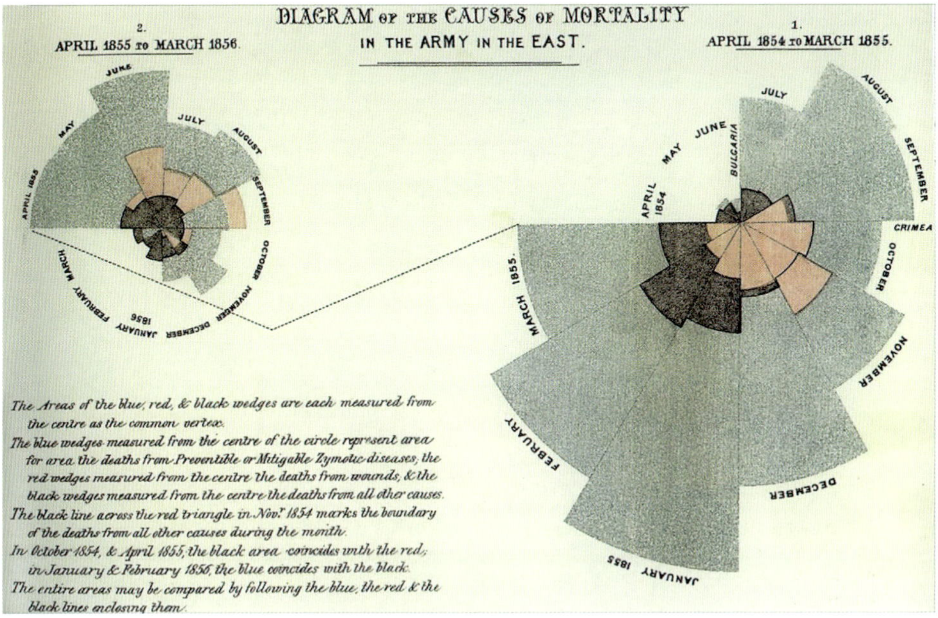

图 1—30　南丁格尔绘制的分析军队非战斗减员原因的极区图

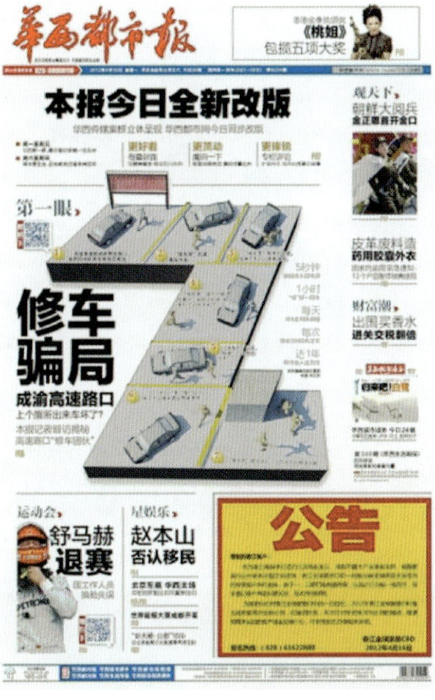
華西都市報
《桃姐》
包揽五项大奖
本报今日全新改版
观天下
朝鲜大阅兵
金正恩首开金口
第一眼
修车
骗局
成渝高速路口
上个厕所出来车坏了?
皮革废料造
药用胶囊外衣
财富湖
出国买香水
进关交税翻倍
运动会
舒马赫
退赛
星娱乐
赵本山
否认移民
公告

图 1—48　2012 年 4 月 16 日《华西都市报》头版

图 1—49 《新京报》《新图纸》专版

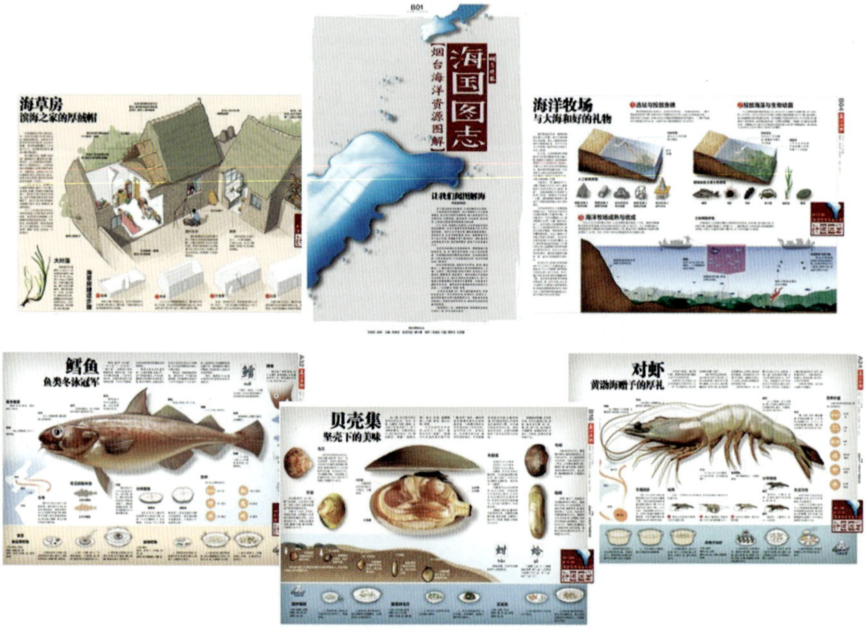

图 1—50 《烟台晚报》系列图解报道《海国图志》

图 2—2　搜狐网 2009 年奥巴马就职典礼的互动图表

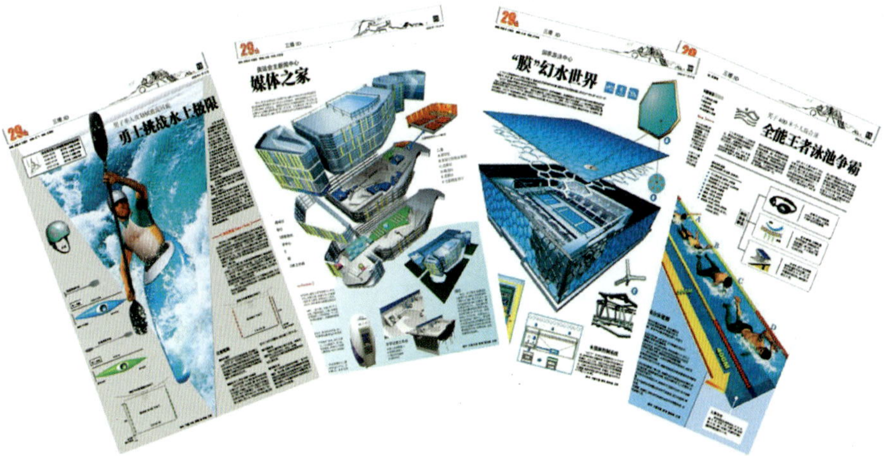

图 2—5　2008 年北京奥运会官方会刊

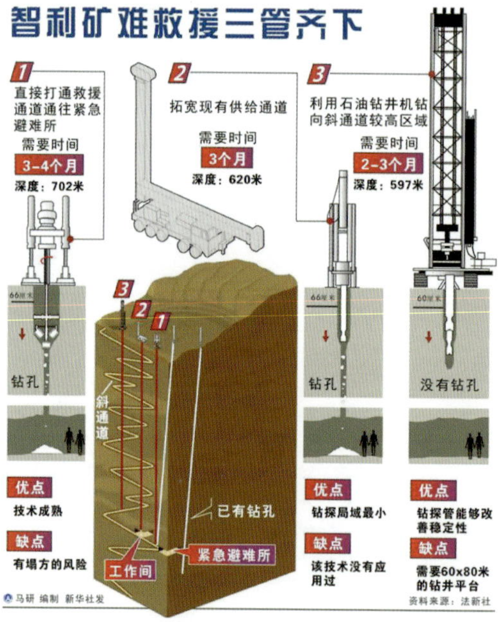

图 2—8　新华社《智利矿难救援三管齐下》

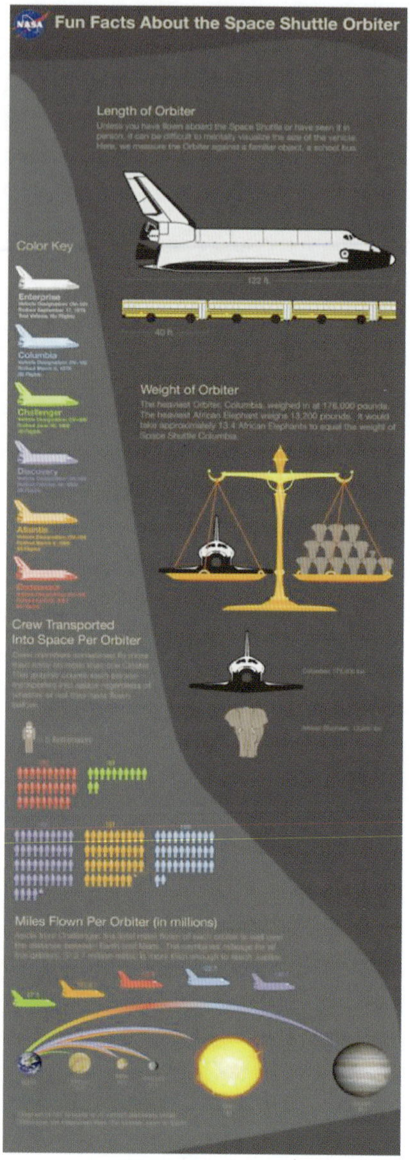

2—13　外媒网站 2011 年刊发的关于美国航天飞机的知识性图表

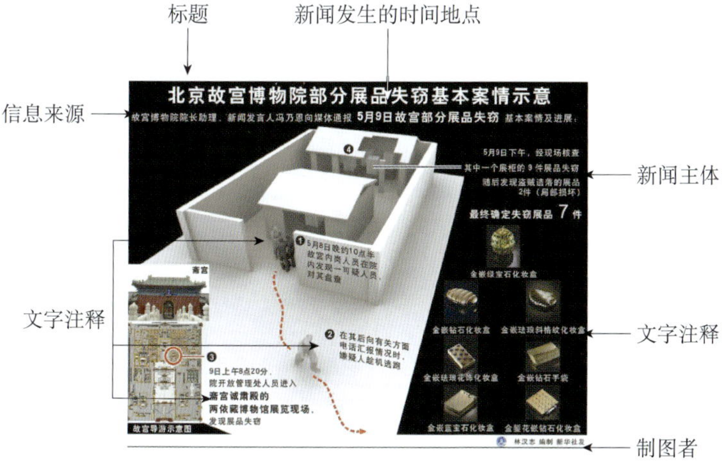

图 2—14　新华社《北京故宫博物院部分展品失窃基本案情示意》

图 3—23　新华社《蛟龙号第三次深海探秘》

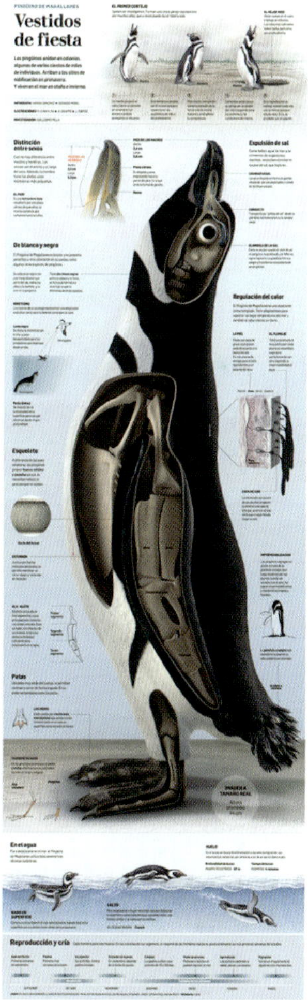

3—26　阿根廷《号角报》关于企鹅的信息图表

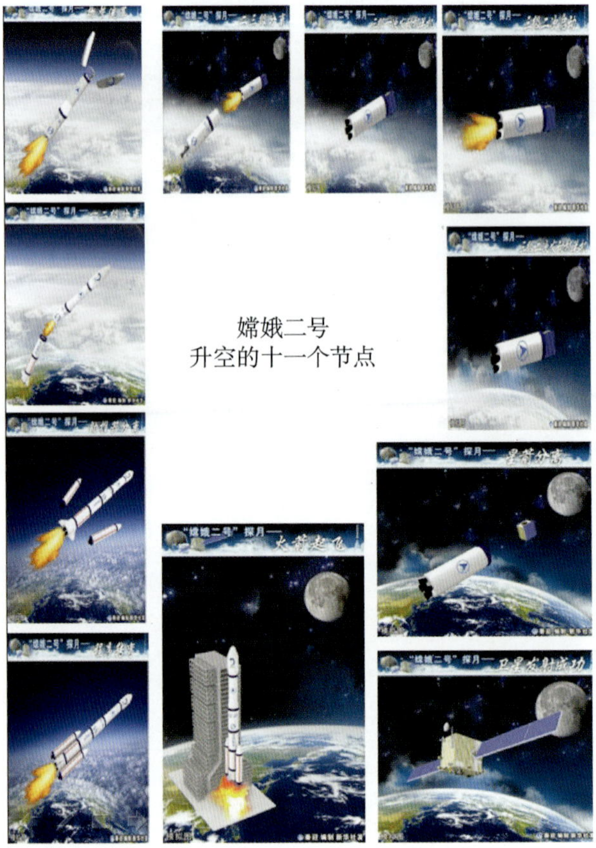

图 3—40　新华社播发的关于“嫦娥二号”探月的仿真图

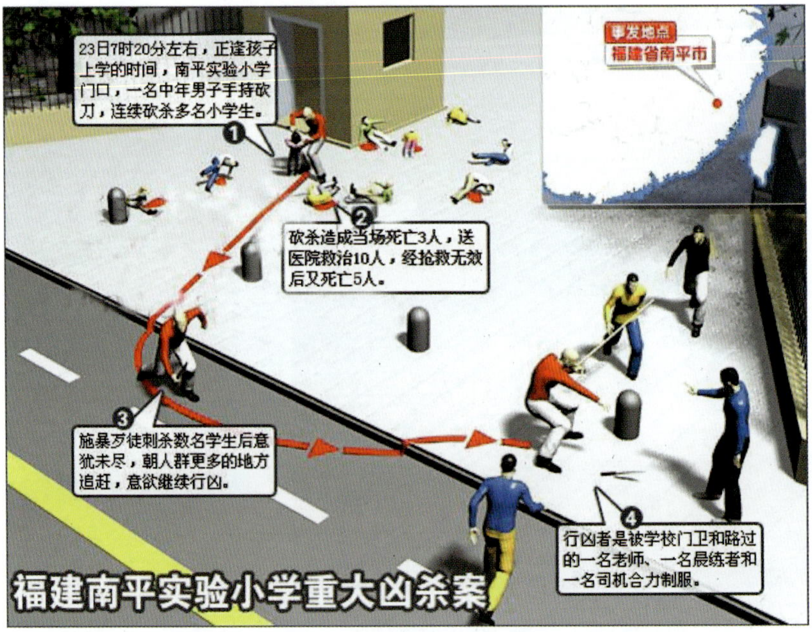

图 3—41　搜狐网关于福建南平实验小学重大凶杀案的仿真图

图 4—3　新华社《我国快递从业人员年增长 35%》

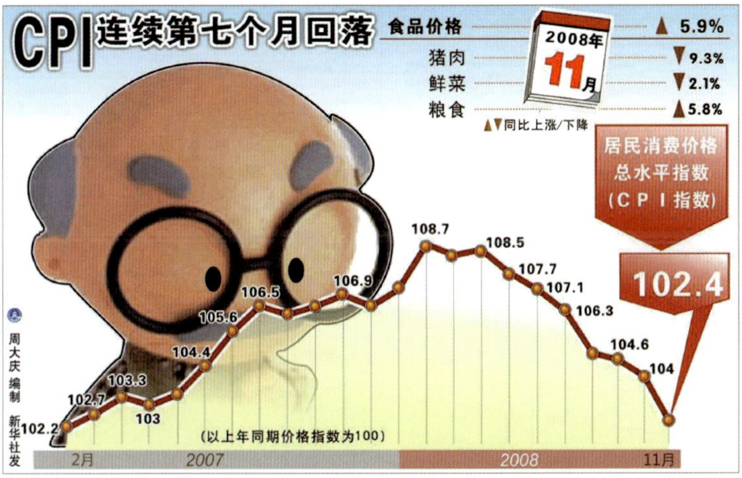

图 4—5　新华社《CPI 连续第七个月回落》

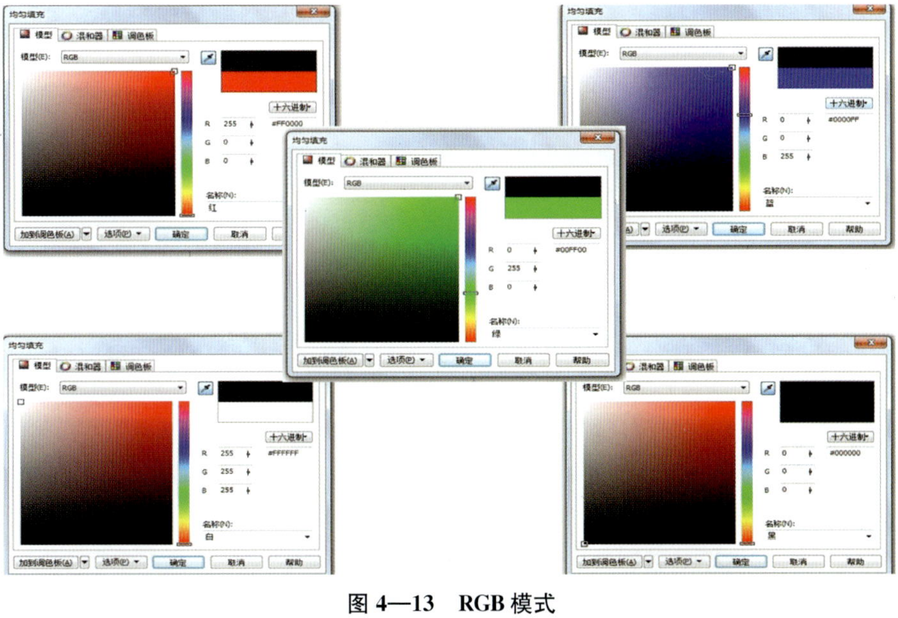

图 4—13　RGB 模式

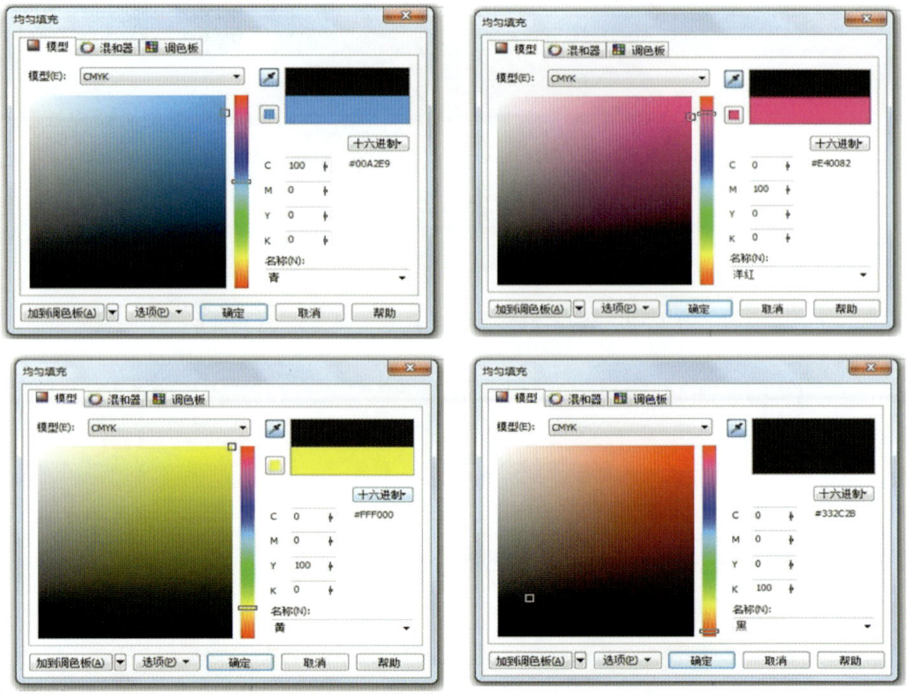

图 4—14　CMYK 模式

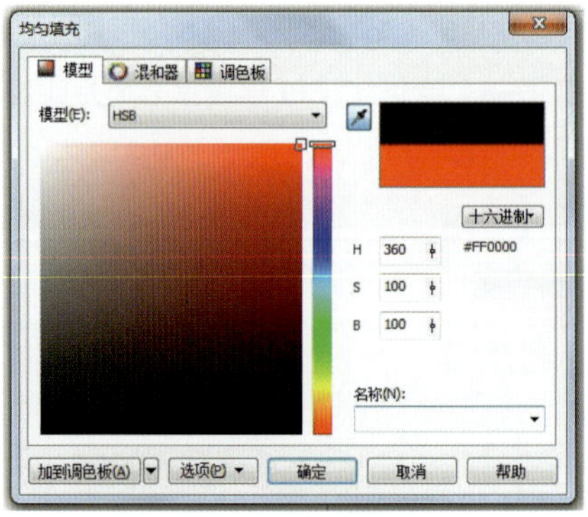

图 4—15　HSB 模式

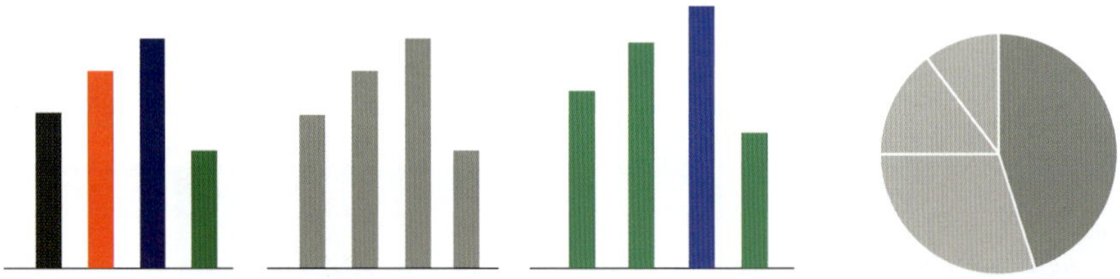

图 4—16　使用同一色彩表示同一变量图示

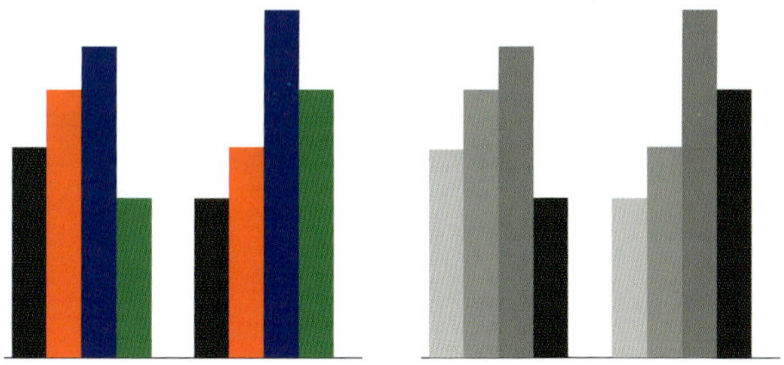

图 **4—17**　色彩的平缓过渡转换图示

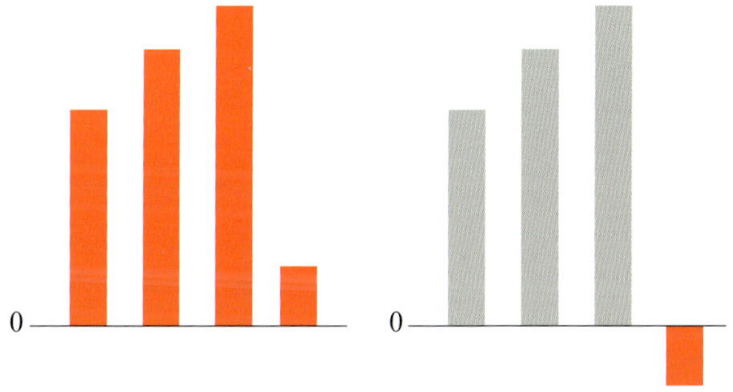

图 **4—18**　红色的正确用法图示

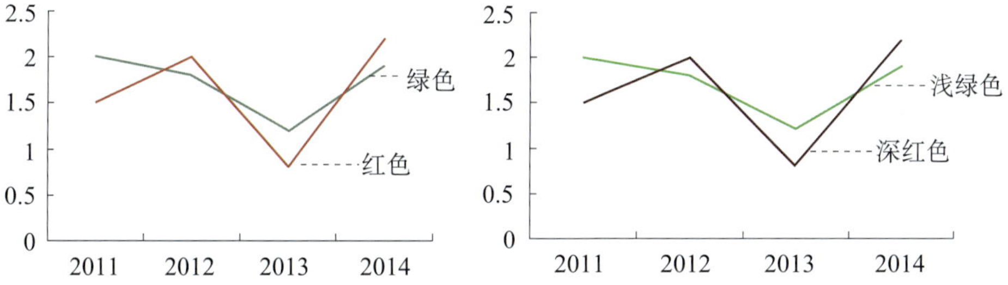

图 **4—20**　色彩明度的差异调整图示

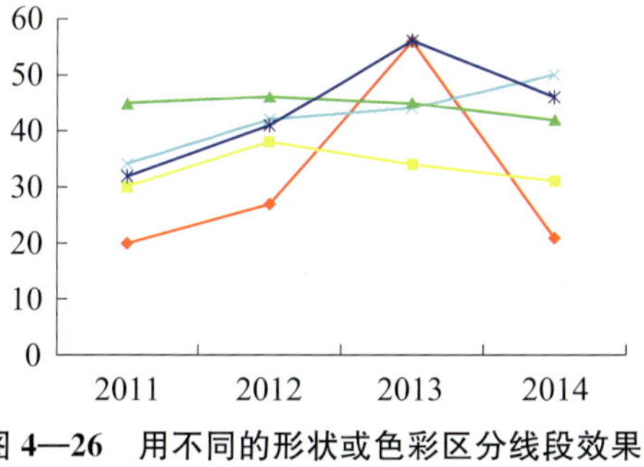

图 **4—26**　用不同的形状或色彩区分线段效果图

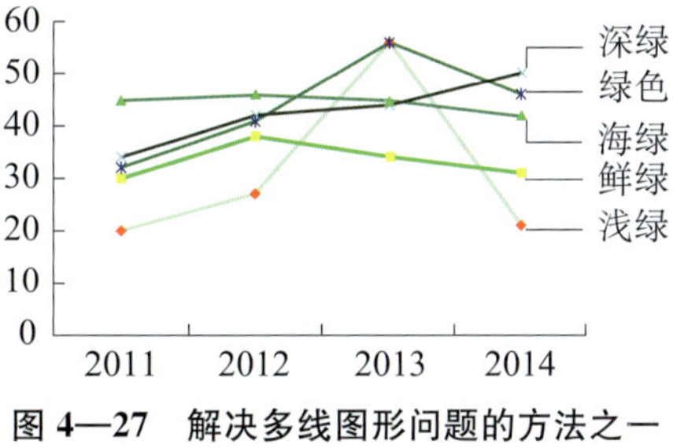

图 **4—27**　解决多线图形问题的方法之一

图 4—28 解决多线图形问题的方法之二

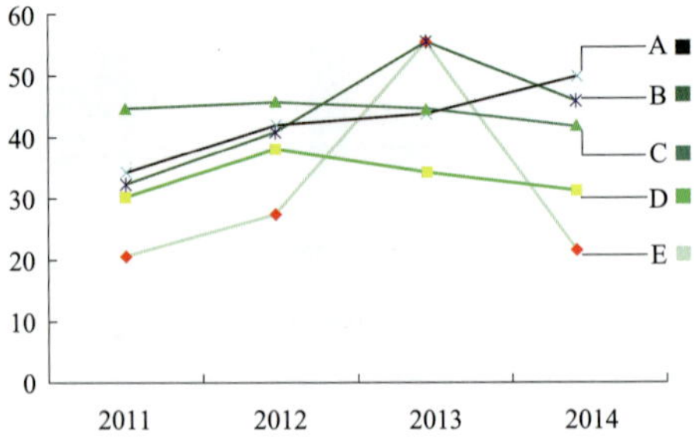

图 4—29 线段排序图示

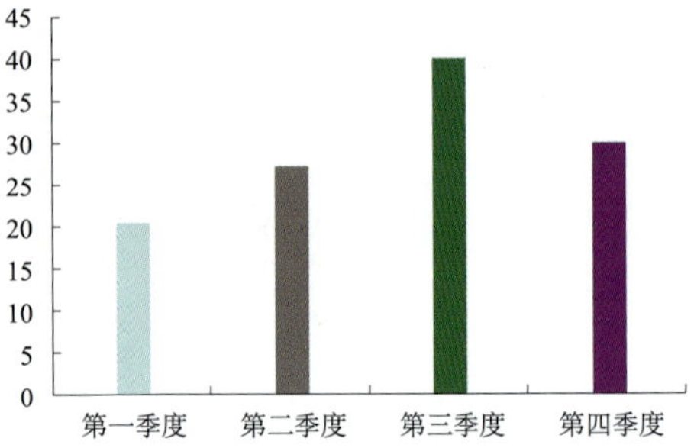

图 4—31 颜色过多、空隙过大的柱状图

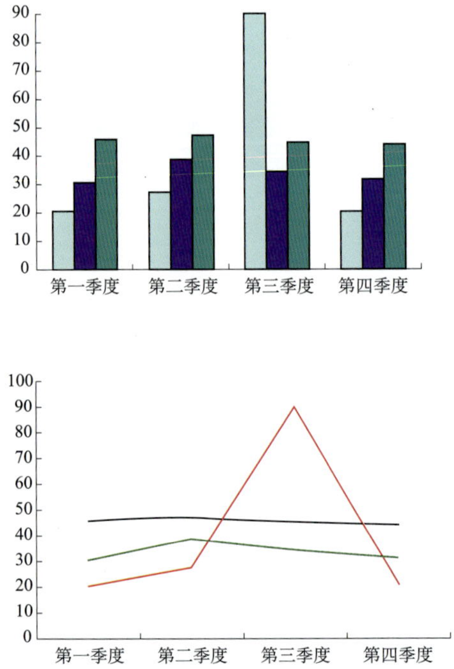

图 4—34 多组不同颜色或明暗的柱状图与曲线图效果对比

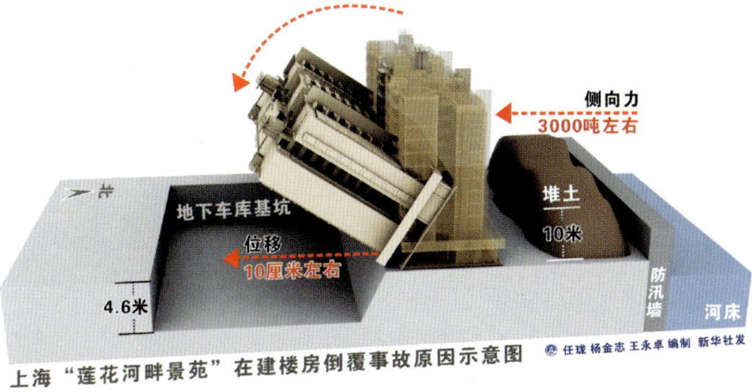

图 5—3　新华社《上海“莲花河畔景苑”在建楼房倒覆示意图》

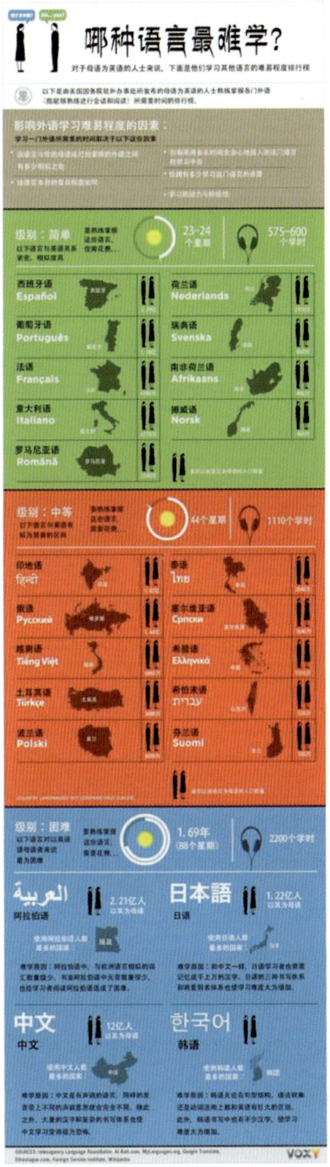

图 5—20　《哪种语言最难学?》

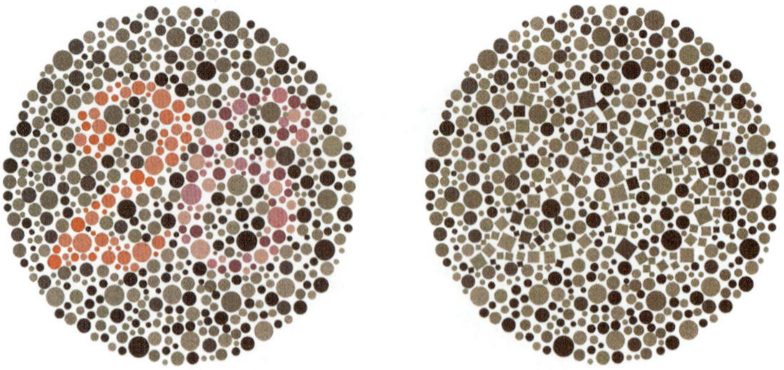

图 5—21　色彩传播信息与形状传播信息的比较

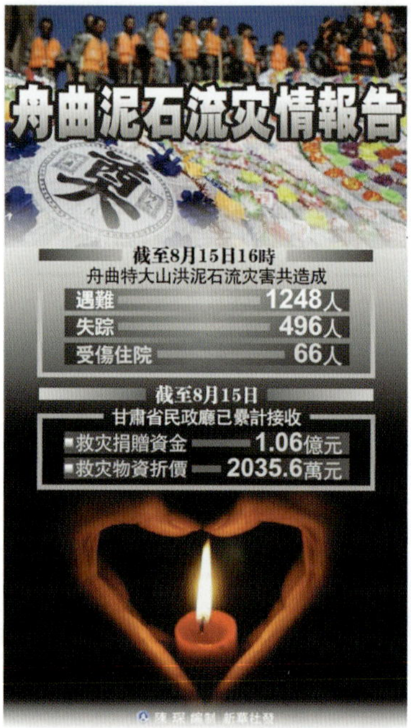

图 5—22　新华社《舟曲泥石流灾情报告》

图 5—23　新华社《德国将成为参加世界杯决赛阶段场次最多球队》

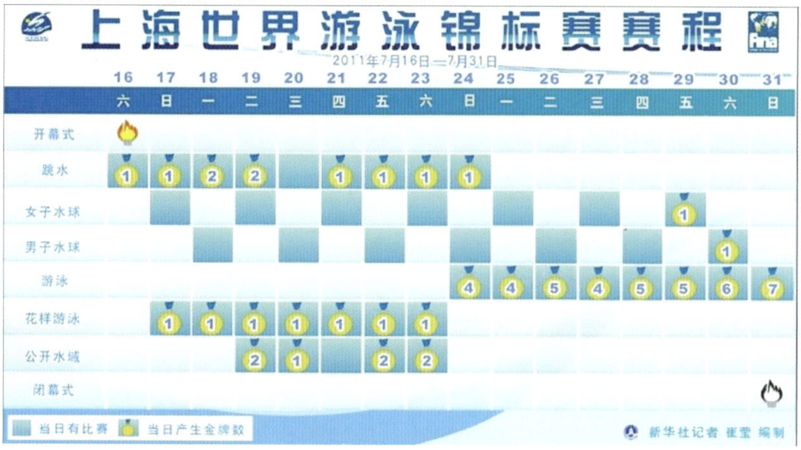

图 5—24 新华社《上海世界游泳锦标赛赛程》

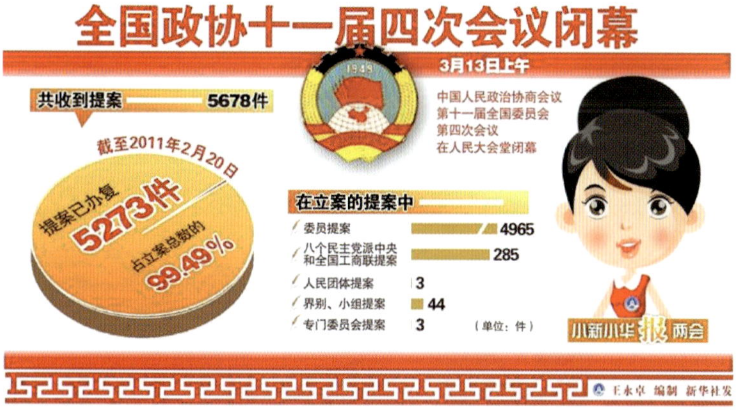

图 5—25 新华社《全国政协十一届四次会议闭幕》

图 5—26 新华社《十月苍穹将上演三场流星雨》

图 5—27　新华社《2009 年我国森林覆盖率达到 20.36%》

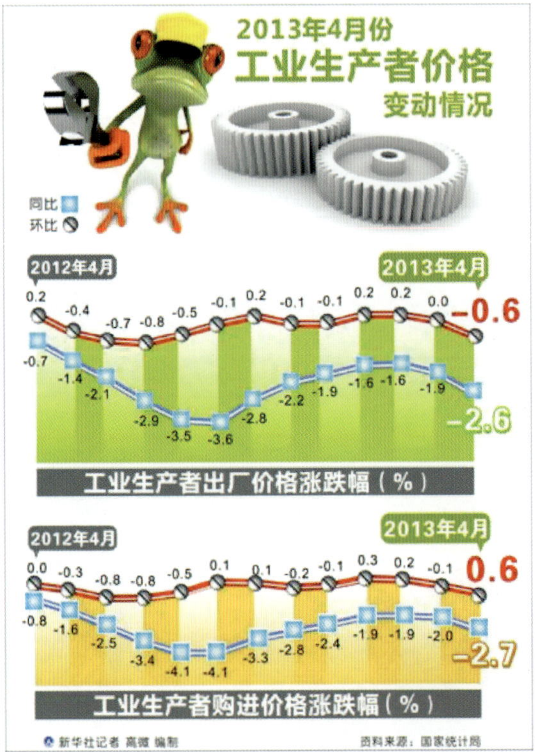

图 5—28　新华社《2013 年 4 月份工业生产者价格变动情况》

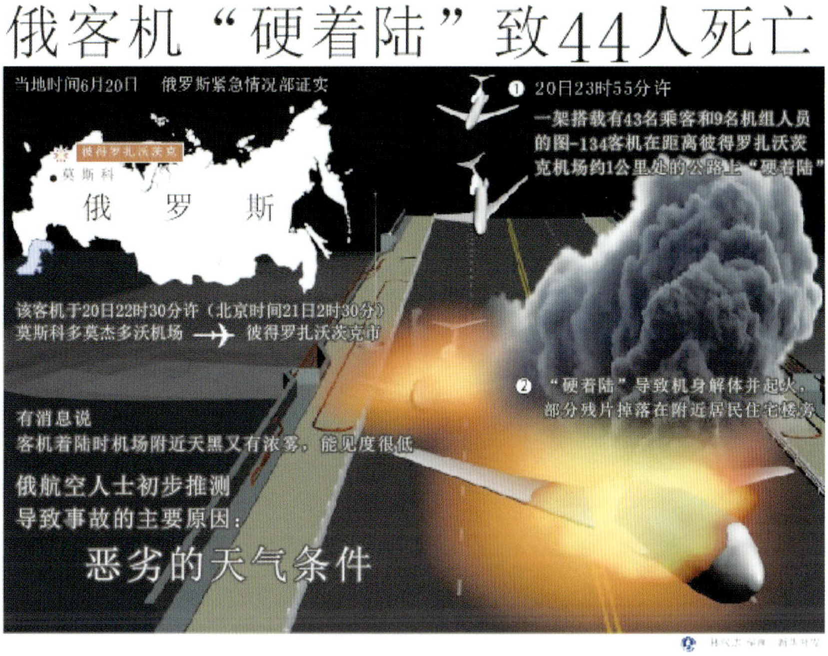

图 5—29　新华社《俄客机“硬着陆”致 44 人死亡》

图 6—7　某地方报纸关于“国八条”的图表

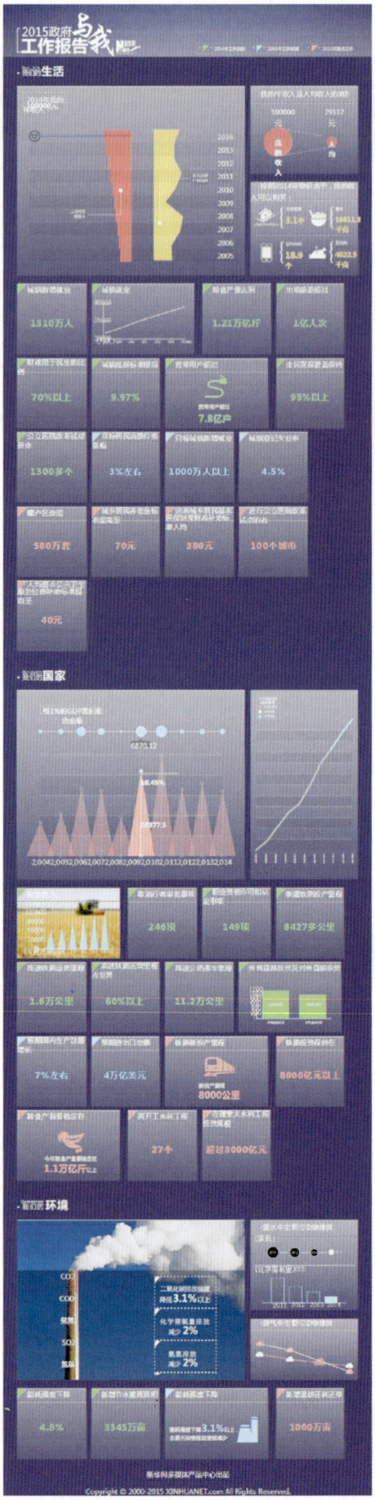

图 7—29　新华网《2015 年政府工作报告与我》交互式图表

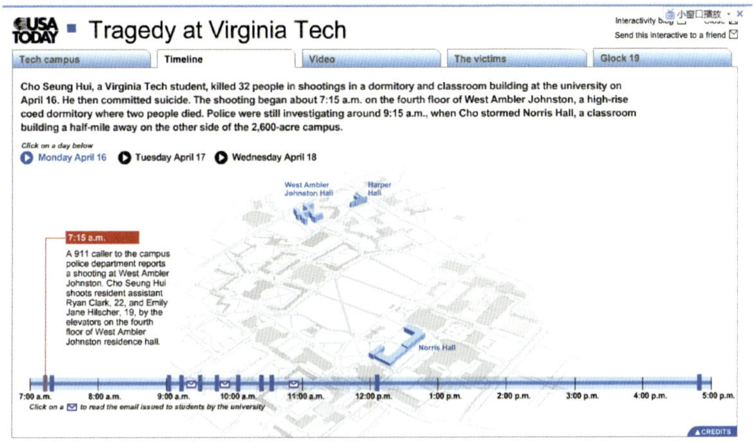

图 7—32 《今日美国》网络专题《弗吉尼亚理工大学的惨剧》

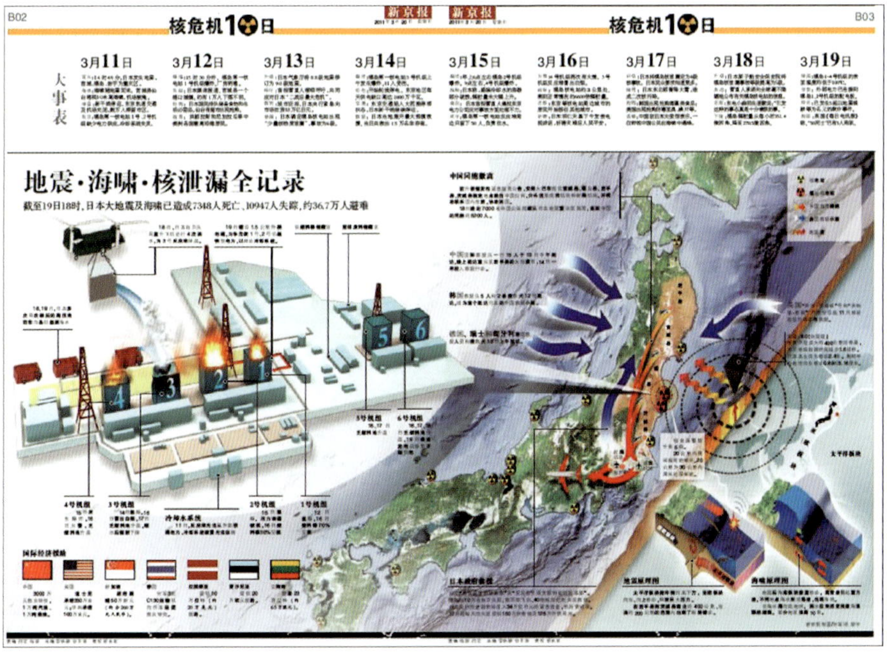

图附 1—1 2011 年 3 月 20 日《新京报》B2～3 版截面

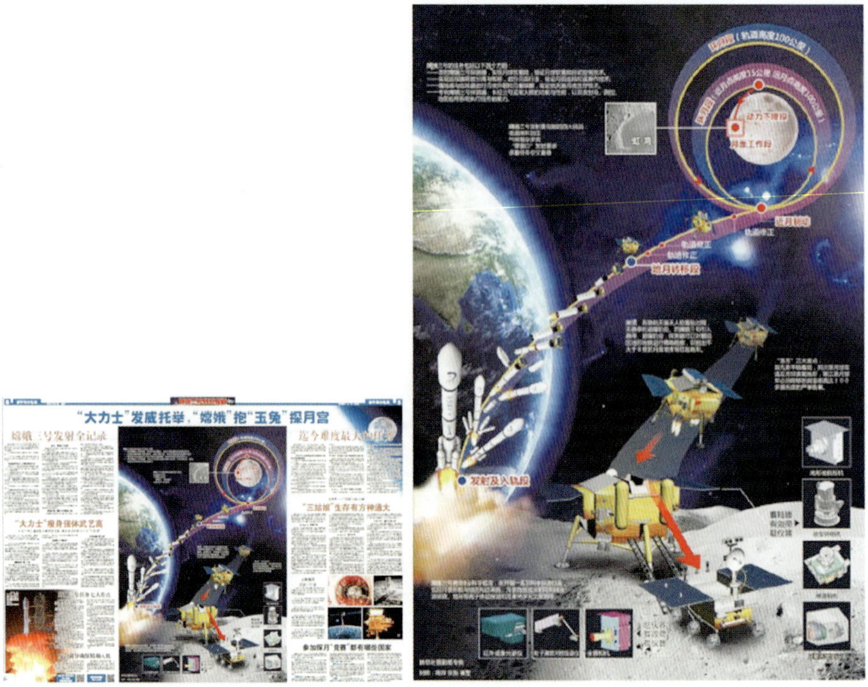

图附 1—5　2013 年 12 月 2 日《新华每日电讯》截图

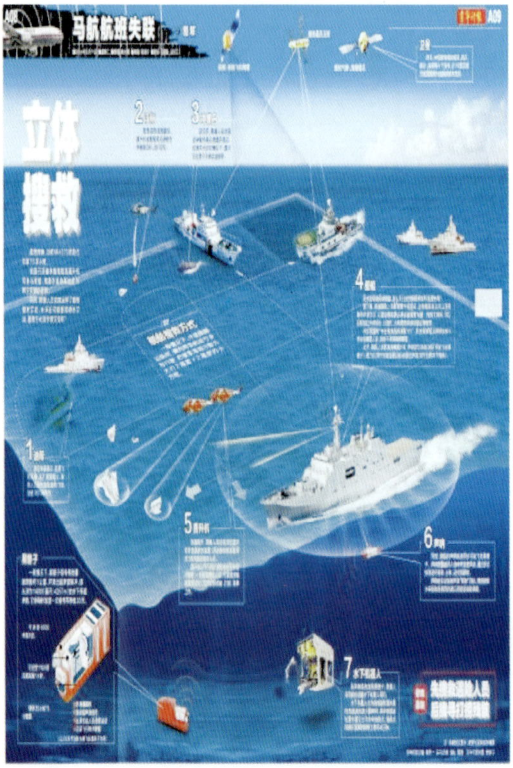

图附 1—7　2014 年 3 月 11 日《京华时报》截图

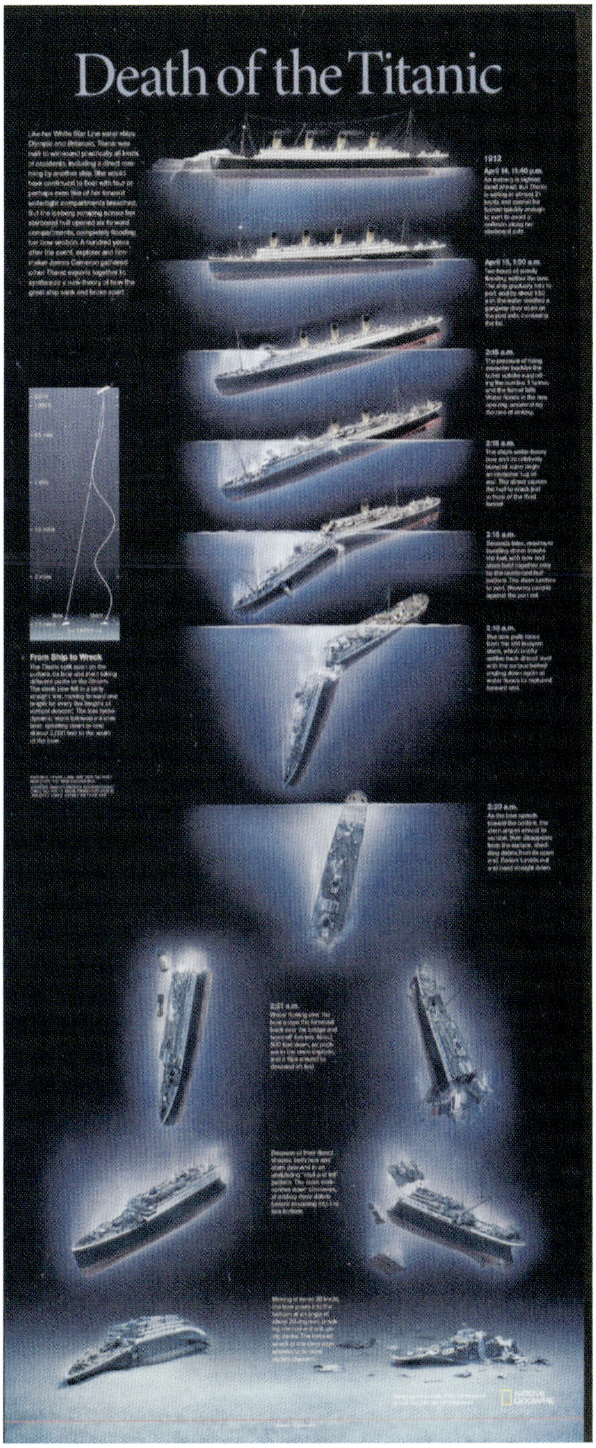

图附 1—29　泰坦尼克之殇

Pigments
Various materials provided color, including precious stones ground into powder.
Color unknown
General, Pit 1
Fragile Paint
The army's rich coloring is reproduced on this figure (left), one of the few found with enough traces of paint so that experts could determine almost all of its original colors. On each warrior, egg-based paint was applied over two layers of lacquer. When archaeologists began to uncover the army, the lacquer dried and flaked off, taking the paint with it. Today new techniques are saving the ancient hues.
RED: Cinnabar
BLACK: Charcoal
PURPLE: Cinnabar and barium copper silicate
BLUE: Azurite
DARK RED: Iron oxide
WHITE: Bones burned at a high temperature
GREEN: Malachite
BROWN, BLACK, AND GROUND LAYER: Lacquer made from the sap of a local tree
PHOTOS: ROBERT CLARK (PIGMENTS)

图附 1—31　来世之军

总序

周锡生

当今世界充满变革与创新。在阐释当今世界变革特征的时候，“新媒体”被时常提及，尽管人们对它的定义还有不少争议。

20多年来，随着数字技术、信息技术的飞速发展，以互联网为代表的新媒体从诞生到逐步发展壮大，深刻改变了旧有的新闻信息传播方式，系统重塑了新的媒介生态和传播格局。旧媒体时代，新闻信息的传播速度还曾与交通工具竞跑；新媒体时代，昨日甚至数小时、数十分钟之前的新闻，都可能瞬息即逝，转眼间“轻舟已过万重山”。旧媒体时代，“受众”这个词体现了公众被动接受各类新闻信息的地位；新媒体时代，媒体人已经不再是专属的职业称号，自制互动、共享交流成为普遍行为。旧媒体时代，内容占据着绝对的核心地位，其他各个环节只是附属；新媒体时代，内容为王的观念在被继续强调的同时，网络、渠道、平台和终端的作用和价值日渐凸显，服务与市场的理念正在逐步深化。可以说，当今的新媒体已经跨越了媒介形态的界限，跨越了时空的拘囿，甚至也跨越了文化的隔阂。在这种态势下，建设新媒体、发展新媒体，成为传统媒体求生存、寻突破、谋发展的必由之路。

滚滚而来的新媒体浪潮绝不仅仅是改变了传媒业本身，更深刻渗入世界的政治、经济、文化、科技等各个领域。“世界是平的”引发人们无限遐想，平的世界创造了无限的空间。放眼全球，新媒体已经成为世界政治较量的重要因素，成为各国执政者了解社情民意的重要手段，成为社会公众参政议政的重要平台，网络动员、网络聚集、网络拷问在社交媒体上成为常态，新媒体的运用和掌控能力日益成为执政水平的重要衡量标准。与此同时，以互联网产业为核心，逐步形成了包括媒体业、电信业、IT业等在内的比较完整的新媒体产业链，产业体系也日趋完善，有力地推动了文化创意产业的发展，成为国民经济的有机组成部分，且生机盎然，潜力巨大。新媒体的文化价值也在不断迸发当中，随着平板电脑、电子阅读器的迅速普及，数字阅读、数字出版势不可当，新媒体的文化传播和社会建设功能日益强大，跨界文化交流与合作的作用更加突出，极大地丰富和满足了人们的精神文化生活需求。从这个层面来说，建设新媒体、发展新媒体，已经不再单单是传媒业的职责，更需要从历史发展的宏观视野与现实的综合因素层面加以考量与谋划。

在全球加速向网络化社会、数字化生存转型的过程中，我国的新媒体建设也与世界同步，与时代同行。目前，我国的网民数量已经超过6亿，手机用户突破了12亿大关，均位居世界第一位，且还处于强劲增长当中。如此庞大用户规模的背后，是我国近年来新媒体征程中一个个开拓的脚印与卓然的成效。在当今中国，我们可以看到，新媒体的作用被普遍认可，新媒体的影响被广泛重视，新媒体的理念深入人心，传统媒体加快向新兴媒体战略转型，各类新媒体机构不断涌现且各具特色。从网络、手机、平板电脑到户外大屏、流动媒体，从主流新闻网站到各类商业网站和专业网站，新技术不断涌现，新功能不断被挖掘，新产品不断推出，呈现出万马奔腾、一日千里之势。

当然，新媒体在我国发展的时间还比较短，在采编、经营、技术、市场、管理、人才等方面还处于探索的阶段，实践过程中出现了诸多困惑与迷思，存在着各种矛盾与冲突，远未成熟。尽管如此，新媒体的蓬勃生机让我们对它的未来充满信心，而这蓬勃生机则是来自创新。创新是新媒体时代永恒的主题，谁能够加强创新，谁就能把握未来。新媒体本身就是创新的产物，创新是新媒体的生命力所在。为此，必须根据党和政府提出的新要求，适应时代的新特点，着力把握受众需求的新变化，着力把握技术突破的新契机，着力把握媒体发展的新态势，进一步创新思想观念、创新体制机制、创新内容生产、创新方式手段，加快新兴媒体建设，大力发展新兴业务，从而更好地贯彻落实中央战略部署，为加强国际传播能力建设、构建先进强大的现代传播体系做出贡献，为促进社会主义文化大繁荣、大发展发挥更加显著的作用。

新媒体是推动社会进步的重要力量，同时也要看到，新媒体是一柄双刃剑，随着新媒体地位和作用的日益增强，其所应承担的责任也越来越重要。从某些意义上讲，新媒体所应承担的社会责任甚至比传统媒体还要更重一些。多年来，我一直强调的一句话就是“网络无改稿”。如果说传统媒体的稿件签发后发现了错误，还有时间和可能予以纠正的话，新媒体的稿件一旦签发，几秒钟之内就可与全球不计其数的受众见面，根本没有时间和可能对稿件进行改正。因此，新媒体的把关责任十分重大，这既是对社会公众负责，也是对新媒体本身负责。在强调和开发新媒体的“媒体功能”的同时，有必要进一步强化其“媒体责任”。

新媒体领域日新月异的发展实践，以及在此过程中出现的矛盾与问题，要求理论研究总结规律、升华认识，并从理论层面加以阐释和指引。中国人民大学新闻学院有几位多年来潜心研究新媒体的专家学者，由他们领衔撰写的这套新媒体丛书，对新媒体的理论、技术、经营管理、业务流程、最新发展动态进行了全面深入的研究，反映了国内外新媒体研究的最新成果，对新媒体的管理者、研究者、学习者及业界从业人员都具有重要的参考价值。本套丛书的出版，相信会有助于推动我国新媒体的快速健康发展。

（作者曾任新华社副社长兼常务副总编辑，新华网董事长）

前言

一次偶然的机会使我开始关注信息图表，并萌发了将其开设为新闻专业课程的念头。于是，我开始搜集、研究与此相关的内容，并荣幸地进入新华社图表编辑室学习，得以近距离了解这种独特的传播样式。

新华社图表编辑室是我国第一家发布新闻图表的权威机构，聚集了图表制作界的行家里手。在图表室各位编辑老师的帮助下，我对信息图表的概念、类型、设计原理、制作技术不仅有了理论上的认识，而且掌握了一些操作要领。可以说，没有这些编辑老师们的点拨与指导，就不可能有后来的信息图表编辑课程，更不会有今天的这部教材。

本书在写作上遵循了人们的认知规律，先理论梳理，后实操讲解，再案例赏析。

理论部分从信息图表的兴起动因谈起，阐释了信息图表的概念与类型、中外信息图表的发展概况。在此基础上，本书对信息图表的功能、传播优势、构成要素以及图表编辑的业务素养及工作意识进行了论述，还对最常见的四类信息图表从内容特色到制作要点分别进行了阐述。

实操部分涵盖了信息图表的设计、制作和常见问题。设计是制作的前奏，本书从信息要点的梳理、视觉设计的策略到各类图表的设计规范等多方面进行了论述，体现出这种传播样式的生产特色。本书还强调制作图表也需要遵循一定的原则和流程，在关键环节更要遵循一定的规则。当图表编辑对信息的理解不全面、认识有误区时，就容易在制作、使用图表时出现失误，尤其是在使用地图时，需要具备一定的政治素养。

随着互联网信息传播技术的发展，网络长图表和交互式图表因其克服了传统图表的不足而日益流行，对这部分的论述也是应对受众阅读需求、制图技术发展顺势而为。

本书以赏析的方式介绍了近几年获得中国新闻奖的部分报纸版面（含信息图表）、在全球报纸设计大赛（SND）中获奖的中国信息图表作品，以及获得2013年“美国最佳信息图表”称号的部分作品，期望有助于开拓读者的视野。

本书最后部分以附录的方式介绍了几种常见的制图技巧，反映出不仅务虚更侧重务实的特点，希望其实用价值得以体现。

囿于学养短浅，本书在行文中难免有疏漏、不妥之处，还望各位专家学者包涵、指正。

本书中引用的文献得益于一些专家学者的研究，在此表示由衷的敬意和感谢！

感谢几位研究生齐迪、刘轶欧、刘名美和李维，她们利用课余时间协助笔者核实文献来源，拍摄报纸版面，翻译外文资料，在此表示感谢。

对于中国人民大学出版社翟江虹老师的无私帮助，在此也一并表示诚挚的谢意。

许向东
于中国人民大学新闻学院

目录

第 1 章　信息图表的发展演变

第 1 节　信息图表的兴起动因与应用领域

知识点：

● 信息图表作为当前新闻传播领域的一种新兴传播样式，是伴随着信息社会的到来、受众阅读行为的改变、媒介传播技术的进步和媒介竞争环境下的编辑理念创新而发展起来的。

● 信息图表不仅被广泛应用于新闻传播领域，也被应用在商品营销、出版业和公共交通事业中，充分体现出这种承载、传播信息方式的普适性。

一、信息社会的到来

我们目前所处的“信息社会”是一个大量生产、传播、消费信息的社会。信息已经成为影响社会进步、经济发展、科技创新的关键因素。我们在享受信息所提供的便捷、乐趣的同时，也在承受着因选择、证实信息而带来的疲惫和无奈。信息学家理查德·乌尔曼（Richard Saul Wurman）对此曾经有过一段概括：过去 30 年，人们所制造出的信息比过去 5 000 年来的信息还要多，人们每天不得不阅读大量的资料，简直就要在资料的洪流中窒息而亡。这似乎印证了我们正在体验着的信息的负面效应：各种信息扑面而来，需要的、不需要的，高雅的、低俗的，有价值的、无价值的……

在传播形态、传播渠道发生变革的情况下，即使一条信息再重要、一条新闻再可读，都可能淹没在信息的汪洋大海中。因此，对信息进行梳理、印证、重新组构，再以轻松、方便受众解读的方式进行传播，已经成为解决“信息焦虑”的有效途径。在这种情况下，以“易读性”为突出特征的信息图表就成为众多媒体的选择。它以形象直观、清晰明了的视觉传达方式有效地消除了阅读疲劳，并带来了阅读时的愉悦和舒适。可以说，把新闻信息以图表的方式展示出来将成为新闻传播、信息交流的重要方式。

二、受众阅读行为的改变

阅读是获得信息的主要方式。对受众而言，一方面需要大量的信息，另一方面阅读时间却日渐短缺，人们对阅读效率提出了更高要求。文字是一种严密、抽象、规范的语言符号，传播信息精准但阅读速度慢，并且对阅读者的文化知识有一定的要求；相比而言，图像传播则显得形象直观、简单便捷、一目了然、方便理解，几乎没有阅读门槛。在传播渠道多元化的信息社会，受众的阅读需求、阅读行为正在发生变化，“读图”不仅省时，而且省力。这就使得受众的阅读行为从以文字阅读为主转变为“图形阅读＋文字阅读”的方式，这种方式不仅可以节约阅读时间，而且能够有效地降低阅读的心智成本，减少枯燥，增加趣味。

依据传播学的“使用与满足”理论，受众接触传播媒介和传播内容也是为了满足某种需求。为了满足这一需求，受众会有倾向性地选择自己偏爱的媒体和传播方式。受众在视觉需求上的变化反过来推动了新闻产品的生产理念由重视必读性、可读性向追求易读性和悦读性转变。而信息图表恰恰符合了受众阅读行为的变化和新闻生产理念的变革的要求，可以说，它正是为了满足受众不断变化的阅读需求而发展起来的视觉传播方式。

三、媒介传播技术的发展

从历史与现实来看，科学技术不仅影响着生产方式的走向，同时也影响着人类的思维方式、行为方式乃至社会变迁。麦克卢汉的技术决定论认为，媒介技术的革新造成了媒介形态的变化以及社会的变化，在媒体的发展进程中，技术起了决定性的作用。尽管这一观点受到诸多学者的质疑，但是，我们不难发现，在新闻传播史上，每一次新技术的变革都把新闻传播事业推向一个新的发展阶段。而信息图表在传播过程中所体现出来的精美和震撼也是科技发展的结果。

在近代报纸出现的初期，摄影、照相制版和图片印刷技术或没有发明，或处在很落后的阶段，报纸便不可能采用照片传递信息。1839 年法国人路易斯·达盖尔（Louis Daguerre）的摄影术得到了确认和公布；时隔三年之后，欧洲国家出现了最早刊登新闻照片的画报。报纸运用照片则要晚一些，在照相铜版技术发明之后，19 世纪末期的英国、法国、美国、德国等国家的报纸上才有少量的新闻照片发表。20 世纪初，传真技术发展到可以传递照片的水平以后，新闻照片在报纸上的使用才真正推广开来。

信息图表的发展是计算机、制图软件、互联网等多种因素共同作用的结果。受限于技术水平，早期的信息图表主要生成于 Excel 和 PowerPoint，这些图表形式简单，缺乏趣味。随着 CorelDraw 和 Illustrator 等平面制图软件和 Maya、3DMax 等三维软件的升级换代，信息图表的设计与制作日益精美，发展突飞猛进，从文字传播的附属品变成了独立的信息传播方式。近两年，大数据时代的到来又进一步推进了数据可视化的兴起，在线制作图表成为一种趋势，Tableau、Fusion、Wordle、Tagxedo 以及 D3 等软件的风行推动了动态图表、互动图表的普及和发展，在互联网信息传播中展现出强大的视觉冲击力和感染力。

四、媒介竞争环境下的编辑理念创新

蒂姆·哈罗尔在其著作《报刊装帧设计手册》中有一句至今流行于新闻传播界的名言：“当我们想了解信息时，我们常说‘展示给我’而不是‘告诉我’（show me，do not tell me）。”这段话明确地告诉我们，受众感兴趣的是细节、场景，而不仅仅是抽象的叙述、解释。新闻编辑所从事的就是用尽可能快捷、清晰的形式向受众传递信息，而信息图表就是新闻编辑所使用的一种“呈现数据，特别是技术类和数字类数据”的有效途径。在欧美国家，随着信息图表在各种媒体中的大量使用，许多新闻媒体为图表制作设置了专门的职位。大多数新闻编辑室都有一名或多名编辑或设计人员专门从事图表制作，一些较大的编辑室有记者专门负责为制作图表采集信息。在规模较小的媒体，编辑、记者和设计人员经常一起商讨，以决定何时以及如何使用图表。即便是在那些没有设立与图表相关的专门职位的新闻编辑室，记者和编辑也常常得到鼓励，既为文字报道也为图表而采集和组织信息。①

在我国，信息图表兴起于 21 世纪初，这既是传媒经济大发展、也是互联网媒体跑马圈地的时期，每一种新媒体的诞生都会对以前的媒体产生威胁和引起竞争，传统纸媒遭遇电视、互联网等新媒体的挑战，并感受到成本等压力。面对激烈的竞争，传统纸媒（报纸）不得不借助视觉化的传播策略来“突出重围”，可以说，报纸在信息图表的使用上走在了其他媒介形态的前列。作为版面的重要视觉元素，信息图表以直观、简洁的图形语言整合了新闻信息，优化了版面形象，增强了传播效果，其在新闻信息上的传播优势引起了更多媒介的关注。

五、信息图表的应用领域

信息图表经常用于梳理、归纳复杂信息，直观、生动地传递信息，大量出现在新闻媒体、商业说明书、书籍以及公共服务领域的各类标识中。可以说，信息图表已经渗透到社会生活的方方面面。通过这种视觉化的信息传达，信息传播变得更直观、更易读、更有效。

（一）新闻媒体中的信息图表

随着信息社会的到来，信息多元化及信息总量的剧增使得身处激烈竞争中的各类新闻媒体想方设法地争取受众的注意力，并尽量减轻受众接受信息的费力程度。

2010 年 4 月 10 日，波兰总统卡钦斯基在俄罗斯的斯摩棱斯克机场附近因飞机失事身亡，共有 97 人遇难，其中包括总统夫人及多名高官。搜狐网站为此制作了新闻专题《波兰总统卡钦斯基在俄罗斯坠机遇难》（见图 1—1，文前彩色插页）。坠机现场通过照片得以呈现，坠机的过程则是借助信息图表模拟实现的。首先，制图编辑将三幅图套叠在一起，以坠机现场图为主，将坠机刹那的画面进行连续分解，并附上引导读者阅读坠机调查的五段文字说明。其次，将航班始发地和目的地通过示意地图的形式予以展示。最后，考虑到读者可能会对失事飞机的机型有信息需求，图片在右上角附上了坠毁飞机的机型——“Ty—154”——的具体信息。

（二）商品营销中的信息图表

现如今，在各类商品的安装说明、使用建议、导购信息等小册子中，信息图表已经成为不可或缺的元素。信息图表在这些方面的大量使用，其主要目的是通过加强目标用户对产品的性能、使用方法等的理解，方便消费者操作使用，进而促进用户产生购买意愿。

位于北京海淀区的金源时代购物中心占地 68 万平方米，是亚洲最大的购物中心。该中心提倡“一站式”购物，功能齐全，包括购物、休闲、娱乐、餐饮等各项设施，每天人潮涌动。为了方便顾客的消费与休闲，购物中心在每层设立了多处示意图展板（见图 1—2）。

（三）书籍刊物中的信息图表

书籍刊物主要传递知识类、娱乐休闲类信息，所使用的传播符号主要是文字语言。随着印刷技术和阅读习惯的改变，信息图表的使用改善了文字符号晦涩难懂的状况。一些复杂的科学原理、无法用语言文字表述的事物都可以借助图表、图形得以轻松展现（见图 1—3）。特别是在一些专业领域的书刊中，信息图表更有用武之地。

①参见［美］塞西莉亚·弗兰德、唐纳德·查林杰、凯瑟琳·C·麦克亚当斯：《美国当代媒体编辑操作教程》，398～401 页，广州，南方日报出版社，2008。

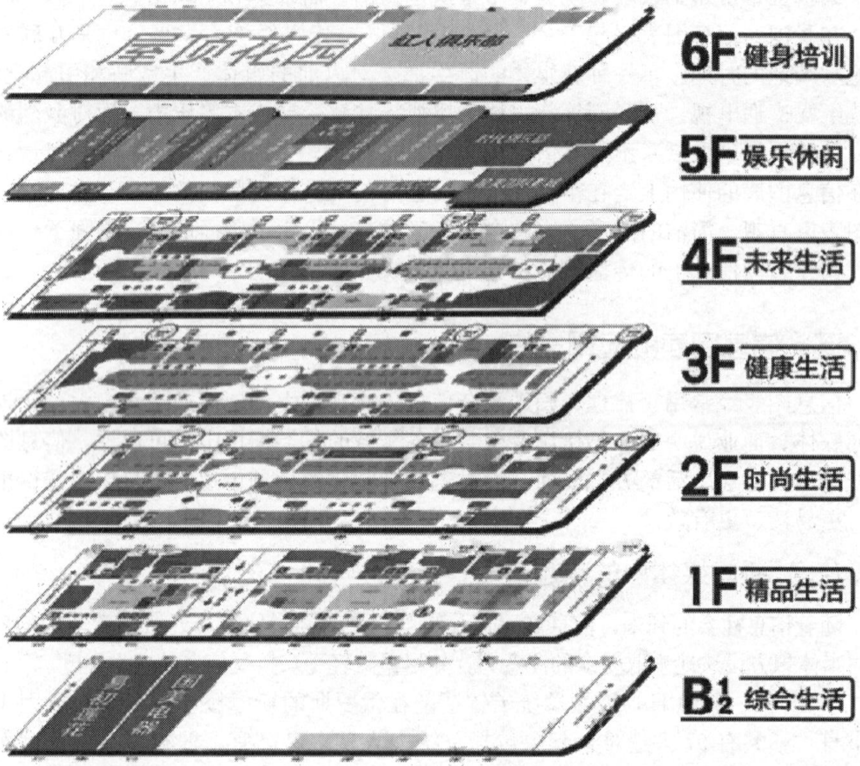

图 1—2　北京金源时代购物中心示意图

图 1—3　《南风窗》杂志中的信息图表

（四）交通标识中的信息图表

随着人口流动不断增速，庞大的交通系统也产生了大量复杂的信息处理问题。如果说航线、铁路、航运等远距离的交通线路图非普通读者所关注，那么公交、地铁等城市交通线路图则是市民生活中不可忽视的，信息图表在其中的应用显得格外重要。例如，北京地铁线路图（见图 1—4）中的各条线路的区分、常规站和换乘站、相关地标、路线流量等标识无不引导着人们的日常出行。

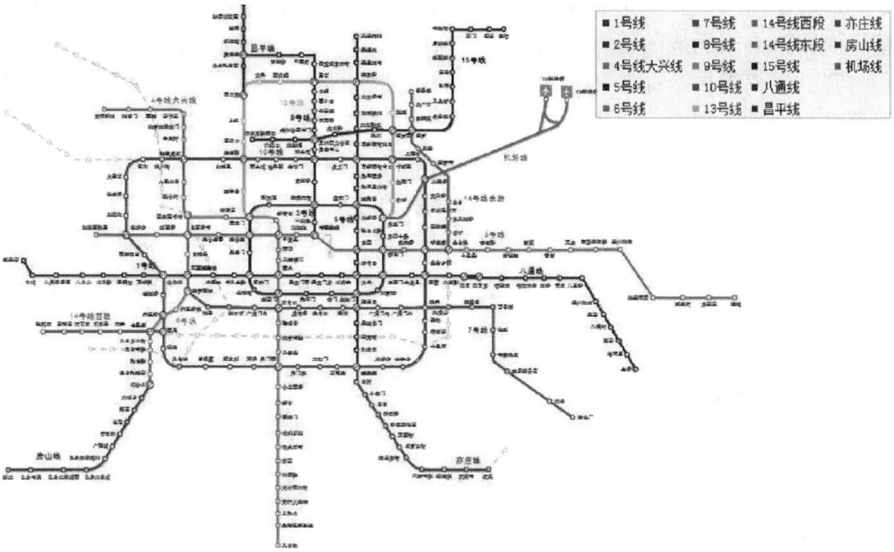

图 1—4　2015 年北京地铁线路图

第 2 节　信息图表的概念与类型

知识点：

● 根据图表的呈现形态，信息图表分为饼状图表、条柱图表、曲线图表、三维仿真图、示意类地图、剖面图等。

● 根据内容题材，信息图表分为时政类、财经类、工程解析类、科技科普类、突发事件类、知识背景类、体育赛事类和生活服务类等。

● 根据信息图表的呈现状态，信息图表分为静态图表、动态图表或互动式图表。

一、信息图表的概念

关于信息图表，中西方新闻传播界有着不同的定义。

美国学者、著名图表信息设计家理查德·乌尔曼在 1976 年提出“信息图表”的概念。他将信息图表设计看做一种构造信息结构的方式，认为信息结构设计师的根本任务是实现信息的表达，即能够提取复杂环境和信息中的内核并以清晰、美观的方式呈现给受众。①

国内对图表的较早论述见于中国人民大学新闻学院郑兴东在 1982 年编著的《报纸编辑学》：“图表的作用在于使复杂的现象条理化，抽象的概念形象化，从而使不容易向读者说清楚的内容变得容易说清楚。读者要费不少脑力才能从文字中归纳出来的道理，一看图表就能了如指掌。”② 到了 2001 年，中国人民大学新闻学院郑兴东、陈仁风和蔡雯合著的《报纸编辑学教程》中提出了“图示”的概念，即“报纸上一种形象化的资料展示，它包括统计图表、示意图和新闻地图。图示最早是配合文字使用，将文字稿中比较抽象的数字和内容或者难以描述的事物，以形象化的方式介绍给读者”③。

①参见孟晓辉：《读图时代报纸“信息图表”的深度解读功能》，载《新闻窗》，2009（3）。

②郑兴东：《报纸编辑学》，271 页，北京，中国人民大学出版社，1982。

③郑兴东、陈仁风、蔡雯：《报纸编辑学教程》，368 页，北京，中国人民大学出版社，2001。

曾任新华社图表编辑室主任的高山根据自己多年的实践经验，从新闻和艺术相结合的角度出发，给“图表新闻”下了一个定义：在规定格式内，以图或表独立或合成报道新闻的一种新闻体裁。图表新闻的“图”是依据新闻采访所得的新闻信息，由编辑绘制而成的符合新闻事实的原创图；“表”是由新闻采访所得的新闻核心内容，经编辑技巧提炼和艺术锻造成的原创新闻要素。编辑依据新闻事件整体的报道需要，该图则图，宜表则表，“图”与“表”合二为一，则形成新闻与艺术相结合的名副其实的新闻原创体。

山东大学文学与新闻传播学院甘险峰基于对报纸版面的多年研究，认为“新闻图表是指运用于报纸、杂志、电视和网络等视觉新闻媒体的一种视觉新闻报道形式，它通过图、表、数字、文字、符号等元素对新闻事实进行条理明晰、直观形象的报道，并传播相关新闻信息”。①

二、信息图表的类型

（一）以呈现形态为标准的分类方式

1. 饼状图表

饼状图又称饼分图（pie chart），它以一个圆为整体，用于表示一个整体内各部分之间或者部分与整体之间的比例关系。在一个饼状图中，各部分以百分比表示量值相加的和为 1（100％）；或者明确标示出各部分的权重。饼状图往往用于表示不同量值之间的关系和各自所占的比例。饼状图如果仅仅是平面的、孤零零的，难免显得乏味。但是，如果和其他图形元素结合起来，经过创意设计出来的饼状图就显得有趣味多了，使得原本枯燥的饼状图看起来具有悦读性。

《威斯康星州日报》（见图 1—5）上的饼状图非常简单，但是把它们放在有着美国国旗元素的钱包图形上，则显得别出心裁。而《底特律新闻自由报》（见图 1—6）的头版则是把六幅饼状图放在女性符号“♀”的图形中，既贴近主题，又独具匠心。《绿色海湾新闻公报》（见图 1—7，文前彩色插页）则是把威斯康星大学绿湾分院的标志——“凤凰”——变形为饼状图，在保证比例准确的前提下，使设计充满了创意。②

如果制图所用的材料不全，只有部分数据，各部分比重之和不足 100％，是不适合采用饼状图的。另外，一个饼状图不应该出现七个以上的饼片，也不应有小于 1％的饼片，因为太多饼片或太小的饼片阅读起来都很困难。每一块饼片最好用不同的色彩加以区分，而且每一块饼片的说明也应清晰明了。③

2. 条柱图表

条柱图分为柱状图（column chart）和条状图（bar chart），它们通过横坐标（X 轴）和纵坐标（Y 轴）来显示不同事物之间或同一事物在不同时间内的变化与对比。柱状图是将不同量值的数据以高低不一的柱形来呈现它们的变化以及相互间的对比。把简单的柱形加以变形，或者以相关图形替代，可以让读图者赏心悦目。《多森鹰报》（见图 1—8）不仅以成沓的美元替代了简单的柱形，而且把人物的头像排列在上端，既可以“对号入座”，又体现出人物与数据之间的关联性。④

条状图是用水平排放的横条来表示不同的量值，根据量值的递增或递减按一定的顺序排列，以显示各数值之间的对比关系。根据所要表示的信息主体的情况，条

①甘险峰：《新闻图片与报纸编辑》，251～252 页，福州，福建人民出版社，2008。

②参见许期卓：《美国报纸视觉设计》，78～80 页，北京，中国人民大学出版社，2008。

③参见［美］保罗·M·莱斯特：《视觉传播：形象载动信息》，211～212 页，北京，北京广播学院出版社，2003。

④参见许期卓：《美国报纸视觉设计》，80 页。

状图又分为单一式和复合式。例如，经历了“卡特琳娜”飓风之后，《皮卡尤恩时报》（见图 1—9）在头版以“发展报告”的方式解读新奥尔良地区的经济状况，报告采用了复合式条状图，并添加了具象图形元素，有效地增添了图表的生动性。①

THROW A FLAG
Feel the heat
Wisconsin State Journal
BUSH'S WISH LIST
He wants more for defense and cuts in taxes and entitlements
Spending proposal for 2007
Man admits strangling woman
Bush wants dairy tax, cut in price props
Ex-Badger's dog attacks, kills puppy
Planes that collided were tuning up for Iraq

图 1—5　《威斯康星州日报》

Old stars prove it's hip to be square
4th victory keeps Tigers perfect
The Detroit News AND Free Press
SATURDAY, APRIL 8, 2006
Michigan fight for Toyota heats up
Girl gamers
Boy's failed 911 pleas bring calls for change
Detroit cops investigate in mom's death, family upset
Your new Life begins

图 1—6　《底特律新闻自由报》

Wednesday, November 23, 2005
DOTHAN EAGLE
Few surprised by investigation's results
Mayor's Money
Sizing up pay
$100,000 $90,142 $90,000 $65,000 $42,000* $35,000
Ready to roll on fire calls
Alabama judge rules illegal immigrant due workers comp for life

图 1—8　《多森鹰报》

HOMEOWNERS HAVE EXTRA YEAR TO FILE INSURANCE SUITS
The Times-Picayune
Ernesto gaining bluster
Area's rebound slow but steady
PROGRESS REPORT
Centuries of missteps sealed city's fate
Katrina rescuer is sued by boat owner
N.O. OKs FEMA elevation guidelines
INSIDE

图 1—9　《皮卡尤恩时报》

①参见许期卓：《美国报纸视觉设计》，85 页。

条柱图的优势在于，图表编辑获取的可以是整体数据，也可以仅仅是部分数据，即使数据不完整也无妨，可以依据所要表达的信息要素，灵活地选择相关数值来制图。

3. 曲线图表

曲线图也称折线图（fever line chart），它通过坐标轴和折线的上升、下降来直观地反映一定时间段内若干事物数量的增减情况，以及同一事物在不同时间段内的变化。与条柱状图相比，曲线或折线的末端是开放的，在分析前段变化规律的基础上，有助于预测事物的发展趋势。曲线图也分为单一式和复合式。单一曲线在设计以及用色上比较简单，有时隐去坐标线，仅保留数值的最高点、最低点等关键数值，并且时常与相关图形结合，读图者几乎不用再看相关文字。复合式曲线则用多条、不同色彩的曲线表示不同组别的数据变化，背景衬以虚化的图片或者相关性较强的图形元素。例如，《温斯顿-塞伦日报》（见图 1—10）就是把两条曲线铺在处理过的照片上，以避免单调枯燥。在绘制曲线图时，横轴通常为时间轴，以相等的距离代表相同跨度的时间段；纵轴的基准点数字应该为零，保证数值的度量单位一致。[①] 但有时候会根据图表设计的需要，在曲线上直接标注出纵坐标的数值和横坐标的时间单位，如新华社《2010 年中国规模以上工业增加值同比增长 15.7%》（见图 1—11）。

WINSTON-SALEM
JOURNAL
Leaving It Behind
That's Life
A Troubling Yarn
Bush: Spying is legal, critical
Unifi workers
Unifi, Yadkin cope with end of 'glory days'
Security eases after Iraqi vote
Unifi's local effect
N.C. textile industry
Inside TODAY
Study gives picture of Katrina deaths

图 1—10　《温斯顿-塞伦日报》

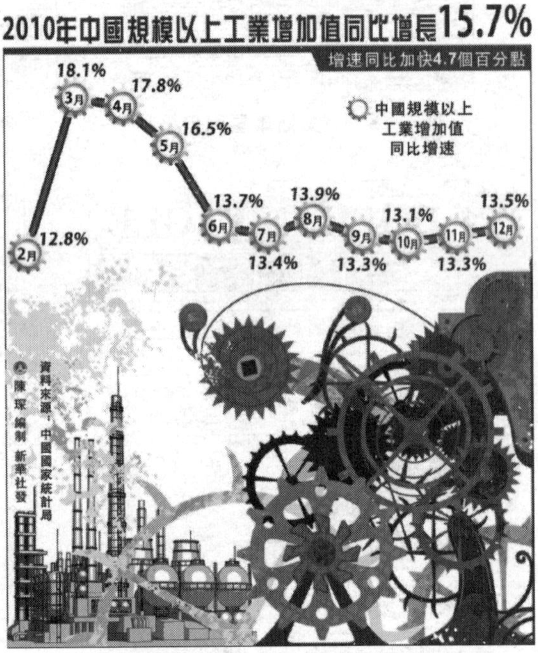

图 1—11　新华社曲线图

4. 三维仿真图

仿真技术产生于 20 世纪 70 年代的冷战时期，是美国军方掌握的绝密技术。冷战结束后被广泛用于建筑设计、影视制作、电子游戏等方面。三维仿真图的制作需要 3Ds Max、Maya 等三维制图软件，制作过程需要经过建模、贴图、渲染、修整等程序。因此，三维仿真图的制作具有技术难、高成本和耗时长等特点。当然，这

①参见许期卓：《美国报纸视觉设计》，86 页。

类图表也因其逼真、立体等优势而比平面的统计类图表（饼图、柱状图、曲线图等）更受欢迎。三维仿真图可以通过特有的表现形式、结构和色彩，充分提高图表的整体视觉效果来吸引眼球。仿真图在还原现场、模拟事物结构等方面具有天然优势，可以多层次、多角度地展现事物的各个部分，也可以根据主题的需要把不同的图形进行组合排列，不仅富有立体感和冲击力，甚至具有照片的纪实性，给读者以身临其境的感觉，有助于读者迅速感知事物复杂的空间结构和时间次序。

近几年，我国航天事业有了长足发展，发射航天器的运载火箭也成为信息图表热衷呈现的对象（见图1—12，文前彩色插页）。在一些突发事件报道中，为了再现、还原事发现场，三维仿真图也是首选的图表类型，如新华社对美国亚利桑那州枪击案的报道（见图1—13，文前彩色插页）。

5. 示意类地图

地图（map）在信息传播中表示的是空间概念，尤其是在新闻报道中，地理位置既是新闻要素，又和新闻价值有着密切关系。地图有助于读图者建立空间概念，对事件的发生地有更准确的认识。

指北针、比例尺和参照点是示意类地图的重要构成要素。

通过地图获得方向感是读图的目标之一，尽管在惯例中，地图标识的方向是上北下南、左西右东，但不能排除个别地区存在方向上的偏差，在这种情况下标明指北针就显得非常重要。

比例尺是表示地图上一条线段的长度与地面相应线段的实际长度之比。其公式为：比例尺＝图上距离/实际距离。一般而言，大比例尺地图的内容比较详细，几何精度高，可用于图上测量；而小比例尺地图的内容概括性强，不宜用于图上测量。新闻报道中的示意地图往往采用线段式比例尺，即在地图上画一条线段，并注明地图上1厘米所代表的实际距离。

参照点的使用是新闻地图区别与一般地图的关键，新闻地图围绕报道主题，删除或者简化不必要的冗余信息（与内容不相关的道路、河流、建筑物等），仅留下与主题密切相关的部分，作为读图者的参照。

1987年5月《人民日报》刊登了一篇特写《西德飞机突然降落红场》，报道了联邦德国青年鲁斯特驾驶运动型飞机，从汉堡起飞，经雷克雅未克、卑尔根、赫尔辛基，最后抵达莫斯科，并出乎意料地把飞机降落在举世瞩目的红场上。国际政治背景的特殊性，加上降落地点的显要性，使得该新闻事件的意义非同寻常，成为当时的大新闻。为了让读者了解鲁斯特的飞行路线，《人民日报》为特写配发了一幅《鲁斯特飞行示意图》，该图分为上下两部分，上部分是从汉堡到莫斯科的大致飞行路线，下部分是红场及克里姆林宫的方位图。尽管示意图绘制得不够精细，但精简了不必要的冗余信息，有效地辅助了报道（见图1—14）。

6. 剖面图

剖面图又称剖切图，是通过对有关的图形按照一定剖切方向所展示的内部构造图，一般用于描述工程建设、机械零部件等。如对于一些事物的内部构造或垂直断层的特征与内部特点，如果仅仅用文字来表述可能因缺乏准确性而显得苍白无力，若采用剖面图的方式说明则一目了然。有时因图像资料难以获取（错过时机或者技术原因）而不得不考虑以剖面图的方式来解决难题，“一图胜千言”在这里就有了突出的体现。

《俄勒冈人报》在封面以《萨达姆被俘 掀开伊拉克的新篇章》为标题对抓捕萨达姆的行动予以报道，并配置了组合式仿真图，不仅有该城镇的航拍全图、院落的立体结构图，还细致地配置了萨达姆藏身地下室的剖面图（见图 1—15，文前彩色插页），有效帮助了读者对报道的理解。①

（二）以内容题材为标准的分类方式

1. 时政类图表

针对国内国际时事政治所制作的图表，内容涉及政治运动、政府领袖、政党会议、选举，以及国际关系与国际组织的活动等。这类新闻的数值类信息相对缺乏，往往以事件性居多。

《东亚四国那些“事儿”》（见图 1—16）属于对国际关系的解析，图中依据中、日、朝、韩四国的国旗绘制了四个卡通人物，将 20 世纪 50 年代至今划分为五个阶段，对四国在每一阶段的关系进行了惟妙惟肖的描述。如在第五阶段“中韩‘蜜月’日朝受排挤后‘抱团’”中，韩国说“独岛思密达”，中国手握钓鱼竿对岛屿说“我的”，日本也说“我的”，朝鲜则握着火箭说“不理我就打炮”。图表最下方一个米字旗卡通小人儿说“世上没有永远的朋友，也没有永远的敌人”，可谓一语中的。

西德飞机突然降落红场

本报记者　江建国

一个西德青年，神不知鬼不觉地驾驶飞机突然飞抵莫斯科，而且竟然降落在克里姆林宫前举世闻名的红场上。消息传出，顿令闻者大吃一惊。

5月28日傍晚，莫斯科时间19时30分左右，红场上还有约300名游客在悠然散步。突然空中传来飞机引擎声，当人们看清这是一架低飞欲降的飞机时，惊得目瞪口呆。但见这架飞机在红场上绕了3个小圈子，紧擦着列宁墓顶而过，最后降落在那座有9个“洋葱头”屋顶的东正教大教堂旁边。当时从飞机里钻出一个青年，一下飞机，便向周围的游人散发他的签名纸。有人高声问：“你从哪里来？”青年回答：“从赫尔辛基。”这时，红场执勤的苏联士兵如梦方醒。人们看见，这架飞机是美国制造的单引擎“赛斯纳172型”运动飞机。机尾上的旗帜标志表明，飞机来自西德。

驾驶员名马蒂亚斯·鲁斯特，年仅19岁，家居汉堡附近的维德尔。他是汉堡一家航空俱乐部成员。早在中学便立志飞行，一心要当飞行家。他迄今已有40个飞行小时的训练，并取得了驾驶许可证。

5月13日鲁斯特从西德汉堡起飞，先向北飞过设德兰群岛和法罗群岛，抵冰岛雷克雅未克，后又飞往挪威卑尔根和芬兰首都赫尔辛基。5月28日，他从赫尔辛基马尔米机场出发，目标本是斯德哥尔摩。谁知起飞几分钟后，该机即转向东方，并从雷达屏幕上消失。赫尔辛基航空管制人员还以为飞机遭到不幸，出动人员在赫尔辛基水域搜寻，殊不知“轻机已过万重山”了。

鲁斯特降落红场的消息引起许多猜测。西德航空界认为，他显然不是迷航，而是一次计划周密的飞行。军事专家感兴趣的是，为什么苏联的防空雷达根本没有发现；莫斯科周围的空防据称天衣无缝，也竟然毫无察觉。军事家们分析，苏联的雷达对付低空不行，而鲁斯特正是凭高超的超低空飞行技术悄然飞抵莫斯科的。也有人议论，苏联的边境防空人员肯定是“睡了大觉”，有些人的乌纱帽大概要因此而落地了。

红场变机场，有史以来头一遭。苏联外交部发言人已经证实这次传奇性的降落，并称是“侵犯苏联领空”行为，鲁斯特现在被拘留审查。这次戏剧性降落究竟何因？它所引起的轰动和外交纠纷才刚刚开始。

特　写

图 1—14　1987 年 5 月《人民日报》特写《西德飞机突然降落红场》示意地图

2. 财经类图表

数据在财经类信息中占据重要位置，内容涵盖了 GDP、CPI、国际油价、汇率、金价、生产总值等各种经济信息。无论是单一数据还是复合数据，数值上的各种变化都可以通过曲线、饼状图、条柱图等方式表述出来。财经信息历来以枯燥、

①参见许期卓：《美国报纸视觉设计》，56～58 页。

呆板著称，但是，经过制图编辑的巧妙设计，将新闻性与艺术化完美结合之后，则趣味横生。

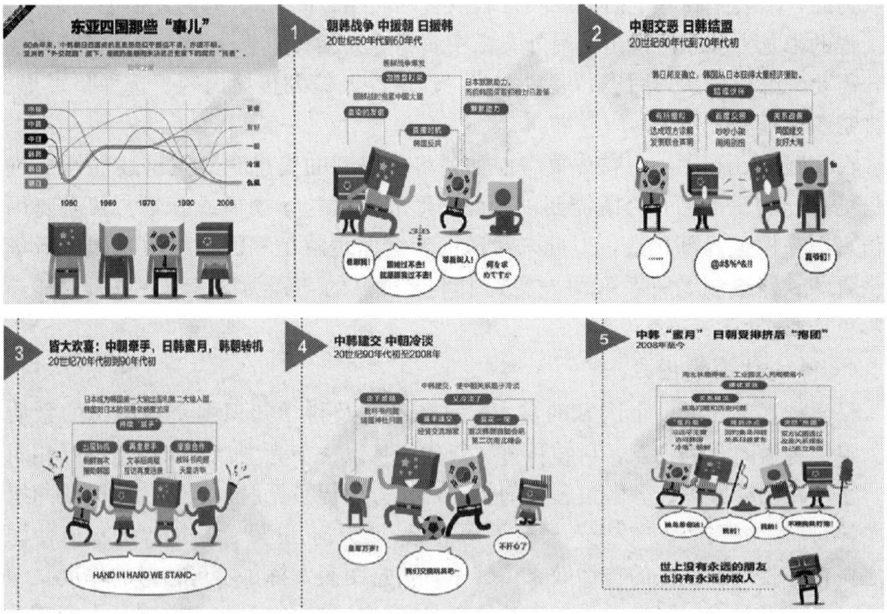

图 1—16　搜狐网《东亚四国那些“事儿”》图

图 1—17 是一幅关于养老金的图表，图中一条曲线串联起不同时间段养老金的数值，一位戴着大眼镜的卡通老翁则目不转睛地注视着这条曲线。线上七位笑容可掬的老太太笑脸替代了七次养老金上涨的节点，可爱、亲切、幽默的形象栩栩如生。

图 1—17　新华社《养老金七连涨》图

3. 工程解析类图表

重大工程不仅是国家实力的象征，而且关系国防、经济建设和老百姓的日常生活，尤其是三峡工程、西气东输、青藏铁路、南水北调等重大工程的立项、竣工更是国家经济实力的体现。制作工程解析类图表的前提是对该工程有全面透彻的把握，为此，图表编辑除了研究相关资料（包括文字、图片），有时还需要实地考察，将工程的来龙去脉了解清楚。另外，由于属于重大工程，非一两幅图表就能表述完整，需要考虑采用系列图表的展现方式，这就涉及策划传播内容、选择呈现形式、安排制图流程等工作。

在实践中，制图编辑首先要考虑如何将了解到的信息和专家讲述的情况进行有机结合，然后考虑是否既需要以平面图形表现其整体规模或全景，又需要用立体仿真图来模拟局部构造，以此来帮助读者全面理解工程的结构与功能。新华社围绕青藏铁路绘制了一系列图表，其中不乏精良的工程类图表（见图 1—18，文前彩色插页）。

4. 科技科普类图表

科学技术反映出一个国家的实力，宣传和普及科学知识则牵涉国民的素质培养。限于传播内容的特点，科技科普类新闻信息以文字为主，图像信息符号相对缺乏，往往在阐释原理、分解过程、剖析结构等方面捉襟见肘。近年，我国新闻媒体对“神舟”系列飞船、“蛟龙”号载人深潜器、“天河一号”、高铁等的报道使国人为之振奋，收到了良好的传播效果。其中，信息图表发挥了不可估量的作用。

2008 年“神舟七号”的一个亮点是两名宇航员出舱作业，这实现了中国历史上的第一次太空漫步。那么，我国自行研制的“飞天”舱外航天服自然而然也成为看点。新华社图表编辑采用了 3D 技术，使图表呈现出三维立体效果（见图 1—19），服装的外形、结构及装备一目了然，质感逼真；加上对局部功能和高科技的解读，使读者对航天服有了全面认识。

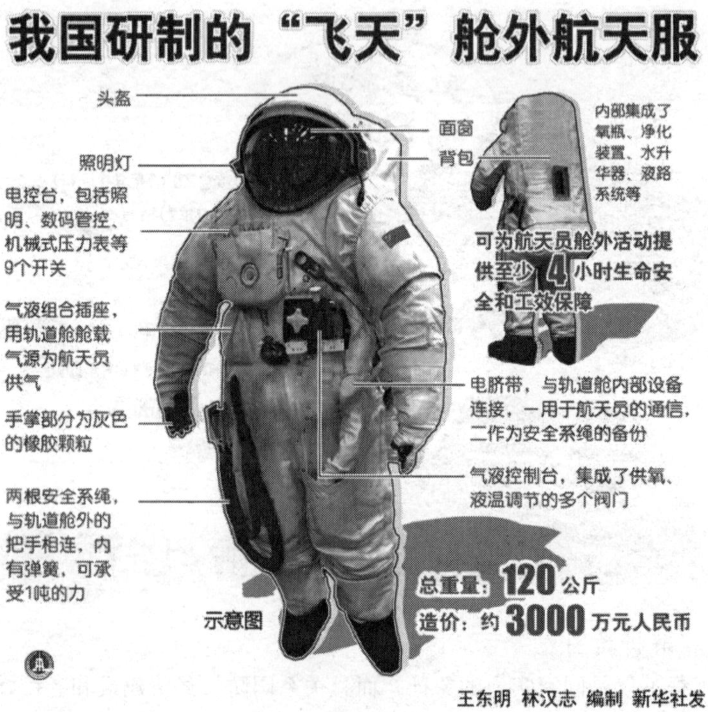

图 1—19　新华社《我国研制的“飞天”舱外航天服》

5. 突发事件类图表

突发事件如地震、火灾、交通事故、恐怖袭击等，因其不可预知性，无法事先准备，只能在事发后立即策划，投入报道。突发事件因其变动性和冲突性较强，比较容易引起受众的关注。如果媒体反应迅速、抓紧采制的话，一般都能取得较好的传播效果。但同时也因为事件过于突然，转瞬即逝，专业媒体很难抓取当时的场景，或者只能抓取简短的片段，难以展现事件的全过程，这就为视觉表现带来一定的难度。而信息图表的现场模拟功能、再现功能，能够打破时空的界限，全面展现事件的发生、发展及结局，弥补了信息传播不完整的缺憾，同样可以做到内容、形式、时效的完美统一。

2010 年 3 月 28 日 14 时 30 分左右，中煤集团华晋公司王家岭矿发生透水事故，初步判断为小窑老空水。事故造成 153 人被困。经全力抢险，其中 115 人获救，另有 38 名矿工遇难。搜狐网制作了《山西王家岭煤矿透水事故》的新闻专题，并配有立体仿真图解析事故的场景、成因和解救工作（见图 1—20）。

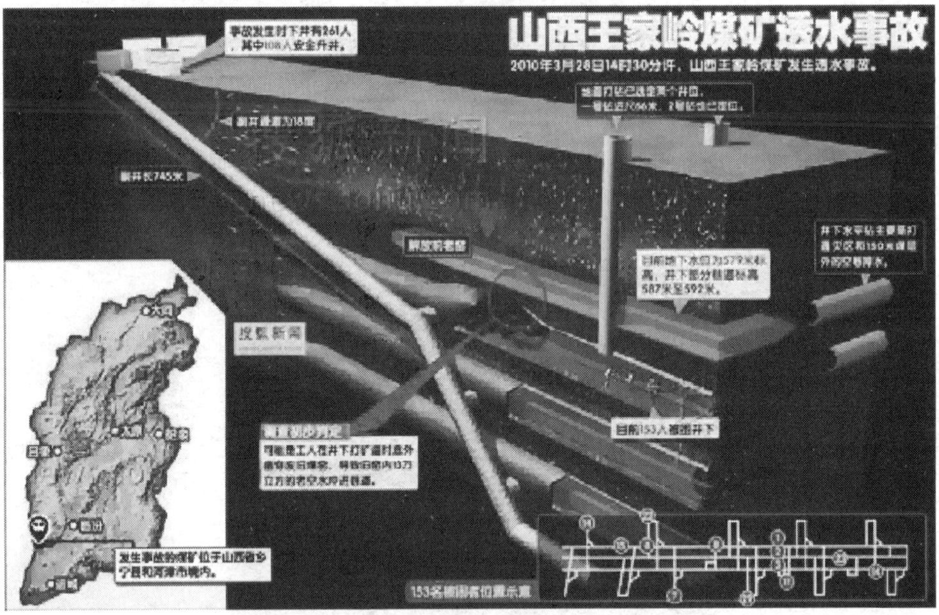

图 1—20 搜狐网绘制的“王家岭矿难”仿真图

6. 知识背景类图表

新闻报道一般注重表现最新的变动和状态，而对背景信息和相关信息不可能做充分的说明。出于为受众解疑释惑的需要，编辑可以在适当的时候配发一些背景材料，包括新闻人物与组织、地理气候、科学知识、名词术语等。而这些信息既可以文字、照片的形式出现，也可以信息图表的形式出现，其目的是帮助受众全面、深入地掌握和理解信息，尤其是对新闻价值有更清楚的认识。围绕着青藏铁路通车的新闻，新华社图表室绘制、发布了系列图表，除了工程类图表外，还有知识类图表来介绍铁路建设中涉及的问题（见图 1—21）。

7. 体育赛事类图表

体育报道中常用动感十足的新闻照片来抓取受众的眼球，但是，要想传达一定的信息量，且不在视觉上有所欠缺，最好的表达方式则是信息图表。体育类图表不仅仅是指比赛日程和比赛成绩，如南非世界杯的赛场图；也包括体育场馆、项目介绍、体育奖项和赛场突发事件等。

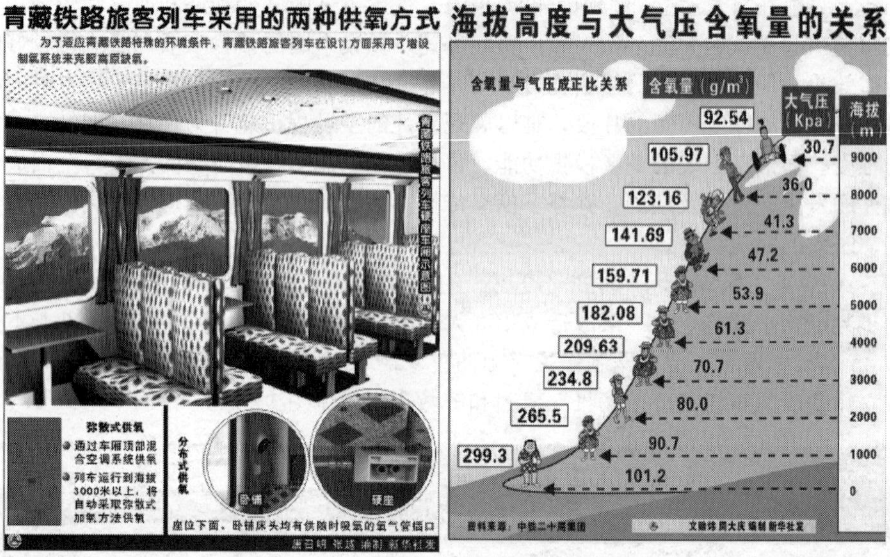

图 1—21　新华社提供的关于青藏铁路旅客列车供氧方式示意图

如 2008 年奥运会期间的《华商晨报》对自行车比赛项目的规则、用具以及场地和运动员等做了详细的介绍（见图 1—22）。首先，制图编辑在主图上标注了自行车比

图 1—22　《华商晨报》的“看懂奥运”之自行车比赛

赛中运动员所要使用的肌肉部位；其次，介绍了四种比赛用的自行车（BMX小轮自行车、场地自行车、山地自行车和公路自行车）的比赛场地和比赛类别；最后，在右边栏详细介绍了四种自行车比赛的场馆、场地自行车的比赛规则和四名运动员。

在赛事中有时难免出现突发事件，如北京奥运会中的刘翔退赛、2009年中国足球甲级联赛中的赌球事件等，这些事件都可以通过图表予以清晰的报道。如新华社图表室针对2009年青岛海利丰队董事长赌球操控比赛及其“吊射门”假球事件绘制了示意图（见图1—23），帮助受众了解整个事件过程。

图1—23　新华社关于海利丰假球事件的分析图表

8. 生活服务类图表

生活服务类图表主要指通过提供常识性的知识，在日常生活中为受众解疑释惑，提高生活质量。比如，高考是牵涉千家万户的事情，考前新华社播发了《考生勿忘10件事》，提醒学生和家长如何更好地备考(见图1—24)。在气温下降的冬季，为了健康饮食，需要做出相应的调整，《严冬饮食调整五方案》则适时地给出了建议(见图1—25)。

图1—24　新华社《考生勿忘10件事》

图1—25　《严冬饮食调整五方案》

（三）以信息图表的呈现状态为标准的分类方式

1. 静态图表

静态图表指的是以静止状态呈现的图表，往往刊发在报纸、杂志上，有时也呈现在网页上。

2. 动态图表

顾名思义，动态图表和互动图表则是图表中的部分图形或点、线以及数值等元素呈现出运动状态的图表，这种图表需要借助动画、互动效果软件来制作，在互联网平台上呈现。如图 1—26 所示，当读者进入新华网“嫦娥探月”专题版块之后，“嫦娥二号”卫星就会按照图中绘制好的曲线轨道运行，每走到一个节点，小圆点就会闪烁起来，并显示该节点的名称，直至卫星停留在“制动三次”的位置上。左下角的地球和右上角的月球处于自转状态。如果读者想再次观看“嫦娥”探月的模拟过程，只需要点击右下角的“REPLAY”按钮即可。

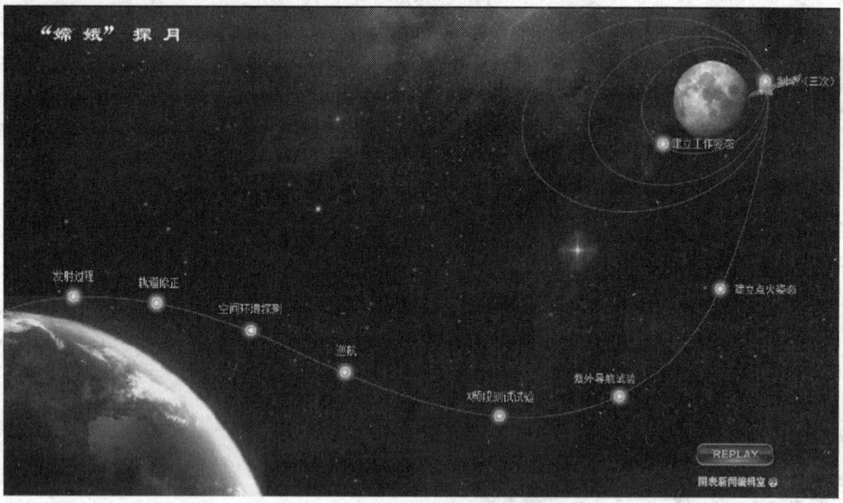

图 1—26 新华社播发的“嫦娥探月”的动态图表

媒体是信息传播的平台和渠道，新媒体中蕴涵着新的传媒观念。媒体本身并不具有创造性。设计应该在所有的媒体中都发挥作用。媒体进化，设计也应随之进化。①

第 3 节　中外信息图表的发展概况

知识点：

● 西方信息图表萌芽于古代的地图，随着近代统计学和现代报业的不断发展而日益成熟。

● 我国信息图表的发展经历了探索期、提速期和黄金期，并随着新闻传播事业的进步，呈现出地位上由配角到独当一面、内容上由单一到多样多元、形式上由静态到互动、载体上由纸媒到互联网的特征。

一、西方信息图表的发展历程

地图最能够体现出图表的信息传达功能，图 1—27 是绘制于公元前 3 世纪的古

①参见［日］原研哉：《设计中的设计》，191 页，济南，山东人民出版社，2006。

罗马地图。管理庞大的帝国离不开对各种信息的掌控，这幅地图用形象的语言展示出该地区的地理面貌，虽然绘制手法还不成熟，但条理清晰，信息量大，由于使用了大量的图形语言，因而减少了文字量。其中比较有特点的是其图标的绘制方式，图中的城镇和大型山脉用立体的图标绘制，利用建筑图标的复杂程度来区别城镇等级，形象生动，又容易分辨出城镇的规模。城镇之间用线段连接代表道路，线段长短显示城镇之间的位置与距离。①

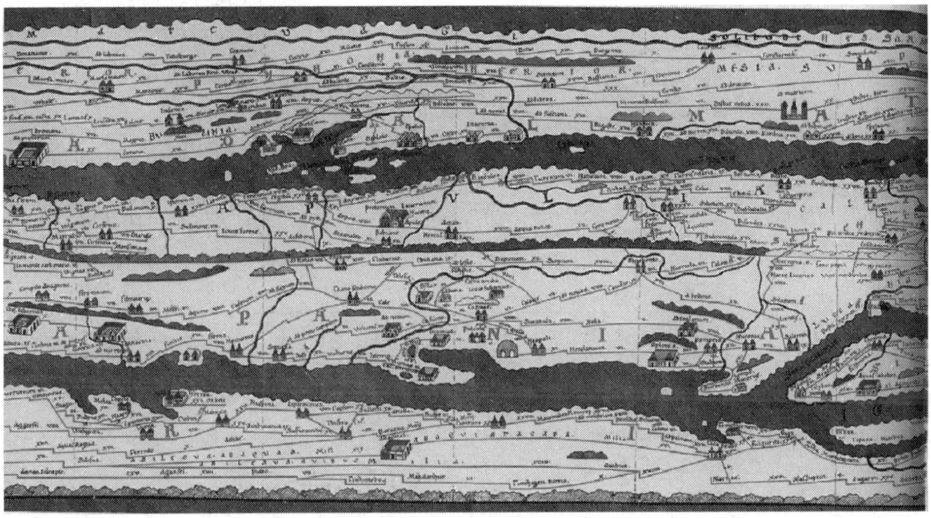

图1—27 公元前3世纪的古罗马地图

作为应用数学分支的统计学发端于17世纪的欧洲，它主要通过概率论建立数学模型，进行量化分析。在后来的发展中又衍生出了统计图形（图解分析技术），统计图形与信息图表、数据的可视化密切相关。在18至19世纪，统计图形经常用于分析军事行动、疾病、气候、经贸等。特别是在19世纪，饼状图、柱状图、极限图、散点图、时间序列图等得到了广泛应用。

图1—28为丹麦、挪威与英格兰1700—1780年的贸易进出口图，是根据当时的进出口数据绘制的。其中实线代表进口，虚线代表出口，两条线交叉形成不同的截面。两线交汇点为1755年左右，说明英格兰当时处于贸易的平衡点。前半段实线高于虚线，进口大于出口水平，说明英格兰处于财政逆差状态；之后出口线高于进口线，为顺差截面。

19世纪中期，人们按照以往的认识，相信霍乱是通过空气传播的，而英国医生、流行病学家约翰·斯诺（John Snow）通过大量的调查分析认为水是霍乱传播的重要介质。他发现大部分死亡病例都距离百老大街（Broad Street）的水泵很近。10个死者中有5个人的家属经常到这里取水，有3个人在水泵附近的学校上学。于是，他用图形的方式在报纸上刊登了自己的研究结果（见图1—29）。其目的是用图形使读者信服，并说服政府。后来在移走水泵时人们发现，一个老粪坑的泄漏是导致水源污染的原因，泄漏点距离水泵只有3英尺（约0.9米）。①

人们熟悉弗洛伦斯·南丁格尔（Florence Nightingale）是由于她在护理事业上的贡献，此外，她还精通数学，被称为“统计图形的先锋”。最初她经常使用饼图来表现数据，后来更多地使用极区图（循环直方图）。和饼图不同的是，极区图用均分的周长代表时间段，数据的变量通过半径的延伸来表现（更为准确的应该是计

①参见孙皓琼：《图形对话——什么是信息设计》，42页，北京，清华大学出版社，2011。
②参见上书，52页。

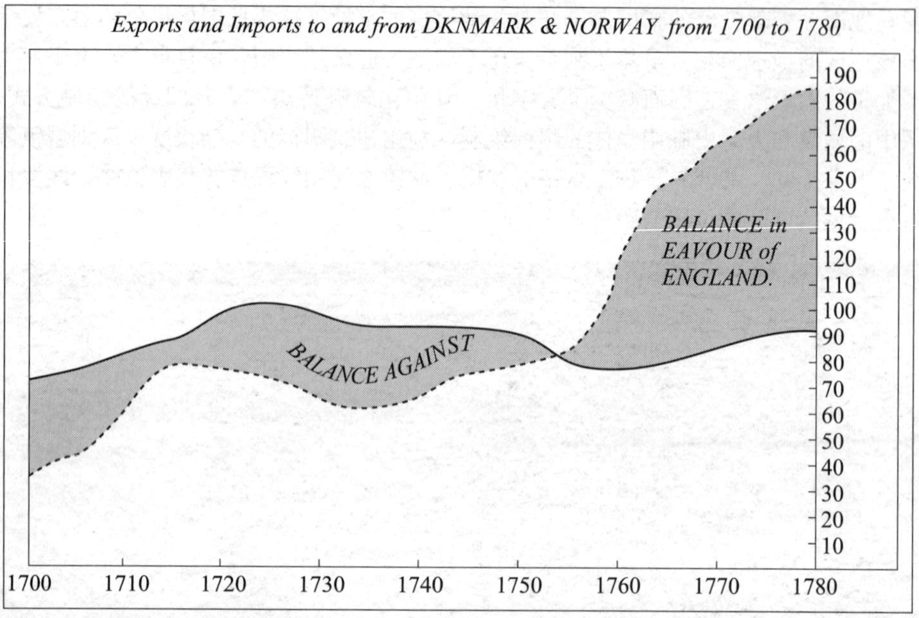

图 1—28 1700—1780 年丹麦、挪威与英格兰的贸易进出口图

图 1—29 约翰·斯诺绘制的“死亡地图”(Ghost Map)

算面积数值而非半径)。[①]1854 年 4 月—1855 年 3 月南丁格尔针对军队死亡原因进行了调查，并做了分类（见文前彩色插页 1—30 中的右侧蝶形图），她用色彩区分死亡原因：浅灰代表由可预防的疾病引起的死亡，如霍乱、痢疾；红色代表战争中

①参见孙皓琼：《图形对话——什么是信息设计》，53 页。

受伤造成的死亡；深棕代表其他原因造成的死亡。此图显示大部分士兵丧生是由于流行病而不是负伤或其他原因造成的，凸显出严重的医疗环境问题。在 1855 年伦敦召开的改善卫生条件会议上，议会通过了改善军营卫生条件的决议，事后军营卫生情况得以改观。从图 1—30 的左图中（见文前彩色插页）可以看出改善后的明显效果。

查尔斯·约瑟夫·米纳德（Charles Joseph Minard）是 19 世纪法国经济学家、地理学家和工程师，绘制过许多新颖的信息图表。最著名的是在 1861 年绘制的《拿破仑一世东征路线图》（见图 1—31）。从信息设计的角度看，这幅图表今天依然有较高的信息量和设计价值。该图记述并分析了 1812 年拿破仑一世远征俄国的历史事件。图中元素包含了人数、温度、方向、河流。设计者以线条的宽度代表军队的人数（1 毫米=1 万人）。其中浅色线条代表进军路线，深色线条代表撤退路线。线条的走向按照真实的经纬度变化来呈现，并在周围标注了途经地的名称。由竖线引出到达各地时的具体温度（列氏度，为摄氏度的 1.25 倍），最冷时达到零下 30 列氏度。虽然出发时间为 6 月下旬，随着部队迁移，天气转寒，加上补给线过长和谈判所延误的时间，到达莫斯科时天气已十分寒冷，人数减少到四分之一，只剩下约 10 万人。该图说明，拿破仑选择的进军时间预示着到达莫斯科时必然受到严寒的影响，这是导致他失败的主要原因。①

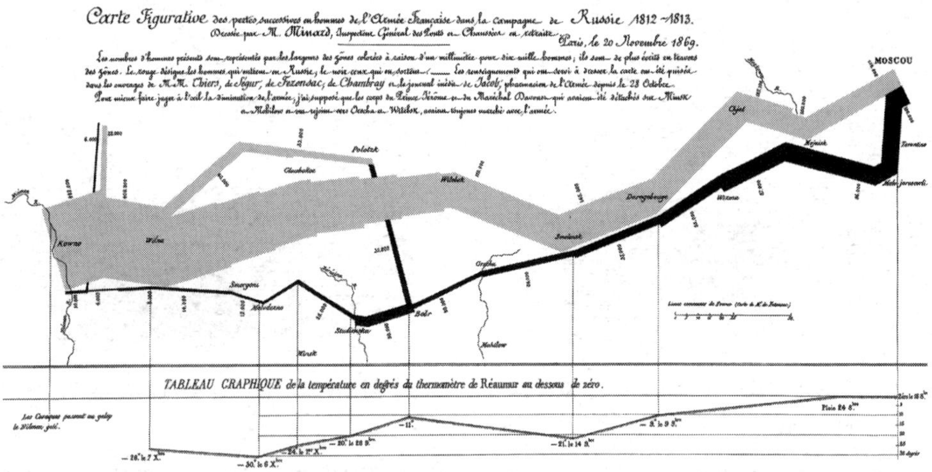

图 1—31 拿破仑一世东征路线图

在计算机技术用于制图之前，绘制一幅符合媒体刊发要求的信息图表需要耗费较大的精力和较长的时间，对实力一般的小媒体而言，信息图表简直是奢侈品。在国内外传媒界，只有那些实力雄厚、规模较大的媒体，或者专门从事信息图表制作的公司才能负担得起。因此，20 世纪中叶，在美国报界除了芝加哥和纽约的报业巨头外，鲜有报纸会关注信息图表这个领域。

对于报纸来说，使用信息图表是一种进步的表现，这种方式虽然在 20 世纪 60 年代由美国现代报纸版面设计先驱埃德蒙·C·阿诺德（Edmund C. Arnold）提出，但直到《今日美国》创刊前的 1981 年，阿诺德才在其著作《报纸设计综述》中予以重点推介，并推动了整个领域的发展。②

大概在 20 世纪六七十年代，信息图表被引入新闻传播领域，美国的一些地方

①参见孙皓琼：《图形对话——什么是信息设计》，55 页。

②参见 Eric K. Meyer, *Designing Infographics*, p. 22, Hayden Books, 1997。

报纸，如《圣彼得斯堡时报》、《芝加哥论坛报》，还有以严肃新闻著称的《纽约时报》开始定期使用信息图表，有时信息图表还成为报纸上的固定栏目。实践再一次走在了理论的前面。以下图表均来自《纽约时报》，图 1—32 用示意图描绘了 1965 年宇宙飞船“双子座六号”与“双子座七号”交会的情形；图 1—33 描述了美国与苏联在 1972 年签署武器协议时两国核工厂的状况；图 1—34 用地图显示了 1980 年美国营救伊朗人质失败的情况；还曾用复合型柱状图呈现了福特与卡特在 1976 年总统竞选中的投票情况，以预测最终结果。①

The New York Times.
TWO GEMINIS FLY 6 TO 10 FEET APART IN MAN'S FIRST SPACE RENDEZVOUS; CREWS, FACE TO FACE, TALK BY RADIO
Craft in Formation Orbit 185 Miles Up
McNamara Warns NATO Of Chinese Atom Threat
Staggered Working Hours Urged to Cut Transit Jam
Somerset Maugham Is Dead at 91

图 1—32　1965 年“双子座六号”与“双子座七号”交会

The New York Times
U.S. AND SOVIET SIGN TWO ARMS ACCORDS TO LIMIT GROWTH OF ATOMIC ARSENALS; TRADE PACT DELAYED, TALKS TO GO ON
Joint Commission Set Up To Resolve Trade Issues
A First Step, but a Major Stride

图 1—33　1972 年美苏两国核工厂情况

20 世纪 60 年代之后，欧洲出版业开始流行用图形符号反映统计数字，并蔚然成风。当时德国的《明镜周刊》率先用三维图表来呈现内容（见图 1—35），使其成为信息图表的先驱。这种传播信息的方式被霍姆斯引入美国的《时代》周刊并将其发扬光大。②

1982 年《今日美国》的创办推进了视觉设计的快速发展，也成为信息图表的开路先锋。彩色的统计图表、示意图和新闻地图在《今日美国》的版面上占有重要地位，每天在四个版组首页的左下角都有一幅固定的小图表（snapshots）（见图 1—36）。《今日美国》成为美国第一家几乎每天都使用图表的报纸。随着计算机技术的广泛使用，数量庞大的图表出现在《今日美国》上。在 1998 年 11 月 12 日的《今日美国》中共刊载了 56 页的评论文章，包括 188 条新闻故事、103 幅照片和 203 个信息图表，平均每页使用 3.6 个信息图表。《今日美国》靠提供更多的信息图表而不

①参见 Eric K. Meyer, *Designing Infographics*, pp. 24-27, Hayden Books, 1997。

②参见上书，23 页。

The New York Times
LATE CITY EDITION
CARTER VOWS TO PURSUE HOSTAGES' RELEASE
BY 'EVERY AVENUE' AFTER U.S. RESCUE FAILURE;
KHOMEINI WARNS AGAINST NEW ARMED MOVES
Ayatollah Cites Danger to Lives Of the Captives
AIDES FEAR REPRISALS
Months of Plans, Then Failure in the Desert
146 Britons Believed Dead in Crash Of Chartered Jet in Canary Islands
The Reactions Worldwide
Long Day and Long Night for the President

图 1—34　1980 年美国营救伊朗人质失败

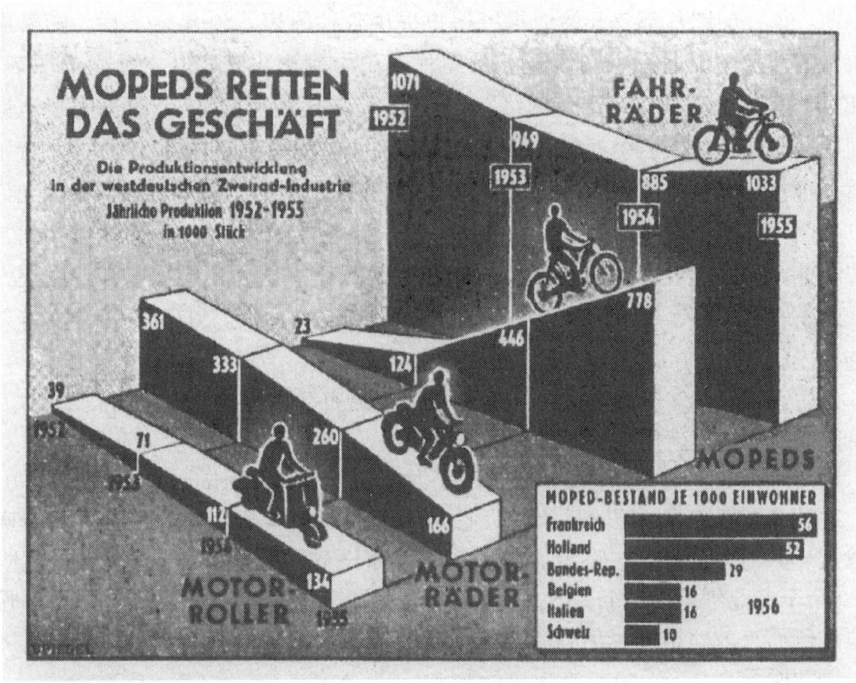

图 1—35　德国《明镜周刊》的三维图表

是故事证明了它的可信度。①《今日美国》的这种把视觉审美艺术和定量、准确的数据结合在一起，而形成的既易于理解又有视觉冲击力的信息传播模式，推动了甘乃特报系旗下其他报纸在视觉传播上的重视与发展。

①参见［美］保罗·M·莱斯特：《视觉传播：形象载动信息》，202 页。

USA TODAY WEEKEND
Mad scramble to save Ukraine
AGING BULL
We're $9,800,000,000,000 richer
How SXSW put itself on map
USA TODAY MONEY
AGE MAY NOT TRIP UP BULL
Cerberus to acquire Safeway in $9B deal
Quit being so paranoid
USA TODAY SPORTS
MANAGING THEIR ANGER
Don't believe talk: Points still matter
USA TODAY LIFE
Ralph Fiennes is having a 'Grand' run
Small town tackles life's big mysteries

图 1—36　2014 年《今日美国》的各版组首页

在西方国家的三大通讯社中，美联社最早重视并运用信息图表。20 世纪 80 年代以前，该社的图片部就开始向报纸用户提供各种图表。80 年代之后，随着图表需求量的增加，美联社将图表业务从图片部门中剥离出来，成立独立的图表部。1988 年，美联社建成了“图表网络”，通过卫星向国内用户 24 小时不间断地播发新闻图表。在日常报道中，美联社要求采编人员“在写新闻时想着图表”，特别是在重大事件发生时，注意采集与新闻相关的地图、数据、信息等，如果条件允许的话，美联社会派制图编辑赶赴现场采集信息。路透社于 1990 年海湾战争期间推出图表业务，之后业务不断扩大，1994 年在时政类图表之外还增加了商业图表。路透社的图表有黑白、彩色两种，而且图表说明有英、法、德、日和西班牙文等供用户选择。①

此后，越来越多的西方报纸开始重视信息图表，随着报业和制图技术的发展，信息图表作为报道新闻的手段得到了长足发展。

1979 年 5 月，美国新闻媒体视觉设计协会（Society of News Design，SND）成立。这是一个传媒界的国际性组织，它每年举办的世界新闻视觉设计大赛，吸引全球近 4 000 家报纸杂志等参加评选，是版面设计领域最具权威的全球性比赛。其 20 余个专业细致的栏目和奖项中就有信息图表的设计与使用，这种国际性的奖项从侧面有力地推进了信息图表在新闻传播界的发展。获奖作品如图 1—38 和图 1—38 所示。

①参见筱棠：《西方三大通讯社的新闻图表业务》，载《国际新闻界》，1998（1）。

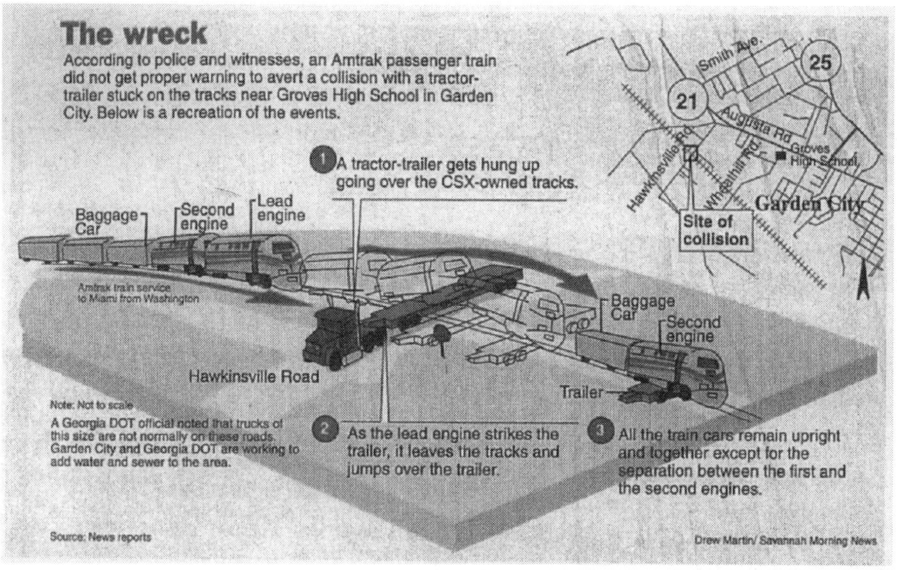

图 1—37　SND 获奖作品之一

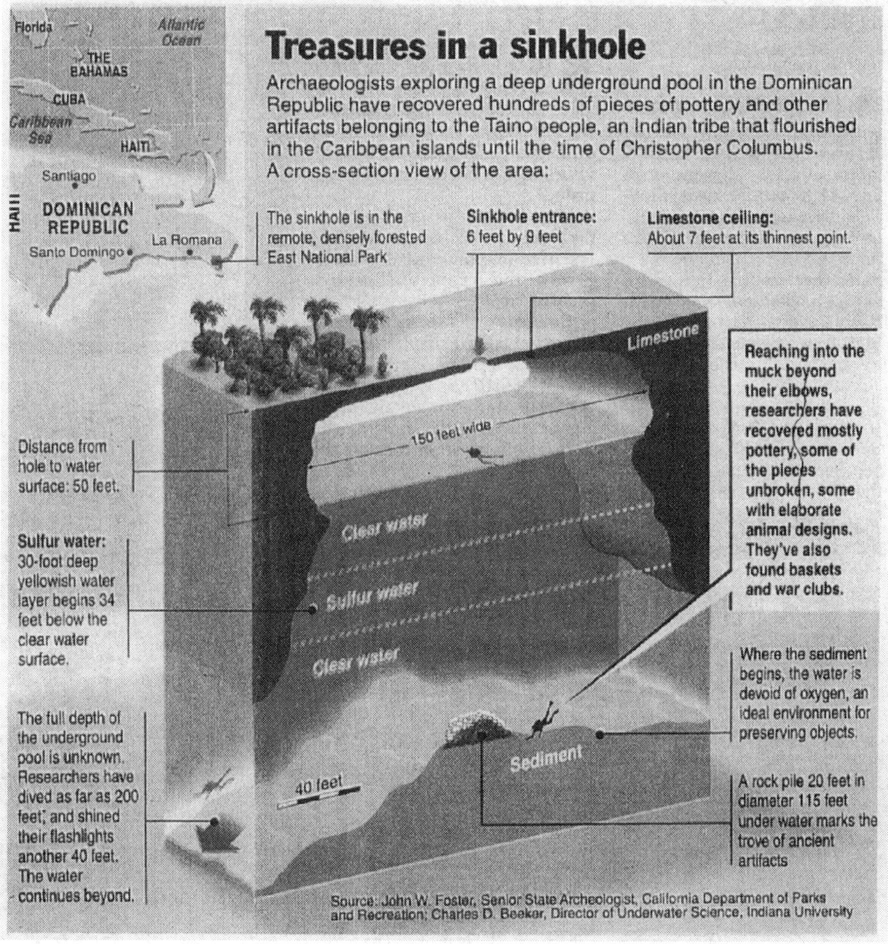

图 1—38　SND 获奖作品之二

二、我国信息图表的发展阶段

信息图表的发展阶段与被媒体使用的情况密切相关。梳理我国传媒（主要是报纸）使用信息图表的状况，其发展阶段大致可以划分为以下几个时期。

（一）1999 年之前的探索期

随着改革开放和国民经济建设的不断深入，信息图表作为新的传播样式开始出现在我国媒体上。最初以向上向下的箭头、柱状图、饼图等辅助经济报道，所以说，最初的图表属于经济数据图表。经常性地在显著位置刊登图表的做法在媒体上大致始于 1993 年的《光明日报》。该报新闻图表编辑赵和平曾撰文说："1993 年 7 月，《光明日报》国际部开设的新闻图表《数字与事实》栏目（见图 1—39），受到读者欢迎，很多读者还剪贴收集，就是很好的证明。"[①] 此后，《中华工商时报》每天在头版刊出《时报图表》专栏（见图 1—40），《中国青年报》的《社会周刊》刊出了《与我们有关的数据》图表，《北京日报》开辟了《图解新闻》专版，这些做法普遍获得了好评。[②]

图 1—39　《光明日报》的《数字与事实》

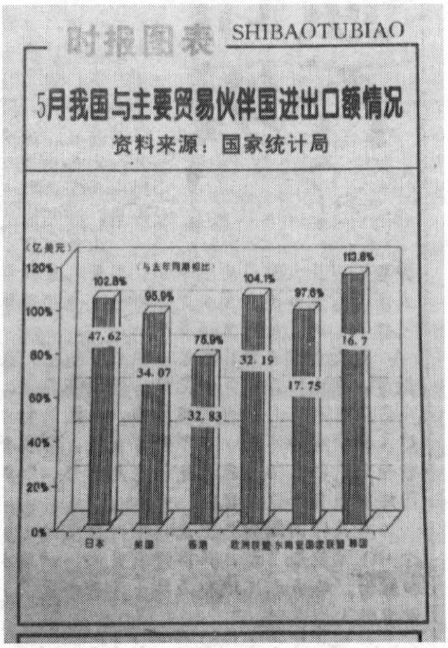

图 1—40　《中华工商时报》的《时报图表》

（二）1999 年至 2008 年的提速期

1999 年 3 月，新华社摄影部成立图表新闻编辑室，将图表作为一种新颖的新闻报道形式，以表格、柱形、饼形图的方式，辅助以计算机绘图手段，解读新闻事件，日发稿量 2～3 幅，这时的图表新闻品种主要以平面图表为主。

新华社 2000 年每日发稿量达到 10 幅左右，同年 8 月开通新华社图表新闻专线，从而使全球卫星网用户都能够接收到图表新闻，12 月，与法新社合作，新华/法新图表新闻专线启动。[③] 2006 年，新华社图表新闻专线对外播发繁体字图表新闻产品。

①赵和平：《我和〈数字与事实图表〉》，载《新闻战线》，1997（2）。
②参见唐润华：《新闻图表——日受青睐的新闻形式》，载《中国记者》，1994（9）。
③参见曹文忠：《让新闻一目了然——新华社的图表新闻及其制作》，载《中国记者》，2001（4）。

2007年，新华社第一张英文图表新闻产品诞生。之后，新华社图表编辑室在国内外重大事件的报道中发挥了不可替代的作用。

随着3Ds Max、Maya等三维制图软件的推广，新闻仿真图被大量使用于媒体。2002年新闻仿真图开始在《南方周末》等媒体中大量运用（见图1—41）。在2003年3月份伊拉克战争的报道中，许多报纸都刊登新闻仿真图来解读战事进程，其中《北京青年报》在伊拉克战争期间还常以整版篇幅刊登仿真图（见图1—42）。除了重大事件，《法制晚报》的新闻仿真图几乎天天见报（见图1—43），有文章还对该报经常使用新闻仿真图的情况进行了划分①，新闻仿真图的使用走向了日常化。

南方周末
新闻
彭加木：尘封26年的罗布泊科考
SOS！敦煌将成楼兰第二？

图1—41　《南方周末》的仿真图

伊拉克战争
美军使用何种新武器
美军武器装备有变化
美特种兵詹姆斯的武装

图1—42　《北京青年报》的仿真图

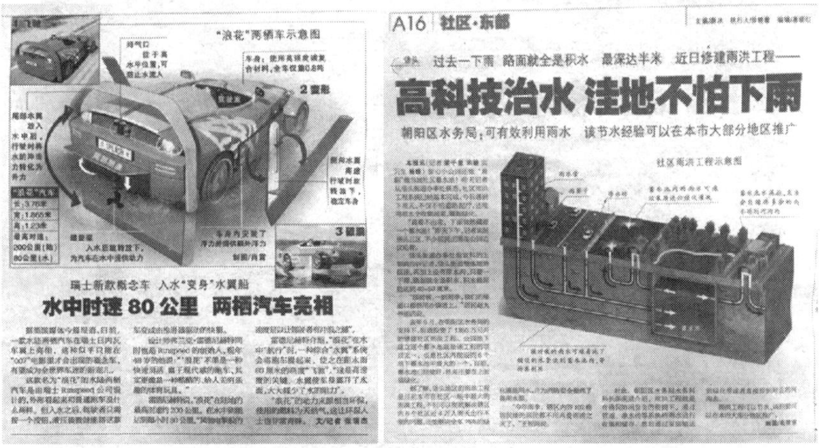
“浪花”两栖车示意图
瑞士新款概念车　入水“变身”水翼船
水中时速80公里　两栖汽车亮相
A16　社区·东部
过去一下雨　路面就全是积水　最深达半米　近日修建雨洪工程——
高科技治水　洼地不怕下雨
朝阳区水务局：可有效利用雨水　该节水经验可以在本市大部分地区推广
社区雨洪工程示意图

图1—43　《法制晚报》的仿真图

①参见耿瑞林：《新闻仿真图—图胜千言——〈法制晚报〉如何制作新闻仿真图》，载《新闻与写作》，2005（1）。

（三）2008 年至今的黄金期

随着传媒数字化的发展以及制图技术和受众阅读行为的变化，信息图表已经成为新闻信息传播的“常规性武器”。凡遇国内外大事，例如 2008 年第 29 届北京奥运会（见图 1—44）、2009 年国庆 60 周年大庆（见图 1—45）、2010 年上海世界博览会（见图 1—46）等，各家媒体都期望在信息图表制作的精度和美观上一鸣惊人。

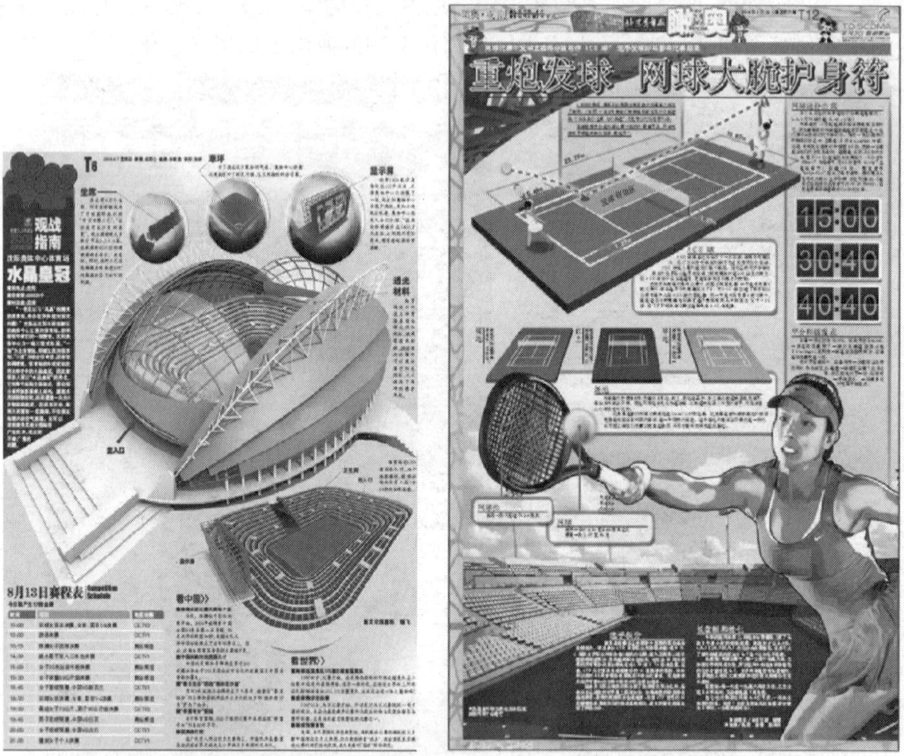
观战指南
水晶皇冠
8月13日赛程表
重炮发球 网球大腕护身符
15:00
30:40
40:40

图 1—44　奥运会期间《新文化报》和《北京青年报》的信息图表专版

国富民强阅兵振中华声威 庆祝华诞游行展复兴之路
国庆

图 1—45　《北京青年报》关于 60 周年国庆阅兵式的信息图表

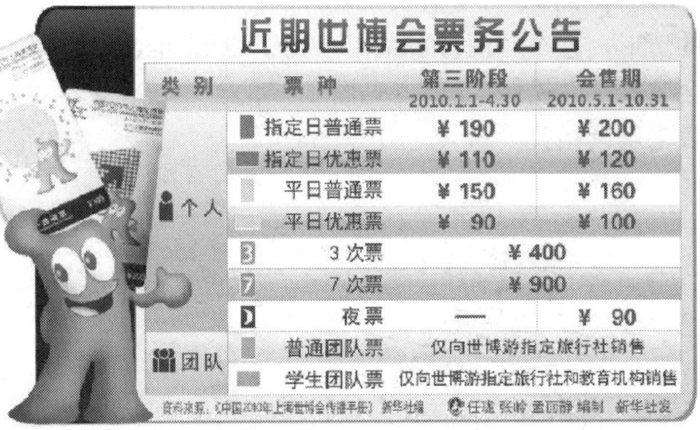

图 1—46　新华社图表室在世博会期间发布的信息图表

2010 年 7 月 27 日，《辽沈晚报》在新一轮的改版中，设立了《表述新闻》专版（见图 1—47），其目的就是适应速读时代的需要，希望以此给读者带来全新的读报视角和舒适的阅读体验。

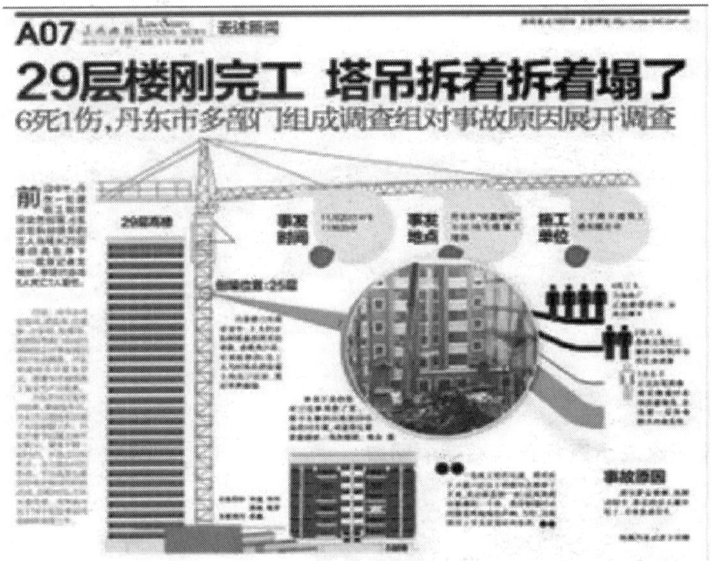

图 1—47　《辽沈晚报》的《表述新闻》版

2012 年 4 月，《华西都市报》提出“图示”常态化的目标，追求视觉的愉悦，实现从快速浅浏览到选择深阅读的突破，在头版和内版大大增加了信息图表的使用率。改版第一天就在头版刊登关于“修车骗局”的图表报道（见图 1—48，文前彩色插页）。头版的图表构图比较浅显易懂，除了传播主要信息之外，也能够吸引眼球，而对该报道的深度解析则放在后面的第五版上。

2012 年 9 月，《新京报》开辟了《新图纸》专版（见图 1—49，文前彩色插页），以整版篇幅详细解读新闻或背景性、知识性信息。清晰的逻辑分析、精美的图形制作加上恰如其分的色彩，凸显出信息图表传递新闻信息的优势。

地处海滨城市的《烟台晚报》为了配合山东半岛蓝色经济区的发展，唤起读者对海洋的倾心，丰富海洋知识，从 2012 年 12 月开始，推出烟台海洋生物资源系列图解报道——《海国图志》（见图 1—50，文前彩色插页）。

在全国“两会”报道中，信息图表作为独特的报道样式得到前所未有的体现。

《人民日报》2013 年 3 月 3 日头版头条就开始使用图表（见图 1—51），还出现了整版使用图表的情形，直至“两会”结束。到了 2015 年，信息图表已经成为党报报道全国“两会”的“常规性武器”（见图 1—52），不仅见之于报纸版面，而且官网也用数据图表来解读相关议题（见图 1—53）。

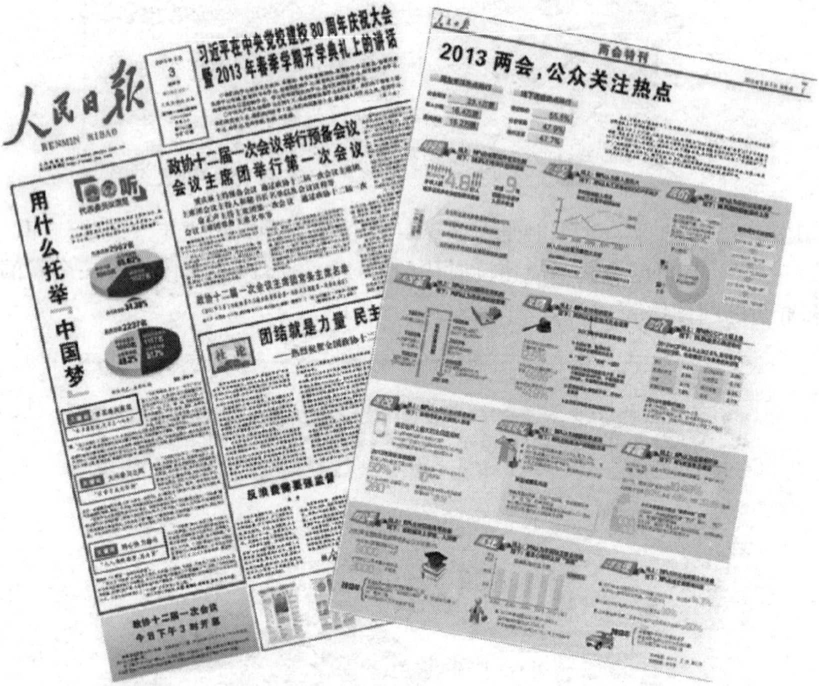
人民日报
RENMIN RIBAO
习近平在中央党校建校80周年庆祝大会暨2013年春季学期开学典礼上的讲话
政协十二届一次会议举行预备会议
会议主席团举行第一次会议
用什么托举中国梦
团结就是力量 民主
2013 两会，公众关注热点
两会特刊

图 1—51　2013 年 3 月 3 日《人民日报》头版

全面建成小康社会　激荡中国梦
发展进入新常态
同心共绘新图景
文化迸发新活力
美好生活新亮色
碧水蓝天新气象
稳
进

图 1—52　2015 年“两会”期间的《人民日报》和《图解新闻》

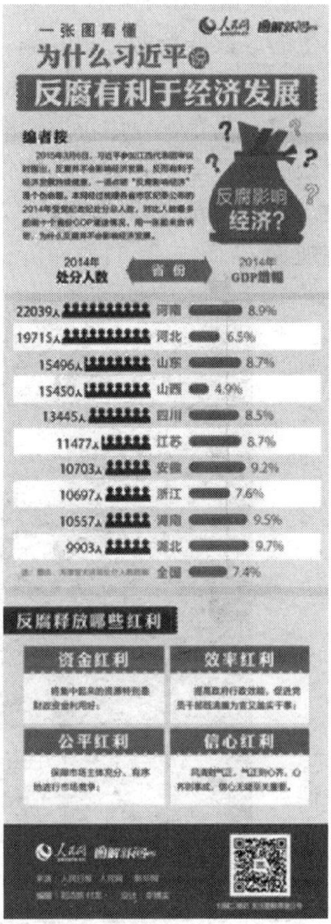

图 1—53 2015 年“两会”期间人民网的《数说两会》和《图解新闻》

以图像传播见长的电视媒体，近些年也增加了对信息图表的使用。2013 年 6 月 7 日，央视在《新闻联播》栏目中，以 Flash 动态图表加人物访谈的组合手法，用“数说”的方式报道了高考新闻（见图 1—54）。

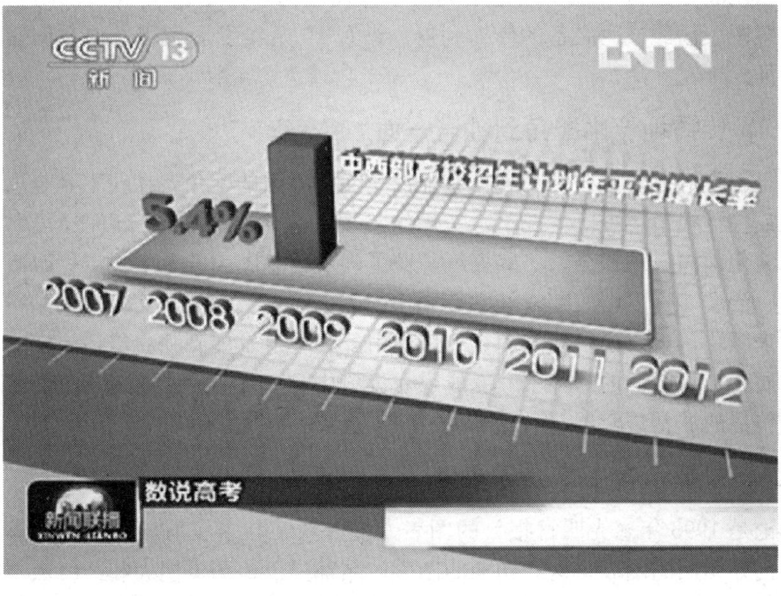

图 1—54 央视《新闻联播》对高考的报道

大数据的出现和广泛应用在深层次上改变着新闻传播的理念和实践，此间应运而生的“数据新闻”更是新闻传媒应对大数据时代变迁所做出的变革。2014 年 1 月 25 日，央视综合频道《晚间新闻》与百度合作，推出《据说春运》专题（见图 1—55）。此专题启用百度地图定位功能，对大数据进行可视化处理，直观形象地向观众展示了全国春运迁徙的情况，并结合相关调查挖掘出诸如“逆向迁徙”等新现象。与传统新闻相比，这种建立在大数据基础上的新闻传播更全面、更可信、更直观。

图 1—55　2014 年央视的《据说春运》

三、我国信息图表的发展特征

我国信息图表经历了由简单到复杂、由平面到立体、由辅助到独立、由静态到互动等跨越。信息图表不仅在我国报纸、杂志等纸媒站稳了脚跟，而且拓展到了电视及互联网领域。可以说，无论是突发事件的报道，还是常规重大活动的信息发布，信息图表已经成为必备的传播利器。纵观 20 余年发展历程，信息图表表现出以下特征。

（一）传播地位由配角到独当一面

信息图表进入传媒领域初期，其地位是文字报道的配角，在找不到合适的照片来补充或佐证报道内容的情况下，考虑绘制图表来“打补丁”，顺便还可以“图文并茂”美化版面。现如今，一些报纸开辟了刊发信息图表的专版、专栏，由每逢重大事件、活动才播发图表变成经常性制作图表。大家熟知的四大门户网站也相继开辟了图表版块，可以说，信息图表的地位由配合报道发展到独立传播，实现了传播地位的质变；由版面的“补丁”变成媒介竞争中出其不意的“杀手锏”，继而发展为信息传播的“常规武器”。

（二）传播内容由单一到多样

无论是 1993 年《光明日报》的图表专栏《数字与事实》，还是 1999 年新华社图表室创办初期的图表，这些初期的图表产品都是以地图类图表和经济数据图表为主。随着技术和业务水平的不断提高，图表内容呈现出品种细分化的发展趋势。除了大家熟悉的时政类图表、重大工程图表、科技科普图表外，卫生类、文化类、体育类图表层出不穷。而每一类图表还可以再细分，如财经图表可以分为走势图表、解释类图表和专业知识类图表，科技科普图表也可以再分为常规科普图表和重大科技事件图表。信息图表不仅呈现出品种的细分化、多样化，而且制作精良，专业化水平较高。几年前，笔者在参观《厦门日报》视觉中心时，还听到当地自来水公司曾经到报社请求提供一幅关于厦门市地下管线三维仿真图的事情。

（三）呈现形式由平面静态到立体互动

图表呈现方式上的变化与媒介竞争环境、制图软件的升级换代密切相关。二维、静态的图表从制作技术的难度和耗时看明显优于立体互动图表，但是，具体到图表所展示的报道客体，如科技类、突发事件、重大工程等，则是立体、互动式图表更胜一筹。特别是随着阅读体验、受众参与在新闻传播中的日显重要，以及互联网所赋予的信息载负平台的互动特性，都有力地支持了交互式图表的盛行。3Ds Max、Maya、Poser 等三维软件以及 Html 5 的普及应用也从技术层面支持了立体仿真图和交互式图表的发展。

（四）传播载体由纸媒到互联网

中外信息图表的载体经历了由报刊到电视再到互联网的过程，这和传播技术的进步、受众信息需求的变化相关联。从新华社新闻图表的用户和各传媒集团的刊发载体来看，信息图表也开始大量呈现于网络平台。这种情况的出现与受众获取信息渠道的变化、网络传播技术的发展、互联网的交互性、互联网信息的海量性密切相关。

【思考练习题】

1. 什么是信息图表？这种报道样式兴起的动因是什么？
2. 根据呈现形态划分，信息图表可以分为哪些类别？
3. 概述我国信息图表的发展概况，总结其发展特征。

第 2 章　信息图表概论

第 1 节　信息图表的功能

知识点：

- 整合信息是信息图表的首要功能，其目的是从内容、符号和时空等角度汇聚信息，以形象生动的方式传播出去。
- 信息图表是一种视觉传播样式，追求艺术的视觉效果是在情理之中的。
- 借助互联网的交互特性，信息图表的互动服务功能有助于提升传播效果。

一、信息整合功能

信息图表通过可视化过程将原本单一、枯燥的文字、数据转换为形象、生动的图形，运用点、线、面、色彩等多种元素，以及音频视频等传播符号解读信息，是多种信息传达方式的整合。

（一）信息内容的整合

信息图表就像一篇新闻报道，传达的是完整的信息。因此，它同样包含了 who（谁）、what（什么）、when（何时）、where（何地）、why（为何）和 how（怎样）等信息要素。前四个要素满足了受众的基本信息需求，而 why 和 how 则是新闻要素中最具价值和意义的部分，为解读、呈现这两者所耗费的时间、精力也相对较大。图表编辑要在掌握这些信息要素的基础上，理顺了它们之间的逻辑关系、内在联系，依据人们的认知规律，运用各种视觉元素，以形象化的思维设计、制作信息图表。

北京奥运会期间《华商晨报》刊发了《看懂奥运》特刊，该特刊实质上就是图表专版，其中一期是对“马术”的介绍（见图 2—1）。制图编辑在右侧边栏介绍了场馆地理、项目历史、比赛规则和中国队员情况。左侧是一幅内容复杂的图表：版面上部用解剖图的方式对赛马的关键部位进行了介绍，然后依次介绍了三个比赛的场地，并用分解动作的方式分析了跳跃障碍和盛装舞步比赛，用剖面图分析了赛场的沙地构成，最后还简单介绍了八种名马。可以说，制图编辑整合了几乎所有与马术相关的信息，看完这幅图表之后再去看比赛，肯定会有“内行看门道”的感觉。

（二）传播符号的整合

信息图表不是单纯的图形，它聚合了文字数字符号、图形符号和色彩等。随着制图技术的进步和传播平台的变化，在网络互动图表中，还可以整合音频符号，甚至动画等视频符号，增强传播符号的丰富性和生动性，充分体现出信息图表更具易读性、悦读性的传播优势。

马到成功

图 2—1 《华商晨报》对马术项目的介绍

搜狐网为美国总统奥巴马 2009 年就职典礼制作了动态图表（见图 2—2，文前彩色插页）。其中的主图是一幅华盛顿国会区的仿真地图。从国会大厦到林肯纪念堂再到白宫是该图的主要信息展示区。图表上嵌入了一些蓝色的小旗子和摄影机的图标。当读者选择就职日程中的不同阶段时，仿真地图就会自动切换到事件发生的场地；如果继续点击蓝旗或者摄像机的图标，则会弹出相关联的照片或者视频。而主图的右侧则会出现浮动窗口，内容包括典礼的流程、地点、史料等信息。

（三）时空概念的整合

信息图表不仅可以呈现事物的复杂结构，阐释工作原理，再现事件的过程和显示事物间的关系，而且可以将不同时空内的信息整合在一起，充分挖掘信息的价值和意义。尤其在互联网图表中，借助超链接、海量存储和交互性等特点，信息整合功能更加高效。

2007 年 10 月我国发射了“嫦娥一号”卫星，三年后的 2010 年 10 月，又发射了“嫦娥二号”卫星，围绕着这两颗卫星的不同任务和条件状况，新华社图表编辑制作了对比图（见图 2—3）。对绕月轨道和月表之间的距离、进入奔月轨道的时间等进行了比较，反映出“嫦娥二号”在技术层面的突破性进展。

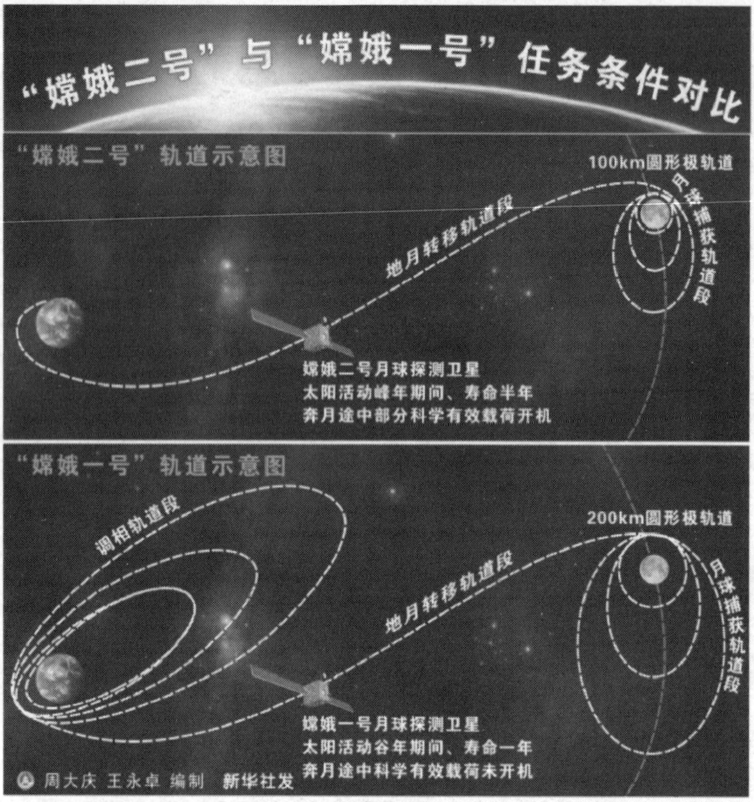

图 2—3 新华社图表室绘制的"嫦娥一号"、"嫦娥二号"对比图表

二、视觉审美功能

如果说文字报道是"写新闻"，新闻摄影是"拍新闻"的话，信息图表则是在"画新闻"了。既然是"画画"，就要体现出设计者的艺术表现力，在传达信息的同时，在视觉上和心理上赋予受众一种双重审美体验。

（一）构建版面的视觉中心

传统的版面编排讲求平衡性和秩序感，而现代视觉设计则突破了这种陈规，通过对版面元素的设计与编排，构建视觉冲击中心，在形式上吸引受众，进而在内容上留住受众。版面编辑营造视觉中心的常用元素不仅包含标题、照片、插图，还有信息图表。作为配置的图表，与传播主体之间是补充或延展的关系，在版面的整体布局中，遵循内容的协调，色彩的搭配，使局部服从整体。而以整版形式呈现的信息图表则利用"优先率"的概念，以大图形、大号文字等吸引注意力，使信息图表的构图详略得当，主次分明。如《新京报》关于"神舟六号"的报道（见图 2—4）。

（二）色彩影响受众的阅读情绪

色彩是最具表现力的版面元素。色彩不仅可以传递信息，而且可以影响受众的情绪。具有诗人和画家之称的闻一多先生曾经写过一首富有哲理的小诗《色彩》："自从绿给了我发展，红给了我热情，黄教我以忠义，蓝教我以高洁，粉红赐我以希望，灰白赠我以悲哀……"人们在阅读此诗歌时产生了丰富的联想：绿色是小

升空10分钟 神六5过"生死门"
十几个着陆场静候神六凯旋

图2—4 《新京报》关于"神舟六号"的号外

草发芽的颜色，象征着发展；红色是太阳的颜色，代表了热情；蓝色是大海、天空的颜色，意味着宽广、博大……受众通过色彩产生视觉联想，引发不同的心理活动和不同的情感，究其原因，是受众的联想、经历、审美情趣和习惯使然。色彩的情绪特征实际上是人们情感经历的外化。

信息图表是一种视觉传播形式，制图与其他新闻产品的采制一样，都是对信息的加工和提炼，制图不仅需要制作者的逻辑思维能力，而且要在用色、构图等方面融入设计者的艺术设想。新华社图表编辑室原副主任曹文忠曾说，图表新闻制作人员"要像记者那样去思考、探究和调查，像艺术大师那样去绘画"①。一幅好的图表不仅方便受众接收重要信息和新闻事实，还能让受众在视觉上得到享受，并在心理上产生愉悦感，使其过目不忘。如2008年第29届奥运会期间出版的官方会刊，从7月29日到8月24日，每一期都专门开辟了三维版，用立体仿真图介绍体育场馆和比赛项目（见图2—5，文前彩色插页）。其构图新颖、制作精美，读者获取的不仅有信息，也有艺术享受。

三、互动服务功能

静止状态的图表犹如传统新闻报道，制图编辑单向性地向受众传递信息，受众被动地解读图表。而基于互联网的交互式图表，受众在消费信息的同时，也可以参与信息的生产环节和发布环节，以丰富传播内容、传播手段，提升传播效果。

（一）受众参与图表生产，获得体验和信息

图表编辑借助互联网的交互性特点来设计和制作图表，受众可以在图表的多层次信息中任意选择，以满足不同的阅读需求。受众可以参与信息图表的生成，统计调查类的网络图表往往有此功能，如搜狐网关于"延迟退休"的新闻专题（见

①曹文忠：《让新闻一目了然——新华社的图表新闻及其制作》，载《中国记者》，2001(4)。

图2—6）中就有一个“你对延迟退休怎么看”的互动调查，网民做出选择，点击投票，数据载入之后，就会显示当前的投票人数及各个选项的比例并生成的新图表。

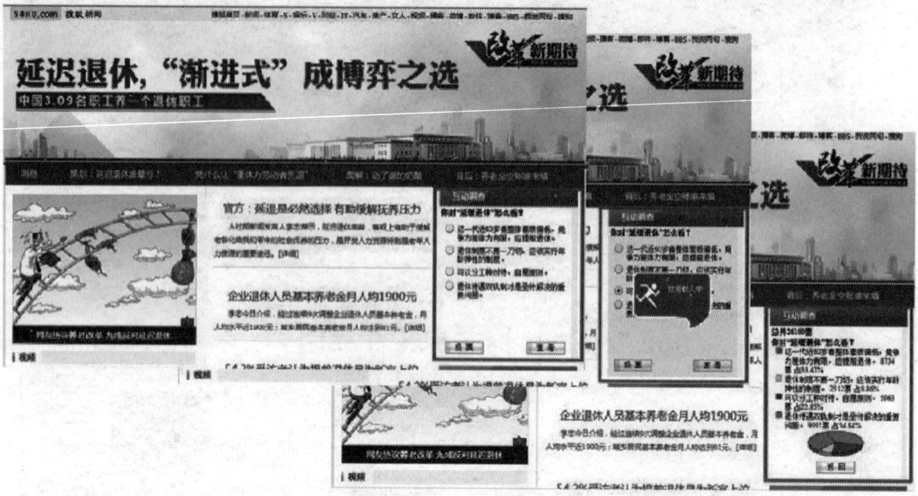

图2—6　搜狐网新闻专题《延迟退休》

（二）受众介入信息传达，自主搜索和查询

图表编辑在设计、制作互动图表时，依据网页结构、信息内在的逻辑关系等因素，把大量的数据或信息链接到某些按钮、符号上，受众根据自己的信息需求，通过点击鼠标、拖动滑块，或者输入一定的文字，以主动搜寻的方式来获取相应的信息。

价值工程的创始人劳伦斯·戴罗斯·麦尔斯（Lawrence D. Miles）认为，顾客购买物品时需要的是它的功能，是对象能够满足某种需求的一种属性而不是物品本身，物品只是功能的载体。只要功能相同，载体可以替代。因而功能与其载体在概念上应有区分。但是，一种功能的实现不可能没有载体，所以功能与其载体又必须结合。信息图表的功能就是更好地传递信息，图表与信息是形式与内容的关系，缺失任何一方，另一方都将失去存在的价值和意义。与文字符号传播、图片图像传播相比，信息图表以其独特的传播功能，借助图形、色彩、表格等，清晰、简洁、快捷地传播各类信息，并对传播内容、传播载体、阅读者等产生影响。

第2节　信息图表的传播优势

知识点：

● 信息图表可以删繁就简，过滤掉次要信息，突出主要信息或重要信息，进而提高信息的传播效率。

● 当难以摄取事物形象时，如突发事件、物体内部结构等，信息图表将大有用武之地。

● 信息图表样式简洁，可使传播内容更直观、更形象、更具易读性。

● 信息图表可以根据传播内容的需要，突破时空局限，拓展信息传播的深度和广度。

● 信息图表在版面上犹如照片，易于构建视觉刺激点，营造视觉中心。

一、传播信息的效率更高

进入读图时代之后，更多的媒体习惯或偏爱使用图像、图表叙述事实，与单纯的文字描述相比，这种叙事方式更利于受众深刻地记忆信息。尽管新闻照片对报道对象的反映比较逼真，但是，它在传播信息的选择性上很受限制，难免要摄入不需要的冗余信息、干扰信息。相比较，信息图表则可以删繁就简，过滤掉不必要的次要信息或细节，突出主要信息或重要信息。

例如，2011 年 7 月 1 日，新华社图表室在报道“青岛胶州湾大桥和青岛胶州湾隧道”时所制作的图表（见图 2—7）就发挥出高度的概括性，把重要信息提炼出来，简化了事物的复杂性，为读者提供了更多的有效信息。如图可见，编辑提取了跨海大桥、海底隧道的长度，以及总投资、开工时间等受众最关心的信息，并且为了凸显建造胶州湾跨海大桥和海底隧道的意义，在胶州湾局部地图上用三条线段分别勾勒出两座跨海大桥和海底隧道的大致位置，读者通过这些精炼信息可以很好地理解这项工程将给山东半岛的发展带来的便利。

图 2—7　2011 年 7 月 1 日新华社图表室编发的青岛胶州湾大桥图片

二、再现难以摄取形象的事物

一些事件或者现象用文字往往难以描述，这时候就需要借助于图像来展现，但是，有时事情的发生突如其来或者稍纵即逝，还有的事物用非一般摄影、摄像技术不能实现图像信息的采集。那么，在这种状况下，采用信息图表、以示意图的方式再现新闻场景，把看不到的过程或结构简明扼要地勾勒出来或动态地演示出来，就能够给予受众更完整、更直观、更清晰的认识。

2010 年 8 月 5 日，智利北部阿塔卡马沙漠中一处名为圣何塞的铜金矿发生塌方事故，导致在井下作业的 33 名矿工陷于 700 米深的地下。随后救援工作立即展开，经过长达 69 天的漫长等待，10 月 13 日，33 名被困矿工获救，创造了矿难救援史上的奇迹。在整个报道中，受众除了关注地下矿工的伤亡情况外，救援方法则是报道的重点。救援人员设计了三种挖掘逃生通道的方案，三个方案的各自特点以及施工方法则成了新的信息点，而对于这些难以采集图像的信息，信息图表（见图 2—8，文前彩色插页）在这里发挥了一图胜千言的作用。

三、传播信息简洁直观，更具易读性

随着社会上各类信息的剧增与获取信息渠道的多样化，受众希望能够在最短的时间内、以最小的心智成本获得尽量多的信息。美国传播学者施拉姆（Wilbur Schramm）的选择或然率公式阐释了这样的道理：满足程度越高，而费力程度越低，则选择或然率就越大，受众就越容易选择这种媒介或信息。信息图表作为视觉化的传播方式，以其内容的精练、具体，呈现方式的简洁、生动、直观等优势，可以有效降低受众解读信息时的费力程度。比如“神舟七号”发射过程中的最大看点是“太空行走”，为了取得最佳传播效果，《北京青年报》刊发了“首次出舱　航天员神游太空”的立体仿真图（见图 2—9），把原本复杂烦琐的过程划分为穿衣、泄压、出舱、返回四步，以半个版的篇幅，局部加整体，辅以简要的文字说明，将航天员太空行走的过程描述得清清楚楚，从而方便了受众阅读。

图 2—9　2008 年 9 月 27 日《北京青年报》立体仿真图

四、可以跨越时空限制

信息图表能把时过境迁的事件或现象结合在一起，从中提炼出新的含义。比如组合式报道，制图者可以把同一时间、不同地点发生的同类事件，或者同一主题、不同门类的情况，组合在一起，体现出视野的广阔和思想的高度。在系列图表报道中，通过梳理同类信息，可以增强历史厚重感、内容的丰富性，体现出信息的知识价值。

2011 年“神舟八号”发射时，腾讯网制作了网络专题，其中有一个版块介绍中美航空发展史（见图 2—10）。图表上部是一条从 1945 年到 2011 年的时间轴，拖动上面的滑块，中、美、俄三国的航天航空发展路径则前进或后退，与左侧的年代相对应，三国的路径上出现不同的小图标，这些图标分别代表了导弹/火箭、人造卫星、载人飞船、空间站、航天飞机和事故。可以说，这幅动态图表囊括了从 1945 年德国研制 U2 导弹到我国发射“神舟八号”之间半个多世纪中、美、俄三国的航天航空事业的发展历程。

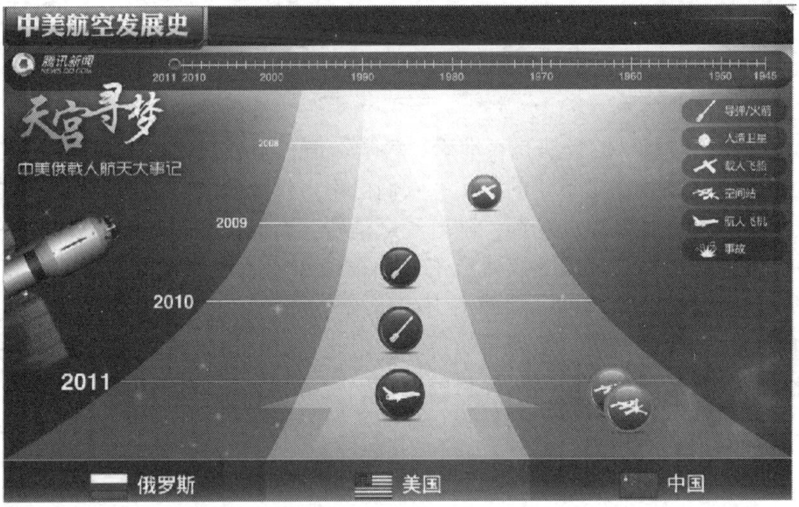

图 2—10 腾讯网“神舟八号”专题报道

五、具有较强的视觉冲击力

无论图表刊发在网页还是纸媒上，它都将以不同于文字符号的形式呈现出来。在个别情况下，信息图表占据整个版面（现在一些报纸设置了图表专版），或者在网页上占一屏的面积，但大多数情况是占据部分版面或网页。作为以图形为主的传播方式，信息图表对注意力的吸引远高于文字符号，易于形成视觉中心。从这个角度来看，其视觉冲击力不亚于照片和插图，有时还因其内容的独特而更具视觉愉悦感。

九堡大桥是我国第一座采用“整体顶推施工”的空间异形结构的钢混拱桥。该桥是一座带着三个拱的跨江大桥，按照通常的施工法，大桥的三个主拱需要现场一段段吊上去拼装。但是，为了最大限度地节省建造成本，九堡大桥的三个主拱是在岸上先组装好后，把主拱放在特殊材料做成的“滑板”上，直接“推”到江面上的。如何完成这一过程仅仅靠文字描述显然是不能满足读者需求的，《今日早报》则利用仿真图来解读这一复杂过程。在构图上用大图结合局部解读的方式，清晰地模拟了这一高难度的建桥方案（见图 2—11）。该图表在顺利解读信息的同时，营造了版面冲击力。

九堡大桥坐着“滑板”架上钱塘江

第1难 主桥坐着“滑板”到江心

第2难 上千个千斤顶如何统一行动

第3难 87米龙门吊国内第一高

图 2—11 《今日早报》2009 年 3 月 26 日第四版

无论“读图时代”的提法是否准确、科学，信息图表在传媒上的使用量越来越多、地位越来越高，已是不争的事实。它们已不再仅仅是装点版面，而是更多地承担着传递信息和表达观点的功能。随着受众消费“新闻信息”时间的日渐缩短，在传播中“先声夺人”已经成为媒体出于商业报偿和传播效果双重考虑的明智选择，信息图表——这一具有高度视觉冲击力的传播样式——不仅吸引着受众的注意力，同时也吸引了传媒生产者、经营者的视线。因此，研究如何使信息图表的传播优势最大化地发挥出来成为一个引人注目的课题。

第 3 节　信息图表的构成要素

知识点：

● 从视觉传播的角度看，信息图表的形式构成要素包括文字/数字、各类图形和色彩。

● 从信息内容的角度看，信息图表的内容构成要素包括标题、信息来源、新闻发生的时间地点、新闻主体、文字注释、绘制者和刊发单位等。

一、信息图表的形式构成要素

信息图表的形式构成要素包括文字/数字、图形和色彩。信息图表中的每个要素都应当为图表的传播目的和影响力服务，特别是恰如其分的元素更能增加图表的信息量和设计感，缺失这些元素则会使图表显得不完整。

（一）文字数字元素

文字是语言的载体和形态，是记录语言、传递与交流思想的规范性的通用符号，其特点是准确、规范、详细。信息图表设计中涉及的数据多以数字方式呈现，在制图技术层面上，可以把数字归属于文字范畴，它们都是信息图表的必要构件。信息图表中文字和数字的使用特点是准确、简短、简练和鲜明，而字体、字号、字距、段落、版式等基本要素则可以影响视觉审美与信息传达的效果。为了吸引注意力和实现有效传播，可以通过图形软件对文字进行艺术处理，赋予其一定的色彩、阴影、旋转、透视、立体等效果。图 2—12 是新华社播发的关于 2009 年下半年开始我国进出口总额的图表，其标题和数字（年份）进行了弧形处理，2009 年的总额“2.2”万亿美元也得到了突出。

图 2—12　新华社图表室制作的财经类图表

（二）图形元素

图形主要包括点、线、面、箭头、标识和照片以及各类折线图、柱状图、饼状图等，这些图形元素有具象和抽象之分。具象图形元素直接、形象、生动，能够再现事物特征，清晰而明确，识别性强，贴近读者的日常视觉认识，便于信息快速传达和简单接受。抽象图形元素则需要读图者发挥联想，可以营造阅读秩序，具有很强的信息表达功能。如点可以指代事物，并表明其所在位置；线可以起到分隔、连接作用，表示变量和趋势；面主要表示事物或事物之间的量值、属性等关系；箭头接近线的属性，即流动与方向性，同时更具流程感、指向感。①

（三）色彩元素

色彩是表达思想和传递情感的中介，不同的颜色代表不同的属性，具有信息分类与强化的作用，并由此衍生出视觉心理。在我国的信息图表中，喜庆类的图表总是以红色或黄色为基调，而灾险事故则多为黑灰基调，蓝色往往用于科技类题材。另外，

①参见丁耀林：《轻松阅读——信息图表的视觉传达》，11～12 页，首都师范大学硕士学位论文，2009。

色彩在信息图表设计中主要用来区分信息，比如主次关系、类型关系、整体部分关系等。2011年夏季，美国结束航天飞机项目，某外国网站刊发了一幅关于美国航天飞机的知识性图表（见图2—13，文前彩色插页），该图表除了以形象化的手法描述航天飞机的长度和重量外，还以五种颜色分别表示五架航天飞机曾经搭载过的航天员数量和飞行距离。此图体现出色彩不仅本身蕴涵信息，而且具有组织信息的功能。

无论是文字、数字、图形还是色彩，不同的信息元素具有各自的视觉特征，挑选形象直观、鲜明生动、简单清晰、诙谐趣味的视觉元素，有利于受众愉快、有效、快速地接受信息。

二、信息图表的内容构成要素

信息图表的内容构成元素包括标题、信息来源、新闻发生的时间地点、新闻主体、文字注释、绘制者。美国新闻学者多萝西·A·鲍尔斯和黛安·L·博登在专著中论述如何编辑信息性图表时指出，一张信息性图表的作用简单说来就是用易于理解的可视形式传递信息。一张图表就像一张报纸一样有开头、中间和结尾。如故宫博物院展品失窃图表（见图2—14，文前彩色插页）。一张信息性图表的基本要素包括标题、解释、主体、信息来源、绘制者，如果上述要素之一被漏掉了或出了错，这张图表就不能达到目的。①

（一）标题

标题是信息图表自成一体的重要标志，缺乏标题的图表让受众一头雾水，不能达到传播新闻信息的目的。信息图表的标题大多为一行题，即单一性结构，以实题居多，往往是从内容中归纳、提炼出来的，一看标题即知道图表的主题是什么。图表标题在字号上是该图表中最大的。

（二）信息来源

信息来源是图表内容的来源，采用信息来源说明制图者从哪里获得信息，从而增加信息的可信度，确保信息的真实性。同时，受众可以根据信息来源判断信息的价值，并且将信息的责任放到被引用的地方，而不是记者、编辑或媒体。另外，操作中要力求采用高质量的消息来源，即消息来源具有一定的权威性，与新闻事件的关系密切，并且消息源清楚明确。

（三）绘制者

明确标注绘制者的姓名不仅是责任的体现，还是信息图表专业化发展的表现。现如今，无论是新华社图表室的产品还是一些报社、网站的作品，大多已经注明制图编辑，以示版权。

（四）时空的标注

标注新闻发生的时间、地点是重视新闻时效性的表现。在信息碎片化时代，让受众快速获得时空概念从而清晰地理解新闻信息是媒体竞争的有效方式。在文字符号精练的图表中，时空概念的表述往往出现在副题里，字号仅次于标题，以示醒目突出。

（五）主体

信息主体指的是信息内容的重点，它需要制图者用鲜明的形象或者简练的文字

①参见［美］多萝西·A·鲍尔斯、黛安·L·博登：《现代媒体编辑技巧》，108页，北京，新华出版社，1999。

来表述，它可能是具体的人物、事物，也可能是一起事件或者一种现象。图表中的主体近似于消息中的导语，融合了最新、最重要、最具吸引力的信息点，言简意赅，重点突出，思想凝练。

(六) 文字注释

文字注释是在新闻主体确定后，采用简明扼要的文字来消除受众在阅读图表时的信息不确定性。既可以是事件发展的步骤与环节，也可以是一些图例或术语。必要的文字解释在叙述复杂信息的过程中是不可或缺的，文字语言有定义精准的优势，有时从节约空间面积的角度考虑，文字或许优于图形符号。

任何事物都由内容和形式两部分构成。内容是事物的内在诸要素的总和。形式是内容的存在方式，是内容的结构和组织，二者是辩证的统一。在设计、制作信息图表时要兼顾形式构成要素和内容构成要素，做出正确的取舍和呈现。

第 4 节　信息图表编辑的素养及意识

知识点：

● 新闻的判断力、广博的知识和一定的美术功底是信息图表编辑应具备的基本素养。

● 高质量的信息图表与图表编辑的策划意识、时效意识、受众意识和把关意识是分不开的。

一、信息图表编辑的业务素养

无论是纸媒还是网媒的图表编辑，新闻素养、知识素养和美术素养是其从事图表制作的必要条件。

(一) 对新闻信息的判断、分析

对于信息图表编辑而言，首先他是媒体从业者，因此，准确判断传播客体新闻价值的有无与大小，是其所有素养中的关键与根本。这种判断不仅基于客体自身的各种要素，而且还要考虑传播对象、媒体自身的属性和功能。笔者曾经访谈过一位新华社图表编辑室的编辑，他硕士毕业入职新华社之后先到地方分社当了一年记者，之后才回到图表室。这种基层工作经历帮助图表编辑积累了新闻现场的实地采访经验，使其对新闻操作理念、新闻基本要素、新闻采访过程有了全面的认知。另外，通过大量阅读新闻稿件，这位编辑对稿件的中心思想与报道思路，对新闻发生的地点、地形、地貌环境特征，对新闻当事人的外在表现以及事件进程清晰明了，进而提高了对新闻稿件的理解能力。严格地说，作为新闻媒体的图表编辑，要能按照重要性原则，对本媒体即将刊发的新闻进行排序，能对主要新闻的具体新闻点做出罗列和陈述，能对近几年或许更早的主要新闻事件有认知上的积累，对新闻发生的主要区域以及领域有宏观的认识。

(二) 对社会知识的积累

图表编辑也是编辑，需要科学、合理的知识结构。在社会信息剧增的时代，人们的精力、时间有限，要想成为全才非常困难，信息图表编辑也不例外。但是，由于编辑对象的庞杂，作为图表编辑又不得不根据工作的需要，通过不断的学习和积

累，使其知识结构适应工作特点。第一是要做“杂家”。除了一般新闻编辑所要求具备的专业知识、基础知识之外，由于信息图表的内容囊括了广泛的领域，所以必须涉猎广泛，起码要知道从何处获得与表现主题相关的资料。第二要具备丰富的地理常识，能准确地“背诵”中国地图、世界地图，能对某些重要区域的地理状况有相对深入的了解。因为在信息图表中，地理概念的呈现起着至关重要的作用，图表编辑不能仅满足于找到发生地，而要熟知那里的地理特征和周边环境状况。第三，素材的积累与搜索。熟悉各类素材网站，知道在何处可以找到所需要的图形或者参考形象，并且根据制作经验建立素材库，时常归纳整理。

（三）具备一定的美术修养

从专业背景来看，国内媒体（新华社、各类报社、各类网站）的图表编辑主要来源于美术、设计专业，其次为广告、计算机专业，也有个别的来自新闻传播专业。之所以出现这种专业结构，说明一定的美术素养、视觉化的形象思维特别是创意构思的想象能力在图表设计和制作中占据着重要位置。因为图表编辑在明了新闻稿件所涉及的场景、人物、过程等之后，要在脑海中想象新闻发生过程的连续画面，根据新闻的重点、文字描写的角度和新闻客体所处的空间位置，确定某个特定的画面。

图表编辑的美术素养体现在三个方面。第一，具有一定的见识。即了解各种艺术流派的表现形式以及理念，不仅要在电脑的硬盘里存储大量优秀的中外信息图表，还要在头脑中对这些信息图表进行任意的拆分组合，并形成自己的制图风格。第二，较好的视觉思维。一方面，能把现实中复杂的新闻要素、难以呈现画面的事物、抽象事物的根本特征以相应的形象符号表现出来；另一方面，能通过构图、色彩的三要素（明度、色相、纯度）、线条的粗细、字体字号大小等审美技巧，表现新闻要素的主次和展示重点。第三，制作手段的操控能力。市场上的大量绘图软件都可以帮助图表编辑制作出想要的效果，只需挑选出那些能让工作最有效的几款软件即可。学习软件非常耗时，最好的学习就是工作实践，在日常工作中制作图表能使编辑最快地掌握软件，在实践中摸索出一套适合自己的操作程序，使制图工作更有效率。作为图表编辑至少需要熟练运用一款平面软件和一款三维软件；如果需要在互联网上展示图表，还需要掌握基本的编程技术，熟悉每个软件的特性，根据目标效果，灵活选择制图软件。

二、信息图表编辑的工作意识

（一）设计上的策划意识

在新的传播形势下，新闻媒体的竞争优势主要体现在报道的及时性、信息的丰富性、内容的易读性等方面。而受众所青睐的往往是那些独家的、有深度的和有观点的报道。而要做到这一步，离不开策划。可以说，策划是“研发”工作，是报道的灵魂。策划就是事前的谋划，其目的就是出其不意，追求打破常规，与众不同。策划的精髓在于创新，没有创新，信息传达也就失去了存在的意义和价值。如果图表进入讲故事和编辑的过程之中，那么它们从一开始就是最有效的。如果它们是后来添加的东西，点缀在已完成的报道之上，就如同华而不实的金属箔片一样，那么它们就是最无效的。①

①参见［美］塞西莉亚·弗兰德、唐纳德·查林杰、凯瑟琳·C·麦克亚当斯：《美国当代媒体编辑操作教程》，402页。

信息图表的题材是有选择性的，“有所为有所不为”。它所选择的题材，多是国内外大事、老百姓所关心的事；所解读的现象，多是人们所欲知的。运用图表传播新闻信息虽然不完全等同于文字报道和音视频报道，但是，图表编辑同样需要具备策划意识。正是由于传播方式和传播平台的独特性，在制作图表之前的策划和构思就显得更为重要。特别是重大战役性报道，从选题的确定、素材的收集、信息点或数据的提取，到图形的选择、版式构图，哪个环节都少不了策划。从三峡工程、青藏铁路到“神舟”系列飞船、北京奥运会、60周年国庆、上海世博会、十八大等，包括新华社、各大报社、门户网站在内的媒体无不在事前进行了周密、完整的策划。也正是策划，使得这些信息图表集合成为系列报道，在扩大报道声势的同时，也增强了传播效果。信息图表的策划是从具体事件中选择题材，依据事件确定篇幅规模，制定技术应用，并明确所对应的表现方式，然后规定完成时间，依据信息传播规律适时播发。由于事件、现象存在预知与突发的差别，因而实施策划各异，不可一概而论。

在2013年“两会”期间，《新京报》除了按常规利用信息图表对“两会”《政府工作报告》进行解读之外（见图2—15），还策划了两个版块：“国策论”和“两会观”。“国策论”（见图2—16）是对热点问题的深入讨论，不仅有对政策具体形象地解释，还有对问题解决办法的分析。除了以写信的方式、亲切的口吻为读者描述了2020年的美好生活，还借助图表深入浅出的形式，将抽象的国家宏观政策融入到普通百姓的生活中，使报道有深度又不枯燥。“两会”报道的内容不仅包括会议产生的提案、议案，还应包括会议本身，因为会议本身也有重大的新闻价值。国外媒体在报道选举时一般都会花费笔墨报道选举制度。虽然人民代表大会制度和政治协商制度并不是“两会”报道的重点，但也是不可或缺的。许多人对于“两会”本身并没有深入的了解，而这却是不容忽视的背景知识，这就需要媒体在报道中向读者讲清楚“两会”到底是什么，以提高民众的政治素养和参政意识。《新京报》的“两会观”（见图2—17）采用图表和文字相互配合的方式，对国民进行了一次必要的时政知识普及。

图2—15 《新京报》对《政府工作报告》的解读

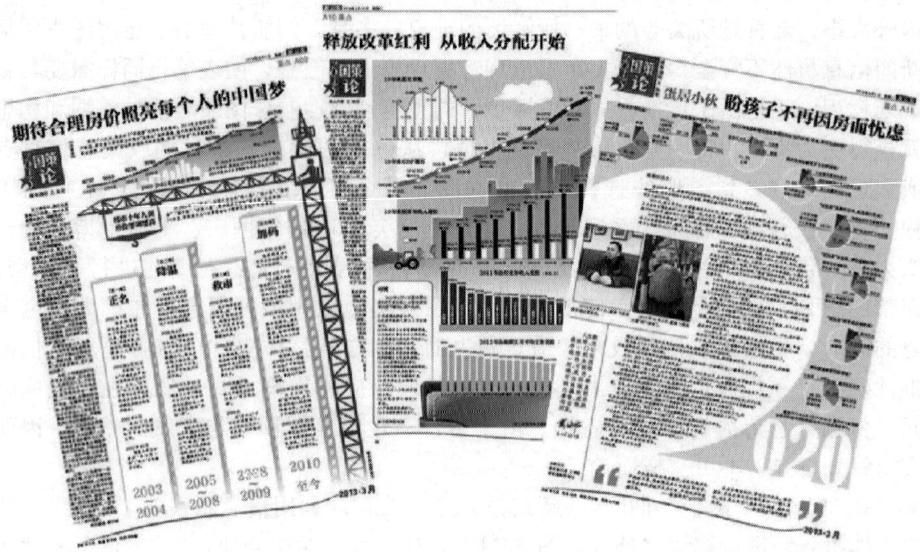

图 2—16 《新京报》的“国策论”

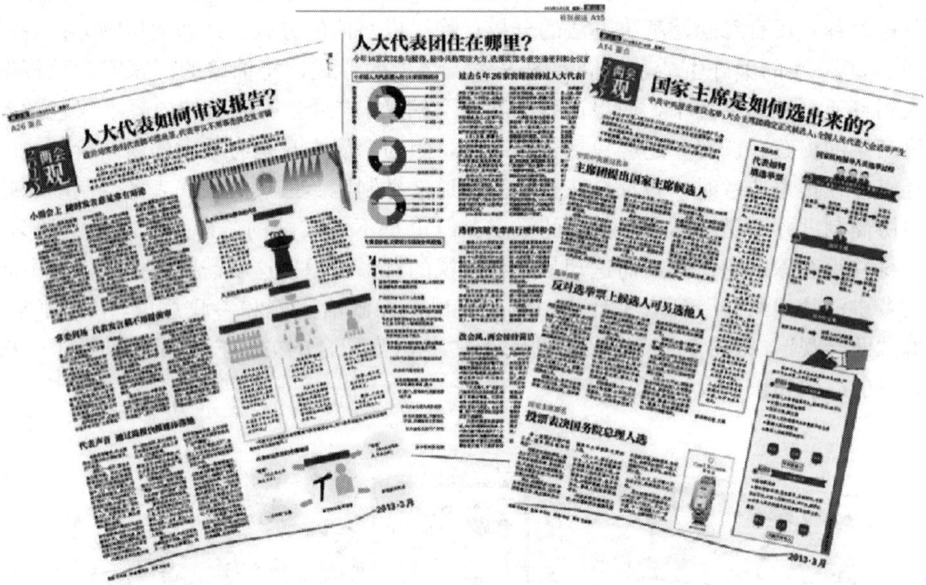

图 2—17 《新京报》的“两会观”

（二）制作上的时效意识

正是由于图表存在设计和制图过程的延缓问题，更需要强调时效性，尤其对于新闻媒体发布的信息图表更是如此。如果时间延迟，再精美的图表也会丧失其新闻性。在报道重大新闻事件、重大突发事件时，图表的任务之一就是争抢时效，必须以最“快”的速度制作完成，在第一时间发稿。但由于种种局限，信息图表的资料来源往往是文字稿（自采稿件或新华社稿件），编辑拿到文字稿就已慢了一拍，还要经历消化素材、提炼主题、思考创意、设计构图、造型用色等环节。由于制作图表技术含量高、工序繁杂、耗时长，争抢图表作品的时效性便成为图表编辑一项更加紧迫的任务。

2008 年 5 月 12 日，我国四川省汶川县发生特大地震，地震发生后的 27 分钟，新华社图表室的编辑们争分夺秒地绘制图表，在文字稿播发半小时后，就发布了第一幅图表快讯《四川汶川县发生 7.6 级地震》。震后 1 小时，根据国家地震网“重新核定”的震级，图表室又播发了第二稿《四川汶川县发生 7.8 级地震》。由于时间紧迫，这两幅地图结构很简单，仅指明了位置，标注了经纬度和时间。图表在修饰美化方面的处理虽有不尽如人意之处，但保证了时效，被各大媒体纷纷采用。报道的策划意识和图表素材库的建设共同保证了信息图表制作和发布的时效性。特别是对于可预知事件如发射航天器、重大庆典和纪念活动等，可以提前获取资料加以准备，并依据事件重要程度确定图表规模及用工量。对于党代会、全国“两会”、国际会议以及重大体育赛事等周期性报道，完全可以提前完成半成品或模板设计。

(三) 传播上的受众意识

图表编辑的受众意识主要体现在两个方面。

第一是拓展信息内容。信息社会的受众已不再仅仅满足于了解简单的新闻事实，还迫切需要了解事件的来龙去脉。因此，媒体在做新闻时，包括信息图表的设计制作，需要对主体新闻的时空进行深度、广度、高度的挖掘。通过解释和剖析主体新闻的背景、起因、波及影响和发展趋势，让受众全面、立体、多角度地了解事件全貌和意义。第二，把握受众视觉心理。视觉心理是一种由外界影像通过视觉器官引起的心理机理反应。当受众观看、浏览到呈现某些信息的图像、图形时，在得到基本信息需求满足的同时，会由此激发新的信息需求与可视化的需求。尤其在重大事件信息图表制作中，把握受众的阶段性、情景性需求是实现有效传播的关键。在报道了汶川地震震级后，新华社图表室继续对震中、震级做准确描绘，对抗震救灾形势进行系列报道，先后编发了《汶川地震受灾地区示意图》、《通往汶川公路示意图》、《汶川地表地形示意图》、《汶川地区的余震》、《通往地震重灾县城的公路除茂县外基本抢通》等系列图表，全方位介绍灾区的地形、地貌。在抗震救灾期间，图表编辑每天定时播发《汶川大地震灾情报告》、《汶川大地震抗震救灾进展》以及抗震救灾的知识性图表（见图 2—18），满足了受众了解灾区各方面情况的阶段性信息需求。

(四) 审核中的把关意识

信息图表编辑和其他类型的新闻编辑一样，同样在传播新闻信息，同样承担着引导舆论、监测环境的职责。在制作的图表进入发布环节之前，进行政治性、事实性、技术性把关是理所当然的。众所周知，空间概念在制图中非常重要，各类地图在信息图表中扮演着重要角色。按照惯例，国内媒体一般使用中国地图出版社出版的地图作为模本，并且按照《中华人民共和国地图编制出版管理条例》中编制地图的要求，在使用地图时，要选用最新地图资料作为编制的基础，并及时补充或者更改现实变化的内容；要正确反映各要素的地理位置、形态、名称及相互关系；要具备符合地图使用目的的有关数据和专业内容；地图比例尺要符合国家规定。一些国际新闻图表的制作有时需要参照外国地图，特别当涉及边界等敏感问题时，难免与我国出版的标准地图有出入，此时此刻，图表编辑对每个事实、每一个细节做到“经手必核”，才能确保信息的准确真实。

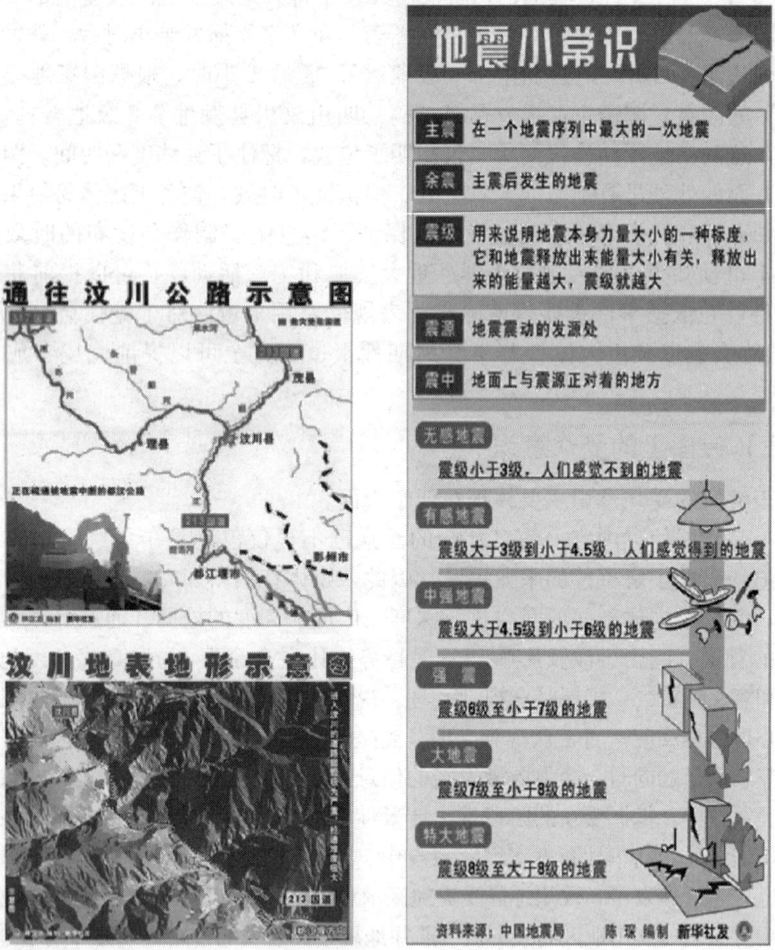

图2—18 新华社图表室关于汶川地震的系列图表

做好把关工作首先要增强政治意识、大局意识、责任意识，坚持认真细致、一丝不苟的严谨作风。其次，要加强工作流程的标准化、规范化、制度化建设，进一步健全完善包括防堵差错在内的各项采编规章制度和业务流程，细化岗位责任，并落实到工作流程的每个环节。

从信息的采集整合、图形的创意设计到利用软件制作图表，信息图表的制作过程反映出信息图表编辑是一项复合型人才才能胜任的工作。从知识结构上看，信息图表的制作涉及了统计学、新闻传播学、平面设计、色彩学、符号学甚至心理学等学科。因此，加强图表编辑的综合素养及操作能力，是完成图表制作的基本要求。

处处留心皆学问。图表编辑的工作意识要物化在日常生活中，许多创意构思来自于不经意间。图表编辑要注意收集、观察、记录那些有助于设计、制作信息图表的线索，如旅游地图、安全手册等。制作完成的图表成品也需要好好保存，这些图表的构思、布局、零部件可能在其他情况下派上用场。图表编辑时刻要记住，好的信息图表应该以清晰、高效的方式准确地呈现数据，并且具备一定的信息量和视觉吸引力，来为媒体的传播目标服务。

【思考练习题】

1. 信息图表的传播优势体现在哪些方面?
2. 信息图表具有哪些形式构成要素和内容构成要素?
3. 信息图表编辑应该具备哪些素养和工作意识才能胜任此工作?

第 3 章　信息图表的主要类型分析

第 1 节　财经类信息图表

知识点：

● 财经类信息图表的常见类型有：对比走势类、深度分析类和知识背景类图表；在形式上具有涉及数据多、易于展示、风格平实、突出主体信息等特点。

● 校对准确、把握专业术语和财经政策、保持风格清新简洁是财经类图表的制作要点。

一、财经新闻中的信息图表

随着经济建设的发展，人们对经济金融信息的需求量越来越大，财经新闻报道也越来越受到关注。财经类媒体、财经类报道已经在专业媒体和专业报道中占有重要地位，并且有着较好的发展前景。

财经新闻是从经济、金融以及管理的角度来解读社会发展的。从报道层次上看有宏观经济新闻报道、市场经济新闻报道、公司报道等；从种类上看有经济政策报道、产业经济报道、金融市场报道等；从形式上看有经济调查报道、数据评述和趋势预测报道等。其中，财经新闻报道大多是以数据分析为基础的，为受众提供政策、宏观、市场层面的信息，以帮助受众更好地理解经济发展现状和趋势，而信息图表则为以数据为基础的财经新闻的呈现提供了支持。

近年来，信息图表作为一种形象直观、简洁生动的信息传达方式被广泛应用于各类媒体。在财经报道中，信息数据技术的应用更为重要。一些财经新闻报道本身就是对数据的阐释或解读，信息图表既可以作为辅助报道手段为文字报道提供支撑，又可以独立地、清晰地呈现数据，赋予原本枯燥的数据以活力。

二、财经类图表的类型与特点

（一）财经类图表的常见类型

1. 对比走势类图表

无论是从数量还是重要性的角度考虑，对比走势类图表在财经类图表中都居于首要位置，它不仅用于展示股市行情、汇率利率、油价金价，而且可以反映国内生产总值、居民消费价格指数、进出口贸易额和外汇储备情况。对比走势图表以其清晰明确的线条、准确的数据而备受广大媒体和受众的青睐。

2011 年 6 月底新华社播发了关于个税起征点调整的图表（见图 3—1），该图表对比了调整前后不同税级的划分，以及含税级距、税率之间的不同，浅色和深色的柱图把复杂的信息解析得简洁明了、清晰准确，体现了图表直观、易读的优势。

2007 年 2 月 27 日发生了震惊全球的“2 · 27”全球股灾，各国报纸不约而同地集中用图表来报道这一重大财经新闻。美国新墨西哥州的《阿尔伯克基时报》运用信息图表独立成篇地陈述了股灾的事实（见图 3—2）。该报头版的图表在蓝色大盘走势图下铺了橘黄底色，反差极大，使得图表从版面中“跳跃”出来。图表的标题也做得干脆利落，采用了“free fall”（自由落体）方式。信息图表的直观优势在这里得到充分体现，读者不但能从数据中获取新闻信息，而且能从上下起伏的曲线中感受到事件的发展趋势。

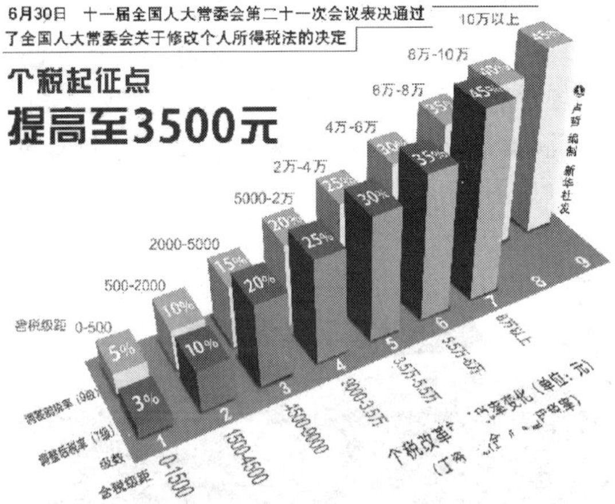

图 3—1　新华社播发的关于调整个税起征点的图表

Senior night

OCEAN DELIGHT

Mileage math

ALBUQUERQUE JOURNAL

WEDNESDAY MORNING, FEBRUARY 28, 2007

FINAL

We Know Why We Watch Trash: It's So Easy

FREE FALL

Stocks take a tumble as market watchers say, 'I told you so'

Dow -416.02

Nasdaq -96.66

S&P -50.33

U.S. To Meet Iran, Syria

Police Seek Girls Missing for a Week

Dem Switch Kills Open Meetings Bill

Inside

Furniture Savings Event

AMERICAN HOME

Your Total Home Store

图 3—2　《阿尔伯克基时报》关于股灾的报道

2. 深度分析类图表

财经报道的传播目标是帮助人们认识所处的经济生活环境、经济发展趋势等，同时也为业界的经济决策、个人的理财投资、生活消费提供必要的依据。因此，财经图表的价值不仅仅是传递告知性的数据或信息，而是能够追根寻源，探索数据背后的事实与真相。

图 3—3、图 3—4 都是 2011 年 7 月由新华社图表室播发的。新华社记者针对 2011 年上半年国内车市形势严峻、国内汽车产销将出现负增长的传言，采访了中国汽车协会常务副会长兼秘书长董扬，分析了 2011 年下半年国内车市将好于上半年的 10 个因素，并绘制了图表（见图 3—3）。同月，新华社图表室根据中国银行业协会发布的《中国银行业发展报告》，回顾了 2010 年我国银行业的发展状况，对于 2011 年银行业的利润增速，从银行利润驱动因素、银行贷款、银行中间业务发展等角度进行了预测（见图 3—4）。

图 3—3　新华社 2011 年 7 月播发的《下半年国内车市十大利好因素》

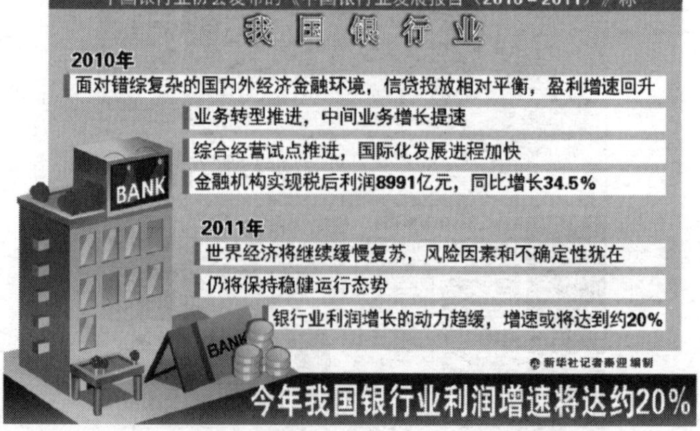

图 3—4　新华社 2011 年 7 月播发的关于银行业发展状况的图表

3. 知识背景类图表

财经报道常常会涉及一些专业术语或专有名词，而受众又不是经济学专家，他们对财经信息的需求属于一般知识性的，而非学术性的。因此，对这些财经术语或名词进行深入浅出的解读显得非常必要。知识性、背景性信息能够衬托出主体信息的价值，甚至延展、丰富信息质量，同时还有助于增加受众的兴趣，并且能够和主体信息组合成立体式、集合式传播，挖掘新闻的深度与意义。

2007 年我国财政部对证券交易印花税税率进行了调整，新华社图表室针对此新闻制作了财经背景知识性图表（见图 3—5），回顾了我国自 1991 年以来证券印花税税率的数次调整，帮助受众进一步了解了印花税调整的经济运行规律。2008 年我国证监会开始试点融资融券，但老百姓大多不清楚什么是“融资融券”，新华社图表室就将专业性知识和易读性完美结合，以图表的方式予以解读，更好地服务于受众（见图 3—6）。

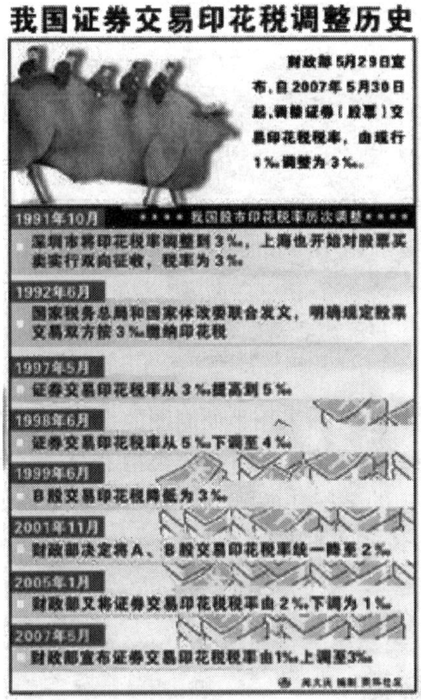

图 3—5　新华社《我国证券交易印花税调整历史》

图 3—6　新华社《什么是融资融券?》

（二）财经类图表的形式特色

财经信息传播除了具有其他类型信息传播的优势外，在传播形式、传播目的等方面对图表的制作也赋予了一定的特色。

第一，涉及的数据多，易于制图和展示。在众多题材中，财经题材是适合做成图表的“大户”，因为财经报道涉及的数据很多，无论是数据的上升下降还是数据之间的对比，都适合做成柱状图、饼图和曲线图，使财经信息的传达一目了然（见图 3—7、图 3—8）。

图 3—7 新华社《6 月份全国工业生产者出厂价格同比上涨 7.1%》

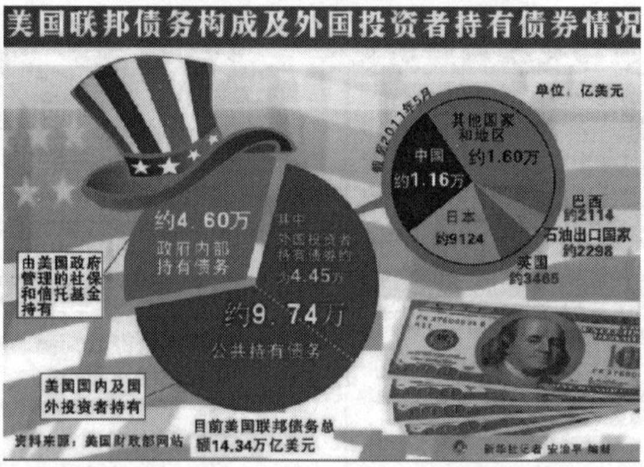

图 3—8 新华社《美国联邦债务构成及外国投资者持有债券情况》

第二，风格平实，突出主体信息。财经图表一般采用平面制图的手法，从构图设计到色彩选择，讲究清晰易读，突出商务感、时尚感。从图表类型上看，财经图表基本不用 3D 建模，最多是利用平面软件中的某些功能赋予图形一些立体效果而已，不能因为追求形式上的绚丽而损坏内容传播的明晰性（见图 3—9、图 3—10）。

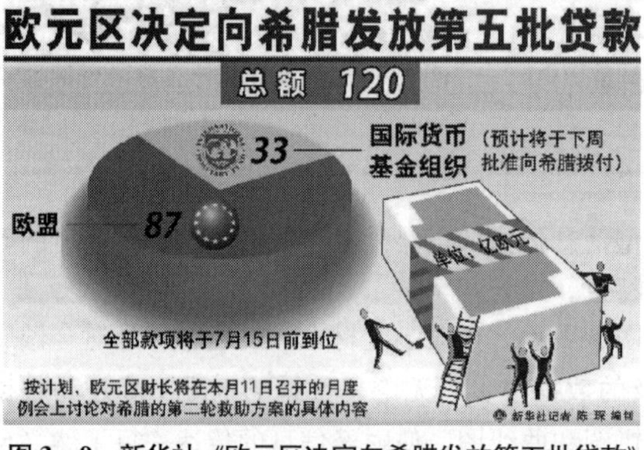

图 3—9 新华社《欧元区决定向希腊发放第五批贷款》

图 3—10 新华社《“十一五”时期我国 GDP 年均增长 11.2%》

第三，解读性财经新闻在财经图表中占据一席之地，出于准确分析信息的需要，文字符号的使用量将大于以数字为主的数据图表，为了减少图表“画面”的枯燥，往往采用文字加图形、图片的方式（见图 3—11、图 3—12）。

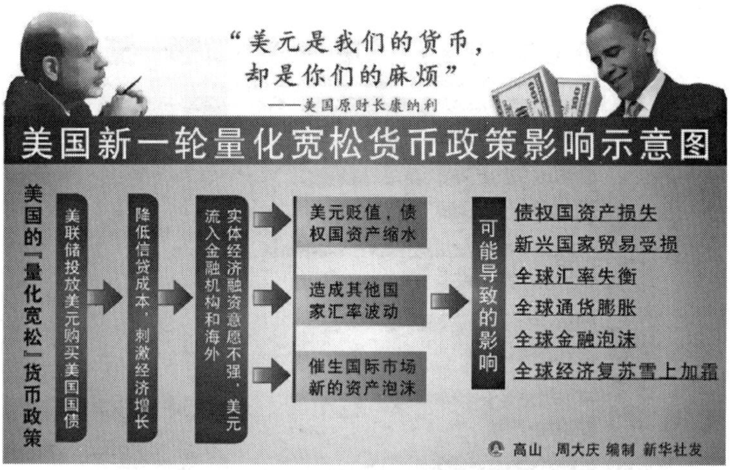

图 3—11 新华社《美国新一轮量化宽松货币政策影响示意图》

图 3—12 新华社《我国采取系列措施调控物价》

三、财经类图表的制作要点

财经类图表的制作首先要遵守常规信息图表的制作原则和程序，必要的环节不可省略，但毕竟财经图表不同于事件类图表、工程科技类图表，突出自己的制图要点也是为了获得更好的传播效果。

（一）财经类图表数据偏多，要校对准确

数据是制图的依据，其准确性直接影响和制约着图表的质量，乃至其实用价

值。因此，做好数据的清理和校对工作至关重要。如图 3—13《历年中国对德国海关货物进出口额一览表》就涉及了 1995—2010 年共 16 年的进口总额、出口总额和进出口总额，整个图表包含了 48 个数据，在复制粘贴时，稍有疏忽就有出错的可能。

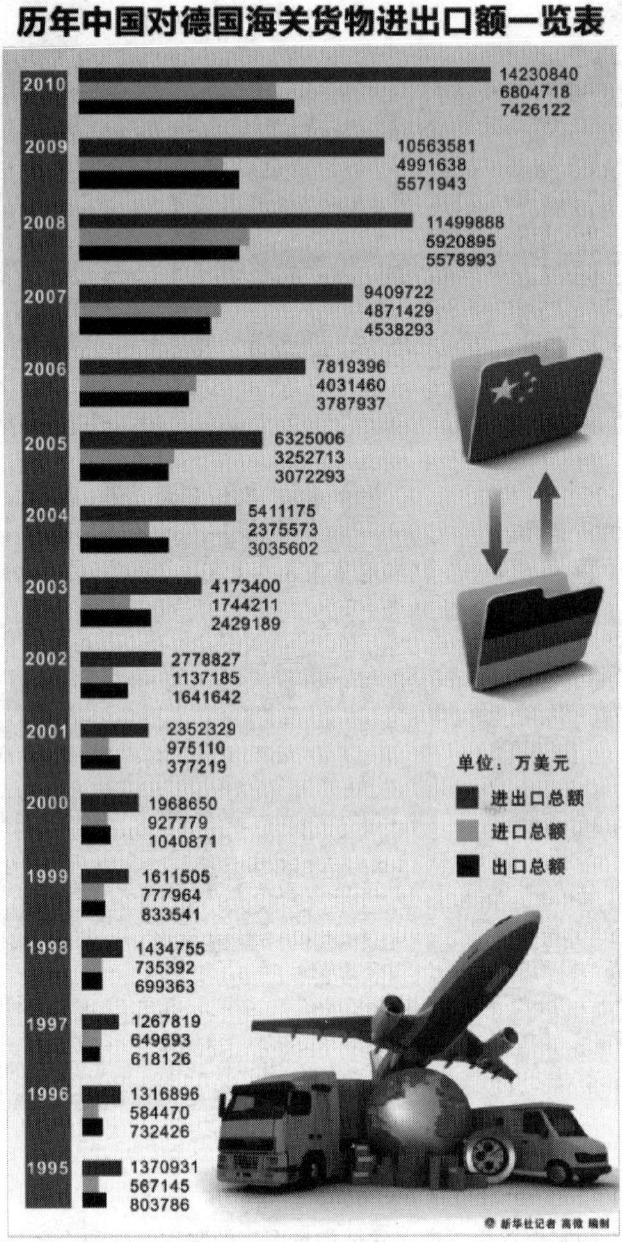

图 3—13 新华社《历年中国对德国海关货物进出口额一览表》

（二）把握专业术语和财经政策

财经新闻属于专业报道，把所有的专业用语通俗化既不现实也不科学，因为任何专业行业领域都应该有自己的独特表述方式和特定语言。除了大家熟悉的 GDP、

CPI 之外，像“同比”、“环比”、“工业生产者价格”、“结转”、“归集”之类的概念，图表编辑自己首先要搞清楚。另外，财政、经济、金融等方面的各项政策也名目繁多，特别是一些新政策的出台，也需要媒体以直观、有效的方法为受众解读，而准确解读的前提是图表编辑对各项政策及规定的透彻了解（见图 3—14、图 3—15）。

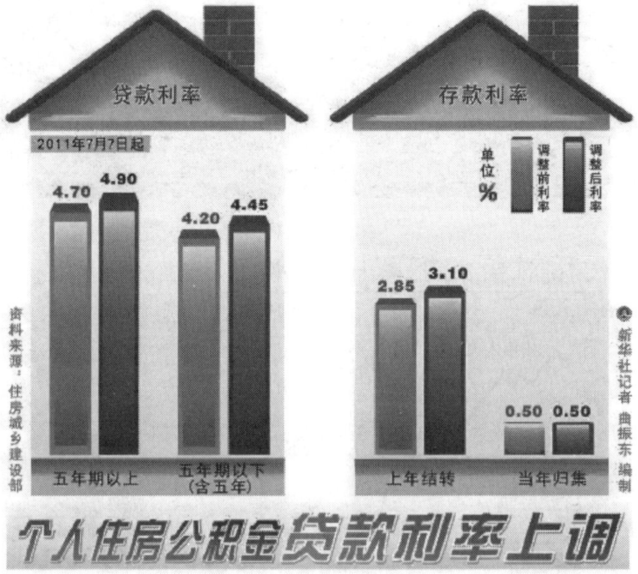

图 3—14　新华社《个人住房公积金贷款利率上调》

图 3—15　新华社《个税法修正案草案再度减轻较低收入人群税负》

（三）财经图表的画面风格应清新简洁

正是因为财经图表的数据量大，为了不喧宾夺主，更好地突出主体信息，在线条、图形、色彩等的选择和版式设计方面，应力求简洁清新，信息传达深入浅出、形象生动（见图 3—16、图 3—17）。

图 3—16　新华社《2009 年我国人民生活进一步改善》

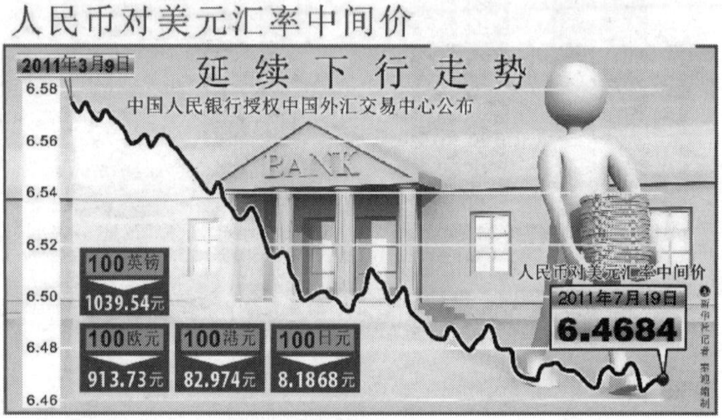

图 3—17　新华社《人民币对美元汇率中间价延续下行走势》

四、制作财经类图表的准备工作及重要环节

任何工作要想做好都需要事先准备，并按照规划有条不紊地实施，有时也需要审时度势地调整工作步骤。绘制精美的财经类图表既需要事先准备，也需要机动灵活。

(一) 制作前的准备工作

平时多搜集一些针对性强的财经类通用图形，即所谓的“万金油”式配图（见图 3—18），比如人民币、圆形金银币、美元、欧元、金块、金条、熊、牛、纽交所大楼、白宫、石油桶、汽油罐子、加油枪等，甚至一些数据指标、“财经小人”等（如图 3—19）。

图 3—18　“万金油”式配图之一

图3—19 “万金油”式配图之二

（二）主要的制作环节

第一步，梳理数据，将数据分组。对于财经图表来说，清晰明了地处理数据、使之分门别类是关键环节。面对大量繁杂的数据，图表编辑首先要清楚所制图表的目标受众是普通群众还是专业人士，并以此来决定所用数据的多少和繁简程度。然后梳理数据之间的逻辑关系，使之条理分明。

第二步，根据不同的数据情况，选择使用不同的图表类型来呈现。比如，当我们表示一个整体内各部分之间或者部分与整体之间的比例关系时就用饼图；当反映一定时间段内若干经济数值的增减情况，以及同一经济指标在不同时间段内的变化时用曲线图；当需要呈现各种数据的变化以及相互间的对比时则用柱状图。

第三步，具体制作环节中，在PPT里进行图表的初步绘制，再复制粘贴到CorelDraw制图软件里，对图表进行美化修饰，如添加色彩渐变、透视、透明等视觉效果，并附加有助于表现主题的各类图形元素，如金币、POS机、立体箭头、各种动作的“财经小人”等。

2011年7月新华社发布关于我国上半年进出口贸易的新闻，新华社图表室据此制作了一幅财经图表。

【背景资料】 上半年我国进出口总值增25.8% 出口增速连续四个月下滑

新华网北京7月10日电（记者王优玲）海关总署新闻发言人赵福地10日表示，上半年我国进出口总值达17 036.7亿美元，同比增长25.8%。外贸出口单月增速已连续四个月下滑。

赵福地在海关总署进出口贸易统计情况首次在线发布中介绍，6月份，我国进出口总值为3 016.9亿美元，增长18.5%。其中出口1 619.8亿美元，增长17.9%，月度出口规模刷新了上月刚刚创下的1 571.4亿美元的历史纪录；进口1 397.1亿美元，增长19.3%。

根据数据，1月至6月，我国外贸出口单月增速为 37.6%、2.4%、35.8%、29.9%、19.4%和 17.9%。出口增速已经连续四个月下滑。

“去年上半年我国外贸月度规模在逐步回升，基数在抬高，从技术层面来看，今年上半年我国外贸增速会呈现回落态势。”海关总署综合统计司司长郑跃声在回答网友提问时说。

郑跃声分析，全球经济复苏缓慢且仍充满变数，欧洲主权债务危机仍未过去，中东、北非地区政局动荡，都加剧了我国外贸进出口增长的不确定性。此外，受劳动力成本以及人民币汇率上升等因素综合影响，我国劳动密集型产品的出口价格竞争优势在减弱。

他强调，短期内日本大地震造成了部分产品的供应链条断裂，对我国对外贸易也造成了一定的影响。海关数据显示，今年3月份的日本大地震对中日双边贸易造成了一定影响。今年上半年，中日双边贸易总值 1 623.5 亿美元，增长 19%，日本为我国第四大贸易伙伴。上半年我国对日本贸易逆差 260.3 亿美元，较去年同期收窄 0.8%。

据海关统计，上半年我国出口 8 743 亿美元，增长 24%；进口 8 293.7 亿美元，增长 27.6%。累计顺差 449.3 亿美元，收窄 18.2%。

赵福地表示，加工贸易仍然是当前我国贸易顺差的主要来源。今年上半年，我国加工贸易项下顺差 1 642.5 亿美元，顺差规模相当于同期我国总体顺差的 3.6 倍。而上半年，我国总体贸易顺差比去年上半年收窄 18.2%，但加工贸易顺差仍然扩大 19.8%。数据显示，6月份当月，我国贸易顺差 222.7 亿美元，扩大 10.3%。

赵福地说，中国东盟自贸区正式启动后，给中国与东盟双边贸易带来了实实在在的优惠，双方约有 7 000 种产品享受零关税待遇，基本实现了货物贸易自由化。今年上半年，我国与东盟双边贸易额达到 1 711.2 亿美元，比去年同期增长 25.4%，为我国第三大贸易伙伴。

海关统计显示，今年上半年，我国劳动密集型产品出口仍保持平稳增长，其中纺织品 459 亿美元，增长 28.8%；箱包 102.5 亿美元，增长 39.2%，出口增速高于同期我国总体出口增速。

赵福地说，今年以来，全球大宗商品价格不断攀升，抬高了我国进口商品特别是能源、资源类商品的价格，同时也在一定程度上加大了我国输入型通胀压力。上半年，我国部分主要大宗商品进口均价涨幅都在 30%以上，其中铁矿砂进口均价上涨 42.5%；原油上涨 33.2%；成品油上涨 31.5%；大豆上涨 30.4%。上述商品进口价格大幅上涨，导致今年上半年我国进口商品的整体价格上涨 14.7%。

资料来源：新华网，2011-07-10。

如何梳理该消息所包含的 40 余个经济数据是首要问题，制图编辑要充分考虑到图表的使用者是国内的机关报和都市报，读者以普通市民为主，因此，数据不能繁杂，要抓取主要信息，删除次要信息。编辑于是把数据划分为三类：一是 2011 年上半年的进出口总值的构成情况；二是 2011 年前六个月的单月情况；三是六月份的进出口情况。其他财经数据如中日双边贸易、我国与东盟双边贸易以及我国劳动密集型产品出口、部分主要大宗商品进口等的数据都是服务于分析我国 2011 年上半年进出口贸易变化的。对于只有方寸之地的图表而言，加入这些信息只会削弱主体信息的传达，图表编辑对这些信息的舍弃措施称得上是明智之举。在随后的制图过程中，编辑选取了集装箱、起重机作为外贸经济的标志，两幅饼状图在 PPT 中做好后粘贴到 CorelDraw 中，并予以渐变和立体的视觉处理，可谓取舍得当（见图 3—20）。

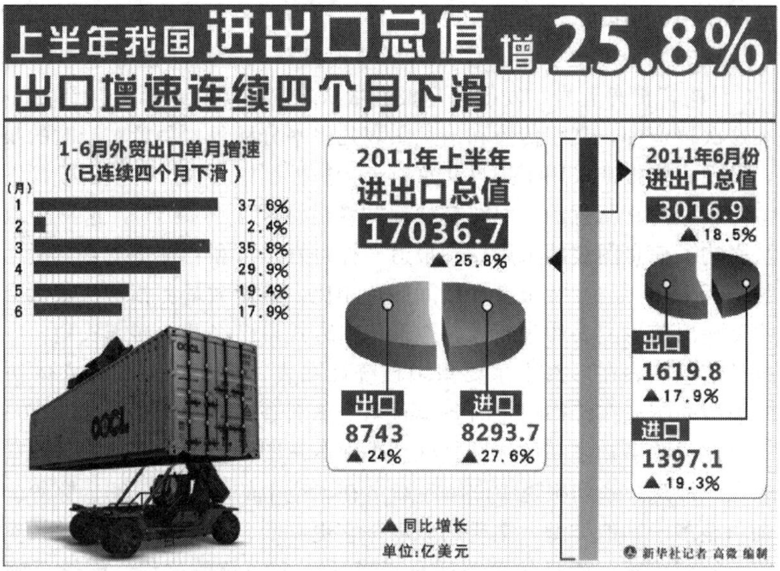

图3—20 新华社《上半年我国进出口总值增25.8%》

互联网的普及和社交媒体的日益盛行使得受众获取信息的渠道更加多样化，同时，受众对信息的丰富性和易懂性提出了更高的要求。专业性较强的财经新闻借助信息图表可以实现有效的表达，而数据的质量、信源的可靠性和清晰的数据梳理成为财经类信息图表制作中的关键性前提。

第2节　科技类信息图表

知识点：

● 科技类信息图表在形态上主要有统计图表、平面示意图和立体仿真图，类型主要有常规科技报道和重大科技事件。

● 从技术角度看，科技类图表多用三维软件来制图，以利于表现主题；从传播的内容看，多以系列图表来体现科技知识的系统性和科技事件过程的完整性；从审美角度看，在阐释科学原理的同时，有着较强的艺术欣赏性。

一、科技新闻中的信息图表

科技新闻要报道的科学技术事实涉及范围广泛，内容繁杂，包括了事件与非事件、科学发现与技术成果、自然现象与科学实验等。有时候，科技报道呈现在受众面前的可能是一大堆数据或是难以解释的谜团，但是，对科技的迷恋也是受众尤其是年轻受众的一种本能。

在科技类报道中，特别在需要以直观的、可视化的方式传达信息、解析复杂事物时，图形传播的优势就凸显出来了。当摄影、摄像技术的发挥受到客观环境的限制时，通过信息图表实施信息传递、深度解读则成为必然选择。从1999年11月开始，“神舟”号宇宙飞船的发射不断掀起科技报道的热潮，也为信息图表发挥独特的传播功能提供了平台。

“神舟一号”和“神舟二号”报道中没有使用信息图表，除了对信息图表在新闻传播中的作用、功能认识不到位之外，还在于当时的制作技术不成熟和制图软件不便捷，导致图形传播更多倚重于照片。“神舟”飞船新闻报道量的剧增发生在2003年10月的“神舟五号”发射时，报道量从之前的100余篇上升到1 000余篇，也就是在这次报道中，文字传播和信息图表几乎平分秋色。笔者对当时的报纸进行了研究，发现有些报纸采用了拍自北京航天指挥控制中心大屏幕上的模拟图，虽然这些模拟图看似仿真示意图，但在交代新闻源时注明了“摄于”，这种获取图像信息的方法影响了信息图表的采用。到报道“神舟六号”和“神舟七号”时，信息图表开始被广泛采用，与文字报道和新闻照片相比，绝对数量和相对比重都有了明显上升。这反映出信息图表作为新颖的图形传播方式，已经开始崭露头角。

科技类信息图表在形态上主要集中在统计图表、平面示意图和立体仿真图三类。不同类型的图表在传播信息时各有优势。统计图表通过罗列数据来传递信息，主要用于对比说明事物之间的不同之处。平面示意图则多辅助文字报道、简化复杂信息，如在“神舟”系列报道中图解宇航员在太空中的吃、喝、睡、穿等。仿真图的数量则明显多于其他类型，主要的原因是它更鲜活、更形象，视觉效果突出，能够增加版面的现代感；而且仿真图适合于表达一个完整的过程，能够反映事件发生、发展的完整性。

初期的科技类信息图表往往停留在浅层的告知层面，而进入成熟期的信息图表所追求的已经不是现场感和视觉的冲击力，而是尽可能地挖掘与科技新闻密切相关的背景信息，通过增加信息的深度和广度来帮助受众更加容易、更加全面地理解新闻。

二、科技类图表的类型及特色

（一）科技类图表的常见类型

1. 常规科技报道

常规科技报道指的是一般性科普知识的传播，包括人类自身及其活动、动植物的生活习性、大自然的变动（环境、气候、物种等），有时和当下某一科技事件密切相关，有时仅仅是背景性资料，对科技报道作铺垫、衬托。相对于重大科技类图表，常规图表的数量较多，对以深奥、神秘著称的科技新闻发挥着解读和知识普及的功能。

比如，2013年8月21日，国家卫生计生委公布了《人体捐献器官获取与分配管理规定（试行）》。从当年的9月1日起，捐献器官必须通过器官分配系统进行分配，以患者病情紧急度和供受者匹配程度等国际公认的客观医学指标对患者进行排序，以技术手段最大限度地排除人为干预，确保器官捐献移植透明、公正、可溯源。新华社图表室及时制作图表《捐献器官先移植给谁?》（见图3—21），向公众发布了这一消息，并且回顾了自2007年5月国务院颁布《人体器官移植条例》以来我国人体器官移植工作逐步走上法制化、规范化轨道，2010年原卫生部联合中国红十字会总会启动了人体器官捐献试点工作，截至2013年8月器官捐献情况等内容。

美国《南佛罗里达太阳-前哨报》在标题为《面对缓慢的死亡》的新闻中绘制了一幅剖面图来配合报道（见图3—22）。文中说，该州允许开发商活埋、杀死地鼠龟，作为他们在其他地方保护动物栖息地的补偿，但同时官方也警告人们，一些物种可能因此而面临灭绝的境地。报纸通过制图来表明，地鼠龟的洞穴是多种动物的庇护所，而非仅仅是它们自己的窝。①

①参见许期卓：《美国报纸视觉设计》，58页。

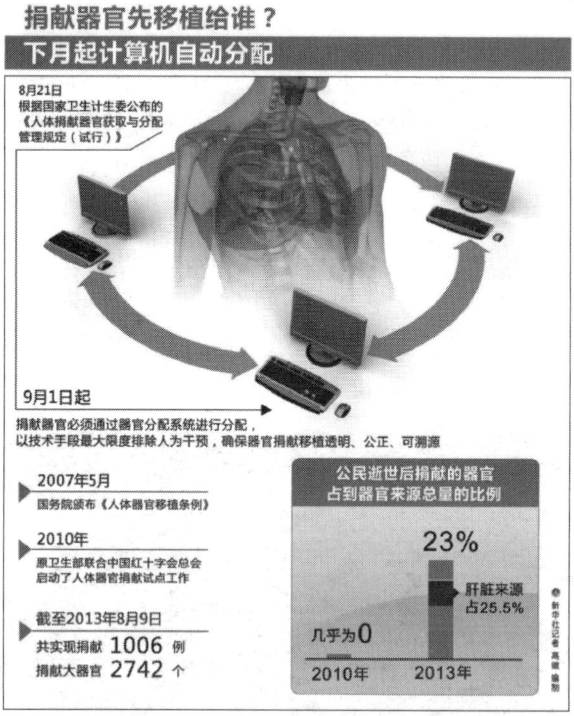

图 3—21 新华社《捐献器官先移植给谁?》

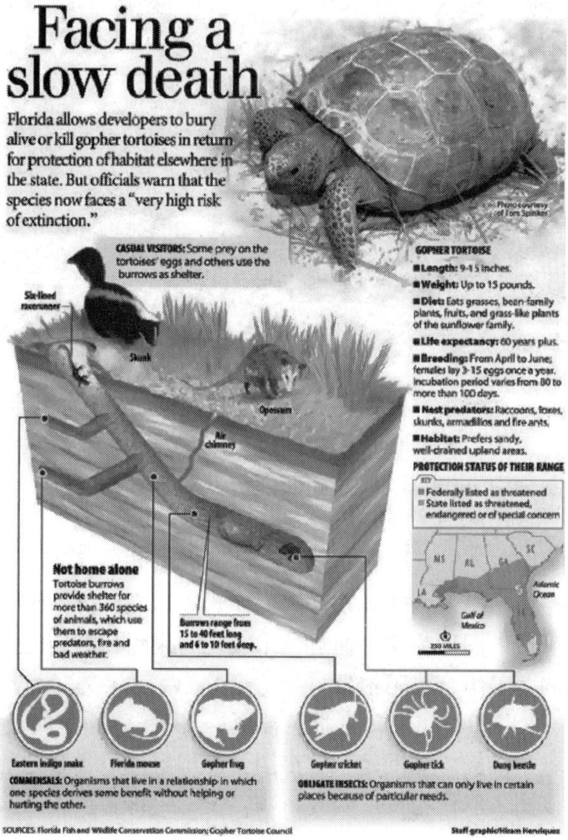

图 3—22 美国《南佛罗里达太阳-前哨报》《面对缓慢的死亡》

2. 重大科技事件

重大科技事件主要指的是国家的重大科技里程碑事件，它们对国家的科技发展、国防建设以及国计民生都会产生重要影响的事件，比如，航空航天（“神舟五号”载人航天、“神舟十号”与“天宫一号”交会对接）、深海探索（“蛟龙号”深潜海底 5 000～7 000 米）（见图 3—23，文前彩色插页）等。

（二）科技类图表的特色分析

第一，从技术角度看，多用三维软件来制作图形，表现主题。国家重大科技里程碑事件最适合用三维立体仿真图来表现，以弥补无法现场摄影的不足，这是信息图表最有价值、最擅长之处。当这类图表在互联网上呈现时，往往被制作成交互式图表，并融入音视频符号（见图 3—24）。

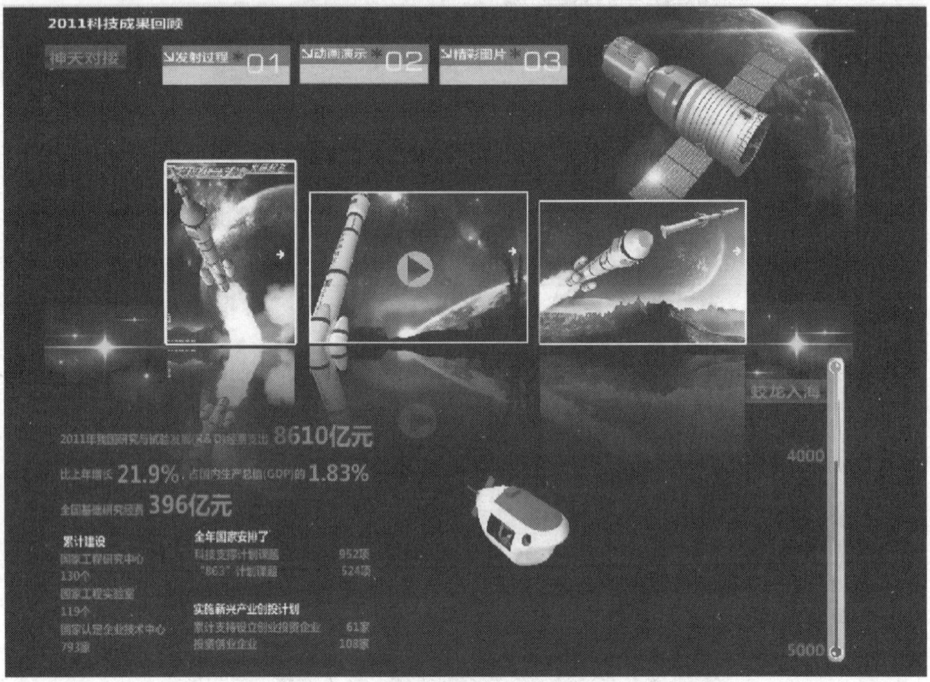

图 3—24 新华社《2011 科技成果回顾》

第二，从传播的内容看，该类图表较少单幅发布，往往组合成多幅的系列图表，体现出科技知识的系统性和科技事件过程的完整性，当然也为了凸显其新闻传播价值。在一些图表中不仅有全景、局部细节，还有具体的数据，这有助于受众对科学原理的理解（见图 3—25）。

第三，从审美角度看，在阐释科学原理的同时有着较强的艺术欣赏性。科技图表多是为了解决摄影、摄像因客观条件限制而难以得到图像的难题，因此，科技类图表在表现形式上多以图形为主，通过艺术表现力来强化新闻的核心主题，并实现作品局部与整体的完美组合。阿根廷《号角报》（西班牙文）上曾刊载过一幅关于企鹅的信息图表（见图 3—26，文前彩色插页），图表中心是精美的解剖大图，显示了企鹅身体的基本结构，周围是系列小图，详细解读该类企鹅的局部生理特征和生活习性。由于该图表制作精良、版式新颖，受到了许多读者的欢迎。

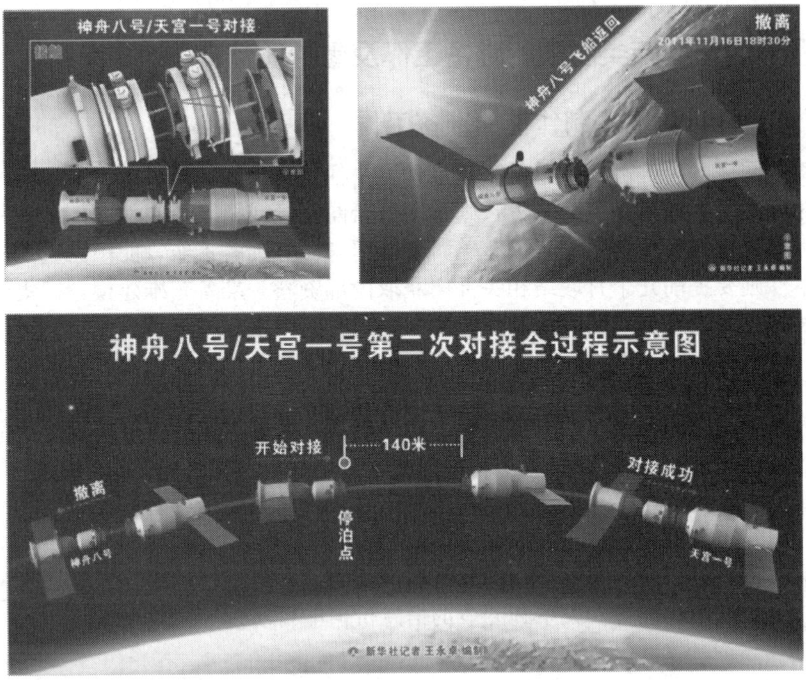

图 3—25 新华社“神舟八号”与“天宫一号”对接的系列图表

三、科技类图表的制作要点

与财经图表近似，科技类图表也有一定的专业性，也会涉及一些普通人难以理解的专业术语或专业问题。图表编辑在绘制前要尽量弄懂相关的基本原理，以保证制图无误。

2013 年 6 月 13 日“神舟十号”和“天宫一号”交会对接，新华社图表室把对接瞬间的步骤概括为五个：接触、捕获、缓冲、拉近、锁紧。编辑人员要事先搞懂每个步骤的技术要领、对接细节，以保证绘制的精准性（见图 3—27）。

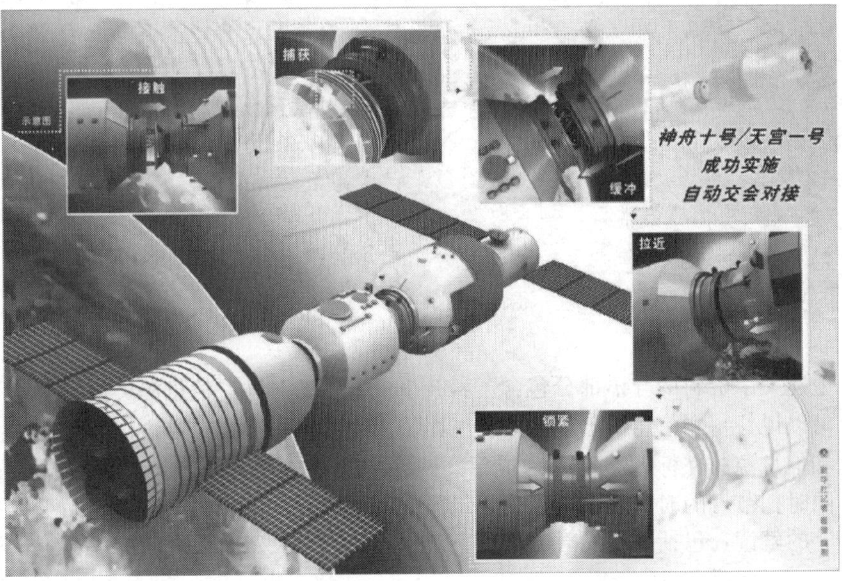

图 3—27 新华社关于“神舟十号”与“天宫一号”对接的图表

四、制作科技类图表的准备工作及重要环节

（一）科技类图表制作前的准备工作

科技图表的传播客体如果是科技事件，往往是可预知的，可以事前搜集相关资料，充分准备。如果是科普知识，则常用做新闻背景或拓展新闻信息。常规科技报道可以通过查找相关资料、咨询有关科研部门来做好准备工作，而国家重大科技里程碑事件则要提前几个月联络相关部门获取内部资料，准备三维建模，搜集科技感强的素材，因为系列式图表的制作和发布在短时间内根本来不及。

（二）科技类图表制作的重要环节

第一步，先通读获取的文字资料，整理出核心信息，包括该科技事件发生的时间、地点、技术参数和意义。

第二步，图像在科技报道中起着重要作用，因此，要尽可能查找相关照片作为配图。如果实在没有照片，再考虑用 3D 建模方式制作模拟图。

第三步，对图表叙述中涉及的专有名词或关键词语进行解释，因为这些关键词能否被受众很好地理解，关系到图表的信息价值能否实现。

【背景资料】 美宇航局首次公布太阳三维图像

新华社今日上午专电　美国国家航空航天局（NASA）23 日首次公布太阳三维图像，可能有助于科学家更好地预报太阳耀斑爆发现象。

NASA 去年 10 月发射两台太阳观测仪，围绕太阳运行。一台位于地球围绕太阳运行轨道前面，另一台位于轨道后面。恰似人的两只眼睛，两台仪器可深度感知太阳情况，拍摄三维图像。NASA 把这项计划称为“日地关联天文台”行动。

两台观测仪拍摄的太阳三维图像，可以从互联网和美国各地博物馆、科技馆看到。NASA 科学家西蒙·普伦基特在向媒体记者和科学家介绍这种三维图像时说：“第一反应是‘非常好，观测仪起作用了’，但第一反应之后是‘叫绝声’。”

NASA 认为，深度认知太阳也有助于研究太阳耀斑爆发现象。太阳扭曲磁场内储存的能量瞬间释放，就会产生耀斑。太阳耀斑常伴随太阳黑子和阴暗区域出现。在通常情况下，太阳耀斑爆发会以时速 100 万英里（169 万公里）的速度，把大约 10 亿吨太阳气体吹入太空。

太阳耀斑对宇航员和航天器构成威胁，也能破坏卫星、电网和手机之间的联络。NASA 海军研究实验室首席调查人员拉塞尔·霍华德说，科学家打算把太阳耀斑预报抵达地球时间从眼下的 24 小时精确到数小时。

NASA 科学家普伦基特说，从两台观测仪发射以来，太阳活动相对平静。科学家尚未预报任何太阳耀斑来临情况。

资料来源：新华网，2007-04-24。

上述文字资料的导语部分包含了科技事件发生的时间、信息源、内容主题和意义，可以说，基本信息都已经涵盖在里面了。制图编辑把文本导语作为图表的主体信息和信息源放在标题之下顺理成章。网络上的现成照片有助于增强视觉的直观性，同时把节省的时间用在可视化第二段中的“两台太阳观测仪”上。关于“太阳耀斑”的解读，包括了爆发时的表现、产生的原因以及对航天事业的危害等，不仅

衬托出“太阳三维图像”的意义，而且延展了主题信息（见图 3—28）。

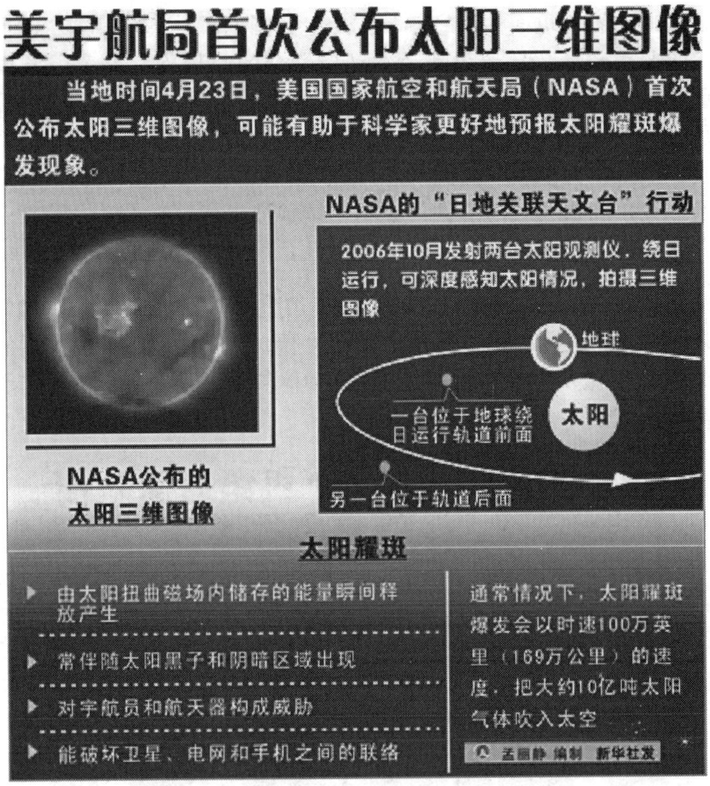

图 3—28 新华社《美宇航局首次公布太阳三维图像》

第 3 节　突发事件类信息图表

知识点：

● 突发事件类图表具有时效性强、制作周期短，题材以负面信息为主，多以三维仿真图来呈现的特点。

● 突发事件类图表在制作上强调信息的准确性、抢占先机再后续跟进、对灾难场景要人性化处理等要点。

一、突发事件类图表的特点

（一）强调时效性，制作周期短

随着社交媒体的迅猛发展，获取信息渠道的多样化，受众对突发事件类信息的需求比较迫切，在获得零散的基本信息元素后，渴求更多、更详细、更准确的信息来满足自己的求知欲。这就要求图表编辑迅速反应，当机立断。这时候“抢时间”的意义不仅是满足受众信息需要，也是防范一切谣言产生及扩散的最佳方式，即快速占领舆论制高点。因此，在诸种信息图表中，这类图表制作周期最短，最需要抢时效，争取在半个小时到一个小时内发稿。

（二）题材以重大事故等负面信息为主

突发事件的内容中负面性信息较多，加上我国处于社会转型期，政府对新闻媒体引导舆论的要求较高，报道者除了要把握受众的心理外，关键还要摸清舆论导向，在尊重新闻传播规律和正确引导受众之间寻求平衡，避免引发社会恐慌情绪。因此，不是所有突发事件都适合做成图表，能够做成信息图表的题材通常集中在各种严重事故（如日本大地震、甬温动车事故）、恐怖主义袭击（如中东地区爆炸袭击、美国枪击案）和重大政治事件（如本·拉登被击毙等）上。

（三）图表多以三维仿真图来呈现

各种严重事故、恐怖主义袭击题材很适合用三维立体仿真图来表现，既可以再现事件的典型瞬间，也可以描述事件的来龙去脉。更重要的是，仿真图的视觉效果更有利于受众真切地感受到现场氛围，而这种体验是平面图表、照片等所无法提供的（见图 3—29、图 3—30）。

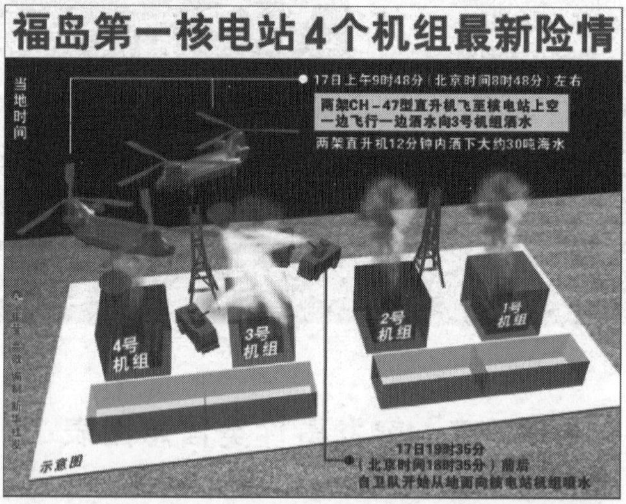

图 3—29　新华社《福岛第一核电站四个机组最新险情》

图 3—30　新华社《芝加哥公园枪击致 13 人伤》

二、突发事件类图表的制作要点

突发事件往往涉及人的生命安全等重要因素，为世人所关注。图表中所传达的信息从新闻价值的角度看，不仅具有告知性，更有着舆论导向性，所以在制作图表时要注意以下要点。

(一) 强调信息的准确性

准确性不仅指信息完整，它是对受众负责的表现，也是传播者职业素养的体现。对于突发事件的报道而言，“准确”有助于消除人们对信息的不确定性，以及可能牵涉的安全感。如果突发事件类图表存在不准确等错误，特别是刊发在纸媒或由通讯社播发的图表中，可能来不及修改就被受众接受，或被其他媒体转发了，进而产生意想不到的后果。

(二) 抢占先机再后续跟进

目前新闻报道中经常出现的一个问题是“烂尾新闻”，要么“虎头蛇尾”，要么“有头无尾”，不了了之。在传播技术高度发达的时代，一味追求先声夺人、抢先发出第一稿（半小时至一小时内，把最重要的信息传达出去），从传播策略上来看是对的。但是，还要依据新闻事实的发展再发布后续报道，以保证信息的完整性，给予受众全面的信息。

2015 年 2 月 4 日，台湾复兴航空的一架航班坠河引发关注。事故发生后，受众最关心的是人员伤亡情况和事故原因。事故伤亡数据的最终确定有一个过程，如果等到最终数据出来后再予以报道，则失去了新闻的时效性，不能满足受众的新闻欲。新华社图表室抓住时机，迅速制图，把核心信息“2 月 4 日上午近 11 时，台湾复兴航空一架从台北飞往金门的 ATR-72 班机在台北市南港失联并坠河”发布出去；具体伤亡人数和事故原因，随着事故调查的开展，逐渐披露信息，并且与新华社进行独家数据可视化合作的大巢制图进一步拓展事故的相关信息，播发了坠机事件背景资料和近 10 年来 ATR-72 机型的飞行安全事故回顾（见图 3—31）。

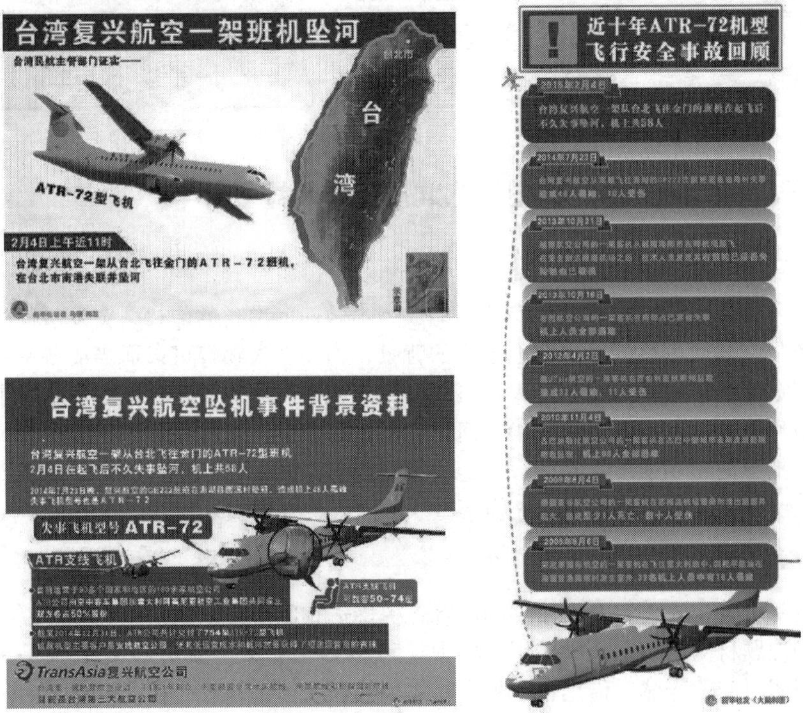

图 3—31 新华社关于台湾复兴航空飞机坠落的新闻图表

（三）对灾难场景要人性化处理

正如前文所说，突发事件新闻常常是负面信息，尤其以天灾人祸居多，如果是灾难类突发事件（尤其发生在国内），我们需要考虑受众阅读心理的承受程度，画面尽量平实简洁，不要过分渲染灾难的血腥场面。否则破坏的不仅是图表画面的美感，而且违背了新闻传播的伦理规范。

2014 年 12 月 31 日深夜，上海外滩陈毅广场附近发生群众拥挤踩踏事故，导致 36 人死亡、47 人受伤。事故发生后诸多媒体予以报道，尽管有踩踏现场的照片可供使用，但媒体更倾向于采用图表来展示现场情况，如图 3—32 所示。其主要目的是在清楚地剖析踩踏事故原因的同时，淡化当时的残酷场面，减缓受众在接受信息时的不安心理和恐惧情绪。

图 3—32 《北京晨报》等制作的上海外滩踩踏事故图表

三、制作突发事件类图表的准备工作及重要环节

（一）制图前的准备工作

突发事件虽说不可预见，但这不能成为不做任何准备的借口。突发事件的图表绘制还是有规律可循的。内容上涉及的背景、物品、人物等可以适当准备一些，免得急就章时手忙脚乱。比如，火车事故往往离不开车厢、铁轨、地图，有时考虑到事发地环境，需要准备诸如桥梁、河流、山地等模型。素材要靠平时多搜集、多制作（包括平面素材和 3D 素材），需要使用时调出来，比如地图（中国地图、世界地图）、火焰、3D 建筑模型、人物模型（中国人、外国人）、各种车的模型等。

（二）制图的重要环节

第一步，认真研究突发事件的内容，提炼适宜图形展示的信息，搜索以往播发过的相似题材的图表，从中借用一些常规元素（如地形、飞机、火车、火焰等）以节约制图时间。当然，借用也要根据具体场景作适当的修改。如图 3—33 中的两张图和图 3—34 两张图中的某些元素就可以相互借用。

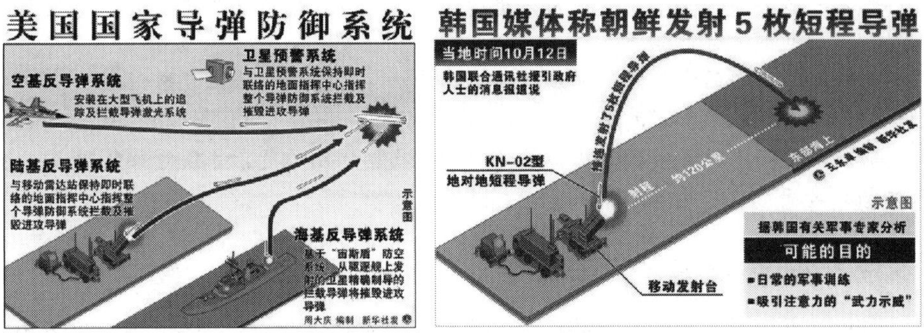

图 3—33　与“导弹”元素有关的信息图表

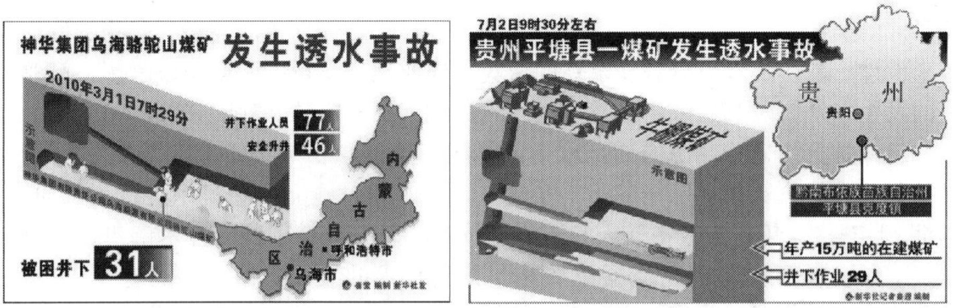

图 3—34　与“透水事故”有关的信息图表

第二步，如果没有相似的图形元素可以借用，就需要重新制作事件场景，无论做成平面效果还是三维效果，都以能够快速发稿为标准。此时制图追求的是形似，能够顺畅、准确、清晰地传达新闻信息是最重要的，不必在美化装饰上下太大的功夫，毕竟时间不等人。

第三步，将事件的最核心信息提取出来。比如地震，包括时间、地点、震源深度等，同时参考国家地震局最新消息进行核对。又如枪击案，要获取时间、地点、人员伤亡数量，以及所使用枪械型号等信息。如果是国际新闻，还要反复核实、参考外媒的最新调查结果，不能主观臆断。

突发事件有着明显的无法预知性，如地震、火灾、交通事故、恐怖袭击等。因为不可预知，无法事先准备，只能在事发后投入报道。这类新闻在内容上以负面新闻信息为主，多是灾难性新闻，变动性和冲突性较强，“是人与人、人与社会、人与自然的关系发生冲突、失衡、不和谐的变动，表现出的是非人性的特质。它们压抑着人的生命能力自由发展，比如各种地质灾害、气象灾害、意外事故以及现实中的虚假、贪婪、霸道、荒淫、委靡、畸形、落后、愚昧、卑劣、罪恶等不合乎社会实践的规律性、目的性的行为活动。这些消极的、病态的、灰色的现象威胁着社会的生存，阻碍着社会的发展”[①]。因此，这类新闻也容易引起受众的关注。如果媒体反应迅速，抓紧采制的话，一般都能取得较好的传播效果。

第 4 节　新闻仿真图

知识点：

● 新闻仿真图的特点体现在信息的新闻属性和呈现形式的保真性上，这些特点

①邓利平：《负面新闻信息传播的多维视野》，6 页，北京，新华出版社，2001。

使其能更好地满足读者的阅读需求和审美心理。

● 新闻仿真图主要用于再现突发事件现场、图解科技科普知识、解析重大工程项目、作为新闻主体的场景等。

● 新闻仿真图的常见制作方法有突出结构法、地形纵切法、鸟瞰俯视法、时空组合法、局部侧剖法和过程分解法。

● 新闻仿真图存在因仿真虚拟导致实证性略弱、制作复杂导致时效性较差、技术依赖导致同质化严重等局限性。

一、新闻仿真图的发展概况

新闻仿真图是为了配合新闻报道，采用三维软件的仿真性而制作出来的模仿、模拟真实事物或场景的新闻视图。① 一般来说，记者通过对现场的勘查，尽可能了解事件的全部细节，并分析、综合事件的情节过程，依据生活经验、事物的发展原理来设计、制作，以充分展现事件的原貌、还原现场，帮助受众有效解读、解答事件的发生、发展及其后果。其特点是技术难度大、成本高和耗时长。

新闻仿真图追根寻源的话，源于计算机三维虚拟仿真技术。20 世纪初作为一种工程技术的仿真技术已经应用于实验室，当时通过建立一些模型进行科学研究。20 世纪 40—50 年代航空、航天和原子能技术的发展推动了仿真技术的进步。到了 60 年代，计算机技术的突飞猛进加速了仿真技术的发展，使其主要应用于航空、航天、电力、化工以及其他工业过程控制等工程技术领域。在 70 年代的冷战时期，仿真技术主要用于军备竞赛和太空开发。美国还利用飞行仿真器在地面训练飞行员，不仅节省大量燃料和经费，而且更安全，可以不受气象条件和场地的限制。90 年代冷战结束后，仿真技术开始大量用于影视制作、建筑设计、机械制造、电子游戏、动漫等方面，随着以计算机为主要工具进行视觉设计和生产的一系列相关产业的出现，它们与计算机图形学（computer graphics）密切关联，这个产业链不仅囊括了艺术、影视等文化产业，而且也牵涉了新闻传播中的三维仿真图。

（一）国外新闻仿真图的发展

20 世纪 80 年代初期《今日美国》的创办推动了信息图表的兴起，到 2001 年“9 · 11”恐怖袭击后，为了清楚地向受众说明双子座被两架飞机撞击直至倒塌的过程，《纽约时报》等报纸制作了三维仿真图。2003 年 2 月初，美国航天飞机“哥伦比亚”号失事，不仅各种报刊使用了仿真图来说明事故发生的经过和原因（见图 3—35），《今日美国》报还在其网站上播发了动态的仿真图（见图 3—36）。仿真图具有其他信息传播方式所不具备的真实感，其模仿效果是语言文字所无法企及的。《丹佛邮报》曾经以仿真图来报道《以燃料电池供电的士兵》（见图 3—37），仿真图中的士兵体态、武器装备几可乱真，夜视镜、全球定位系统、无线对讲机和电筒的供电系统表现得细腻逼真。②

（二）我国新闻仿真图的发展

我国报纸重视新闻仿真图始于 21 世纪初期的《南方周末》。作为周报，《南方周末》在深度挖掘和拓展信息价值方面具有优势，这一优势借助三维仿真图在一定程度上得到了扩大和加强（见图 3—38）。在多起矿难、空难、火灾中，《南方周末》用三维仿真图模拟现场场景的方式受到了读者的喜爱，也引起了新闻传

①参见张向春：《新闻仿真图》，2 页，北京，清华大学出版社，2008。

②参见许期卓：《美国报纸视觉设计》，48 页。

播界的关注。

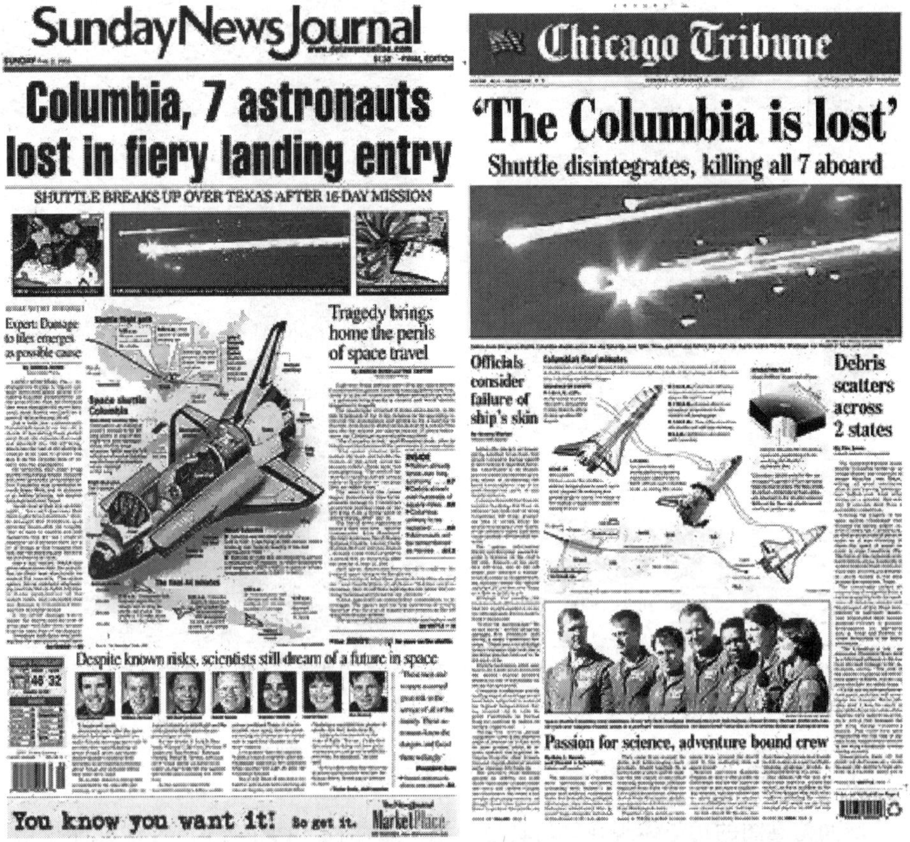

图 3—35 关于“哥伦比亚”号航天飞机失事的仿真图

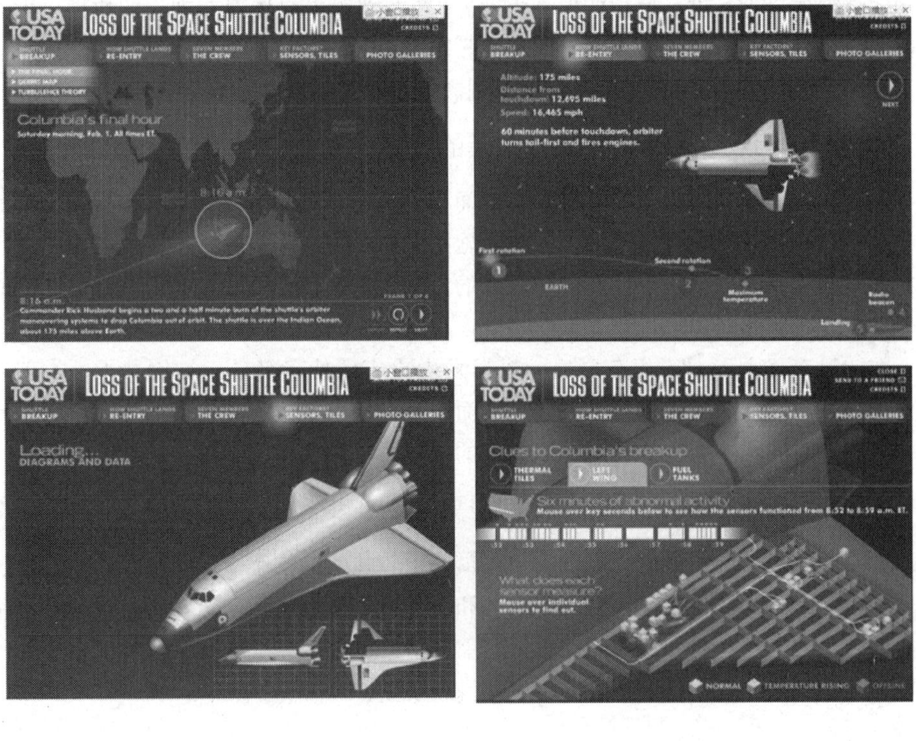

图 3—36 《今日美国》网站关于“哥伦比亚”号航天飞机失事的动态仿真图

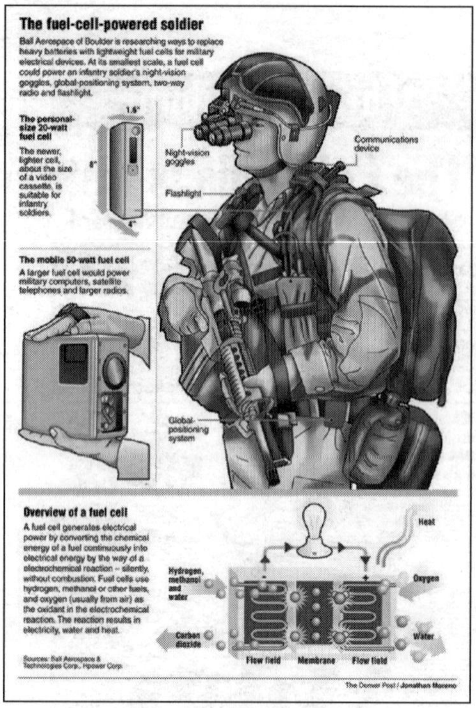

图 3—37 《丹佛邮报》《以燃料电池供电的士兵》

图 3—38 《南方周末》尿毒症透析报道中的仿真图

二、新闻仿真图的传播特点与优势

新闻仿真图的优势体现在“仿真性”和“新闻性”两个方面。“仿真性”指与现实情况的接近程度、模拟的保真程度。“新闻性”主要体现在制作的快捷、发布的及时，并且在内容上体现出新闻要素，否则就只能是“医学仿真图”或“机械仿真图”，这也是新闻仿真图与其他信息图表的主要差别所在。

（一）再现无法或没有及时记录的场景与事物

我们常常用“转瞬即逝”来形容新闻事件精彩场景的变幻莫测和捕捉关键信息的难得时机。对于突如其来的、无法实施图像抓取的新闻信息，以及现场价值或形象因素至关重要的信息，以新闻仿真图的方式予以展示，能够在赢得注意力的同时轻易地解疑释惑。

2011 年 7 月 6 日，山东枣庄一煤矿发生火灾致使多名矿工被困井下，类似这样的突发事件，图像采集很难做到，平面图表又难以表述清楚当时的场景，而仿真图则能够对场景或人物的状况予以逼真的描述（见图 3—39）。

（二）表述宏观场景或事件过程更生动、更全面、更清楚

以图像来表现抽象的、宏观的、逻辑关系较强的事物有一定的难度，一般性图表虽然能够解决部分问题，但在生动性和清晰性上逊色于新闻仿真图。特别是对于深奥抽象的事物，新闻仿真图摆脱了时空束缚，以直观、近乎真实的模拟手法，阐释、分解复杂的过程或事实。

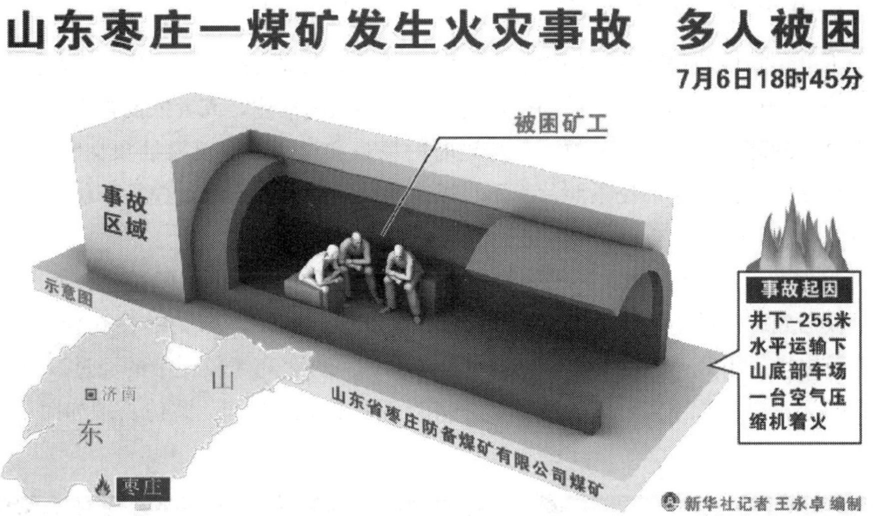

图 3—39 新华社《山东枣庄一煤矿发生火灾事故 多人被困》

2010 年 10 月 1 日 19 时“嫦娥二号”卫星于西昌卫星发射中心由“长征三号”丙运载火箭成功发射，升空后顺利进入地月转移轨道。与发射同步，新华社播发了《“嫦娥二号”探月》的系列仿真图（见图 3—40，文前彩色插页）。嫦娥二号从点火起飞到卫星准确进入预定轨道，历时 55 分钟。在这 55 分钟之内，火箭起飞到卫星运行经历了 11 个关键节点的跨越轨迹。除了第一步“火箭起飞”不需要解释，其余的 10 个节点（程序转弯、助推器分离、一二级分离、抛整流罩、二三级分离、三级一次发动机关机、三级二次启动、三级二次发动机关机、星箭分离、卫星发射成功）仅靠文字描述，受众恐怕难以形成准确的形象概念，而新闻仿真图则可以惟妙惟肖地准确释义，深入浅出地解析这 11 个节点之间的关联性。

（三）更好地满足阅读需求和审美心理

仿真图之所以被热捧，关键在于“仿”得真，“仿”得像，在“仿真”中达到实体效果和质感的真实。为获取信息所付出的心智成本是阻碍阅读行为深入下去的障碍，把它降低到最低限度是获取持久关注的要点之一。另外，从审美心理学的角度考虑，既然是“仿真”就不是“真”的，读者读图时会有一种“缓冲”，特别是比较刺激的血腥、惨烈的画面，新闻仿真图在一定程度上会降低读者的不适感。

如 2010 年 3 月 23 日早晨福建南平市延平区实验小学门口发生一起凶杀案，造成 8 人死亡，5 人受伤，伤亡人员均为南平实验小学学生。凶手采用刀具行凶，事后校门口的地面上多处遗留大量血迹，可以想象当时的场景何等恐怖和令人揪心。搜狐网以仿真图的方式（见图 3—41，文前彩色插页）报道了这起恶性事件，图中十余名儿童以多种姿势倒地，身下一片红色象征流血受伤，既尽可能地还原现场，又减轻了凶杀现场的感官刺激。

三、新闻仿真图的适用范围

不同于其他类型的信息图表，新闻仿真图的适用范围侧重于具体场景、个别事物形象的展示，主要集中在以下三类。

（一）现突发事件现场

不可预知性使得某些事件的发生、发展乃至结束都可能没有被媒体采集到任何形象信息，新闻工作者需要借助于目击者、当事人的描述，或者依据常理来推测所发生事实的环节，以此来还原、重塑当时的场景和过程。但仅靠抽象文字去想象，或缺乏核心事物形象的场景照片都不足以有效传递信息，而通过模拟、仿真手法则可以弥补此间的缺憾，凸显视觉符号传播的优势。

2009年5月23日清晨，韩国前总统卢武铉在登山时从山上坠落，头部严重受伤，被送到医院后不治身亡。卢武铉自杀前20多天曾因涉嫌受贿接受警方调查。卢武铉去世后不久，韩国警方宣布其属跳崖自杀，并公布了较详细的经过。新华社驻韩国记者提供了翔实可靠的细节，为制图打下了良好基础。此仿真图如图3—42所示。

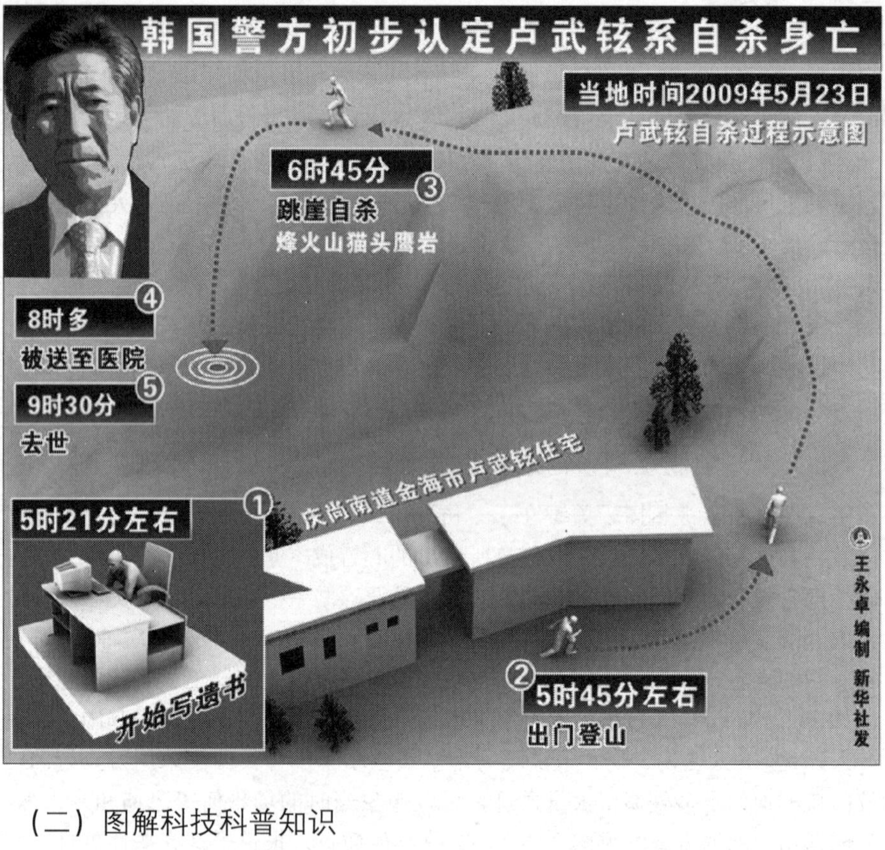

图3—42 新华社《韩国警方初步认定卢武铉系自杀身亡》

（二）图解科技科普知识

科技科普往往物化为一些实物，无论是其运行还是内部结构，在展示时都会涉及物体的质感、运行的过程。科学这个话题更多地体现出其专业性、学术性，这就增加了选择传播手段、传播方式时的难度，在解读一些专有术语时难免捉襟见肘，而仿真图的使用则大大提高了信息传播的效度，有着使受众在解读疑难信息时豁然开朗的奇效（见图3—43）。

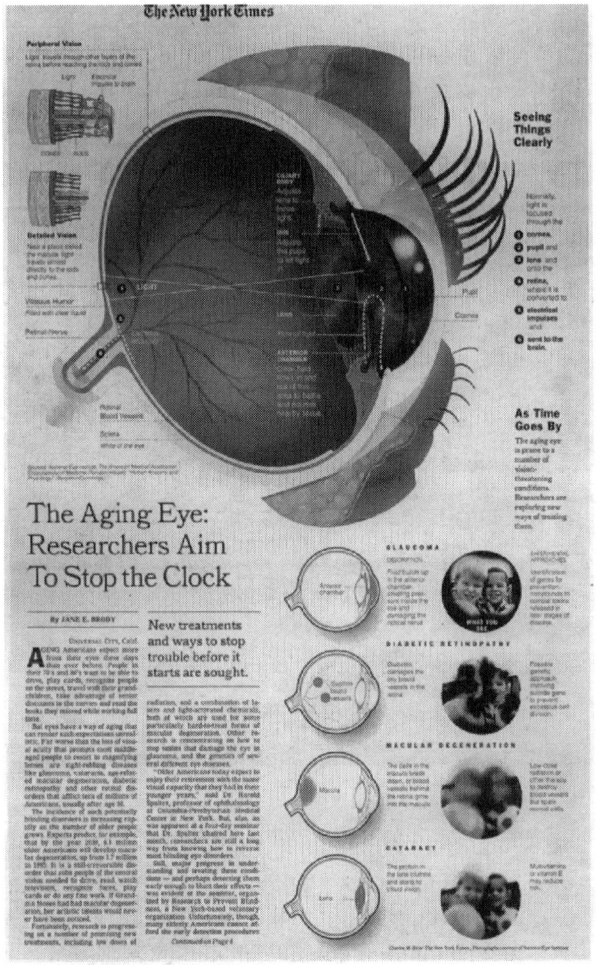

图 3—43　《纽约时报》关于“眼睛衰老”的仿真图

（三）解析重大工程项目

重大工程是反映经济建设发展程度的一个标尺。如果仅仅是文字传播，无论文笔如何细腻翔实，都难见形象；而新闻照片也往往是只见局部，难观全局。工程运行中的步骤展示、环节递进无形中又增加了新闻传播的难度。而新闻仿真图既具有信息图表突破时空局限、聚合信息的优势，又具备实物逼真的特色，恰恰能够有效满足对重大工程详细分解的需要。

三峡双线五级船闸是世界上最大的船闸，全长 6.4 公里，船闸上下落差达 113 米，船舶通过船闸要翻越 40 层楼房的高度。根据技术和施工难易、投资多少、运行与管理是否方便等诸多因素，设计部门确定三峡船闸为五级船闸。那么，船舶如何穿越这座举世无双的“楼梯”呢？为了充分向受众讲清楚，新华社的采编人员亲赴三峡施工现场，采访专家，搞清楚其运行原理和过程，并在把握整体形象的基础上，绘制出仿真图。如图 3—44 所示：船从下游驶来，需过大坝上行，先将五闸室水位降到与下游水位一致，打开下闸门，船舶进入闸室；关闭下闸门，输水系统充水抬高闸室水位，船舶随闸室水位上升而上升，当水位与四闸室水位齐平时，打开五闸首级人字闸门，船舶就好像爬过一级阶梯，轻松驶入上一级闸室。如此上升，直至驶出一闸室，进入高峡平湖。如船舶是从上游往下游走，过程正好相反。如果仅从获取全景图的角度，航拍可以做到（见图 3—45），但是，船舶的上行和下行，照片是无法做出清晰的解释的。

图 3—44　新华社《三峡五级船闸运行图》

图 3—45　长江三峡五级船闸的航拍照片

（四）作为新闻主体的场景

三维仿真图有时不一定作为新闻主体出现在图表中，而是作为场景来突出新闻事件发生的特殊环境。

如 2006 年 8 月 18 日的《重庆时报》在报道国家林业局调遣的"运 12"森林消防飞机抵达重庆、支援森林防火工作这一事件时，刊发了《消防飞机抵渝 巡查山林火险》的消息。为了让广大读者对消防飞机有全面的认识，配置了图表《消防飞机工作原理示意图》（见图 3—46），图表中除了介绍飞机的外观，主要分三步介绍了消防飞机是如何巡查火情，并及时报告给消防局的。飞机的图形虽然是抠出来的二维图片，但主题背景（机场、山地、森林）则是三维仿真图，在消除读者对消防飞机陌生感的同时，有效地塑造了现场气氛，增加了信息的真实感。

图 3—46 《重庆时报》《消防飞机工作原理示意图》

四、新闻仿真图的制作

（一）常用软件介绍

1. 3Ds Max

3Ds Max 是美国 Autodesk 公司开发的三维动画渲染和制作软件，广泛应用于广告、影视、工业设计、建筑设计、多媒体制作、游戏等领域。在国内的建筑效果图和建筑动画制作中，3Ds Max 的使用率占据了绝对的优势。作为三维制图软件，其优势首先在于对硬件系统的要求相对来说较低，一般配置即可满足需要。3Ds Max 的制作流程也十分简洁高效，可以使初学者很快上手。该软件在国内使用较多，论坛也很火爆，网络教程也很多，便于相互交流（见图 3—47）。

2. Maya

Maya 是美国 Autodesk 公司出品的世界顶级的三维动画软件，应用对象是专业的影视广告、角色动画、电影特技等。Maya 功能完善，工作灵活，易学好用，制作效率极高，渲染真实感极强。它不仅包括一般三维和视觉效果制作的功能，而且还与最先进的建模、数字化布料模拟、毛发渲染、运动匹配技术相结合（见图 3—48）。

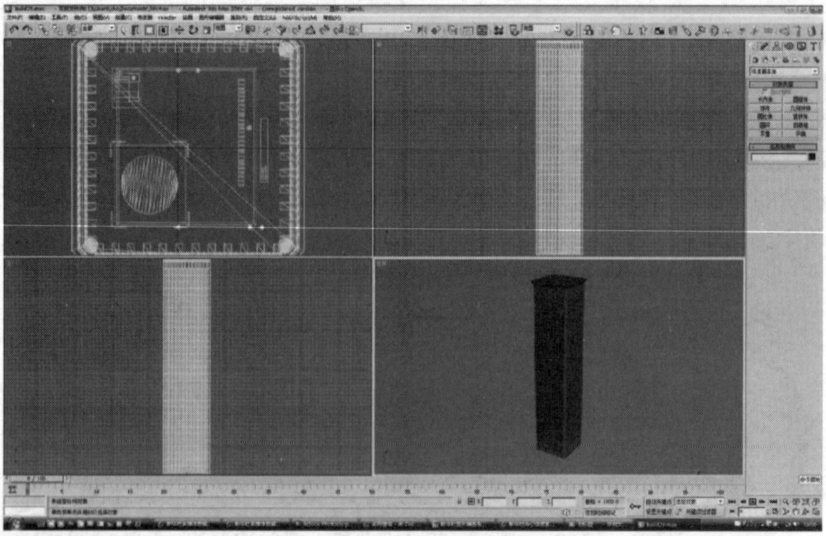

图 3—47　3Ds Max 软件截图

图 3—48　Maya 软件截图

3. Poser

Poser 是 Metacreations 公司推出的一款三维动物、人体造型和三维人体动画制作软件。利用 Poser 进行角色创作的过程较简单，主要为选择模型、姿态、体态设计三个步骤，内置了丰富的模型，这些模型以库的形式存放在资料板中。一个特定的角色造型都有特定的姿态和体态，Poser 的模型及构成模型的各组成部分，如人的手、脚、头等，都带有控制参数盘，通过对参数盘的设置，可以随意调整模型的姿态、体态，从而创作出所需的角色造型（见图 3—49）。

（二）常见的制作方法①

1. 突出结构法

采用突出结构方法来制作仿真图的主要原因在于所要展示的事物的最大价值在于其结构，需要向受众展示物体的内部、外部之间的结构关系，为了实现此传

①参见张向春：《新闻仿真图》，34～45 页。

播目的，图表编辑往往采用的是剖面切割的操作手法。此种制作手法主要用于科技科普类和工程类图表，要求制图者熟悉工程结构，有着较强的空间概念和对现场氛围的精准把握。《今日美国》报网站对发生在明尼阿波里斯市第 35 号国道上的大桥坍塌事件做了分析报道，为了清楚地表述事故的原因，该网站采用了立体仿真图（见图 3—50）。

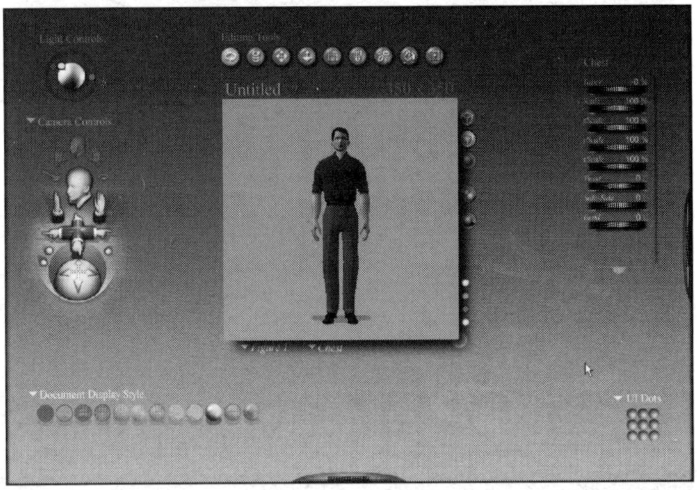

图 3—49　Poser 软件截图

图 3—50　《今日美国》网站关于大桥坍塌原因的仿真图

2. 地形纵切法

这类新闻仿真图在内容上主要是矿难、地震、地下设施等，使用这种制图方法，可以同时有效地表现地下和地面之间的关系，帮助受众获得完整的空间概念，通过仿真图可以更好地理解无法以文字和图像描述的事物（见图 3—51）。

3. 鸟瞰俯视法

这种制图方法主要用于地图，反映宏观范围的地形地貌，犹如从卫星、飞机上俯视地面。最大的特点在于大场景、全局性，使读图者产生一种幅员辽阔的视觉心理。同时在图上标注出关键地点以强调新闻发生的方位，既要视野开阔，又要注意细节（见图 3—52）。

图 3—51 《南方周末》《拯救"地下万里长城"坎儿井》

图 3—52 新华社《三峡工程已在144米防汛水位运行》

4. 时空组合法

该方法一是按时间顺序组合。以发生时间为主线，由始至终，把发生在不同时段的画面组合在一个整体中，表现出线形结构，多用于动态事件，既表现事物运行的整体轨迹，又表现出局部状况。二是按地理方位组合。突出新闻中地理要素的重要性，把事件的发生地点贯穿起来，反映出问题的普遍性、严重性。如 2009 年 4 月 22 日《南方周末》在策划玉树地震特刊时绘制了一幅涵盖玉树震区的仿真图（见图 3—53），并且标注出各处的情况，让读者对玉树地震有更清楚的认识。

图 3—53 《南方周末》《哀玉树·伤》

5. *局部侧剖法*

对于一些大型机械设备、航天器等，因为其罕见性，受众往往有着浓厚的兴趣，期望对其内部结构一览无遗。如果使用照片，则只能选取局部而舍弃整体，难以把整体外观和局部细节融合在一个画面里，而这恰恰是三维仿真图的优势。2011 年 10 月我国首次引进了世界上最大、最先进的民用飞机空客 A380。新华社图表室及时制作了仿真图（见图 3—54），该图从侧面剖析了后部上下两层座舱的结构，包括厕所、电梯，以及飞机前部的头等舱、包厢和厨房。这种制图法有效地满足了受众的求知欲。

图 3—54 新华社制作的中国引进的首架世界上最大客机空客 A380 仿真图

6. 过程分解法

三维仿真图可以把时间划分为一个个瞬间，把空间切割成一个个剖面，把物体分解为一个个部分，把过程分为一个个环节，进而对新闻现象、新闻事件的发生发展，以及某些事物的运作过程进行详细的报道。一些经验丰富的图表编辑还把三维图和照片等结合起来灵活运用，充分挖掘各种表达方式的优点，更加生动形象地反映主题，客观详尽地反映新闻事实。2007 年 5 月 17 日《华商晨报》对高考作弊手表进行了报道，在头版显著位置以大幅图表的方式揭露作弊手表的使用过程（见图 3—55）：“第一步，雇用枪手佩戴针孔摄像机或录字笔混入高考学生中，然后将题传回窝点；第二步，由窝点将答案用‘QQ、专属网页、电子邮件’三种方式通过网络传到购买答案的学生的作弊手表中；第三步，手表电子显示屏上突然闪出一行字——2007 年语文高考试题答案：一，选择题：ADABC D……”

图 3—55 《华商晨报》《高考作弊手表》

（三）制图的基本步骤

仿真图的制作成本相对较高，耗费较多的人力、时间，因此图表编辑在决定是否制作新闻仿真图时，需要评估事件、事物的价值，衡量采用仿真图的必要性。首先从价值和意义上考虑是否值得做仿真图；其次从事物、事件的形象角度考虑是否适合采用仿真图的表现形式；最后看是否采集到了制作仿真图所必需的各类信息。满足了以上条件就可以制订方案，组织采编人员投入制作，限时完成。

第一步，建模。模型是仿真制图的基础，是材质附着的载体，是后期渲染的对象，一切都从建模开始，犹如建筑楼房时需要搭架子一样。制图编辑面对复杂的形体，对其进行结构分析，思考是由哪些几何体组成，有无现成的加以利用；组成大致形态之后，再进一步加工，由大到小，由粗到细，步步细化。

第二步，贴图。就是给模型赋予外层的材质，使其更接近实物，犹如给盖好的房子贴墙砖，贴壁纸。材质体现的是物体所具有的属性，如色彩、纹理、光泽等。给山体模型赋予泥土的材质，再点缀上树木，可营造青山绿水的视觉效果；如果赋予冰雪的材质，同样的模型则营造出冰川雪峰的效果。

第三步，渲染。“渲染”一词来自中国画中的渲和染这两个烘托画面形象的技法。建模、贴图之后就要进行渲染。渲染将会在物体表面添加位图纹理、程序纹理、照明、凸凹纹理映射，并标明物体相对于其他物体的位置。得到的结果就是受众所能看到的完整图像。3Ds Max 和 Maya 等三维软件都有自带的渲染功能，为了追求特殊效果，则需要专门的渲染软件。

第四步，整合。经过渲染的每一物体或场景需要组合到一幅图中，这时要从大局出发，懂得避让和取舍，分清主次，不能为了突出精彩的细节而影响全局。要时刻考虑新闻主题是否与视觉效果相一致。一般在制作物体、场景时，都是各自为政的，放在一起难免“眼花缭乱”，因此要根据需要从构图、造型、色彩等角度予以调整，使其成为统一的整体。新闻仿真图的特色在于“真”，不仅人物、场景、物体要“真”，而且画面所表现出来的现场氛围也要“真”。

五、新闻仿真图的局限性

随着技术软件的不断更新和新闻业务的进步，新闻仿真图日益广泛地应用于报道之中，然而只有认清仿真图的局限与不足，才能在实践中更好地发挥其特长和功能。新闻仿真图的局限性主要表现在以下几个方面。

(一) 仿真虚拟导致实证性略弱

新闻仿真图是通过运用各种制图软件绘制出来的模拟图形，从还原事物形象的角度看，它不如新闻照片。仿真图是一种虚拟图像，绘制过程中会因为所需素材信息的缺失、编辑人员的工作疏忽而导致失真。克服失真、确保实证性的关键有两点：一是在采集素材信息的阶段要“贪得无厌”，在认真观察现场的基础上，搜集与主体信息相关的所有信息；二是制图编辑要有丰富的空间想象力、新闻理解力，能够准确再现信息主体的形象。

(二) 制作复杂导致时效性较差

新闻仿真图的设计制作不同于一般信息图表，建模环节将耗费大量精力和时间，即使有一定的素材可资利用，但后期的贴图、渲染、修整等程序免不了也要占用时间。另外，因为要制作得尽可能逼真，需要大量的信息，有时甚至需要周边的环境照片来补充，信息采集工作任务较为繁重，这些都容易延迟作品的生产和发布速度。

(三) 技术依赖导致同质化严重

技术可以为工作带来便利，但过分依赖技术，就会导致想象力的弱化，加上软件所提供的模板大同小异，使得仿真图出现同质化问题，让读者有似曾相识的感觉。克服同质化的关键在于积极主动地发挥主观能动性——创意，只有这样才能避免视觉形象上的重复建设，体现出媒体的独特风格。

六、制作新闻仿真图的业务素养

新闻仿真图的制图者除了一般信息图表编辑所必须具备的新闻素养、知识素养和美术素养外，格外需要扎实的造型基础和审美底蕴。仿真图展示场景的特殊性使得造型能力显得异常重要。制作各种物体、场景、人物的建模，不仅需要对软件熟练操控，更需要扎实的造型基础、创造性的艺术思维。绘制新闻仿真图“作为艺术创作，同时也是审美过程，由于审美者面对的是非常有吸引力的、启发性的一种美的形象，所以会自然地唤起对事物的种种联想和想象。这些联想和想象是在对审美对象有所感受、有所理解的基础上产生的，它们反过来又会加深感受和理解”①。

制作精美的新闻仿真图需要熟练掌握CG技术，对多款三维软件、插件，甚至一些游戏软件也要略知一二。毕竟制作的是新闻仿真图，需要考虑时效问题，也许图表编辑对某款三维软件使用得心应手，但是，为了“赶活儿”，就需要把自己锻炼成软件的“杂家”，即能够掌握多种软件的“强项”。也只有这样，才能在有限的时间内，完成建模、渲染、合成等工作。

【思考练习题】

1. 财经类图表有哪些特点？在制作中需要把握哪些要点？
2. 制作科技类图表的准备工作及重要环节有哪些？
3. 简要阐述制作突发事件类图表的准备工作及重要环节。
4. 新闻仿真图的制作方法有哪些？简要谈谈仿真图的局限性。

①张向春：《新闻仿真制图》，287页。

第 4 章　信息图表的设计

第 1 节　信息图表中的信息要点

知识点：

● 信息是有重要级别的，在设计图表时要把重要的位置留给重要的信息，把次要的位置留给不重要的信息。

●“倒金字塔”结构依然适用于信息图表的设计与制作。

一、主要信息的筛选

被纳入信息图表中的信息都是精挑细选的，但这并不能说明它们是同等重要的。图表编辑要区分、确定信息、数据的重要级别，这样才能在设计图表时把重要的位置留给重要的信息，把次要的位置留给不重要的信息。

信息图表如同文字报道，同样是在讲故事，应当有开头、中间和结尾。信息图表中的主要信息就相当于故事的“名字”（标题）和“开头”（导语），不仅要精彩而且要醒目。具体到信息图表的呈现方式，主要信息应该是简洁而切中要害，并充分利用视觉元素来传递的。

在认知过程中，70%～80%的信息是通过眼睛接受的。视觉接受的瞬间性和直接性是当前生活快节奏下最有效的信息接收方式。现在有很多受众，尤其是一些社会精英，他们已经不是传统意义上的读者（reader），而是非阅读者（non-reader），或者说他们是浏览者（scanner）。因此，信息的传播要适应这种阅读习惯的改变而以非写作（non-writing）的方式提供非文字（non-text）的传播方式——倚重于图形的传播。不可否认的是，图形传播要比文字传播更快、更容易。一幅制作精良的信息图表最突出的地方在于它可以在瞬间传递最基本的信息。GDP 或者 CPI 上涨的趋势可能就是一些受众所需要的全部信息，而信息图表在眨眼间就可以将其传递给受众。

尽管在一些人看来图表的标题不属于可视化的对象，然而它在帮助传达图表的主要信息时却起了不小的作用。在大多数情况下读者的注意力会被漂亮的图形和鲜艳的色彩所吸引，但他们仍期待标题能够提供一些有用的信息。因此，图表标题的作用不仅仅是作为独立稿件的标志，也担负着传递信息的任务。

图 4—1 将“11 月份我国 CPI 同比上涨 5.1%”作为标题，很准确地传达了图表的主要信息、核心信息。如果换成“11 月我国消费者价格指数”，则仅表示一个经济术语。信息图表也在“讲故事”，设计者不会也不该使用如此枯燥无味的词汇。决定受众能否继续读下去的关键在于信息图表的标题是否有信息含量、主要信息的表达是否清晰、一目了然。如果图表的主要信息看起来无趣又无效，还得需要附加补充说明才能读懂，往往会容易产生阅读障碍，使受众失去兴趣。

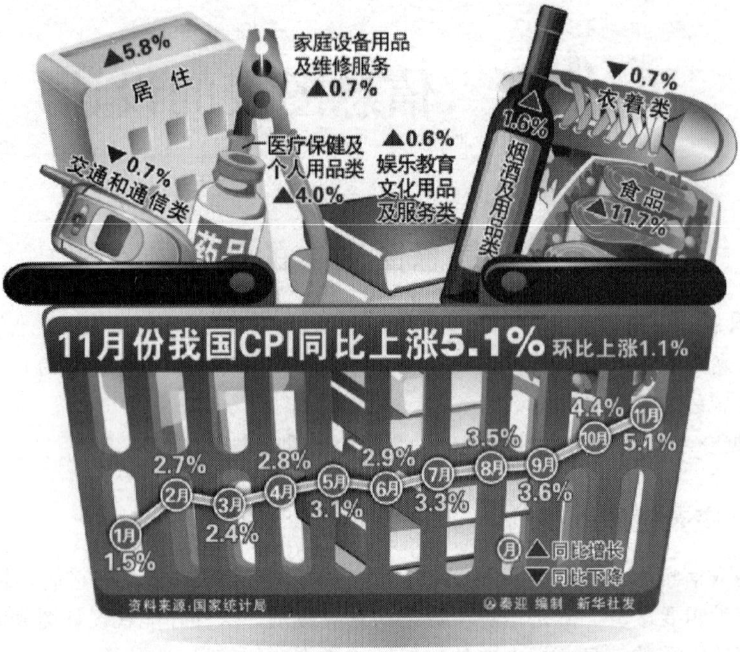

图 4—1 新华社《11 月份我国 CPI 同比上涨 5.1%》

主要信息的筛选就是对所掌握信息的提炼和简化，其前提是不损伤原意。筛选既是为了传播致效，也是为了适合图表的篇幅。一般的精简程序是通读原文后，对字数做多次删减，直至剩下几个关键词或最简短的一句话，这些关键词或短句就是全文的精髓。除了内容的筛选，主要信息或核心信息还需要图表编辑对其形式进行处理，如新华社图表《今年我国粮食总产有望迈上 55 000 万吨新台阶》（见图 4—2）中对 2011 年总产的突出强调，受众在一瞥之间就会注意到。

图 4—2 新华社《今年我国粮食总产有望迈上 55 000 万吨新台阶》

二、次要信息的表达

次要信息介于主要信息和支持性信息之间，是从两者剥离出来的。次要信息既不能喧宾夺主，也不能默默无闻，它在图表里发挥着承上启下的作用，是对细节信息（支持性信息）的概括。大家常见的类似 Excel 表格式的图表之所以早早地退出图形传播的舞台，主要原因就是细节太多、不分主次、内容琐碎，受众无法在短时间内抓住重点。

在《我国快递从业人员年增长 35%》（见图 4—3，文前彩色插页）的图中，“快递从业人员 54.2 万人”和“快递从业人员增长 35%”分别采用了红字白底的处理手法，文字醒目，这是图表的主要信息内容。而通过描边处理的“占第三产业就业人员总数的 0.2%”和“远高于全国就业总人数 1.5%的增长率”等则属于次要信息，它们是对主要信息的补充说明。在《我国有望连续八年成为世界最大啤酒产销国》（见图 4—4）的图中，加粗加深的数字“2051.29”，文字“世界第一”、“连续八年”、“最大”等是主要信息，啤酒年产量的条状图则属于第二层的次要信息，是对我国在世界啤酒产销市场情况的介绍说明。

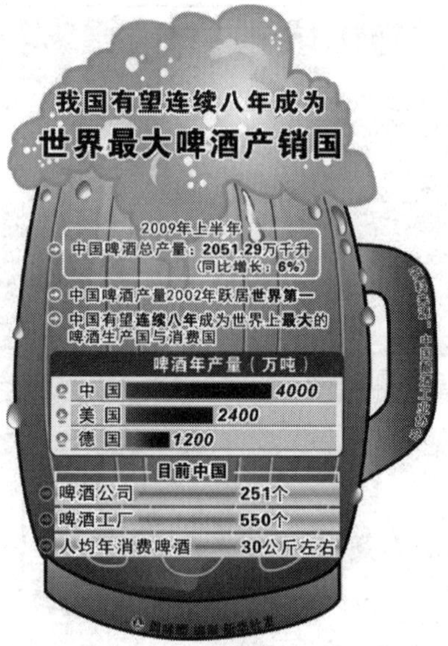

图 4—4　新华社《我国有望连续八年成为世界最大啤酒产销国》

在设计时所耗费的时间和精力越多，信息图表就越精良。受众一眼就对图表的所有信息一览无余，缺少了信息的层次和过渡，这样的图表在传达信息的功能上极其有限。次要信息在整体信息中发挥的是桥梁和解锁功能，它是受众在解读主要信息、搜寻支持性信息之间的中介。

次要信息常用于说明事物潜在的发展趋势或导致当前状况的依据。在图表《CPI 连续第七个月回落》（见图 4—5，文前彩色插页）中，主要信息是“2008 年 11 月的 CPI 指数为 102.4”，并被制图编辑以红色标签突出显示；而前 6 个月的持续下降趋势以及 2007 年的 CPI 指数都属于次要信息。次要信息并不总是在图表中出现的，一旦出现，往往是加粗的小标题，或者是被适度弱化处理的数字、图形等。

三、支持性信息的处理

支持性信息是图表中的细节，是文字描述较多的部分、大量数据集中的地方。在一幅图表中，主要信息是次要信息和支持性信息的入门点，只有当主要信息（有时是次要信息）刺激了受众的好奇心、激发了阅读动机时，他们才会主动地去寻找细节。这些信息细节的精读者不同于浏览者，他们愿意为之付出时间和精力。如果说受众获取主要信息的时间是转瞬之间，次要信息耗费两三秒，支持性信息则需要细细研读、慢慢品味。

2005 年 8 月位于巴西东北部的福塔雷萨市巴西中央银行福塔雷萨市分行的金库被盗。盗贼通过精确定位，历时三个月挖了一条长达 200 米的地道直达金库，最后得手。国内某媒体为此绘制了信息图表予以报道（见图 4—6）。图表的主要信息是标题和副标题所阐述的内容，主图所描绘的那条长长的地道和模拟的地面建筑，共同构成了次要信息，两块文字信息和图形信息叙述了主要情节并有力地抓住了受众的眼球。主图下的三幅小图分别是地道的详图、金库内部的结构和洞口，它们属于支持性信息，是对整个盗窃事件的细节性分解。

图 4—6 《挖地道 200 米 偷银行 6 500 万》

信息图表的传播优势是让受众在匆匆一瞥中获得信息，使受众不用盯着图表、花费较长的时间才能了解情况。但同时也要提供足够的细节，促使那些对图表感兴趣的受众的目光能够长时间的停留，并发现额外信息。

相比较主要信息和次要信息，支持性信息侧重于表现细节的、具体的情况，是对前者的补充、说明和论证。比如在设计运动员打破纪录的图表时，运动员创造的新纪录毫无疑问是主要信息，之前的纪录属于次要信息，而与之相关联的打破纪录的成绩、时间、地点等信息则属于细节、支持性信息。在表现形式上，主要信息字号最大，有时采用反衬手法来凸显文字数字；次要信息字号略小；支持性信息则采用同一色系略浅的颜色，并且字号要明显小于主要、次要信息，如图 4—7 所示。

图 4—7 新华社《"飞人"归来》

四、"倒金字塔"结构的运用

所谓"倒金字塔"结构就是把最重要、最新鲜、最精彩的事实放在最前面，再依次类推，形成"虎头蛇尾"的形状，犹如倒放着的古埃及的"金字塔"。"倒金字塔"结构之所以流传至今，源于时间对新闻传播的要求和限制。当然，如果仅仅因为"倒金字塔"结构方便记者和编辑，它就不可能延续这么久。这种形式之所以延续下来，是因为它满足了媒体用户的需求。人们通常想在报道一开始就知道发生了什么。如果报道有趣，他们就会注意；否则，他们会转到其他版面。人们太忙了，不愿为毫无收获而耽误工夫。① 这种结构的优点在于，读者可以迅速地从文章中得到关键信息，缺点是读者在读完关键信息之后就不再读下去了。② 在互联网时代，大量冗余信息扑面而来，"倒金字塔"结构有助于受众迅速判断他们是否对某条信息、某则报道感兴趣，并决定下一步的阅读行为。

尽管现在信息传播进入"两微一端"时代，但有时候关键问题不在于媒体传播了多少，而在于受众接收了多少。在某个具体传播活动中，媒体无法确定受众的注意力可以保持多久。因此，倒金字塔——新闻的这种独特表述方式——符合了传播规律，它不仅能够顺利地从近代延续到现在，而且将可能继续延续下去。这种倒金字塔的表述方式告诉媒体人一个道理：如果你要向大家讲一个故事，那么请拣重要的说、精彩的说。信息图表作为新兴的传播信息样式，倒金字塔的传播原则同样也适用。

在一幅信息图表中，主要信息是传播者（图表编辑）展示的重点所在，往往被强调和突出。在《首季 GDP 同比增长 9.7%》（见图 4—8）中，2011 年首季度 GDP 的数值和增长率是主要信息，不仅出现在标题里，而且以不同于其他的颜色来填充柱图，数字 96311 和 9.7%是图表中的主要信息，是最新的变动，体现出图表信息的新闻性。2010 年第二、第三和第四季度的 GDP 数值则属于次要信息，它们和主要信息——2011 年首季度 GDP 的数值——属于一个类别，反映出最近的数据变动。对于第一季度国内生产总值 96 311 亿元，可以将它分解为第一产业、第二产业和第三产业增加值的总和。而这三种产业的数值与增长率属于主要信息的支持性信息，处于整体信息的第三层，它不仅提供了主要信息的支持细节，也标明了

①参见［美］梅尔文·门彻：《新闻报道与写作》，161 页，北京，华夏出版社，2003。

②参见［美］卡罗尔·里奇：《新闻写作与报道训练教程》，202 页，北京，中国人民大学出版社，2004。

主要信息的来源。

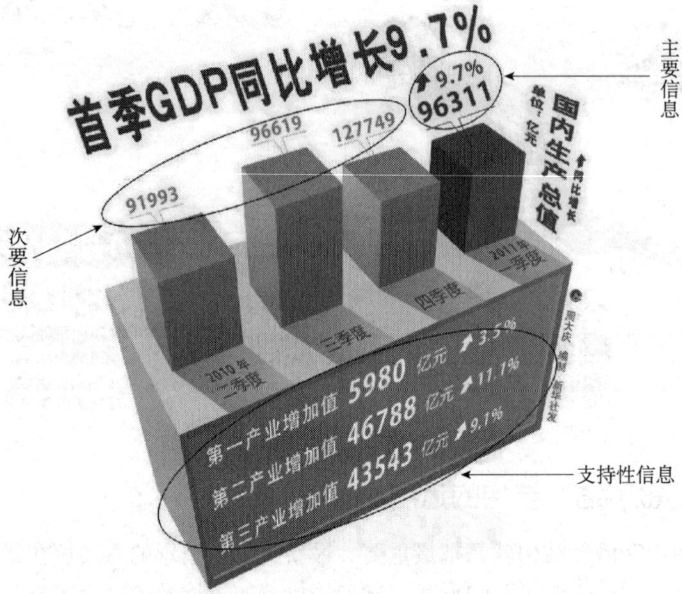

图 4—8　新华社《首季 GDP 同比增长 9.7%》

长期以来，新闻报道依靠精彩的标题或导语来吸引和留住受众，而受众也是据此来决定新闻是否可读，只有在对报道的价值做出初步的判断之后才会继续浏览信息。对于制图编辑而言，需要考虑如何高效地传达最重要的信息，同时也不能让次要信息成为累赘。尤其是当受众在搜寻特定信息时，在“方寸之地”的信息图表中，事无巨细地描述只会让受众望而生畏，而无法吸引其关注。

第 2 节　信息图表的视觉设计

知识点：

● 数据是构成信息图表的内容元素，讲究来源的权威性、可靠性和中立性，在使用数据时要考虑语境和数据之间的可比性，以及呈现时的公平、公正。

● 色彩含有丰富的心理信息，可以影响内容的传达。不要使用多种颜色来呈现同一组数据。

● 图例是表示图表内容的准绳，是阅读时必不可少的指南。

● 信息图表的受众可以大致划分为精读式读者和浏览式读者，针对不同的受众，图表设计的视觉化、组织化、精炼化被强调的程度不同。

一、数据的设计策略

判断数据好不好关键要看它的来源。一般而言，来源的权威性、可靠性和中立性是高质量信息源的必要条件，特别是经过第三方审核的数据更能避免偏颇，增强可信度。数据是构建信息图表的内容元素，一个错误的数据可能会毁掉整个图表，即坏数据＋好的可视化＝坏图表。①

数据可以有不同的呈现方式，具体需要用哪种方式，所要传达的信息和图表编

①参见 Dona M. Wong, *The Wall Street Journal. Guide to Information Graphics*, W. W. Norton & Company Inc., 2010。

辑所追求的传播效果是做出选择的依据。如图 4—9 所示，同样一组数据，制作成柱状图，则表明一个集体内所有成员的具体数量；如果绘制成饼图，则表明各成员在集体总的份额中所占的比重，明确各成员的具体情况。

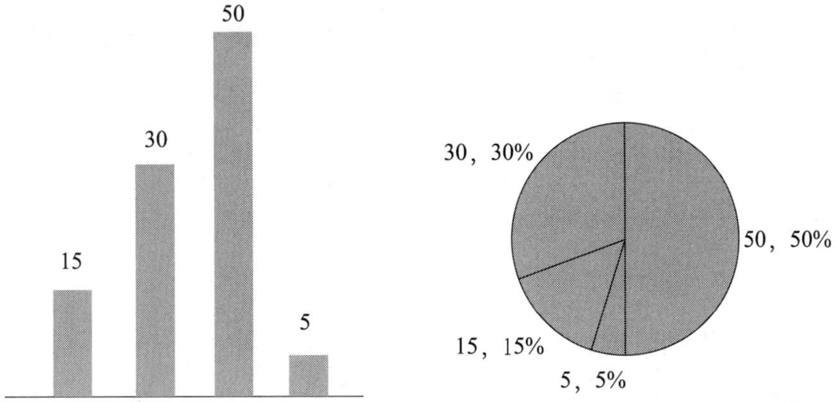

图 4—9　不同方式呈现数据的对比图

使用数据要考虑语境，这样才能公正地呈现事实，并以此来提高信息的可信度。如果缺乏上下文的佐证，读者可能被误导，或者难以理解数据背后的价值及意义。特别是只给出增长或减少百分比而没有给出基准数值的数据，就更没有任何参考价值了。① 比如在描述某产品所占的市场份额时，在中国市场占 60%，在美国市场也占 60%，由于不知道中美两国市场的规模，就很难对该产品的销售情况有准确的了解。此外，还要考虑数据的可比性，特别是小基数的大百分比变动。即使一个小企业的总收入增长了 200%，它也只是占了市场份额的一小部分，因此贸然去比较大企业和小企业的百分比变动则是缺乏公平和参考价值的。

根据数学上对精确度的要求，有时数据需要保留小数点后几位，一些图表编辑为了方便操作，在数据整理、分析阶段就四舍五入了，导致最后的结果产生很大偏差，影响了数据的信息价值和所要揭示的意义。当然，并非在制图中不能四舍五入，关键是在什么环节四舍五入，正确的环节是在最后的数据呈现阶段，这样才能够把误差降低到最低限度。

在进行数据收集时，可以说“多多益善”，数据越多越有利于深入分析。而在数据信息的处理阶段，评估、发现数据价值则是重点。如下面的两组图表（见图 4—10），如果没有对数据进行过滤、评估，仅仅把所有数据加以罗列（见饼状图），其中一个重要信息——B 企业在市场份额中的大幅度增长——则不能得到恰当地凸显。如果换一种图表类型，采用柱状图来呈现数据，最重要的信息——B 企业的迅猛发展——则得到了凸显，有助于读者更好地理解信息的价值。

能否抽取数据中一部分来传达信息，主要取决于一定计量时间段内的整体情况。如图 4—11 所示，2010 年 7 月至 2011 年 7 月，CPI 成稳定的增长趋势，我们抽取最后几个月的 CPI 数值，同样可以反映出真实情况，因为 CPI 一直在以稳定的速率增长着。当然，如果我们把全部数据都呈现出来，自然更具说服力，并且对增长的幅度有更为精准的把握。像 GDP、粮食产量之类的经济数据，一般都是平稳上升的，截取部分完全可以说明整体情况。但是，如果数据的整体情况起伏较大、飘忽不定，就不适合截取部分以代表整体或趋势了，因为被截取的部分往往会隐藏表示相反意义的数据，会和整体数据的呈现有着完全不同的结论，这时

①参见 Dona M. Wong, *The Wall Street Journal. Guide to Information Graphics*, W. W. Norton & Company Inc., 2010。

候仅仅呈现部分只会误导受众。这种情况往往出现在工业生产者出厂价格指数、石油价格、汇率等受环境影响大的经济指数中，如图 4—12 所示。

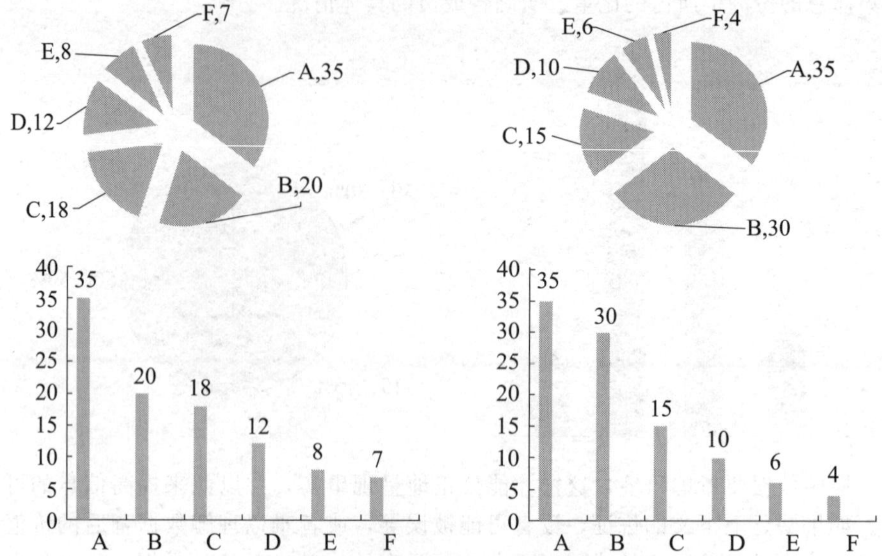

图 4—10　以饼状图和柱状图分别呈现数据

图 4—11　新华社《7 月份我国 CPI 同比上涨 6.5%》

图 4—12　新华社《纽约油价刷新两年半高点》

二、色彩的设计策略

（一）色彩四要素

色彩是非常有效的表现工具，几乎没有什么视觉元素能够像色彩那样具有强烈的表现力。丰富多彩的颜色可以分为无彩色系和有彩色系，有彩色系的颜色具有四个基本特性：色相、纯度、明度和色调，即色彩四要素。

色相是指色彩本身，如红色、黄色等，是我们对以一定的频率从物体上反射的光线的认知结果。在色彩的四个基本要素中，我们对色相的感知是最绝对的。色彩中不能再分解的基本色称为原色，三原色即红、黄、蓝。三原色中的任何两个原色相调而得到的颜色称为间色，即橙色、绿色和紫色。如果把三原色和三间色再相互调和，则得到六种复色，即橙红、橙黄、橙绿、蓝绿、紫绿和紫红。

纯度是指色彩的饱和程度和纯净程度，高纯度的色彩显得热烈、鲜明。当一种颜色掺入黑、白或其他彩色时，纯度就会发生变化。

明度是指色彩的明亮程度。明度有两种情况。一是同一色相不同明度。如同一种颜色在强光照射下明度高，弱光照射下明度就低；同一颜色因加黑或加白量的不同也会产生各种不同的明度。二是各种颜色的不同明度。每一种纯色都有与其相应的明度。黄色明度最高，蓝紫色明度最低，红、绿色为中间明度。

色调是指色彩的总体倾向，与个人体验有关。色调在冷暖方面分为暖色调与冷色调：红色、橙色、黄色为暖色调，象征着太阳、火焰；蓝色为冷色调，象征着大海、蓝天；黑色、紫色、绿色、白色等为中间色调。暖色调的亮度越高，其整体感觉越偏暖；冷色调的亮度越高，其整体感觉越偏冷。

色相、纯度、明度和色调是不可分割的，应用时必须同时考虑这四个因素。

（二）色彩与人的认知心理

色彩含有丰富的心理信息，可以影响内容的传达。色彩的心理特征与人的体验有着深度联系，色彩因波长的不同而对我们的神经系统产生不同的影响。波长较长的色彩需要更多的能量来处理，并会提高新陈代谢的速度，使人激动、兴奋；处理波长较短的色彩所耗费的能量较少，会减缓新陈代谢的速度，使人镇静，情绪缓和。另外，色彩的心理特征还与文化背景有着密切关联。在以基督教为主流文化的西方，黑色往往与死亡或悲情联系在一起，而信仰印度教的人则把白色与死亡相联系，但基督教则认为白色代表着纯洁和清白。由于历史原因，西方人认为紫色代表高贵、权利和奢侈；而东方人则把黄色看做皇权、尊贵的标志。在许多文化环境中，人们常常把蓝色与生命、精神层面的事物相关联。如果在设计环节，图表编辑能够把色彩的心理联想效能与所要传达的信息联系起来考虑，就可以实现增添信息含义的目的。①

红色——在较大程度上刺激自主神经系统，可以引起“对抗”或“逃避”的刺激反应，使人产生饥饿感或冲动感。红色给人热情和刺激的感觉。

蓝色——因其波长短而具有镇静作用，给人以安全感。又因其常常使人联想到海洋或天空，给人深远、可靠的感觉。据统计，蓝色是所有色彩中最受人喜爱的颜色。

①参见［美］蒂莫西·萨马拉：《设计元素——平面设计样式》，110～111 页，南宁，广西美术出版社，2011。

黄色——在空间上具有“前进感”，可以促进有条理的思考和持久的记忆，并且会使其周围的色彩生动起来。偏绿的黄色使人焦虑，而深黄则使人联想到财富。

绿色——波长最短，是光谱中最让人放松的颜色，它很容易让人们联想到大自然、草木。明度高的绿色预示着活力、年轻和健康；深绿暗示着经济的稳定发展；橄榄绿关联着土壤。但在某些文化背景下，绿色让人联想到疾病。

紫色——其明度和色相极大地影响了该色彩的信息含义。靠近黑色的深紫易于使人联系到死亡；暗淡的紫色易于让人怀旧；紫红令人情绪高涨。总之，紫色带给人更多的是神秘和难以捉摸。

橙色——既有红色的活力、刺激，又有黄色的温暖、友好。较深的橙色可以刺激唾液的分泌；明亮的橙色给人以健康、新鲜的感觉；适中的橙色使人觉得别致、典雅。

褐色——接近泥土和树皮的颜色，给人以舒适和安全感。其粗糙的质感、接近生态的特性，给人以朴实、可靠和坚韧的感觉。

黑色——光谱中色彩最强烈的颜色。在空间上既无前进感，也无后退感，对比度尤其明显。在西方的文化背景中，黑色意味着死亡，有时也给人孤傲、权威的感觉。

白色——它是所有色彩的混合体，象征着精神的统一和力量。在对比度强的色彩如黑色周围，显得尤为宁静、庄严和纯洁。

灰色——作为中性色，让人感到不明朗。因为缺少色彩的情感，显得冷淡。灰色中的银灰极易让人联想到技术、产业。①

（三）常用的色彩模式

颜色千变万化，存在众多差异，用精确的方法来定义每一种颜色非常重要。人们经过科学研究，根据色彩的构成原理定义了多种颜色模式。

1. RGB 模式

这是一种最常用的、最基本的色彩模式，其组成颜色是 R（red，红）、G（green，绿）和 B（blue，蓝）。该模式源于三原色理论，即任何颜色都是由红、绿、蓝组合而成的。RGB 模式是以光的颜色为基础，通过 0～255 之间的数值来表示，数值较高，颜色偏淡；数值越低，颜色越暗。当这三个颜色的数值为 0 时，为黑色；当数值都达到 255 时，为白色。当 R 值为 255，其他值为 0 时，即为红色；当 G 值为 255，其他值为 0 时，即为绿色；当 B 值为 255，其他值为 0 时，即为蓝色（见图 4—13，文前彩色插页）。

2. CMYK 模式

这是一种以打印在纸上的油墨对光线产生的反射特性为基础的色彩模式。当白光照射到半透明的油墨上时，白光中的部分颜色被吸收，另一部分颜色被反射回眼睛。C 是青色（cyan），M 是洋红（magenta），Y 是黄色（yellow），K 是黑色（black）。在该色彩模式中，用 0～100 来表示各种颜色（见图 4—14，文前彩色插页）。

3. HSB 模式

该模式是依据人体对颜色的感知，根据色彩的属性来定义颜色的。H 代表色相（hue），S 代表纯度（saturation），B 代表明度（brightness）。色相是以 0～

①参见［美］蒂莫西·萨马拉：《设计元素——平面设计样式》，110～111 页。

360度来计量的；而纯度和明度均是以0～100来计量的（见图4—15，文前彩色插页）。

（四）色彩使用要点

在色彩的使用上，图表设计与版面设计有着相同的操作理念，即色彩选择要克制，不要在同一时间把调色板里的颜色用光了。在一幅图表中使用过多的颜色不仅令人困惑，而且显得俗气。

要点一：不要使用多种颜色来呈现同一组数据，这样容易分散读者的注意力，而使用同一色彩来表示同一变量，则有助于读者把注意力放在比较数据上，如图4—16（见文前彩色插页）中的左边两幅图。对于核心信息，可以用不同颜色，或同一颜色中明度较暗的一种来强调，如图4—16的右边两幅图。[①]

要点二：不要在有多个柱形的柱状图中使用不同的色彩。强烈的对比同样会分散读者的注意力，如果使用同一色彩的渐变明度或者同一色系的颜色，会使图表看起来干净利落，有助于读者把注意力放在解读数据上。需要注意的是，明度的过渡应该是渐变式的平滑过渡，不能有大幅度的转换。[②]视线在忽明忽暗的跳跃中无法对数据做出有意义的比较。采用什么色彩无所谓，关键是平缓的过渡转换很重要，如图4—17（见文前彩色插页）所示。

要点三：在财经图表中不要轻易使用红色来表示数据。红色通常与亏损联系在一起，并且它是表示赤字的有效方法，但有时我们会在如何安排红色的位置这一问题上犯错误，正确的用法是将其置于水平线之下，如图4—18（见文前彩色插页）所示。[③]

（五）对色盲色弱读者的色彩设计

色盲是一种先天性色觉障碍，它不能分辨自然光谱中的某些颜色。其中对颜色的辨别能力较差的称色盲；虽然能看到正常人所看到的颜色，但辨认颜色的能力迟缓者称为色弱。全色盲者比较少见，最多的是红绿色盲，即不能分辨淡绿色与深红色、紫色与青蓝色、紫红色与灰色、红色与深绿色、蓝色与紫红色等，常把绿色视为黄色，紫色看成蓝色，绿色视为灰色或暗黑色。平常说的色盲一般就是指红绿色盲。红绿色弱较多见，患者对红、绿色感受力差，当照明不良时，其辨色能力接近红绿色盲；但当颜色较深且照明较好时，其辨色能力接近正常。

要点一：对图表中的重要信息元素进行“双重强调”。一是对呈现数据信息的图形直接以数字、文字加以说明，二是对该图形和数字文字进行强化处理，如加粗、放大或降低明度。通过“双重强调”，即使不用色彩也可以使读者清楚地理解所要传达的信息，如图4—19中的“A，45”。

要点二：调整色彩明度的差异。红绿色盲、色弱者很难从色相上区别红色与绿色，因为这两种颜色在色环中处于相对的位置，在明度上非常接近。但是红色和绿色在明度上还是存在许多差异的，如深红与淡绿、深红与粉绿、墨绿与浅红、墨绿与朱红等，这些都存在一个共同的特征——明度差。所以，图表编辑可以通过调整色彩明度上的差异来帮助色盲、色弱者辨别颜色，如图4—20（见文前彩色插页）所示。

①参见 Dona M. Wong, *The Wall Street Journal. Guide to Information Graphics*, W. W. Norton & Company Inc.，2010。
②参见上书，41页。
③参见上书，40页。

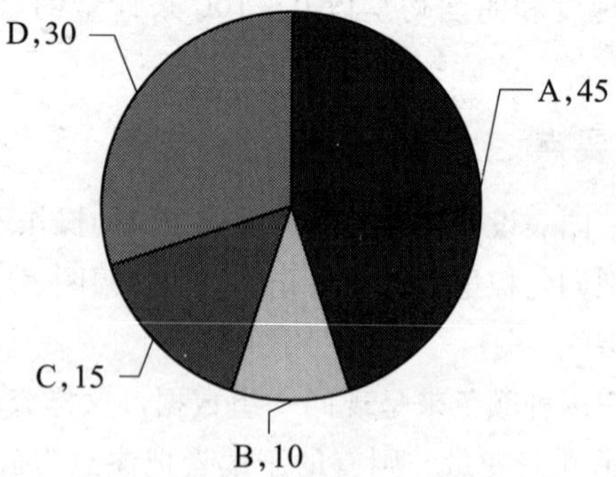

图 4—19　对重要元素的“双重强调”

要点三：对图表中的数字、文字采用背景反衬的手法。在一般情况下，浅背景深字体或深背景浅字体都有助于提高辨识度。下面的色彩可视度表供参考（见表 4—1）。

表 4—1　色彩可视度表

	红	橙	黄	绿	蓝	紫	白	灰	黑
红	—	40	46	25	26	28	41	30	33
橙	39	—	38	34	41	39	36	37	42
黄	43	40	—	45	45	43	14	41	50
绿	28	35	42	—	34	32	46	29	37
蓝	33	43	43	35	—	29	47	29	32
紫	30	44	49	36	32	—	49	35	27
白	39	42	22	40	44	42	—	39	46
灰	30	40	44	27	30	33	44	—	37
黑	35	43	51	34	28	26	50	37	—

三、图例的设计策略

图例是集中在图表上的各种符号和颜色所代表内容与指标的说明，有助于更好地认识、理解图表。图例是绘图时表示图表内容的准绳，是读图时必不可少的阅读指南。

图例有助于组织图表的内容，适用于读者仔细阅读图表，进而获得补充性信息。但是，如果使用大量的图例来解释图表中的数据或图形，使受众的视线在图形、数据和图例之间来回跳转，势必会减慢阅读速度。因此，对于以普通读者为目标受众的信息图表来说，图例使用太多并不好。如下面一幅关于某高校绿化情况的图表（见图 4—21），左上方的条形图是标注树木种类的图例（同时表明数量），总共有 10 个种类，校园立体建筑群之间分布着这些不同种类的树木。读者为了确认在某个具体位置的树木种类，其视线不得不频繁地在图例和建筑图之间移动。

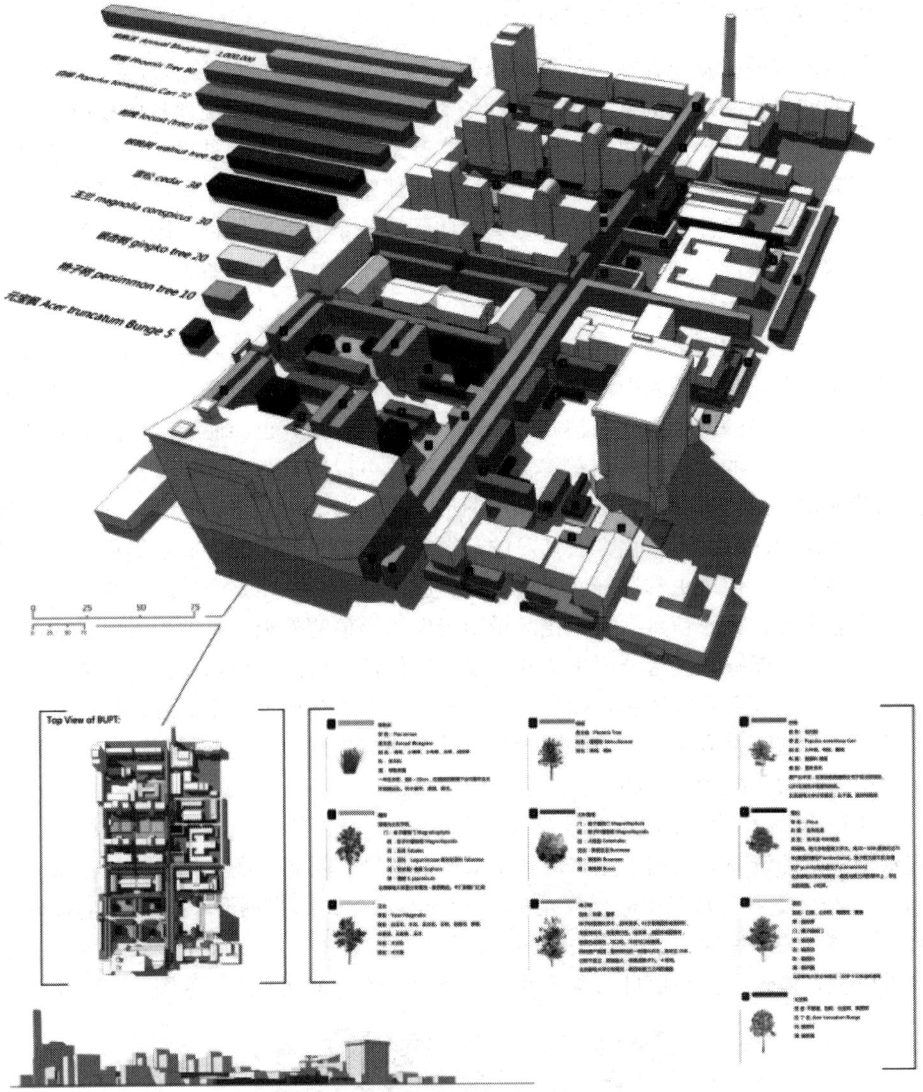

图 4—21　高校绿化图

最好的解决办法是直接在图形或数据上标明数值，读者的视线就可以不用跳来跳去，也有助于降低设计图表的复杂性。

在图表的绘制中加入短语和数值，直截了当地告诉读者，有助于展示图表的关键信息点。无意义的图形固然能够吸引读者的注意力，但是对传递信息则毫无用处。众所周知，在传达信息时，数字和文字突出了信息的精确性，而形象化的图形则赋予信息以意义。我们的左右脑分工不同，左脑具有一定的文字、数字的分析、推理功能，而右脑则具有识别几何图形、欣赏绘画、音乐等功能。如果我们在绘制图表时，给予读者数字、文字符号和图形符号的双重编码信息，则有助于提高信息传达的效果。因为相比于只以视觉方式或只以文字、数字方式展示的信息，双重编码的信息更容易被记住。

四、图表受众分类与设计方法

信息图表的受众也存在“外行看热闹，内行看门道”的情形。当然，“内行看门道”的前提是图表中的某些东西打动了受众，促使其能够系统地从中提取所需要的信息，聚精会神地阅读每一个细节。这类受众对图表的要求是组织严谨、条理清晰、多数据、少装饰性的图形。而“外行”是那些容易被视觉化图形元素吸引的受众，他们倾向于关注漂亮的图形，尽管有些图形并不能传递信息。因此，图表编辑可以把未来的阅读者划分为精读式读者和浏览式读者，在设计图表时，需要同时兼顾两种读者的行为特点。

在考虑受众因素之外，图表编辑也需要考虑图表所承载的内容，如果在分析性较强、探究性较高的图表中添加花哨的卡通图形，恐怕不合时宜；而在故事情节明显、叙述性较强的图表中使用枯燥的数据、平淡的设计，也会使受众倍感无聊。

在信息图表的设计中，制图编辑采用的方法可以归结为视觉化方法、组织化方法和精炼化方法。视觉化方法侧重于用图形来生动形象化地表现主题，使图表在瞬间吸引受众的注意。组织化方法针对的是图表内容，包括数据、文字等用于传递信息的各种符号，使之更具逻辑性、条理性、层次性。精炼化方法指的是减少冗余信息，凸显主要、核心信息。视觉化赋予图表生动形象的外观，有助于吸引受众的注意力；组织化能够让读者分清主要和次要，抓住核心信息；精炼化去掉无关联的冗余信息，能让读者不被迷惑，锁定必要的细节，而不会掩盖重要信息。任何图表的设计都包含这三种方法，唯一区别的是三种方法被强调的程度不同而已，一位优秀的制图编辑擅长把握三者的平衡、遵循中庸之道。

2011 年发生了北京地铁四号线电梯倒转致 13 岁男孩死亡事件，新华社图表编辑根据获得的资料，绘制了立体仿真图来再现场景，强调了视觉化的设计方法（见图 4—22）。随着公众关注电梯安全的不断升温，有关部门展开了对全国电梯的普查，并请有关专家回应了公众关注的问题，为此，新华社又发布了以文字为主的解释性图表，体现了内在信息的逻辑性和图表设计的组织化方法（见图 4—23）。

图 4—22　新华社《北京地铁四号线电梯倒转致 13 岁男孩死亡》

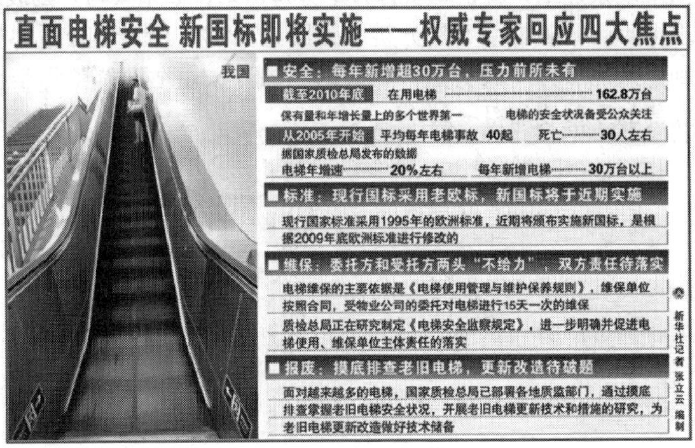

图 4—23 新华社《直面电梯安全 新国标即将实施——权威专家回应四大焦点》

图表编辑可以通过保持三种设计方法的平衡以确保图表能够吸引所有的受众，而突破平衡、强调某种设计方法则有助于对特定受众群进行传播。在信息图表的实际操作中，图表编辑可以考量设计方法、图表特征与目标受众之间的匹配程度，进而发现需要注意的地方以及可能的延展空间。

第 3 节　信息图表的设计规范

知识点：

● 线形图表现一种趋势，最大的优势是在一条线段内可以容纳和呈现大量的数据。

● 在条柱图中，各条柱形所表示的变量属同一类型，在色彩上应该颜色、深浅一致。多组不同颜色或不同明暗程度的条柱形放在一起会引起视觉混乱。

● 饼图切分的越细致，部分越多，比较分析就越困难。排序时最大部分（最重要）放在 12 点位置的右边，以突出其重要性。

● 具象标志仅限于传达数量较少的信息，设计上应尽可能简单，在使用数量较多时，应标注数值。

● 消息源在选择与使用上讲究故事性、可靠性、互补性和内在的一致性。

一、线形图的设计规范

线形图常用于表现一种或几种事物发展的状态和趋势。

（一）线形的高度和粗细

线形的高度与纵坐标的刻度有着直接关系，如果刻度过大（相对于所要表示的数据），会使所绘制的曲线趋于平缓；如果刻度过于精细，绘制出的曲线则趋于陡峭，可能会夸大事实情况的发展趋势（见图 4—24）。解决问题的关键在于合理调整纵坐标上刻度的精度，尽量使线段的高度既能真实地反映事实，又能取得较舒适的视觉效果。①

线形图最大的优势是在一条线段内可以容纳和呈现大量的数据。但是，从视觉

① 参见 Dona M. Wong, *The Wall Street Journal. Guide to Information Graphics*, p. 50, W. W. Norton & Company Inc., 2010。

效果来看，如果线条过细，就很难从背景中分辨出来；如果太粗，则波峰波谷的重要信息点呈现得不够精确，也不易分辨（见图 4—25）。所以，合适的粗细既能够与背景相区别，又能够分辨转折点。解决问题的方法是适度调整纵坐标刻度的精度，同时把底部的零基线加粗一点。①

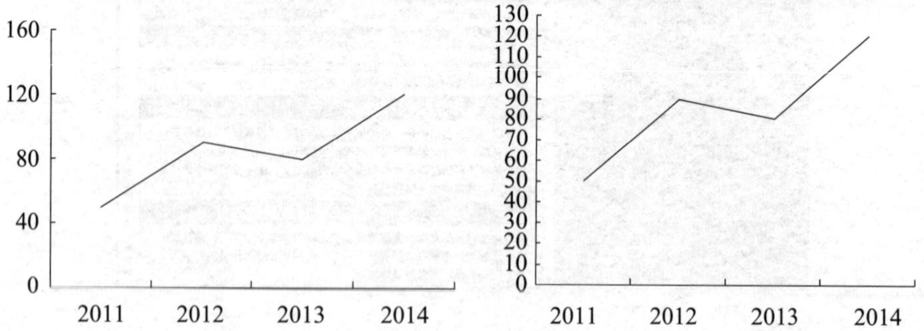

图 4—24　不同刻度的线形图对比

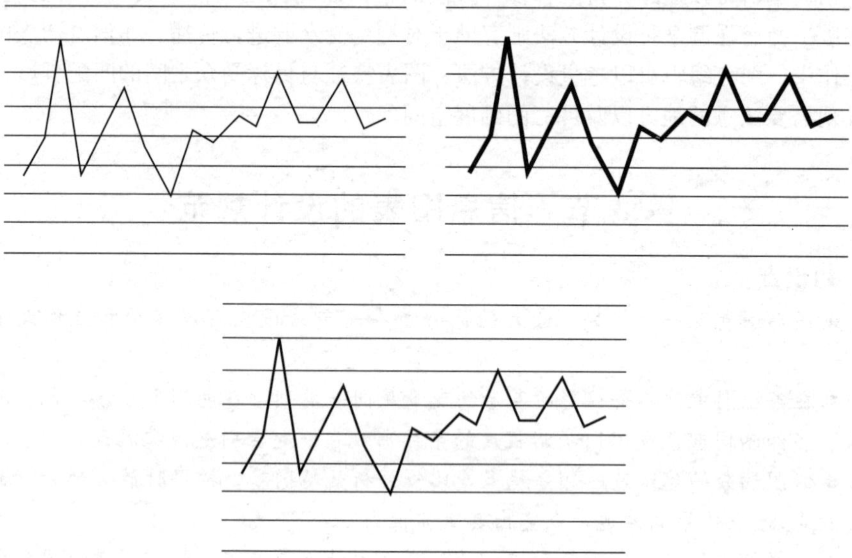

图 4—25　不同粗细线条的线形图对比

（二）纵坐标的刻度

纵坐标上刻度的增量变化要符合我们日常数量的递增习惯，如“1、2、3……”；“2、4、6……”；“0、5、10……”；“0、10、20……”等。尽量不要用“0、3、6、9……”；“0、8、16、2 4……”之类的递增量。陌生感强的刻度只会加长读者的思考时间，进而降低读者解读数据的速度和效率。②

（三）线段数量、色彩及排序

在一幅图表中，最好不要使用五条以上的线段，有时为了区分各条线段，还要使用不同的形状或色彩，其结果就像斑斓的彩虹。尤其在这些线段相互交叉时，则更难以区分，不易分辨（见图 4—26，文前彩色插页）。多线形图是用于比较不同的数据系列的，过多反而影响其作用的发挥。通常解决问题的方法之一是用粗细或深浅来区分线段，起码这种方法比使用花哨的图案和形状更利于阅读（见图 4—27，文

①参见 Dona M. Wong, *The Wall Street Journal. Guide to Information Graphics*, p. 50, W. W. Norton & Company Inc., 2010。

②参见上书，52～53 页。

③参见上书，54～55 页。

前彩色插页）。方法之二是使用一组各自独立的线形图，这一方法可以很好地呈现线形，并帮助读者快速地在所有线段之间进行比较（见图4—28，文前彩色插页）。③另外，在比较多条线段时，线段的标注要以末端的排列次序为准，因为终点所表述的往往是最新信息（见图4—29，文前彩色插页）。

（四）关键点的标注

线形图表中关键点（重要信息）的标注需要把握两点。一是文字量不要太多，太多会喧宾夺主，分散读者的注意力，用词汇、短语或数字精练地概括所要表述的信息即可。二是标注的位置距离线段，特别是关键点不要太远，否则会让视线在关键点和标注之间长距离移动，影响读者集中精力来比较线段之间、关键点之间的关系。[1]可以考虑用在线段或关键点上直接标注的方法来解决问题，这种做法的优点是便于读者把注意力集中在对线段所含信息的比较上，缺点是如果内容太多，会影响图表的美观（见图4—30）。

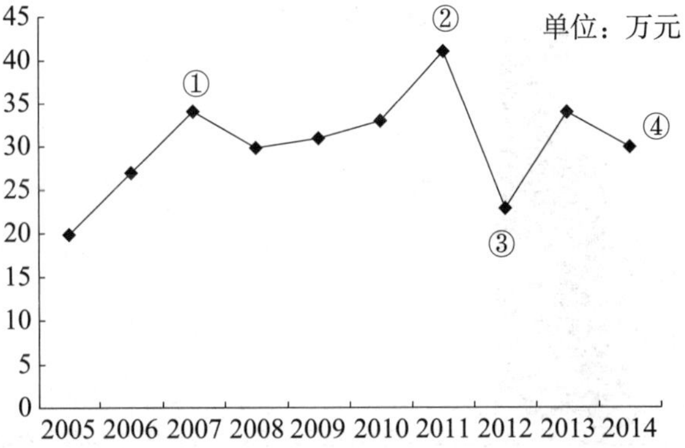

①2007年—34 ②2011年—41 ③2013年—23 ④2014年—30

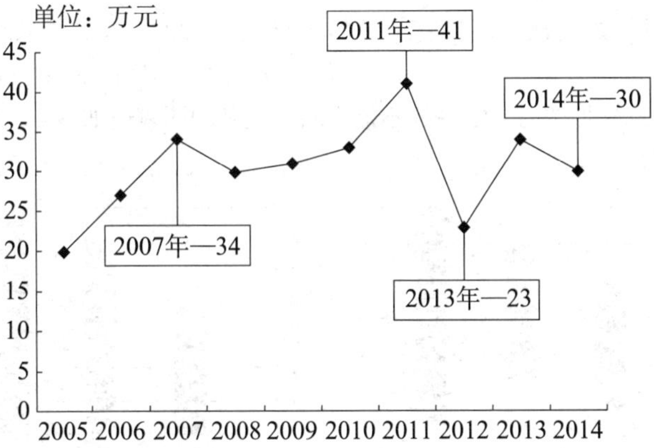

图4—30 有无关键点标注的线形图对比

二、条柱图的设计规范

条柱图是柱状图与条形图的合称。

（一）柱状图的宽度、色彩

图表面积的大小、柱形的数量都影响着柱形的宽度。柱形的宽度可以等于或略

① 参见 Dona M. Wong, *The Wall Street Journal. Guide to Information Graphics*, pp. 56-57, W. W. Norton & Company Inc., 2010。

宽于相邻两个柱形之间的空白，这样的宽度在视觉上给人感觉更舒服。柱形之间空白过大会吸引注意力，导致视线的停留，而空白之处却没有任何信息值得关注。

在柱状图中，各个柱形所表示的变量属于同一类型，在色彩的使用上应该颜色、深浅一致。最好不要给柱形添加过多的装饰，过度装饰不能传达任何信息或数据，只会分散注意力，影响读者对柱形所包含数据的比较（见图 4—31，文前彩色插页）。

（二）设计柱状图需要规避的要点

信息图表不完全是艺术作品，其最重要的功能是实现信息的传播，任何不传达信息的设计都是多余的。

1. 避免使用三维图

很多制图编辑在图表类型上常常选择三维图，三维图形的视觉效果确实比较好，但是这种设计忽略了一个关键问题——柱形的顶点在哪里?[①] 如图 4—32 所示。

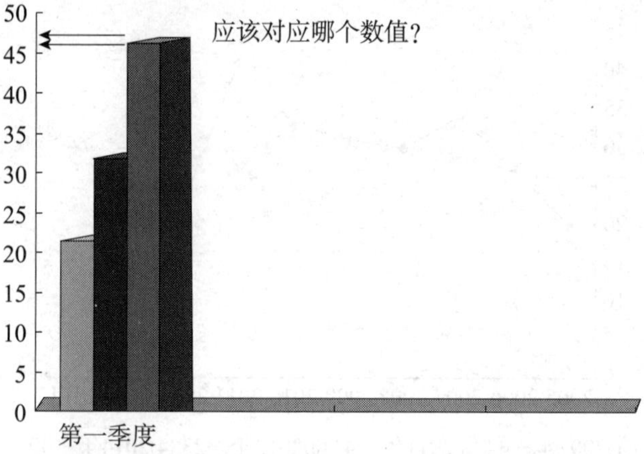

图 4—32 柱形三维图中常出现的问题

2. 不能省略基线

不从零基线开始的柱状图具有一定的误导性。[②] 如图 4—33 左图所示，从视觉上感知，左图 B 应该比 A 多一倍，实际上只多了三分之一；D 比 A 多三倍，实则仅是两倍。所以，在绘制柱形图时，零基线不能省略。正确的图表应如图 4—33 右图所示。

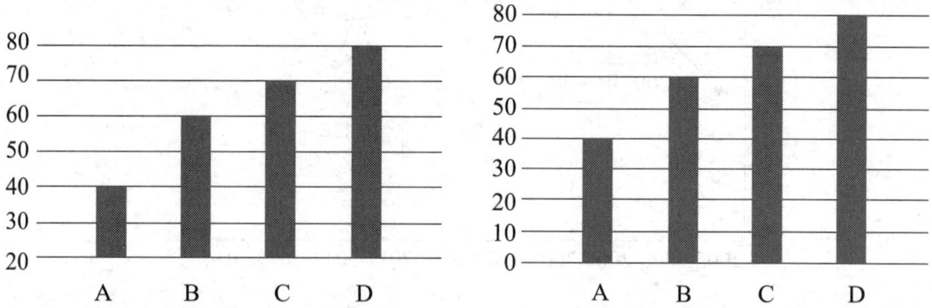

图 4—33 有无零基线的柱状图对比

3. 避免多组不同颜色或明暗的柱形同时出现

多组不同颜色或明暗的柱形放在一起难免引起视觉混乱，读者较难对数据进行有效的比较，这种情况可以考虑采用曲线图。对比效果如图 4—34 所示（见文前彩色插页）。

①参见 Dona M. Wong, *The Wall Street Journal. Guide to Information Graphics*, p. 62, W. W. Norton & Company Inc., 2010。
②参见上书，64 页。

（三）条形图的排序

条形图按照某一属性，对所有个体进行排序。排序时最好按照数值从大到小或从小到大的顺序排列。随机排列会导致图表参差不齐，使条形图失去原有的功能［见图 4—35 中的（A）］。如果需要突出某一条形，可以通过对色彩明度的调整来实现［见图 4—35 中的（B）］。打破从大到小或从小到大的排序，仅见于按照拼音字母排序、时间排序［见图 4—35 中的（C）和（D）］。①

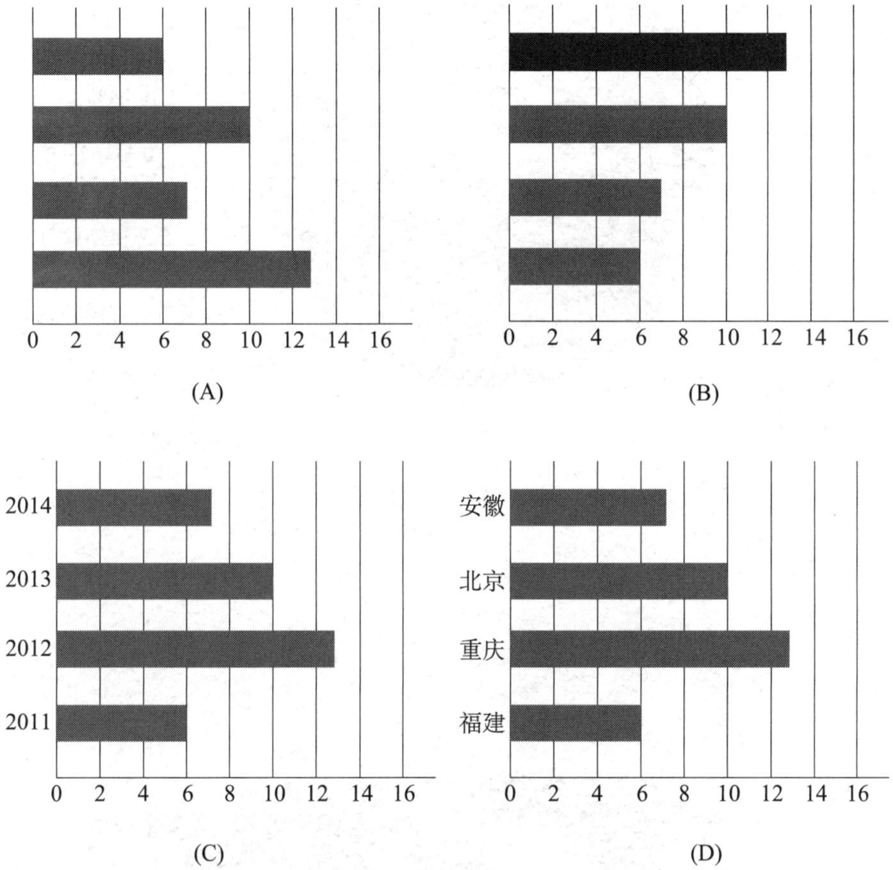

图 4—35　条形图排序对比图

三、饼状图的设计规范

（一）饼图的切分与再切分

一幅饼图切分得越细致，部分越多，加上颜色的干扰，对比分析就越困难。在一般情况下，切分的份数不要太多。如果份数过多，加上各种色彩和标注，就会扰乱视觉的专注程度（见图 4—36）。

但是，“饼片”被切割成超过五部分的情况并不少见，遇到这种情况可以考虑把占比重较小的几个部分合并组成一块新的“饼片”，定名为“其他”。如果每一部分确实需要独立呈现，可以考虑进行“再切分”，即“大图加小图”。“再切分”后的小图最好继续使用饼状图，保持读者的惯性思维，并且把“小图”中每

①参见 Dona M. Wong, *The Wall Street Journal. Guide to Information Graphics*, pp. 70-71, W. W. Norton & Company Inc., 2010。

个“饼片”的数值或在原始“大图”中所占的百分比，以图例的方式标注或直接标注出来。这种呈现方式条理更清晰，更方便读者计算和梳理其间的逻辑关系（见图 4—37）。

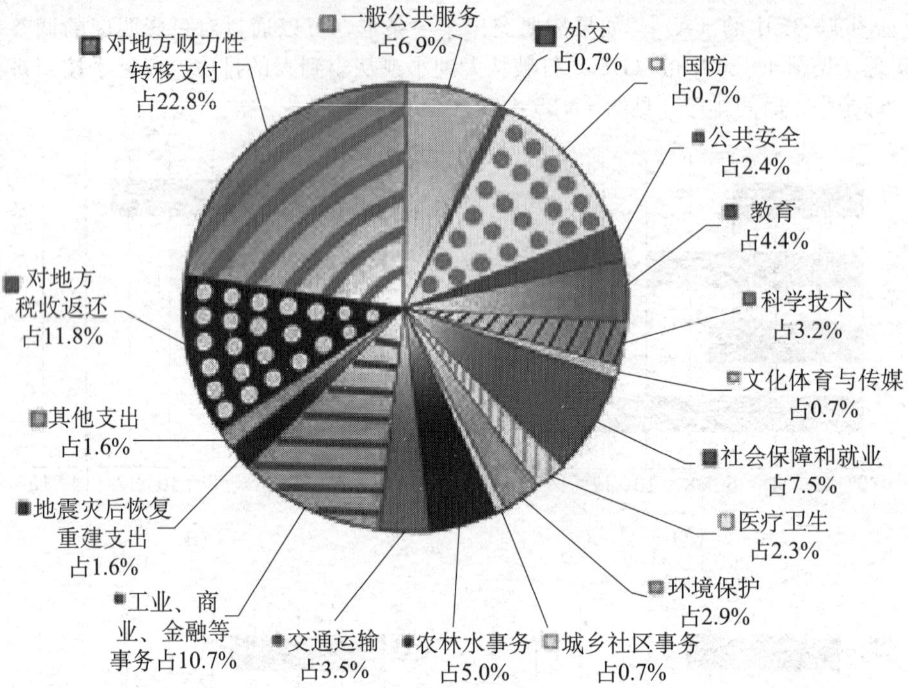

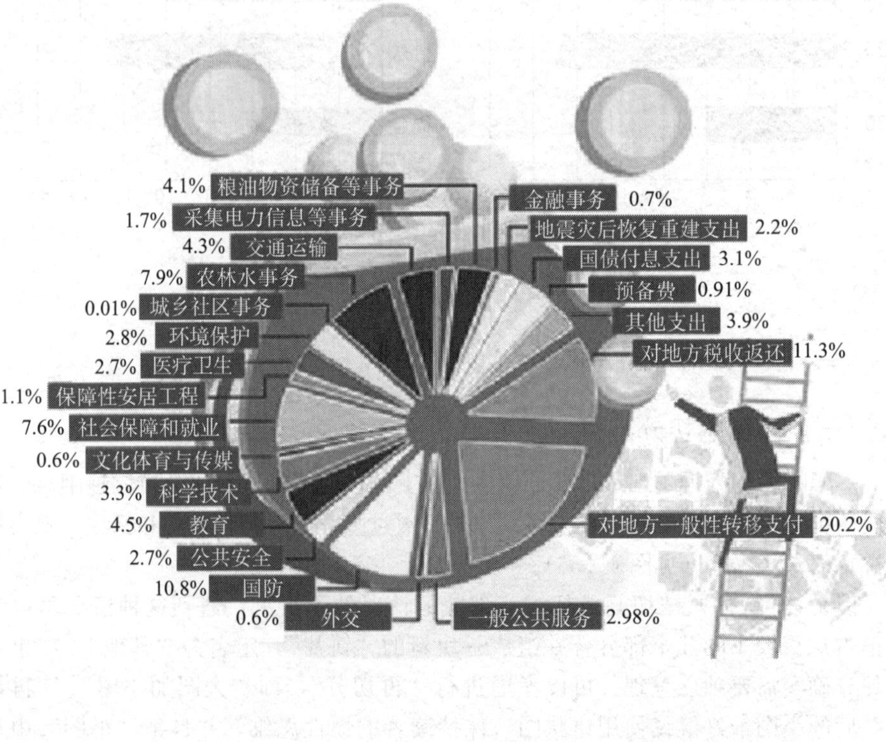

图 4—36　切分过多、色彩过多的饼图

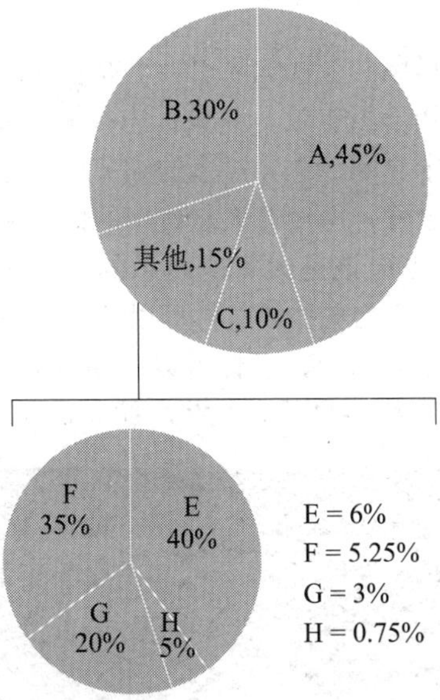

图 4—37 饼图“再切分”示意图

(二) 饼状图中各部分的排序

通常，人们的阅读习惯是自左往右，自上而下，呈“顺时针”状态。饼图是以面积来呈现各部分信息的。12 点位置是视线的起点，如果按照从小到大的顺序来排列，就会导致最不重要的信息放在了最重要的位置。从视觉效果考虑，面积最大的部分（最重要）放在 12 点位置的右边，以突出其重要性；余下部分最好的呈现排序是把面积第二大的部分放在 12 点位置的左边；剩下部分按照逆时针方向排序。这样的话，最小的部分（最不重要）就会落在饼图的底部（见图 4—38）。[①]

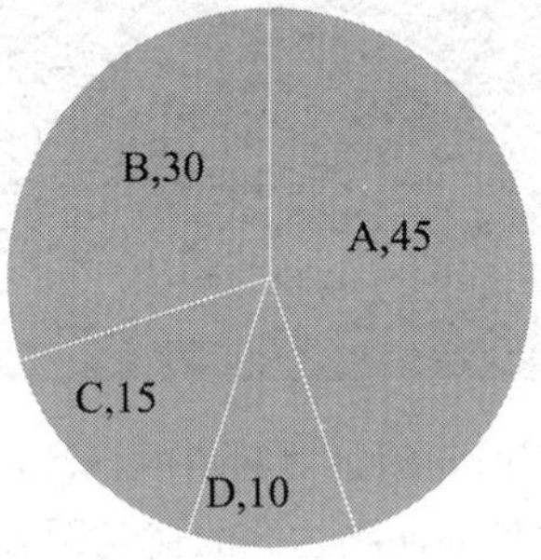

图 4—38 饼图合理排序示意图

四、具象标志的设计规范

具象标志指的是以动物、人物、植物、器物、建筑及自然景观等视觉元素，进行以写实为主的造型表现。它是用具象思维设计制作的小图形，可以一目了然地指代某类事物。排列多个相同的具象标志具有特定数量意义。

(一) 具象标志的设计要点

具象标志在信息传播中往往比抽象类图形、字符类图形传递的信息更直接、生动，也容易获得大范围观众的理解。具象标志作为直观的视觉符号，其视觉认知与视觉感受偏重于理解的感性因素，注重感觉上的真实，与人的情绪、情感密切相

① 参见 Dona M. Wong, *The Wall Street Journal. Guide to Information Graphics*, p. 75, W. W. Norton & Company Inc., 2010。

联，情感说服性较强。①

尽管具象标志直观、形象，在视觉吸引力上有较强的优势，但是在呈现大容量数据方面却不如条柱图、线形图有效，具象标志仅限于传达较少的信息量。另外，也不能以艺术的标准来要求具象标志，过多的细节也会分散读者的注意力。具象标志要设计得尽可能简单，这样，即使在大量使用的情况下，依然能够清晰易辨。其所代表的数值的增量单位也应该是大家所熟悉的，如“2、5、10、50、100”等。在排列时，特别是要以5、10为单位，这样可以使读者一眼就看出来。如在《航天飞机30年》图表中（见图4—39），设计者以一个人形标志代表五位航天员，以不同的色彩代表五架航天飞机各自曾经搭载的航天员人数。

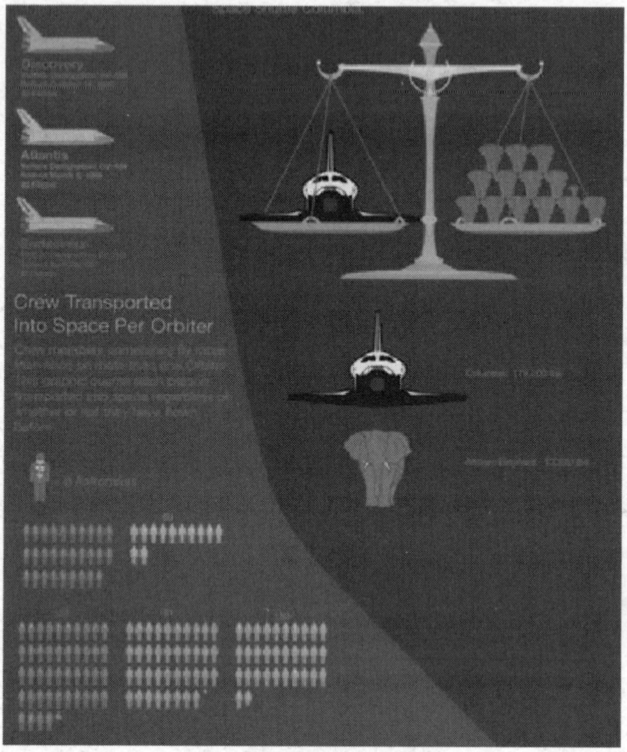

图4—39 《航天飞机30年》

当具象标志使用数量较多时，附加对数值的标注可以省去读者数数的麻烦。图4—40是一幅题为《我们的邮件如何到达》的信息图表。此图采用了大量的具象标志，由于数量较大，设计者在标志结尾处标注了数值，扫除了数数可能给读者带来的阅读障碍。

（二）具象标志的设计误区

1. 避免使用不完整的具象标志

当面对非整数量时，个别图表编辑有时会突发奇想地采用不完整的具象标志来指代数值，这种设计不仅会造成数量上的不准确，引发视觉体验的不愉快，而且可能产生歧义（见图4—41）。②如果出现必须使用不完整标志的情况，建议改为使用条柱图为好。

①参见文红：《具象类标志设计的应用研究》，载《装饰》，2007（1）。

②参见Dona M. Wong, *The Wall Street Journal. Guide to Information Graphics*, p. 86, W. W. Norton & Company Inc., 2010。

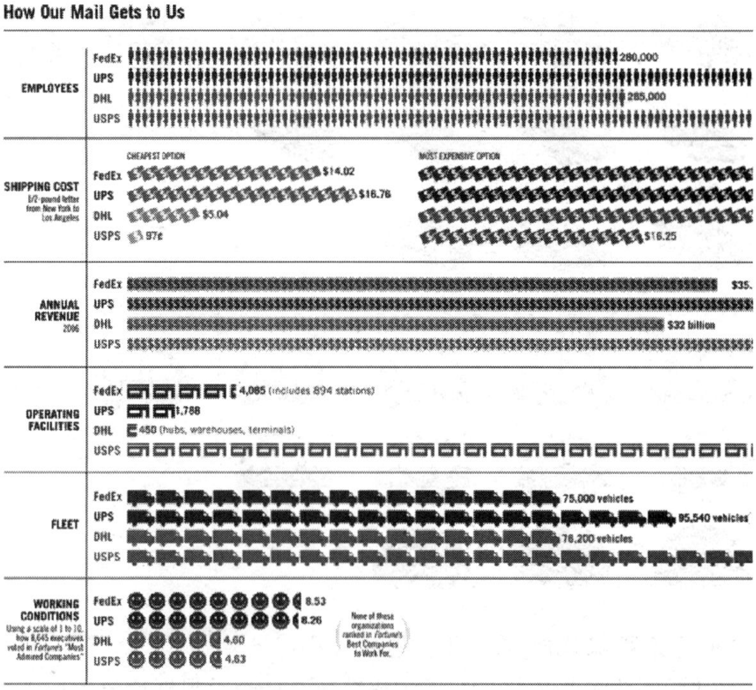

图 4—40 《我们的邮件如何到达》

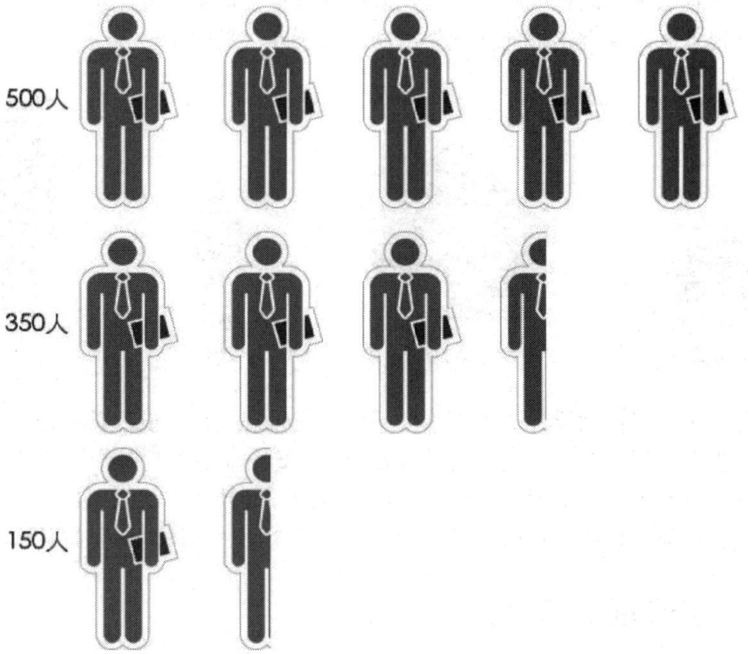

图 4—41 具象标志使用不完整示意图

2. 避免使用变形的具象标志

在呈现同一事物的不同变量时，对具象标志进行变形处理可能会让读者产生疑惑。最好的方法是用同一具象标志的不同明暗效果来呈现变量，这种设计方法有助于读者把注意力集中在数据对比上（见图 4—42）。①

①参见 Dona M. Wong, *The Wall Street Journal. Guide to Information Graphics*, p. 86-87, W. W. Norton & Company Inc., 2010。

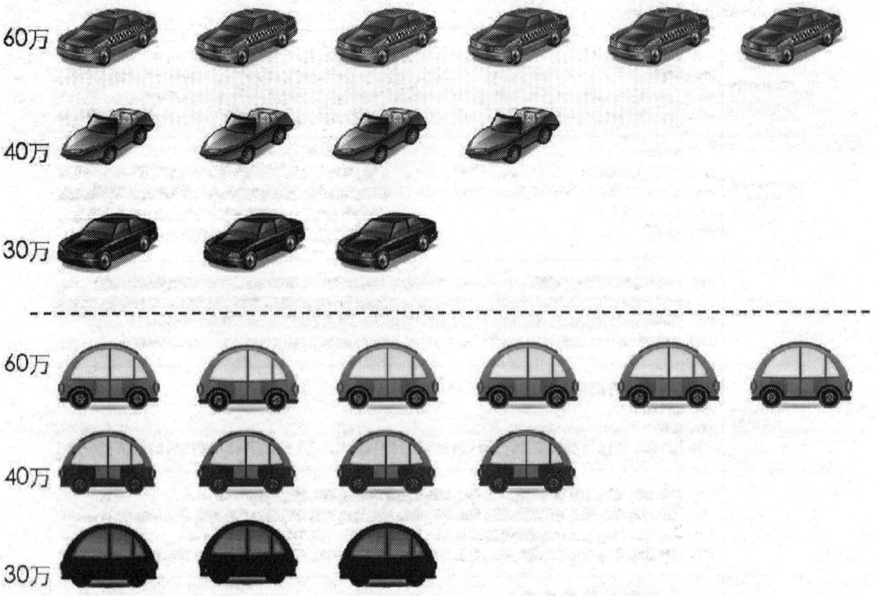

图 4—42 具象标志变形的图表及其解决办法

3. 避免毫无根据地改变具象标志的大小

有时图表编辑为了表示数量的增大或缩减，会毫无根据地放大或缩小具象标志。这种以具象标志面积或高度的变化来呈现数量性信息的方法不科学，因为人们很难通过视觉对不规则图形的变化做出准确的判断（见图 4—43）。①

图 4—43 避免改变具象标志的大小

信息图表可以借助设计的力量来传播信息或表现观点。设计具有说服力，但也可能误导受众，因此信息图表的设计者要担负一定的责任，应该以呈现事实和讲述故事为设计目标。当一幅图表的设计工作完成后，设计者不妨问问自己：自己感觉图表的质量如何？媒体对自己的设计满意吗？受众通过阅读能够了解什么？

五、消息源的选择与使用

随着信息图表的广泛使用，不良图表也开始泛滥。“不良”的一个重要表现是，以叙述性的语序排列消息源中一些不连贯的事实或引语，并将其置于标题或图表下；图表中的信息与消息源的对应关系不明确，多个消息源之间的关系不清楚，更糟糕的是一些消息源不仅年份不一，所包含的信息甚至是对立的。

处在信息、数据剧增的时代，消息源不存在短缺的问题。当图表编辑看到一则新闻报道，就可以顺藤摸瓜地搜索到最初的消息源。在消息源的选择上需要注意以

①参见 Dona M. Wong, *The Wall Street Journal. Guide to Information Graphics*, p. 88, W. W. Norton & Company Inc., 2010。

下几点。①

（一）确保消息源可以被用来讲故事

受众在阅读信息图表时希望了解他们关心的事物或者信息。虽然如今不缺乏数据，但数据本身也没有趣味。即使数据以视觉化的方式呈现出来，但如果不能用于讲述故事，那么消息源是没有价值的。

（二）确保消息源的可靠性

从尽可能可靠的来源获取信息、数据是传播信息、制作图表的前提。一般而言，政府部门的数据、声誉良好的研究机构和学术出版物上的调研结果还是值得信赖的。而对于来自一些商业性较强的调查机构、有政治目的的所谓智库的数据，则需要谨慎选择。

（三）确保多个消息源的互补关系

制作一幅图表需要使用多个消息源提供的信息和数据。但一定要保证各消息源之间是互补的，这主要是为了避免制图时选取互相冲突、带有偏见、传播目的不一致的消息源。

（四）限制消息源的数量以确保内在一致性

如果围绕着某一话题，图表编辑能够从多方获得消息源，是件不错的事情。但是，在决策到底使用哪些消息源时必须量力而行并将其限定在可控范围内。因为每增加一个消息源就会提高制图过程中出错和走偏的概率。最好的办法是只使用一个消息源。消息源数量越多，因消息或数据获取方法的不同、使用语境的不同及众多消息源排列次序等问题，可能导致潜在的错误。

信息图表的设计存在着一个显而易见的“法则”，即“形式服从功能”。信息图表传播的主体内容是信息，丰富的内容赋予了信息图表意义。而可视化的传播样式通过点明信息的要点或实质，使内容更具条理、形式更生动，从而方便读者解读。总之，信息图表的视觉设计由传播客体的信息价值和媒体的传播效果目标所决定。

【思考练习题】

1. 如何理解视觉的“倒金字塔”，在图表设计中如何体现这种理念和操作手法?

2. 在报纸或者网络上寻找五个图表，从视觉化、组织化、精练化等角度对其进行评价。

3. 在图表设计中如何做到平衡，才能更好地满足受众的阅读需求?

① 参见 Jason Lankow，Josh Ritchie，Ross Crooks，*Infographics*：*The Power of Visual Storytelling*，pp. 132-133，John Wiley & Sons，Inc.，2012。

第 5 章　信息图表的制作

第 1 节　信息图表制作的流程与基本原则

知识点：

● 信息图表制作的流程主要有：获取资料、核实信息、搜寻和选择图形或照片、设计图表、制作图表、修改和校对定稿。

● 信息图表制作的基本原则有：准确原则、易读原则、美化原则、适度原则和更新原则。

一、信息图表制作的准备工作

制作一幅精美的信息图表不仅要耗费时间和精力，还需要对电脑软件、美术设计有充分的了解，技术、经验也是不可或缺的。信息图表的功能不仅限于传播信息，在视觉上也具有一定的艺术欣赏效果。

（一）考虑制图的前提条件

媒体确定需要使用图像传播新闻后，如果没有可以采用的照片，而形象素材又至关重要，这时可以考虑把新闻"画出来"。有时当一些比较复杂的场景、物体的内部结构需要展示，而摄影、摄像受到技术或拍摄环境的限制无法采制所需要的图像时，也可以考虑以信息图表替代照片。当平面媒体需要在版面上营造视觉中心或需要渲染气氛等时，也可以发挥图表的美化、装饰功能。凡出于上述情况考虑，都可以使用信息图表来传播信息。

（二）需要准备的资料

因为制图前要对资料进行筛选、核实，因而需要尽可能地搜集报道对象的全部信息，包括文字、数据、图像，乃至相关的图形元素等，资料越充分越好，多多益善。就如同写消息，5 个 W 是基本要求，不能遗漏，否则就会影响信息的完整性。另外，当记者采集的信息与编辑掌握的信息有出入时，要反复核对、确认，不能模棱两可、似是而非。

（三）需要平时做的准备工作

不能临时抱佛脚，平时要有所准备，"家里有粮"，才能在需要时"心里不慌"。首先，注意培养和强化采编人员的制图意识，知道在什么情况下使用信息图表可以取得更好的传播效果。其次，建立完善的合作机制和考核激励机制。制图不是个人或某一部门的工作，需要前后方、多部门的密切配合，不能等资料齐全后再制图。一旦决定制图，编辑要尽快和记者联系，围绕核心问题进行沟通。最后，要建立资料齐全的数据库。凡是能够入库的资料，往往是经过把关核实的。对信息进行把关有助于保证新闻宗旨所要求的“真实”、“准确”，是杜绝差错的最有效措施，而且能够节省因描绘地图、制作图形、查阅标识所耗掉的时间。

二、信息图表制作的流程

信息图表的诞生同一篇新闻稿件的生产一样，要经过复杂的程序和步骤，尤其是新闻性图表，更需要体现出明晰的环节和次序。

（一）获取制图所需要的资料

这是明确需要制作信息图表后的第一步。如果图表编辑有文字稿或相关图片资料可资利用，那么这个环节就相对简单容易。否则，就需要和现场记者联系，就事件的整个过程、某些制图要点进行必要的沟通。

（二）核实事实和细节

除非材料来源非常可靠，事实和观点基本可以做到万无一失，否则都要对制图内容，尤其是细节部分进行认真核实。其目的不仅是确保所制作的图表最大限度地接近事实，而且可以丰富制图内容，真正实现核心信息无遗漏、无差错。

（三）搜寻和选择相关的图形或图片

正如前面提到的视觉化思维所要求的，信息图表的传播优势在于把大量抽象的文字信息和数据图形化。除了数值可以通过一些软件直接生成各类图表外，把信息内容图像化、视觉化则是制图的关键。图表编辑既可以自己绘制图形，也可以利用互联网的搜索功能寻找到适合传播主题的图形或照片等形象化元素。

（四）整体规划设计图表

根据发布平台的具体情况，确定图表的尺寸大小及形状。尽管制图会借助图形、图像软件等工具，但在图解有关重大新闻或突发事件时，绘制草图有时非常必要，因为草图能够帮助图表编辑理清思路，设计出更为合理的版式。

（五）制作图表

制图编辑选择合适的软件，以文字、图形、数值、色彩以及各类图表等把核心信息完整、准确地呈现出来。新闻性较强的图表为了追求时效和突出新闻要素，在此阶段会适度弱化装饰成分。

（六）修改和校对定稿

软件操作娴熟的图表编辑可以一气呵成地完成一幅图表，但是，能否成为精品还需要适度的修饰。这如同文字报道需要润色、打磨，根据各方面的要求（再次衡量一下信息的价值、受众的需求、媒体的特性等）进行调整一样。同时，为了保证图表的质量，对所呈现的信息要点要进行校对核实。

2015 年 4 月 19 日，中国人民银行宣布下调各类存款类金融机构人民币存款准备金率 1 个百分点；在此基础上，有针对性地实施定向降准。新华网数据新闻部决定围绕选题制作信息图表，通过图解的形式更清楚地呈现此新闻。

降准消息宣布之后，新华社在当天下午 17 时便以消息的形式迅速发布《中国人民银行决定降低存款准备金率1个百分点》；当天下午19时许，新华网财经频道发布《降准如何影响你的钱袋子？5大影响与你有关》。第二天早上8时许，《人民日报》发表了来自权威信源——中国人民银行研究局局长陆磊的——相关言论，解释为何选择这个时机降准。这三篇文章成了制作图表的主要内容依据。这些信息基本上都来自权威媒体，保证了核心信息的无差错。

图表编辑在收集有关"近年来针对大型金融机构存款准备金率的调整情况"时格外小心：一是要保证存款准备金率的数字变动不能出错；二是要注意因为不同类型的金融机构在调整时略有差异，所以强调调整的主体是大型金融机构而非所有金融机构。

图表编辑平时注意积累素材，但也有时难免写急就章。在图表制作的过程中，所有的图形均为图表编辑即时绘制而成。按照以往常规要求，该图表按照720×3358的矩形尺寸标准进行设计。制图编辑与文字编辑先进行讨论并绘制草图，在双方讨论之后开始正式设计。从稿件的内容策划来看，整体图表共划分为五部分，分别为：何为存款准备金、何为存款准备金率、为何此时下调存款准备金率、存款准备金率下调对现实有何影响以及近年来针对大型金融机构存款准备金率的调整情况。这五个部分按照由浅入深的逻辑进行排列。

图表编辑综合使用Adobe PhotoShop软件与Adobe Illustrator软件对平面信息图表进行正式绘制与设计。由于本话题的新闻性较强，故而在设计时慎用大量抢眼的色彩来干扰读者注意力，以免降低新闻价值。

图表编辑设计初稿之后将稿件发给文字编辑，文字编辑再次校对，并根据自己的想法对图表的版式、图表的内容，甚至是某个具体元素的安排提出意见，二者沟通后进行再次修改，经总编审核发布。

新华网数据新闻部图表编辑对有关资料进行整理，并在此基础上绘制了图5—1。

【背景资料】

何为存款准备金

存款准备金，也称为法定存款准备金或存储准备金，是指金融机构为保证客户提取存款和资金清算需要而准备的在中央银行的存款。

在存款准备金制度下，金融机构不能将其吸收的存款全部用于发放贷款，必须保留一定的资金即存款准备金。

存款准备金制度有利于保证金融机构对客户的正常支付。

何为存款准备金率

中央银行要求的存款准备金占其存款总额的比例就是存款准备金率。央行通过调整存款准备金率，可以影响金融机构的信贷扩张能力，从而间接调控货币供应量。

为何此时下调存款准备金率

符合当前经济发展形势，有利于缓解经济下行压力。

(1) 由于外汇占款同比明显少增，降准有利于确保流动性和稳定；

(2) 一季度金融机构对实体经济发放的人民币贷款同比增加，降准能够确保金融机构支持实体经济能力保持稳定；

(3) 下调存款准备金率将增加商业银行长期低成本资金，确保实际融资成本稳中有降。

存款准备金率下调对现实有何影响

(1) 降准对银行理财的可配置资产会产生重

要影响，会导致理财可投资资产的减少和资产收益率的下降，反过来会倒逼银行理财收益率的下降；

(2) 由于市场上债券供给有限，降准后增加债券需求，债券利率将下行；

(3) 降准后流动性及货币总量增加，降低社会总体融资成本，但网贷行业收益率水平短期内不会明显下跌；

(4) 降准后银行后续资金更加宽裕，房贷有望继续放宽，购房者压力降低，积极入市比较明智；

(5) 降准属股市重大利好，但需提防重复上演追高套牢的悲剧。

近年来针对大型金融机构存款准备金率的调整情况见表5—1。

表5—1 大型金融机构存款准备金率调整情况

时间	调整前	调整后	幅度
2010.1.18	15.5%	16.0%	+0.5%
2010.2.25	16.0%	16.5%	+0.5%
2010.5.10	16.5%	17.0%	+0.5%
2010.11.16	17.0%	17.5%	+0.5%
2010.11.29	17.5%	18.0%	+0.5%
2010.12.20	18.0%	18.5%	+0.5%
2011.1.20	18.5%	19.0%	+0.5%
2011.2.24	19.0%	19.5%	+0.5%
2011.3.25	19.5%	20.0%	+0.5%
2011.4.21	20.0%	20.5%	+0.5%
2011.5.18	20.5%	21.0%	+0.5%
2011.6.14	21.0%	21.5%	+0.5%
2011.12.5	21.5%	21.0%	−0.5%
2012.2.24	21.0%	20.5%	−0.5%
2012.5.18	20.5%	20.0%	−0.5%
2015.2.5	20.0%	19.5%	−0.5%
2015.4.19	19.5%	18.5%	−1%

资料来源：新华社、《人民日报》。

美国的信息图表专家马丁·格林在一次对田纳西州立大学出版专业学生的讲话时，讲解了制图的12步骤法，该方法对信息图表的绘制也很有启发，不无裨益。[①]

第1步，倾听。也就是与参与该报道的记者和编辑交谈，仔细听他们的谈话并做笔记。在记者刚开始一项工作时，制图人员就要尽量弄懂报道的内容。

第2步，提问。询问记者和编辑，他们想以何种形式来配合该事件的报道，在脑子里仔细考虑这些想法和相关内容。比如：图表应该以何种风格出现？共需要几幅图表？最后截稿是什么时间？给图表以怎样的名称更实用？

第3步，信心。相信自己可以给这个报道配上最好的图或表。

第4步，收集信息。在会面时，你不只应该从记者和编辑那里得到文字材料，还应该向他们索取其他有关信息。即使记者在最后的报道中用不到，在采访过程中

①参见［美］多萝西·鲍尔斯、黛安娜·博登：《创造性的编辑》，303～304页，北京，中国人民大学出版社，2008。

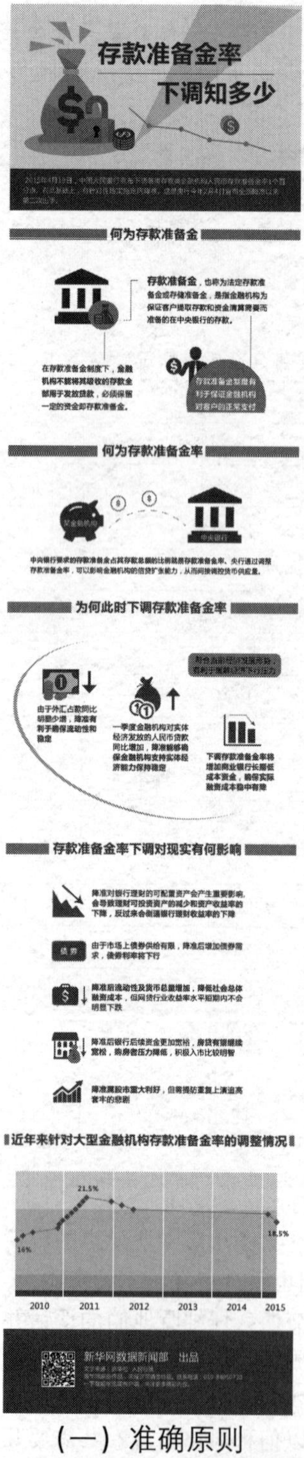

图 5—1 新华社《存款准备金率下调知多少》

也应该向被访者收集地图、表格、报道和统计材料等诸如此类的资料。因为这些对于你来说是十分有用的。同时，向记者收集报道的前期初稿，此外，你有时还必须从图书馆收集材料。多结交几个比如报社图书馆、公共图书馆或是大学图书馆的馆长朋友，这对你的工作十分有用。

第 5 步，思考。收集到足够的信息后，你就要仔细分析这些信息，确定最后制图所需的信息以及采取何种方式制图，这些方式包括——柱形图或条形图、饼图、曲线图、表格、示意图、地图、插图、照片等。

第 6 步，写作。这一步骤需要总结前一阶段通过收集信息产生的想法，可以写出两个列表：构想列表和情感列表。

第 7 步，绘制。根据你的构想列表绘制各种简略的草图，这个阶段要大胆发挥，不要拘泥于已有的形式。

第 8 步，决断。坐下来，从你绘制的大量简图中挑出最能配合报道传递信息的一份。然后再就那个简图绘制一份大小合适出版的简图。

第 9 步，论证。想出各种理由来论证选择某一构想作图的原因，并且准备在同事和老板面前复述这些理由。

第 10 步，展示。把你最初绘制的所有简图展示给技术部的同事，从这些专家那里得到反馈意见并作出修改，然后再从中选出最多三幅给美编和其他与报道有关的编辑。注意：最多三幅。多于三幅简图可能会混淆主题。

第 11 步，通过。从编辑们那里得到反馈并再做改进，最后，得到老板的同意。

第 12 步，完成。绘制最后的定稿，然后可以放松一下了。

三、信息图表制作的基本原则

信息图表与文字语言产品在设计制作上，既有相同的地方，也有特别的要求与原则。

（一）准确原则

信息图表设计的准确性主要是指表达的准确性，不仅是对所表示事物的内容、性质或数量等表达得准确无误，而且还要确定精确的表达对象。只有这两个准确性结合在一起，才能实现图表设计的目标。因此，在设计图表之前，对概述性信息、细节性信息，乃至不同层面的详细数据都要准确把握，确保完成后的信息图表所传递的信息数据不伤原意。做到内容上详尽、贴切，表达上清晰、明确。另外，信息图表的准确性不仅体现在所选图形的关联性上，更体现在内容的表述上。尤其是按数据转换而成的条柱图、折线图、饼状图，这些图表都是通过线条的长短、面积的大小等来显示各元素之间的数量关系的，因此，制图时要严格遵照数据比例，否则会导致原本准确的数据因图形的失真而被歪曲。

（二）易读原则

随着信息传播的日益开放和传播渠道的丰富多样，传媒为了争取受众，在传播策略上，先后经历了强调报道的必读性、可读性到易读性和悦读性的发展阶段。相比较文字语言传播，信息图表在设计与制作上不仅要通俗易懂，同时应当考虑受众的认知水平、阅读习惯和心理承受能力。那么，易读、易懂就成了设计和制作图表时的关键。在一般情况下，可以采取以下思路和方法来实现易读、易懂的目标。首先，精简信息，保留和突出核心信息，删除不必要的信息，分解枯燥的文字、数据。其次，尽量使用简单易懂、具有普遍性的图形符号传达信息或指代主题。最后，从信息的内容特征和受众的认知特征两个层面考虑建立信息秩序，理顺信息之间的逻辑关系，组织合理有序的信息结构。这些都是处理复杂信息和大容量数据的有效手段。

（三）美化原则

如果版面上的信息图表与文字安排得当、相得益彰，就能够呈现令人赏心悦目的效果。图表本身除了承担传播信息的职责之外，也具有“艺术品”的成分，在构图上讲究疏密有致、布局均匀，其特有的艺术气氛可以渲染整个版面，引起受众的阅读愉悦感。根据心理学家的分析，注意分为无意注意与有意注意。注意是一个互动的过程，只有当被注意客体与信息接收主体之间发生接触，而且客体必须具有吸引主体的刺激点时，才能引发主体的注意，才能促成信息的传播。信息图表的传播属于无意注意，而无意注意离不开刺激，信息图表中的图形元素则发挥着刺激物的作用。换句话说，设计者可以通过使用特异、新颖的图形元素来营造刺激点，以求达到吸引受众注意的目的。整齐或规则程度的任何变化或破坏都将引起注意，同样，杂乱环境中的整齐与规则也会引人注目。当然，设计者在注重营造视觉刺激点的同时，不能忽略对受众审美观的把握。

2013年9月，《华商晨报》在全运会期间以图表的方式解读了市民的日常健身运动（见图5—2）。从构图上看，两图都是以运动中的人物为版面中心，四周环绕对运动项目的介绍，该图表就是以人物图像来营造视觉刺激点，吸引受众注意力的。

（四）适度原则

尽管信息图表在传播信息上有着独特的优势，但是它不能代替其他新闻报道样式，没有必要过于强调信息图表的主体地位，也没有必要过于放大图表的某些功能。如果信息图表所表达的内容用文字描述更为有利，或者使用图表对于受众解读信息无所裨益的话，则没有必要非用信息图表不可。事实上，信息图表只是拓展新闻报道、信息传播的有效形式之一，无论采取何种传播方式，实现或者提升信息传播的效果才是最重要的。

抖空竹——
活动筋骨练全身
全民健身 共享金运 日常健身好运动（十二）
骑自行车——
上下班路上就能锻炼

图 5—2 《华商晨报》对健身运动的图解

（五）更新原则

事实的构成要素是变动不居的，随着时间的延续会有新的情况发生，与之相关联的一些数据也在变化。新闻真实并非静态的真实，而是动态的真实，是一个去伪存真的过程，更是以接近真相为目标的持续性过程。因为随着时间的推移，信息源会对之前报道中出现的疏漏进行修正，每次报道都会加入不同的事实信息，在这个过程中，报道者尽力为受众提供最接近真实的真实。能否实现信息渠道的畅通，关系到制图所需信息能否及时更新；而能否及时更新数据，关系到信息是否准确。以下四个方面的改进有助于消除因新闻事实更新问题而导致图表出错的可能性。

第一，通过建章立制来保证图表编辑的信息畅通。值班主编或版面编辑确保刚获得的每一条与制图相关的信息能够及时传达给制图编辑；制图者与前线记者保持沟通，并且记者具备一定的图表意识，发现重要数据或信息的变化，能够及时、主动地反馈给图表编辑。

第二，图表中易变要素的设计制作要便于更新。信息中的易变要素主要集中在时间、地点、人数，以及一些数据上。图表编辑在绘制这些要素时，要尽量简约化，使其从技术的角度便于修改，做到即使专业的图表编辑不在岗位，其他编辑人员（版面编辑、网页编辑等）也能及时修正。

第三，注意提炼信息中的不易变要素，避免过多采用易变信息。特别是出版周期长的纸媒，更改的时间成本、印刷成本比较大，影响也大。尽管采编人员和制图编辑能够迅速察觉突发事件中的易变要素（主要是数据性事实），但不可过于依赖这类信息，而应该注意提炼那些不易发生较大变化的信息要素，把这些稳定要素利用好，发挥其传播价值。

第四，校对时一定要注意易变信息是否变化。不能把图表当做图片，仅仅检查其清晰度等视觉品质，还要在截稿时间终止前，随时关注某些基本信息的变化情况。

第 2 节　信息图表制作的重要环节

知识点：

● 制作信息图表的主要依据是文字资料和相关数据，包括已播发的报道、记者的采访素材、权威网站提供的统计数据、专业的地图集等。

● 确定构图的样式可以从依据内容排列组合、灵活运用对称版式、利用优先率引导阅读顺序、利用段组分割增强易读性等方面着手。

● 色彩选择要注意调整好色相的明度，把握好色彩的基调，合理使用留白。

● 核实检校的对象主要包括图表构成元素（标题、各层级信息点、署名等）和一些内容细节。

一、确定合适的选题

“选题”的基本含义是选择题材。选题既是一个过程也是一个结果。选题的确定使报道主体与报道客体之间的关系得以建立。选题决策是新闻报道的第一步，它为新闻报道确定了方向。选题是传播者的新闻价值观在报道实践中的体现，是在客观事实基础上媒体的传播意图与受众的客观需求共同作用的结果。如同新闻报道，制作信息图表首先也要考虑选题问题，寻找制作信息图表的可能性。凡涉及以下内容的题材可以考虑用信息图表来展示：

第一，在报道中涵盖了数字、百分比，具有数据比较、发展趋势等信息要素；

第二，事件发生的地点具有重要性，且可以找到最新的地图；

第三，事件的发展按照时间顺序梳理更便于受众理解；

第四，信息要素重大，值得推荐和强调，如影响重大的突发事件、建设成就或经济发展，重要政策和政府报告，重大工程的结构、进展或竣工；

第五，信息结构清晰，有明显的要点可以迅速概括，以帮助受众理解；

第六，有些术语、名词需要解读才能更好地理解信息的价值和意义，如相关背景知识等。

二、搜集和提炼信息

（一）搜集信息

在图表制作过程中，是否能够找到制图所需要的信息，即信息素材的搜集制约着信息图表的产生，决定着信息图表的成败。假设一幅图表里包含的都是些无用的信息，无论图表设计得多么绚丽，由于信息的匮乏，势必造成内容空洞流于形式，这就失去了信息图表的核心价值。

从哪里寻找信息呢？图表编辑搜集信息的主要依据是文字资料和相关数据，包括已播发的报道、记者的采访素材、权威部门或官方网站提供的统计数据、专业的地图集等。也许图表编辑不需要知道具体数据是什么，但是起码要知道从哪里能够获取数据。

1. 找人

所谓的找人，实际上是找到文本作者，他们是最好的信源。图表编辑要与他们进行沟通，不仅要搞清事态发展的情况，而且要获取记者（或文本作者）所掌握的关于事件的尽可能多的信息，在生产流程上省略制图编辑对信源的采访环节。在与文本作者沟通时，首先要尽可能地获取所有文字材料；其次，当问题涉及某一数据时，要留心把所有相关数据都搞到手；再次，当问题涉及某一特定时间段时，要索取之前若干时间段的资料。在突发事件报道中，为了快捷地获取事发现场的第一手材料，图表编辑需要与在事发现场采访的记者保持联系，请记者或现场有关人员设法将涉及事发现场的详细地图、房屋建筑样式、交通状况等信息发回以供制图备用。

2. 找书

找书是个泛化的概念，寻找包括书籍、报告、地图等记载信息的东西。对新闻工作者来说，查阅相关书籍、更新背景资料也是日常的准备工作。既可以在新闻单位的图书资料室，也可以到公共图书馆查阅书籍，从中都可以找到一些有价值的信息来源。各类年鉴也是不容忽视的资源，有些年鉴也许并不能提供精准信息，但是却可以告诉你拥有某类信息的部门和机构。百科全书更能够弥补新闻工作者知识不够广泛的缺陷。成熟的图表编辑要养成收集各种小册子、各类地图的习惯，而不要等到面对特定选题时才四处搜寻。

3. 找网

通过对搜索引擎的使用，图表编辑可以解决一些知识性问题，或者通过百度地图、谷歌地图，获得事件发生地的空间图像。只要制图编辑肯下工夫找，一定会找到大量的可用资源。但是，互联网的信息是海量的，如何搜索、到哪里搜索，需要掌握一定的技术和路径，不能盲目，否则事倍功半。媒体网站、政府网站（特别是统计局）的数据库、一些 NGO 组织的开放数据库等，都可以成为图表编辑获取信息、数据的主要窗口。

4. 考察

在报道重大事件时，媒体也会派出图表编辑赶赴事发现场搜集信息，在获得现场视觉信息的同时，搜集第一手的、真实的数据。

成熟的制图编辑要养成阅读书籍、报纸、杂志的习惯，尝试着在阅读时，留意页面底端或文尾的引文注释。当然，这些阅读并不一定是为了制图而做的资料搜集工作，主要是通过阅读培养一种感觉或潜意识，即在信息枯竭时，知道去哪里寻找所需要的信息或数据，并养成存储信息的习惯。

（二）提炼信息

一般情况下，许多信息、数据的原始状态都较为繁杂。比如，对搜集到的现成图表要慎用。现成图表往往省略了其背后的数据支撑，因此，在搜集图表时要注意一并搜集图表所依托的数据，这样才能保证所获信息的可靠性、准确性。因此，对采集到的信息或数据进行分类、归纳、简化、提炼等加工是必需的，这样才能使信息图表更具逻辑性，从而有助于形成有序、明晰的信息结构。

提炼信息属于微观操作，考察的是图表编辑对新闻价值、核心要素的把握水平与理论境界。既然是提炼，那么对“舍”与“得”、“取”与“放”之间关系的操控就至关重要。

类似于作家决定文章的主题和中心思想，图表编辑也要明确图表的主旨是什么。如果图表编辑根据所掌握的信息、数据确定了主题，那么他设计的图表的主旨就是在受众阅读图表之后，让受众了解进而思考这一主题。当然，强调实现图表传播的主旨与编辑所采用的图表类型之间也有密切关系，如时间轴从历史的视角纵观事物发展脉络，地图凸显事件的空间概念，饼图让受众比较数据，曲线图则使受众掌握趋势。

1. 去粗取精

所谓的“去粗”就是放弃冗余信息和无关紧要的信息，而“取精”则是挑选最核心、最能反映本质的内容。通俗地讲是挤出“水分”，只要“干货”。信息图表之所以能够有“一图胜千言”的传播效果，就是提炼信息时“浓缩精华”、“化繁为简”的结果。

2009年6月27日，上海市闵行区一处在建楼盘工地发生楼体倒覆事故，也就是后来众所周知的“楼倒倒”事件。一周后事故调查结果公布：该楼北侧堆土过高，南侧正在开挖的地下车库基坑深达4.6米，两侧压力差超过了桩基的抗侧能力，导致楼体倾覆。看似简单的解释，如果要想使公众彻底清楚明白，必然在笔墨上颇费周折。新华社图表室的编辑选择了以三维仿真图的方式来解读这一看似匪夷所思的事故（见图5—3，文前彩色插页）。编辑从事故调查报告中提炼出六个名词（河床、防汛墙、堆土、侧向力、基坑、位移）和四个数据（3 000吨、10米、10厘米、4.6米），通过楼体的虚实过渡，以箭头、短语、数据清晰地诠释了事故发生的始末。相对于让受众阅读了大段文字叙述之后在脑海中再现事故的传播方式，该图表无疑发挥了“一图胜千言”的优势。

2. 删辅留主

信息图表的传播目的并不是“速读”，一幅内容丰富的图表可以承载大量信息和数据。但是，图表编辑什么信息都不强调，也比什么信息都强调要好，用一幅简单的图表强调几个信息点，并吸引受众的注意力就足够了，更多的信息让受众在阅读之后慢慢地自行理解消化。

任何信息都有核心部分和外延部分，核心信息是关键要素，犹如新闻报道中的5个W，用于满足人们的基本信息需求。外延信息则是丰富多彩的，根据主题的社会意义和信息价值决定是否在跟进报道中予以发布。此外，信息是有层次性的，图表编辑根据不同层次中的要点，提纲挈领，采用主题句或小标题来概括不同层次的信息，并围绕这些小标题展开分析、评论。

2008年12月6日新华社发表了《燃油税费改革对国内车市带来哪些利好?》的新闻分析。记者采访了有关汽车厂家和专家学者，用了1 700多字阐释了燃油税费改革对国内车市产生的影响。图表编辑抓取了文字报道中的精要，列举了燃油税费改革对小排量汽车、先进柴油汽车、新能源汽车发展和国内车市复苏四方面带来的利好，其中又对先进柴油汽车和新能源汽车的影响简要明了地予以说明，可谓“图简而意丰”（见图5—4）。

在工作实践中，图表绘辑往往依据权威部门或者本媒体发布的文字稿。利用文字稿首先要审视文字稿是否有新闻价值，用受众的眼光看待文字稿是否易懂、有趣。其次，检查文字稿是否在标题和导语中突出了最重要的信息，新闻来源是否恰当。最后，检查文字稿是否包括了标题、导语、叙述事实、背景。如果这些要素不够全的话，就将最重要的信息从稿件中找出来，把它放到图表中。

图 5—4　新华社《燃油税费改革对国内车市带来哪些利好?》

三、视觉思维与创意构思主题

(一) 视觉思维

我们的大脑天然的具有以视觉化的方式记忆、存储信息的能力。比如，当我们回想起某位朋友、同学的时候，脑海里首先显现的是他（她）的相貌、衣着等形象要素，而不是“胖瘦”、“黑白”、“高低”等抽象的词语，这些用来描述人的状况的词语，仅仅是视觉化记忆的一种文字符号。

视觉思维是指通过眼睛或“内心”在观察事物时所表现出来的一种思维方式，它借助形式语言进行思考，运用图形图像对所见所思进行描述，并以简单易懂的方式表达出来。天生的视觉思维工具是我们的眼睛、大脑和手，外加一些配件，即纸笔、颜料、电脑及绘图软件等。

视觉思维的过程分为四步。

第一步，看——通过眼睛这种视觉器官，搜集信息、数据，并进行初选。

第二步，观察——借助头脑对信息进行选择、归类。

第三步，想象——在头脑里看到那些并不在眼前的东西。

第四步，展示——通过绘制图形图像，把一切呈现得清楚明白。

对于常人而言，越抽象的图形图像越不容易被记住，也就越不容易被理解。因而，过于抽象的图形图像无法传达确切的含义。图形图像被记忆的程度影响着其被理解的程度。

不同的人所受到的教育及其文化知识程度不同，对外界事物的感知能力不同，对事物的看法也大相径庭。艺术是非常个人化的东西，随着主体的不同，解释也是千变万化，正如一千个读者眼里有一千个哈姆雷特。但是，信息图表所承担的是沟通的任务，而不仅仅是展示艺术，图表编辑要确保所传递的每一条信息都能被清楚地理解。

在进行有效的视觉沟通时，如果是一个具体的事物，能用照片则用照片；如果是一个抽象的东西，则可以考虑用图表来阐释它。以视觉化的方式讲故事并不是要告诉大家故事的主人公长什么样，而是主人公在某时某地做了什么事情，才使其值得被关注，而被关注的关键是新闻点的存在。摄影记者拍照的目的不是肖像或景物，而是捕捉具有故事性的照片；图表编辑制图的目的也不是用精美的图形去装饰版面，而是用独特的、生动形象的方式向受众传递信息。

如同文本加照片能够提高被阅读的可能性，文本加图表也会比单一文本传播信息更具有效力。因为一条以两种方式编码的信息在被解码时，读者的左右脑将会同时运转，这种双重解码现象是一种高效记忆信息的有效方法。

单纯就人脑处理信息的速度而言，图形明显优于文字。人们的视线容易被牵引至图形而非主要信息、数据。所以设计精美的卡通、绚丽的图形会妨碍受众对图表的理解。因此，无论是以文字形式还是采用视觉形式来传递信息，清楚、有效地传达信息才是一切沟通所应该达到的目标，视觉符号仅仅是增强传播效果的有效手段而已，花枝招展、绚丽多彩不是制作信息图表的目的。

1972 年 3 月 2 日美国航空航天局发射了“先驱者 10 号”（Pioneer 10）航天飞行器，它是第一艘越过小行星带的飞行器。除了正常的航天工作之外，它还有一个特殊的任务，就是通过一块载有人类讯息的镀金铝板向外星智慧生物发出问候，期望实现与外星人的沟通交流（见图 5—5）。

镀金铝板上的符号信息包括了如下内容。[1]

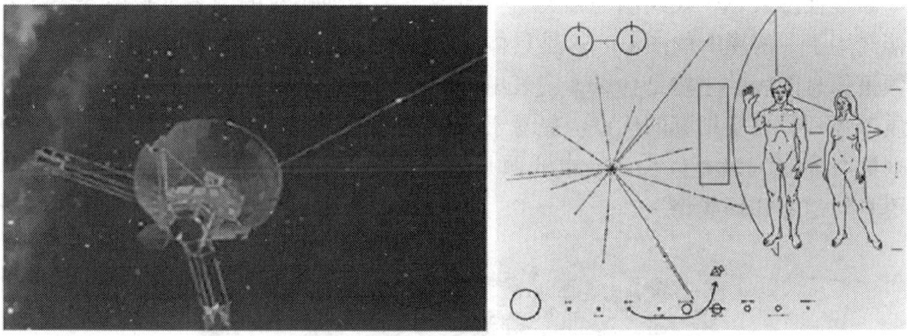

图 5—5　1972 年 3 月发射的“先驱者 10 号”探测器及其携带的镀金铝板

①参见“先驱者镀金铝板”百度百科，见 http://baike.baidu.com/view/544095.htm。

【背景资料】

氢原子内自旋跃迁：在板上左上角的位置，刻有一个氢原子内自旋跃迁的图像，因为氢是在宇宙中广泛存在的物质。在这个符号之下有一条短的直线，用以表示二进制里的“1”。

一男一女画像：在板的右方，绘有一男一女的画像，这一男一女站在探测器的前面。在女性画像旁绘有以二进制方式表示的“8”。利用从左方的氢原子内自旋跃迁计算出长度：8 个单位 × 21 厘米 = 168 厘米。这里表示了女性的平均身高约 168 厘米。另外，男性画像举右手以示友好。虽然这个手势并非整个宇宙通行的，但至少能表示人类的拇指和手臂是可以活动的。

探测器的轮廓：在人类画像的后方，绘有先驱者探测器的轮廓。这个轮廓的大小表示了人类相对于这艘探测器的大小。

太阳相对于银河系中心及 14 颗脉冲星的位置：在板的左方绘有一个放射性的符号，上面的 15 条直线均由同一个地方放射出来。其中的 14 条线有一列以二进制形式写的数字，这表示了银河系中 14 颗脉冲星（中子星）的脉冲讯号周期。由于每一颗脉冲星的讯号周期会随时间而变化，所以外星人可以依据当时的脉冲周期，计算这个太空船的发射时间。

太阳系：在板的底部绘有太阳系的图示，以及一个代表探测器的细小的图形。从图中可以看到探测器经过木星后离开太阳系的轨道。土星更绘上了光环，希望以这个特征来凸显太阳系，从而便于外星人寻找。在每个行星旁的一组二进制数字，是每个行星距离太阳的相对距离。单位相当于水星公转轨道的十分之一。

这幅承载着光荣任务的图表之所以设计得如此复杂，令常人费解，是考虑到了外星生物未必像科幻电影里那样能够说“英语”。美国科学家们最后认为，采用数学语言和高度浓缩的图表来传递信息或许是最佳方式。

(二) 制作信息图表的创意构思方法

制作信息图表的创意构思方法主要有三种：具象创意、抽象创意与混合创意。

1. 具象创意

作为名词的“具象”就是指具体的形象，其形象与自然对象十分相似，以客观世界为表现对象，并且把对象表现得同我们所看到的一样真实。具象创意就是以写实手法，开门见山、直指主题的创意方法。因为依据的是具体而又实在的创意要素，这一方法常常借用照片作为创意元素，受众不需要联想就明白其含义。如果说抽象创意是思考之后的豁然开朗，那么具象创意则是一目了然。

新华社图表编辑在绘制一幅关于住宅建筑用地使用权的图表（见图 5—6）时，直接选用了“房屋”的图形，这是具体又实在的创意要素，无须联想，一瞥之间即可领悟信息图表的主题是什么。图表编辑有时选择照片作为创意元素，因为照片有着质感强烈、真实细腻的优点，更易于凸显主题。《长江干流水位全线暴涨》的图表（见图 5—7）就是以长江沿岸的照片为底图，衬托主题，增强视觉效果，使读者更真切地感知现场情况。

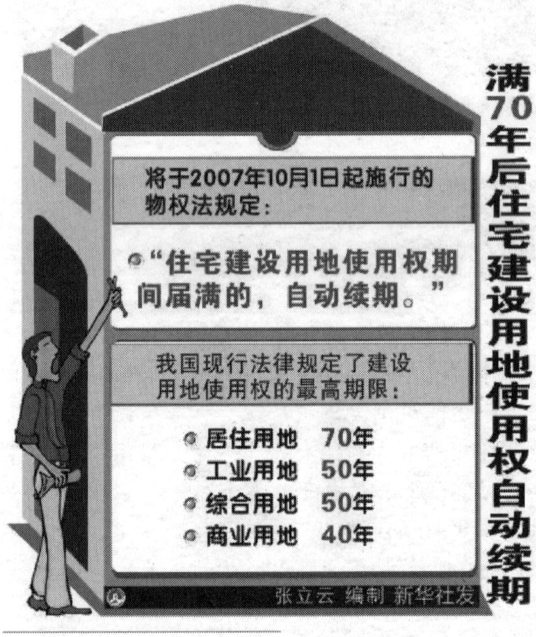

图 5—6　新华社《满 70 年后住宅建设用地使用权自动续期》

2. 抽象创意

抽象是指在形象上大幅度偏离或完全抛弃自然对象的外观，舍弃了事物非本质因素，抽取了本质因素。抽象创意指借助抽象的符号、图形，帮助、暗示或者引导受众产生一定指向性的联想，以抽象来表现意境和精神。比如提到“油价”，容易让人们想到加油枪、储油罐和钻井平台；提及“禁烟”，人们马上会联想到骷髅头、十字架、烟头等。

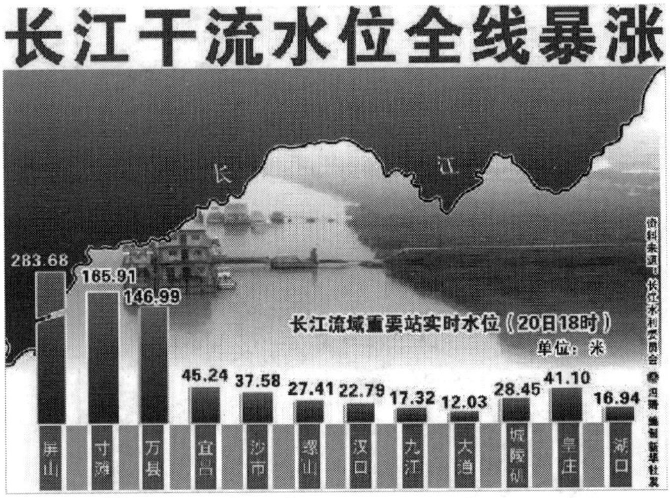

图5—7　新华社《长江干流水位全线暴涨》

关于“夏粮产量”的话题，大多数人会想到用柱状图或者折线图来标明产量的变化，很难想到用具体事物来表达，这时用抽象创意反而比较适合。说起粮食，人们马上想到的是谷仓或麦穗，于是图表编辑就用“麦穗”的造型来取代柱状图，六个麦穗分别代表近六年的产量，背景衬以全国地图，寓意所报道的是全国夏粮生产情况，可谓构思巧妙（见图5—8）。再如，“能源”是一个广泛而抽象的概念，距离我们生活最近且最为人们熟悉的莫过于电能，于是图表编辑想到了“灯泡”这一最具代表性的东西，用简介流畅的线条勾勒出灯泡的轮廓，至此，编辑的构思仍然“意犹未尽”，进而把依据数据（若干年的能源消费量）绘制的折线夸张为“钨丝”，实现了信息传播与艺术审美的融合（见图5—9）。

图5—8　新华社《全国夏粮产量12 627万吨　增产2.5%》

3. 混合创意

混合创意就是把具象创意和抽象创意结合在一起的创意方法。在《老百姓关注的奥运五大热点》（见图5—10）中，编辑围绕主题，对整体信息采用了抽象创意，用“五环”标志主题“奥运会”，并对应“五大热点”；对局部信息采用了具象创意，以五位卡通人物代表关注某一热点的群众，用活泼的形象，深化了主题。

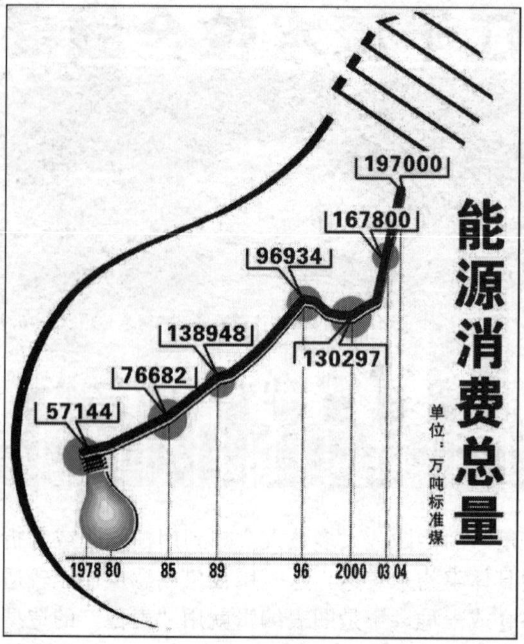

图 5—9 《能源消费总量》

图 5—10 新华社《老百姓关注的奥运五大热点》

创意构思的要点在于无论是具象创意、抽象创意还是混合创意，在选用图形元素的时候，应当优先考虑采用与内容密切相关的元素。

四、确定合理舒适的构图

构图又称布局，在画论中是指作画时根据题材和主题思想的要求，把要表现的形象适当地组织起来，构成一个协调完整的画面。构图的核心问题是如何在一个平面中处理好高、宽、深之间的关系，以突出主题，增强艺术效果。图表的构图需要依据信息量的大小来“量体裁衣”，但基本原则是均衡、对称、对比。常见的构图方式有以下几种。

（一）依据内容排列组合

信息量少但内容重要的图表常常以主题图案为轴心，其他要素环顾四周形成向心力，如《本·拉登藏身居所示意图》（见图5—11）。

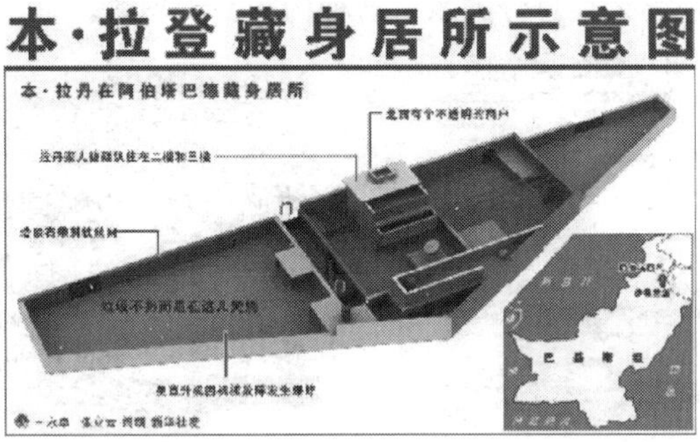

图5—11　新华社《本·拉登藏身居所示意图》

信息量多的图表往往以各要素为主体，根据内容间的逻辑关系均匀分布，如《五大数据揭示美国债务严峻》（见图5—12）。

版面自然分割是实现构图均衡的方式之一。如《你打算买什么车》（见图5—13）采用的是“品”字形构图，内容主次分明，图形与信息相得益彰。

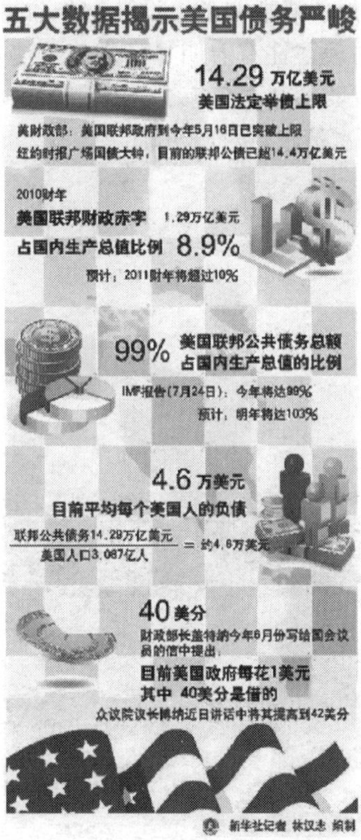

图5—12　新华社《五大数据揭示美国债务严峻》

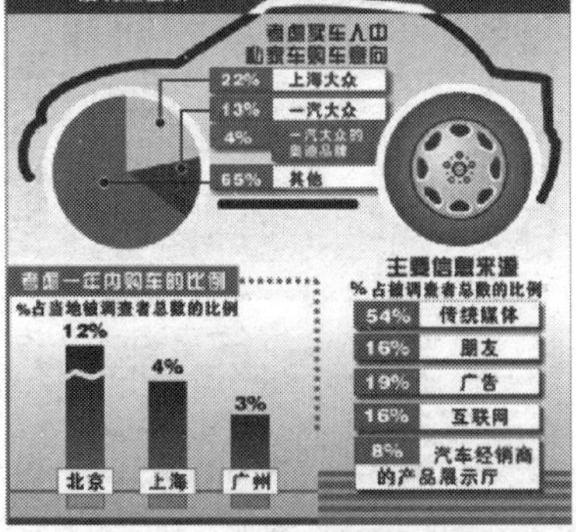

图5—13　《你打算买什么车》

有饼图、有柱图，各自独立又相互关联。2012 年 9 月 27 日《新闻晨报》为方便上海市民中秋、国庆双节出行，绘制了《出发：五大方向 晨报导航》（见图 5—14），根据从上海到启东、南京、杭州、宁波和安徽方向的不同线路，编辑采用了五条水平线路纵向排列的构图方式。

还有些图表可以采用左右或左中右的水平布局方式，如《2010 年中国 GDP 增长 10.3%》（见图 5—15）。这种构图尊重了人们从左至右的阅读习惯，其信息点之间要么是并列关系，要么是总分关系，这种构图易于理解。

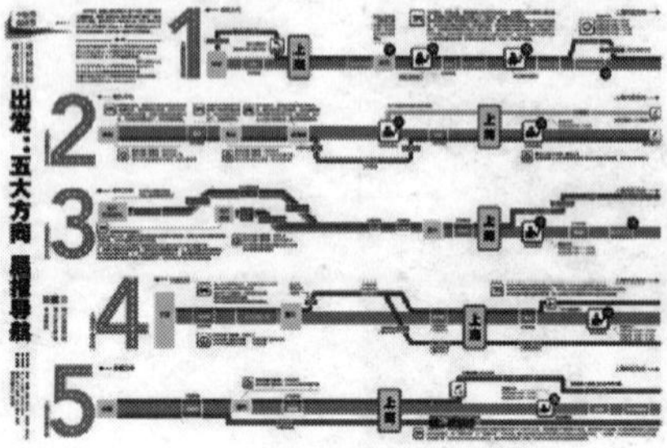

图 5—14 《新闻晨报》《出发：五大方向晨报导航》

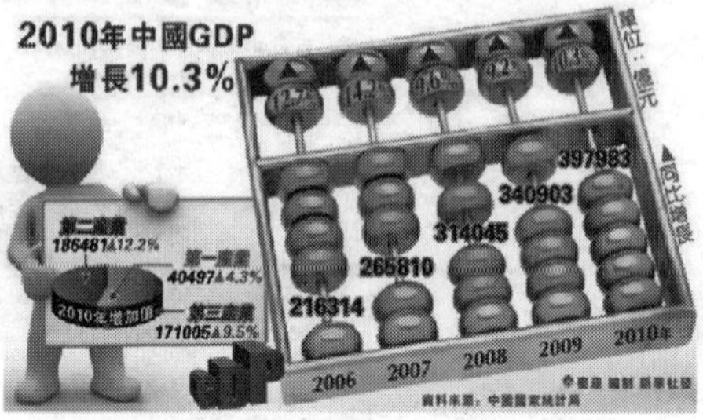

图 5—15 新华社《2010 年中国 GDP 增长 10.3%》

（二）灵活运用对称版式

采用对称构图的题材往往是有关双方的斗争、竞争、竞赛，或者事物在不同发展阶段的状况对比等。这种构图的优势是逻辑关系清晰明了，设计制作省时省力；不足是过于平稳，缺乏变化。采用这种构图的图表往往有着明显的表格痕迹，所选用的图形也处于对称的位置。图 5—16 是关于俄罗斯政要普京、梅德韦杰夫的两幅网络图表，构图采用了典型的对称布局，信息层次清晰，对比明确。

图 5—16 关于普京与梅德韦杰夫的对比图

（三）利用优先率引导阅读顺序

优先率指的是图表中各部分内容所占的尺寸比例。当媒体希望受众注意到某些内容，并遵循一定的读图顺序时，可以通过调整图像或文字的大小来引导受众。《洛阳晚报》“图说”版关于“含嘉仓”的报道就是通过调整图形的大小，营造了反“6”字形的视线流，这种构图增强了版面的新颖性和变动感（见图 5—17）。有时，图表编辑也可以通过在页面中加入引导读者视线移动的元素，从而对视线流向进行预设。如新华社图表室制作的《我国“三农”发展迎来又一个“黄金期”》，通过设置四个小图形，引导读者的视线按照“Z”字形移动（见图 5—18）。

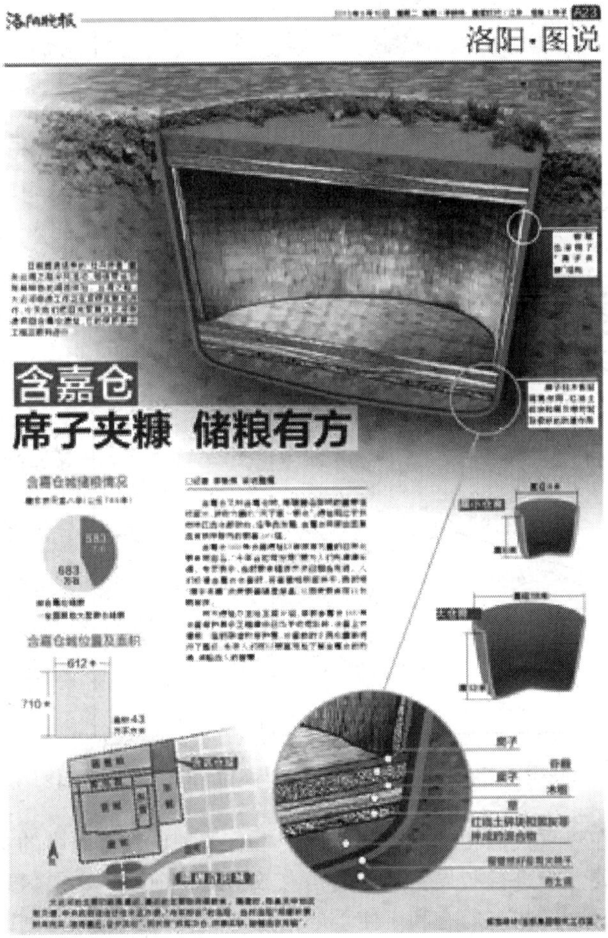

图 5—17 《洛阳晚报》《含嘉仓：席子夹糠 储粮有方》

（四）利用段组分割增强易读性

段组的作用就是保证信息图表的易读、易懂。把关系密切的信息放在一起，并采用同一色彩作为标识，较容易和其他信息相区别，从版式布局来看，有时容易和对称结构混合使用（见图 5—19）。图研所网站刊载的《哪种语言最难学?》（见图 5—20，文前彩色插页）长图表，通过绿、红、蓝三种颜色把语言的难易程度分为简单、中等和困难三个级别，每个级别内又细分出若干种语言，信息排列得清清楚楚，使读者一目了然。

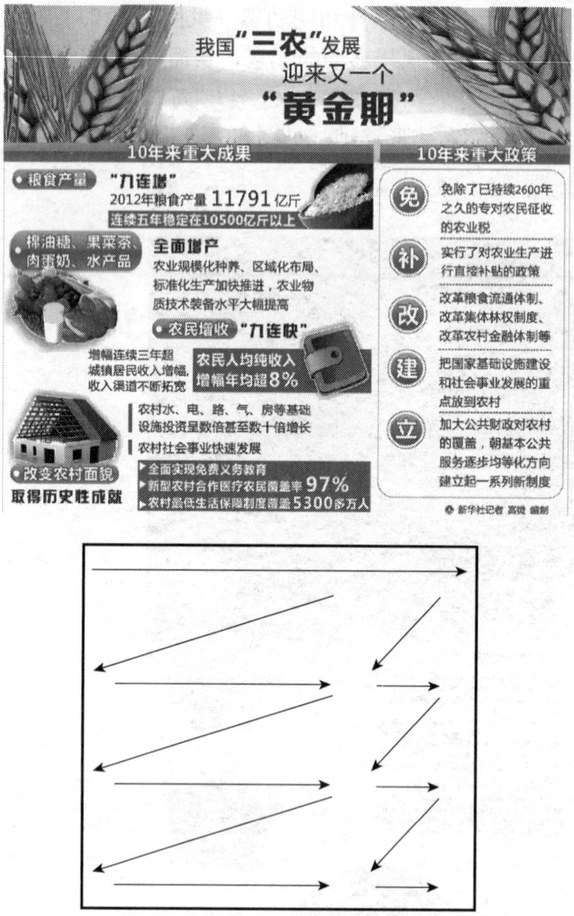

图 5—18　新华社《我国"三农"发展迎来又一个"黄金期"》

图 5—19　段组分割结构示意图

构图就是在尊重人们阅读习惯的基础上，有条理地安排内容的主次。图表编辑根据信息的重要性来进行布局。主要的信息放上面、前面，次要信息、支持性信息放下面、后面，这样的布局有利于使重要信息得到优先传播、得到凸显。

五、选择恰当的色彩

信息图表的设计与制作不仅要重视技术，而且要把握设计理论和了解人们的感知原理，只有了解受众的认知习惯，才能够帮助图表编辑以最好的方式引导受众接受信息。经历过体检的人都使用过"色盲表"，但是如果把用来指示差异的色彩信息替换成形状信息，视觉辨认速度就会明显减慢，这表明人类视觉对色彩感知的速度比对形状感知的速度快。[①]也就是说，受众首先关注的是色彩，其次才是具体的信息内容。如图 5—21（见文前彩色插页）中左图的数字"26"之所以

①参见孙皓琼：《图形对话——什么是信息设计》，4 页。

被轻松识别，靠的是色彩传播，而如果是形状传播的话，识别难度之大超乎想象。

尽管色彩可以帮助我们记忆信息，但是对于三种或四种以上的色彩代码的记忆就比较困难了。因此，在信息图表设计中，色彩的使用并不是为美观服务的，而必须使之传递特定的信息，不传递信息的色彩是多余的。

(一) 调整好色相的明度

明度指的是色彩的明暗度。在无彩色系中，白色明度最高，黑色明度最低。在有彩色系中，黄色明度最高，紫色明度最低。同一色彩逐渐加入白色，可以提高该色彩的明度；而加入黑色则降低其明度。明度对比是色彩构成的最重要的因素，色彩的层次与空间关系主要依靠色彩的明度对比来表现。只有色相的对比而无明度对比，则图案的轮廓形状难以辨认。信息图表的呈现载体除了互联网、移动终端、电视之外，则主要为报纸、杂志和书籍等纸媒，而纸媒上的图表多以黑白灰的明暗效果来呈现。因此，调整好明度的对比是争取受众注意力的关键。

比如，一个饼状图分为60%和40%两部分，分别以绿色、红色加以区别，两种色相在屏幕上区别明显。如果印刷在报纸上，由于其明度差别小，明度对比弱，受众则不易辨识。如果换成浅绿和深绿，虽然是同类色相，但其明度对比较大，印刷在报纸上则明暗对比强烈，易于辨识。

在信息图表的实际绘制中，各种折线图、饼图、条柱图与文字、数字，以及与主题相关的图形相互搭配，以便于受众互为参照，方便理解。但是，如果明度处理不好，在无彩色的纸媒上呈现时容易黑灰一片，难以区分。解决问题最简便的方法是降低各种折线图、饼图、条柱图与文字、数字的明度，采用低明度色相，而对各类图形和底图等则相应提高其明度，通过对比效果增强识别率。这样的操作方法可以保证信息图表在有彩色环境中，主体内容和辅助图形因色相的不同而有所区别；在无彩色范畴中也可以让受众明显地感觉到主体内容和辅助图形之间的明暗差异。

(二) 把握好色彩的基调

色调是指一幅作品色彩外观的基本倾向，分为暖色调和冷色调。如果一幅信息图表没有和谐的色调，就会显得杂乱无章。色调从属于信息主题的属性，色调与主题和谐，就能更好地烘托气氛，并辅助创意，提高视觉传播的效果。

如在灾险事故类图表中，色调多为冷色调，强调一种悲剧色彩，给受众以悲伤的气氛，如图5—22所示（见文前彩色插页）；如果是轻松愉悦的服务类图表，色调可以明快清新一些；庆典体育类图表则可以采用热烈奔放一些的色调，如图5—23所示（见文前彩色插页）。色调直接影响着受众的阅读情绪。

在信息图表中，色调统一于新闻信息的主题属性，并以与主要新闻要素“相关”的颜色来确定主题基调及配色。新华社图表室在制作世界游泳锦标赛的图表时，在色彩上选择了游泳池的颜色作为主色调，体现出报道主题的特征。如图5—24所示（见文前彩色插页）。

不同基调应采用不同颜色，具体如下。

(1) 喜庆基调多用红色、黄色，这些色彩常出现在节日、庆典、政治活动及重大成就类报道中。在此基础上，可加入同一色系的橙色等，以增添喜气，渲染气氛（见图5—25，文前彩色插页）。

（2）神秘基调多用蓝色、紫色，常涉及工业科技、科普知识等内容，特别是在有关航天和海洋的报道中，这些色调赋予主题深邃、庄重、沉稳的深意，并略带神秘感（见图5—26，文前彩色插页）。

（3）环保基调多为绿色、土黄色，常用于农业、环保、自然等主题，显得生机盎然（见图5—27，文前彩色插页）。

（4）综合基调多用于财经类图表，如汇率、金价、油价、GDP、CPI等。这些主题的色调不拘一格，在配色时要注意保持主色调前提下的过渡，讲究协调（见图5—28，文前彩色插页）。

（5）警醒基调主要用于灾险事故等突发事件，整体基调介于灰黑之间，尽可能使整体基调低暗。在事故发生点以放射状的红色、黄色或白色、灰色等表现爆炸所引起的火光、烟雾，如图5—29所示（见文前彩色插页）。

根据色彩在色谱中的位置，我们可以得到一些有效搭配色彩的启发。比如在设计中使用相邻色，诸如红色和橙色，可以代表互相有协调关系的内容，或是显示不同数据间的微小变化；但如果想要表现元素之间的鲜明对比，那就要避免使用相邻色。要表现对比关系则可以尝试使用红色和黄色，但两种颜色都不能与自己的邻近色橙色配用，否则会造成它们之间相互关联的假象。色彩不仅可以通过不同的色相表现来帮助受众区分信息，还可以通过色调及饱和度的变化来划分信息之间的相互关系。在感官上，色彩可以使信息图表设计富有美感、令人愉悦，同时可以起到强化重点信息、弱化次要信息的作用。①

色彩是丰富的，也是有章可循的。信息图表题材丰富，不可一概而论，在强调主题、突出内容的前提下，协调舒适是信息图表用色的原则。

（三）合理使用留白

犹如中国画讲究阴与阳、明与暗的平衡，信息图表构图需要考虑留白，同报纸版面一样，需要呼吸感，不能太拥挤，不要把每个空间都放上视觉元素，要通过留白给受众以视觉的缓冲，这样在视觉效果上才能更具吸引力。满满当当的版面只会让读者无处下“眼”，且倍感疲劳，如图5—30所示。在图表中留白的最简便方法是删除仅用于装饰的图形，或者缩小一些图形的尺寸。并不是所有的图形都要大小一致，只要保证标题、核心信息醒目就可以了。次要信息、解释性信息在保持清晰度的前提下可适当缩小，而制图人署名和消息源则是图表中最小的部分。当然，物极必反，过度留白也会降低信息图表的影响力，当受众看到大量的空白时会认为这一部分不重要。

图表编辑有时过于强调视觉效果，经常采用图形特效，其结果就是过度装饰。适可而止、懂得取舍和学会避让，以最简单的方式来呈现信息，站在艺术性和传播信息的角度来制图才是实现最佳效果的捷径。

六、确定合适的文字样式

虽然在以视觉符号为主的信息图表中文字和数字不占主要成分，但是图表离不开文字和数字，它们在图表中传达核心内容。因此，图表编辑在选择、处理文字、数字的字体字号、行距字距时更要精心。

①参见马骄：《信息图表设计的发展与视觉传播研究》，35页，苏州大学硕士学位论文，2012。

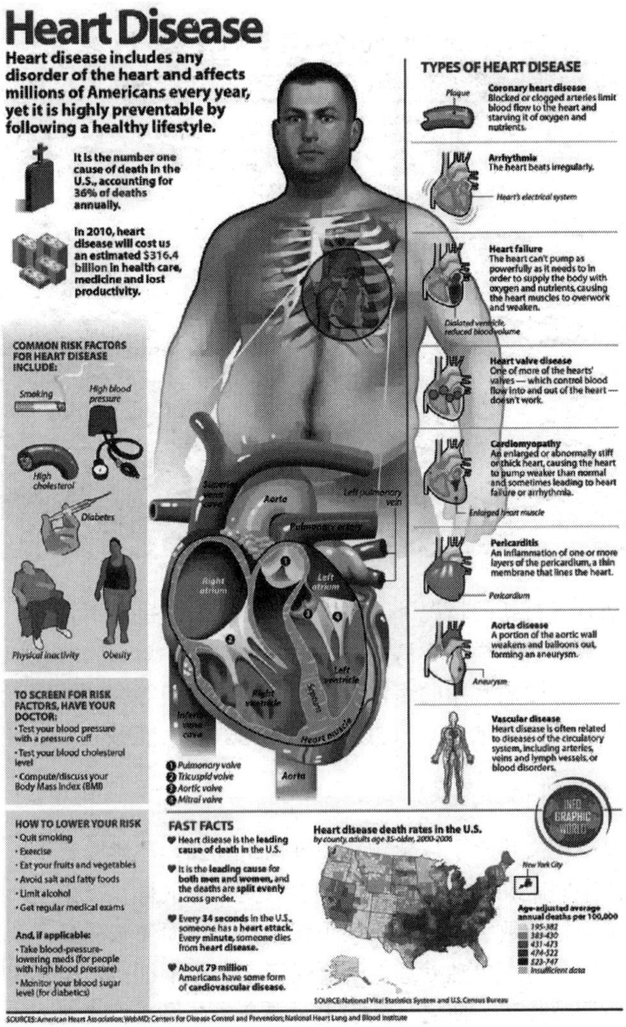

图 5—30 不注意留白，导致视觉紧张的图表

(一) 恰当选择字体字号

新华社图表编辑室的编辑们在多年的实践中发现，通常情况下，一幅信息图表的字体不应超过三种：一种用于标题，一种用于小标题（分标题或按钮），最后一种用于正文（见图 5—31）。

考虑到图表在使用时可能会伸缩变形，也考虑到印刷之后的视觉效果，新华社图表室的编辑们经过长期的比较、鉴别，认为以下几种字体不适宜用于信息图表。

(1) 过于艺术化的字体不宜用，如喵呜体、花瓣体、胡子体等。这些字体在报纸的文艺类副刊上也仅限于个别文章，因为这些字体有失庄重，过于强调装饰性，显得华而不实。

(2) 笔画间隙过于狭窄的字体不宜用，如彩云体、琥珀体、超粗黑体等。因为这些字体笔画拥挤，印刷效果欠佳。

(3) 笔画过细的字体不宜用，如宋体、楷体、仿宋体、瘦金体等。因为这些字体面积过小，可视性差。

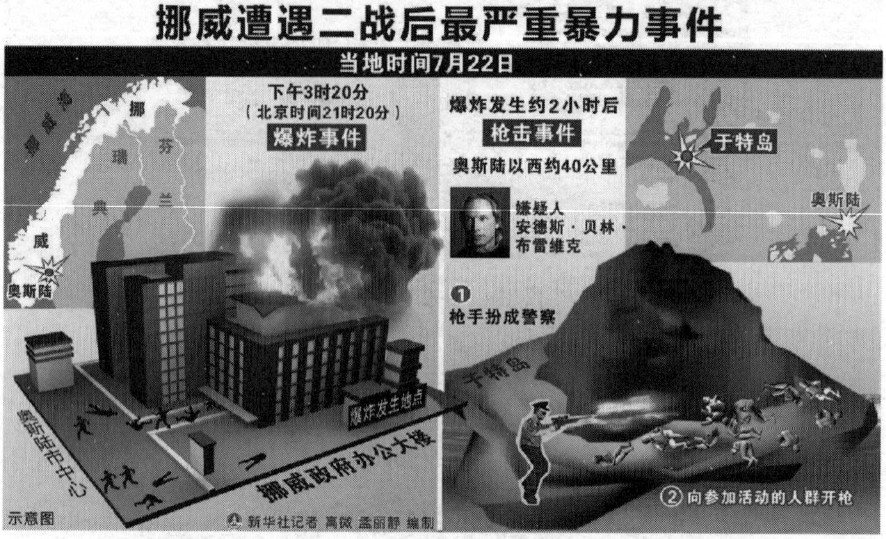

图 5—31　字体字号选择恰当的示意图

（4）在不加背景衬托的情况下，各类阳文、阴文的字体不宜用。因为这些字体有膨胀感，使得笔画边缘模糊不清。

实践证明，信息图表常用的字体主要有粗圆体、中等线、黑体、综艺体等，这些字体轮廓鲜明、笔画清晰、间隙明朗，在视觉效果上能够突出内容，便于阅读。

（二）合理安排行距字距

在信息图表中，文字除了以标题、关键词出现外，还形成若干行的文字块。有的图形软件会使字间距和行距比较接近，导致受众在横排、竖排上产生误解。如果在文字中混杂了阿拉伯数字，均衡的字距就会被干扰而使版面显得杂乱。这两种情况都需要对字间距和行距单独处理，既要保证字间距不拥挤，也要使行距一定大于字间距，同时要调整数字，使之与汉字绝对整齐，在保证版式规范的前提下，避免引起受众的视觉疲劳。

七、核实检校细节

核实检验是信息图表制作的最后环节，是发布前的最后一道关口。信息图表不同于艺术品，技术上的失误、细节上的疏忽就有可能导致事实性差错，使媒体的专业水准受到质疑，因此，信息图表编辑在这个把关环节，必须以良好的职业精神和专业习惯，使作品尽善尽美。

（一）对图表构成元素的检验

一幅信息图表应该包括标题、解释性或概括性文字、点、线、图标、色彩、制图人署名及所属媒体。制图结束后，首先要看看这些要素是否齐全，是否符合规范，是否与本媒体的定位相吻合。

（1）从内容上看，标题要言简意赅；从形式上看，标题要色重字大。字体与色彩的选择要依据信息的属性，时政类、突发事件类图表一般字体端庄、颜色较深；

经济类、文化类图表字体略显活泼，颜色艳丽。

（2）副标题一般少用，其多以信息源的形式出现。常用短语、词组来表述内容，力求准确，以确保图表的真实可信。小标题（分题）要求简明扼要，一语中的。

（3）正文在介绍图表内容、说明图表组成部分、提供背景材料时，不能使用叙述句式，要惜墨如金，不能拖泥带水。

（4）图标符号在图表里起着引导视线的作用，大小、位置、色彩的选择要依据信息内容，做到醒目而不张扬。

（5）图表的刊发媒体和编辑署名，一般以较小的字号刊发在图表的下部，无论是标徽还是文字都要在内容和形式上统一，体现出一致性。

（6）标点符号不同于文字，像书名号（《 》）、括号（（ ））和双引号（“ ”）等与文字连用时，使用普通输入法会使得间距较大，需要加以调整。

（二）对内容细节的核实

图表编辑也要像文字编辑一样，在最后的把关环节审核是否存在政治性、导向性、原则性差错，核对是否有事实性、技术性差错，以及在画面中是否有容易引起误解或存在隐患的地方。有时候，细节往往决定成败，不容忽视。为了确保信息传播的真实、准确、清晰，要仔细审核细节部分，比如：文字、数字、分类是否准确，文字与背景颜色是否协调，主图与背景的对比是否合理等。具体说来有如下地方需要格外留意。[①]

（1）注意地图的准确性，涉及台海、中印、中俄边境的地图要尤其谨慎。在所有地图中不要忘记指北针，并且永远不要忘记图例。

（2）要对所用的色彩、线条等加以说明，使读者一目了然。

（3）道路的级别一般按照粗细来区分，若同级别分类不同时，要靠颜色来区分。当线条过多时，要搞清楚它们是从属关系还是平行关系。

（4）要使用具有代表性的元素，小图标使用要简单明了，让人一目了然而不喧宾夺主。

信息图表需要通过充分的视觉符号来呈现，虽然一些打破常规的表达手法能够使其更容易吸引眼球，但是信息图表的终极目标是真实而形象、准确而直观地传达、展现事实。要努力使之结构排列有序，设计清晰简洁，避免“制作过度”，才能实现信息传播、艺术设计的完美平衡。

第3节　信息图表素材数据库的建设

知识点：

● 素材数据库建设是保证新闻时效、启动应急预案、防范差错的根本保证，对信息图表制作具有重要意义。

● 素材数据库主要构成部分有：各类地图、财经数据、常用标识、著名人物的照片、重要数据资源、各类图形和底图、各类术语概念常识的解释说明等。

①参见丛云：《新闻图表：让新闻变得立体、生动》，载《法制新闻传播》，2013（1）。

一、素材数据库建设的必要性

信息图表是一种新颖的信息传播方式，其特殊性在于融合了信息传播和艺术表现手法。从信息的采集、提炼、整合，到图表的创意、设计、绘制等，不仅要依据真实、准确、快速的信息传播规律，而且要尊重简洁、易读、新颖的艺术表现标准。因此，相对于文字稿件、摄影产品，信息图表在信息要素、艺术创意、软件应用等方面要求高，难度大，耗时长。而建立素材数据库，有助于保证信息传播效果和艺术表现效果的实现。

在一般情况下，完成一幅平面、静态的信息图表需要经过信息的采集、提炼，对构图的设计、素材的选取和加工，再经过绘制、修饰和校对，整个过程大致需要2～3个小时。如果制作3D效果的图表将会耗费更多的时间。如果制作的是发布在网络上的动态图表、互动式图表则需要整合庞大的数据，所需要的信息量将会更大，制作的时间更长。

众所周知，纸媒传播信息是通过遣词造句、谋篇布局等来实现的，在生产环节只需要使用一个Word软件就可以完成单篇稿件的制作，如果再借助飞腾或Indesign软件，则可以完成整版稿件的组合，形成完整的出版物。对于新闻照片来说，首先要经过摄影记者的拍摄环节，然后使用Photoshop软件进行后期处理，即可完成信息的传播。而信息图表的制作则相对复杂，不仅要考虑信息各要素的价值、各信息点之间的关系以及信息之间的层次，而且还要分析所使用的图形元素如何更好地与信息结合。在制作平面图表时，常用的软件有CorelDraw、Illustrator，而为了修饰所用照片或者统计图表，还需要使用PhotoShop和PowerPoint。立体仿真图还要用到Maya、3Ds Max。如今更多的信息图表是以互联网为发布平台的，动态、交互性是其优势与特点，D3、Tabieau Publick等成了不可回避的常用工具。现代信息图表的绘制不是单一软件所能够完成的，需要运用多个软件才能完成。所以说，一幅示意图、一个现场模拟图或一张数据统计表常常耗费大量时间。而真实、及时是一切信息传播的追求，否则其新闻价值将大打折扣，因而建立素材数据库就成为缩短工时、增强时效的有效途径。

能够进入数据库的素材都是图表编辑在日常工作之余、在相对宽松的环境下，经过搜集、筛选、核实等环节完成的，不仅具有实用性、针对性，更主要的是经过层层把关，比较真实可靠。因此，入库的素材无论是图形元素还是信息数据，可以说是高质量信息、“安全”的信息。制作信息图表，尤其是新闻类图表，在时限紧张的状态下，优先选择素材库里的数据与图形也是杜绝差错的最有效的措施。

“工欲善其事，必先利其器。”信息图表素材数据库的建设是一个需要前期投入、后期不断维护的过程，是一项不断积累、修正、完善的长期性工作。因此，建立信息图表素材数据库，不仅是出于信息传播的需要，也是图表艺术表现形式的要求。

二、素材数据库的构成

数据库（database）是按照数据结构来组织、存储和管理数据的仓库。信息图表的数据库，更准确地说是图形元素和各种数据的存储库。确定数据库的内容是数据库建设的首要问题。根据对新华社图表编辑室等媒体单位的调查，信息图表数据库主要由如下几个部分构成。

（一）地图类

地图是信息图表中确定事件发生方位的必然要素。根据事件发生地的范围，对地图素材也要进行详细的分类。如果信息图表涉及国内地点，需要准备的有：中国地图全图（含台湾地区）、中国分省地图；如果图表内容事关国际，需要准备世界地图全图（以亚洲为中心）、各国地图。从题材上看，如果涉及国际时政新闻、多边谈判等，除了需要准备几个世界大国地图外，印度洋周边国家、太平洋周边国家、大西洋周边国家的地图也需要准备；如果涉及军事冲突，则要准备加沙地带、车臣、伊拉克各省、中东地区、东亚地区、非洲地区的地图；如果涉及科考活动，则要准备南极、北极的地图。另外，一些政治敏感、可能引发争端的地区的地图，如克什米尔地区（印巴）、俄罗斯、阿富汗边界等也需要准备。而像美国（分州）、日本、欧盟这样的经济大国有可能涉及国际经济或贸易往来，因而也需要有所准备。

在事件性新闻中，明确的地理方位是不可缺少的新闻要素，下面是一则关于印度交通事故的背景资料。新华社图表室利用数据库中的地图素材，并结合地图出版社较为详细的世界地图，准确标注了事故位置（见图 5—32）。

图 5—32　新华社涉及地图的信息图表

【背景资料】 近年来印度发生的重大铁路交通事故

新华网北京7月11日电（记者 顾德伟）印度北方邦和阿萨姆邦10日各发生一起客运列车出轨事故，共造成300多人伤亡，其中一起事故已造成至少63人死亡、200多人受伤。以下是近年来印度发生的重大铁路交通事故。

2009年

2月13日，一列客运列车在印度东部奥里萨邦脱轨，造成至少15人死亡、100多人受伤。

2月28日，印度北方邦发生一起巴士与火车相撞事故，造成至少11人死亡、20人受伤。

10月21日，两列快运列车在印度马图拉附近相撞，造成23人死亡、十余人受伤。

11月1日，一列客运列车在印度北方邦与一辆卡车相撞，造成至少11人死亡、24人受伤。

11月14日，印度西部拉贾斯坦邦发生列车脱轨事件，造成至少9人死亡、80多人受伤。

2010年

5月28日，一列快速客运列车在印度西孟加拉邦发生脱轨事故，13节车厢脱轨，数节倒在相邻铁轨上的车厢被迎面驶来的一辆货运列车撞击，造成至少148人死亡、近200人受伤。

7月19日，西孟加拉邦发生两列火车相撞事故，造成至少52人遇难、100多人受伤。

9月20日，印度中央邦发生火车相撞事故，造成至少21人死亡、50多人受伤。

2011年

7月7日，印度北部地区发生一起火车与客运汽车相撞事故，造成至少31人死亡、30多人受伤。

资料来源：新华网，2011-07-11。

（二）财经数据

财经图表在信息图表中占据着较大比重，但细分起来主要集中在国内外的股市行情、金价、汇率、油价上，有时还涵盖GDP、CPI等。关于这些方面的信息、数据主要来源于国家统计局发布的各类报告，以及上交所、深交所和纽交所等的财务报表。在图表上，这些数据更多的是以曲线图的方式展现出来的，这就要求编辑进行数据的积累，同时要跟进了解，不断更新，这样绘制的图表才能显示出发展趋势。如图5—33所示。

图5—33 新华社涉及财经数据的信息图表

（三）常用标识

常用标识有各种、各级组织、机构的标识（logo），包括我国的国旗国徽、党旗党徽、人民政协的徽标；各国的国旗，以及重要国家主要部门的徽标；区域国旗（如欧盟）、联合国及其相关机构、世界卫生组织、世界银行、APEC、WTO、欧佩克、国际足联等的徽标。另外，还应准备一些常用标识，比如艾滋病标识、世界杯、奥斯卡奖杯、奥运会奖牌、世界知名企业（500强）的商标等。如图5—34所示。

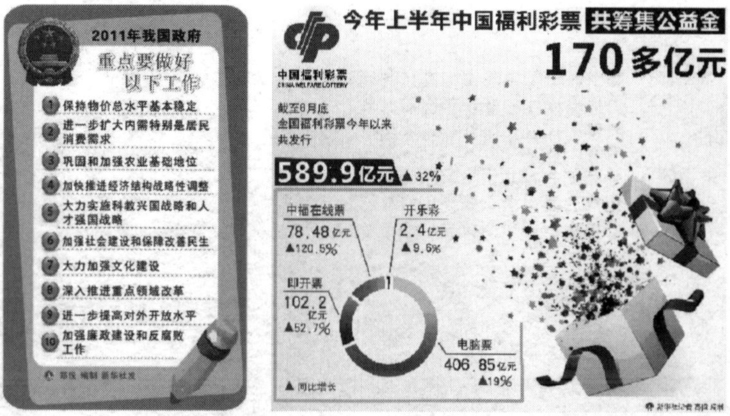

图5—34 新华社涉及常用标识的信息图表

（四）著名人物的照片

有时人物是信息图表的主角，是信息的核心，是事件的推动者或被影响者。人物可分为时政人物、科学家、体育界明星以及突发事件的核心人物等。国内时政人物主要包括现任的中国国家主席、国务院总理、人大常委会委员长、政协主席等。国际方面的主要有联合国秘书长、美国总统、美国国务卿、日本首相、英国首相，还有其他大国或组织的领导人等。人物素材主要从通讯社或者官方网站发布的照片中收集，通过抠图的方式，整理头像，统一背景。如果是刊发在官方媒体的图表，出于严肃性、权威性考虑，中国领导人的头像一般从新华社标准人像库中挑选，外国领导人的头像照片从新华社摄影部指定或新闻照片通稿中筛选。如图5—35所示。

（五）重要数据资源

政府部门数据库的对外开放在欧美国家已经比较流行。在我国，信息逐步公开化，这不仅是尊重广大公众信息知情权的表现，也是民主化建设的体现。信息图表中的数据主要来源于国家各部委以及一些权威机构的官方网站，如国家统计局、发改委、海关总署、卫生部、中国消费者协会，以及国外的美国纽交所、IDC等网站。因此，经常性地关注这些网站发布的数据，是维护数据库的常态工作。

（六）各类图形和底图

信息图表上各种漂亮的按钮、箭头、符号、条状柱状图，既可以从素材网站上下载，也可以自己制作。将这些图形作为备用元素，可以节省制图时间。一般来说，图表编辑常用的图形种类繁多，但主要涉及表现各种场景、建筑和主题的代表性符号或图标。具体包括：各类背景底图，各种卡通人物（孩子、成人、老人和各专业人士)，表现办公用品、环保、气候、灾难、军事、体育、交通工具、水果蔬菜甜点快餐饮料、香烟酒类、医疗卫生、实验仪器、数码产品、石油发电能源、花草树木、家具家电等主题的图形和符号。制图编辑不仅要收集矢量图（CDR、AI 格式)，也应收集相应的位图（JPG、PNG、EPS 等格式)。如图 5—36 所示。

图 5—35　新华社涉及著名人物的照片的信息图表

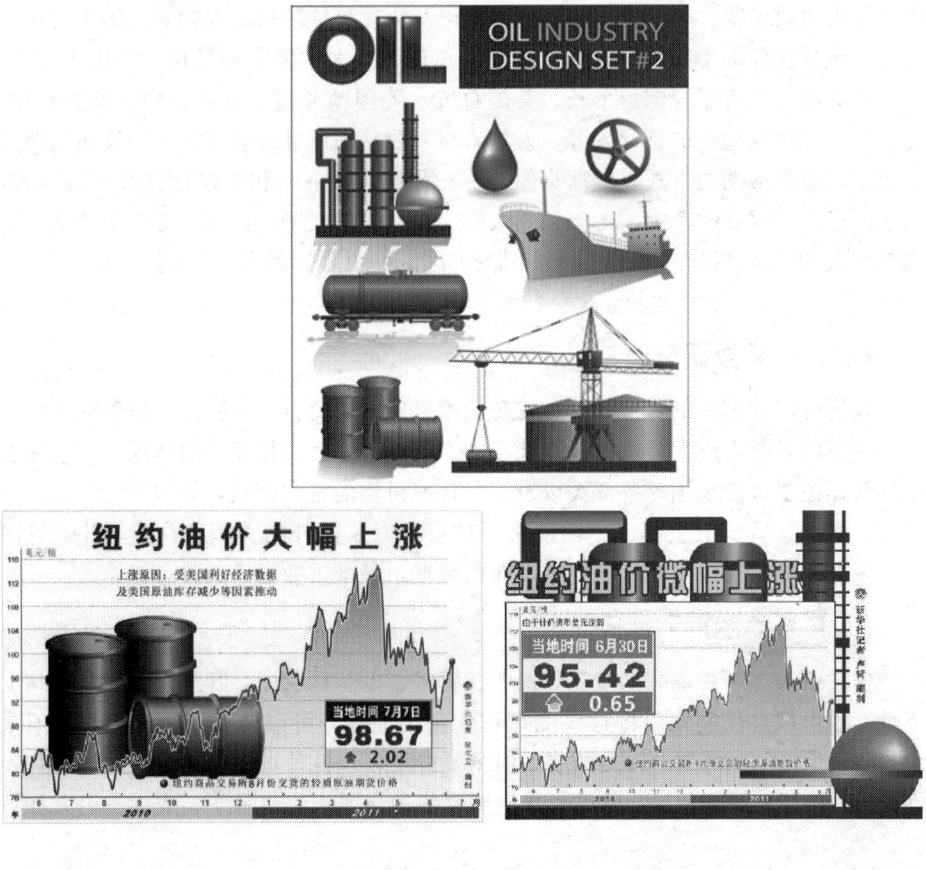

图 5—36　涉及图形和底图的信息图表

底图往往作为背景衬托，放在图形或者数据图表的下面，起到烘托主题、美化版面的作用。有时基于主题需要，或者一时找不到合适的底图，可以把若干幅图片拼接起来，或者从其他图片“截取”所需要的内容为我所用。如“蛟龙”号深潜器的底图就是将从“昵图网”中下载的两幅图片进行拼接，还抠取了另外一幅图片中的一些“元素”共同合成的一幅完整的背景图片（见图 5—37）。

图 5—37　涉及底图的信息图表

（七）各类术语、概念、常识的解释说明

在专业性较强的信息图表中，难免有一些不常见的专业术语、专有名词，或者涉及自然科学、社会科学的内容，为了消除受众理解上的难度，需要进行解释。有时对于新政策、新法规等也需要准备素材，搜集整理相关信息。对于国内外的知名企业，不仅要收集其 logo，而且要了解其全称、标识、国别、规模、主要经营范围等背景资料，并按主要行业来分门别类，如分成银行、石油、电信、医药、航空和消费品行业等。只有经过细致的整理，才能在需要时信手拈来。如图 5—38 所示。

在数据库建设中，不同来源的素材在后期维护中要区别对待。完全可靠或者经过认真核实的素材可以一劳永逸，定期更新就可以了。而对于那些需要完善和进一步核实的素材，不可掉以轻心，需要反复核对并做进一步补充修改。同时，还要根据实际需要，随时对素材数据库进行维护、扩容和完善。

图5—38　新华社涉及各类解释说明的信息图表

除了建立、完善素材数据库之外，信息图表在风格上的连续性也有助于提高传播效率。每个媒体要根据自己的传播特性，确立符合自己实际情况的制图标准、制作样本和模板。在日常工作中，图表编辑可以根据信息价值和传播环境的不同，做出适度的调整，从而降低人力成本。

【思考练习题】

1. 信息图表制作中有哪些需要遵循的基本原则?
2. 信息图表制作的主要环节有哪些? 在选择图表的色彩上需要注意什么?
3. 建设信息图表素材数据库的价值是什么? 它有哪些必要的构成要素?
4. 绘制一幅关于你日常生活的草图，内容需包括地图，以此叙述自己在什么时间里去了哪里，做了什么事情。制作此图不能使用文字。接着，用文字写出同样的内容，并对二者进行比较。最后，用这两种信息传播方式将信息传递给某位朋友。过一段时间后，对其进行提问，从整体信息和细节的角度来考察哪种信息传达方式更容易被回忆起来。

第6章 信息图表的常见问题分析

第1节 信息图表制作中的问题

知识点：

● 在图表编辑对信息的理解不全面、对图表的认识有误区时，就容易出现主观性错误。

● 在内容方面，图表编辑的失误主要表现在信息要素缺失、图表与文字内容重复、信息质量和数量不足等方面。

● 在制图技术上，图表编辑的失误主要表现在场景缺乏制作的依据、图形选择引发歧义、重点信息不突出、过于追求形式美感和表面气氛等方面。

一、原则性问题

信息图表和文字报道除了要求所传播的内容必须真实之外，清晰、准确也是两者追求的共同目标。国内的图表编辑大多出身于设计专业，其中个别编辑对新闻的理解不够透彻，对准确、公正、全面等要求以及对新闻价值的判断不如对美学设计、技术操作那么敏感，在呈现信息时难免出现问题。

（一）信息不准确

《联合国国际新闻信条》要求新闻从业者要尽一切努力，确保公众所接受的一切消息绝对准确，不能任意歪曲事实，也不能故意删除任何重要事实。导致信息不准确的主要原因一是信息源问题，二是使用了过期信息。

借鉴、梳理国外传媒的实践经验，消息来源的使用规则与核实方法主要有如下几点。

第一，必须明确交待消息来源。“使用信源说明你从哪里获得信息，从而增加你的报道的可信度。这使得读者能够考虑信息的来源，并且将信息的责任放到被引用的人或书面材料那里，而不是记者或新闻机构。”①

第二，力求采用高质量的消息来源。所谓“高质量”，是指消息来源于权威，与新闻事件的关系密切，消息源清楚明确。

第三，争取使用多个消息来源互证与核实。只要可能，应反复核实信息，两个或更多消息来源要好于一个消息来源。

第四，时刻考察消息来源的信度。只有可信的信息、数据才能使用。为此，图表编辑要注意：通过查阅记录，考察该消息来源过去是否提供了正确的信息；确认消息来源能否提供证实信息的其他证人的姓名或文件；确认该消息来源是否处于知道他所传播的事实的位置；确认该消息源是否有动机提供合理材料；考察上下文，推断信息是否与事实相符。②

信息图表编辑应当使用最新的数据，因为过期的信息只能反映过去的情况，用

① [美] 谢丽尔·吉布斯、汤姆·瓦霍沃：《新闻采写教程——如何挖掘完整的故事》，60页，北京，新华出版社，2004。

②参见 [美] 梅尔文·门彻：《新闻报道与写作》，346页。

于反映当下的事实则不合时宜。很多普查数据在公布后一两年就失效了，特别是人口数据。为此，图表编辑要不断地更新自己的数据库，或者清楚在哪里能够获得最新的数据。

（二）对专业领域信息的理解不全面

图表编辑若出自新闻传播专业或艺术设计专业，而非财经专业、地理专业、法律专业等，那么他对所要传达的专业内容未必能够透彻了解和精准把握，这就有可能错误地传递信息，或者把信息放在不合适的语境中。

比如对地震震级的表述，如果甲地地震的震级是 2 级，乙地地震的震级是 4 级，如果由此断定后者是前者的两倍，那么这个结论就是错误的。因为震级是以地震仪测定的每次地震活动释放的能量多少来确定的。地震愈大，震级的数字也愈大。震级每差一级，通过地震被释放的能量约差 32 倍。按照数值，从 2008 年国内各地的地震震级记录中选取几个数据，则可以绘制出柱状图 6—1，但实际上，图 6—1 所传递的关于地震影响大小的信息是错误的。

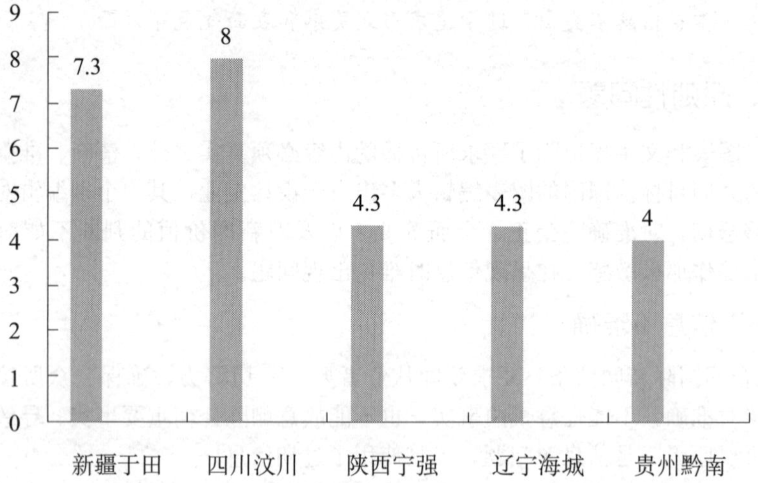

图 6—1　关于地震影响大小的错误图表

另外，即使图表编辑对某个话题熟悉也不要大意，熟悉并不意味着能够完全理解，即使简单的问卷措辞，也会导致结论大相径庭。比如，当问市民“您觉得是否应该消减政府在市政建设方面的开支”时，大多数人的回答是“应该减少”；但是如果换成“您觉得是否应该减少政府在惠民公共设施的投入”，得到的回答肯定是“NO”。为什么会出现如此大的反差？真的是人们改变主意了？其实不然。导致不同回答的原因是不同的措词。因此，图表编辑不是机械地录入数据，而是要清楚数据是怎么得来的以及如何有效地呈现数据。

（三）对图表的认识有误区

事实证明，一些图表编辑对信息图表使用目的的认识依然有误。在某些编辑眼中，图表主要是版面的装饰品，并不承担传递信息的责任。抱有这种理念的编辑势必在图表的设计制作中重装饰、轻传播。而另一种极端的做法是恨不得把所有掌握的信息都放进图表，忽视对内容的取舍，在呈现信息时不知道精挑细选，分不清主次。正如记者没有必要把所有信息都写进报道一样，图表编辑也没有必要把所有信息都画进图表，应在充分了解受众信息需求的前提下，明确哪些信息是不可或缺的，传递多少信息是合适的，就显得格外重要。

（四）如何避免犯错

制图编辑避免出错的关键在于其工作态度和工作习惯。不要过于自信，总是相信自己是正确的；也不要疏忽大意，忘记了准确性原则。信息图表依赖于信息，不仅是信息的呈现方式，还需要信息来支撑。在更多时候，信息或数据并不是直接就可以运用于图表的，需要经过制图编辑的处理、加工；而处理加工之前，则是对信息、数据的理解。使用电脑软件并不意味着图表的设计制作就能够一蹴而就、精美准确。精美是形式的考量，准确则是传播信息的要求。在媒体生产流程中，信息图表的编辑与检查应该纳入整个生产环节，依据新闻产品通用标准和信息图表的特殊要求进行检校。

二、内容上的缺陷

（一）信息构成要素缺失

从内容角度看，信息图表包含时间、地点、事件、人物、数据等要素；从形式角度看，包括信息源、标题、注释、图例和署名等。通过对纸媒图表和网络图表的考察，可以发现：信息源、图例和制图者署名缺失情况最严重。笔者曾经梳理过1999—2008年“神舟”系列飞船报道中的信息图表，发现：未标明信息源的图表多达28幅，占总样本的五分之一。[①]对于作为独立报道方式的信息图表而言，信息源是真实性的标志，是帮助读图受众判断信息价值的一种手段，信息源缺乏则意味着信息可信度的削弱。受匿名传统的影响，网络图表缺失制图署名的情况更加严重。制图编辑未署名看似小事，其实却是专业水准不高的表现，传播责任的划分应当明确。

（二）作为配图的图表与文字内容重复

信息图表的主要功能是以视觉化的方式高效地传达信息，虽然信息图表可以作为一种独立的传播信息的方式，但是，在实践中，媒体使用图表时大多比较谨慎，独立使用图表的情况较少，更多的是把信息图表作为辅助手段来使用。这种做法反而削弱了图表的传播效能，文字传播之余再加信息图表，使得图表有画蛇添足之嫌，还会使图表中的主要信息和文字报道中的信息重复，既浪费版面资源，也浪费受众的阅读时间。

为了更清楚地解释“神舟八号”与“天宫一号”对接的情况，国内某大报采用了信息图表的传播样式，以“神舟八号”与“天宫一号”之间的距离为轴线，把整个对接过程划分为寻的段、靠近段、平移靠拢段和对接段四个阶段（见图6—2）。其中又以四幅仿真图把“对接段”分解为接触、捕获、缓冲、校正和拉回五个步骤，并附以文字说明。另外，还用仿真图模拟了“天宫一号”的太空舱，并用简短的文字介绍了“太空之家”。该图表占用了半个版的面积，可以说，受众读完这些信息图表，对“神舟八号”与“天宫一号”的对接可以了然于胸了。但是，版面编辑又在下半版刊发了一篇题为《“太空初吻”全记录》的通讯，依时间进程描述了

①参见许向东：《信息图表在我国报纸新闻传播中的应用研究——以1999—2008年神舟飞船报道为例》，载《国际新闻界》，2009（2）。

对接过程。其实，如果编辑需要根据时间线索来梳理对接过程的话，完全可以在阶段划分的地方标注一下，内容的复述则没有必要。

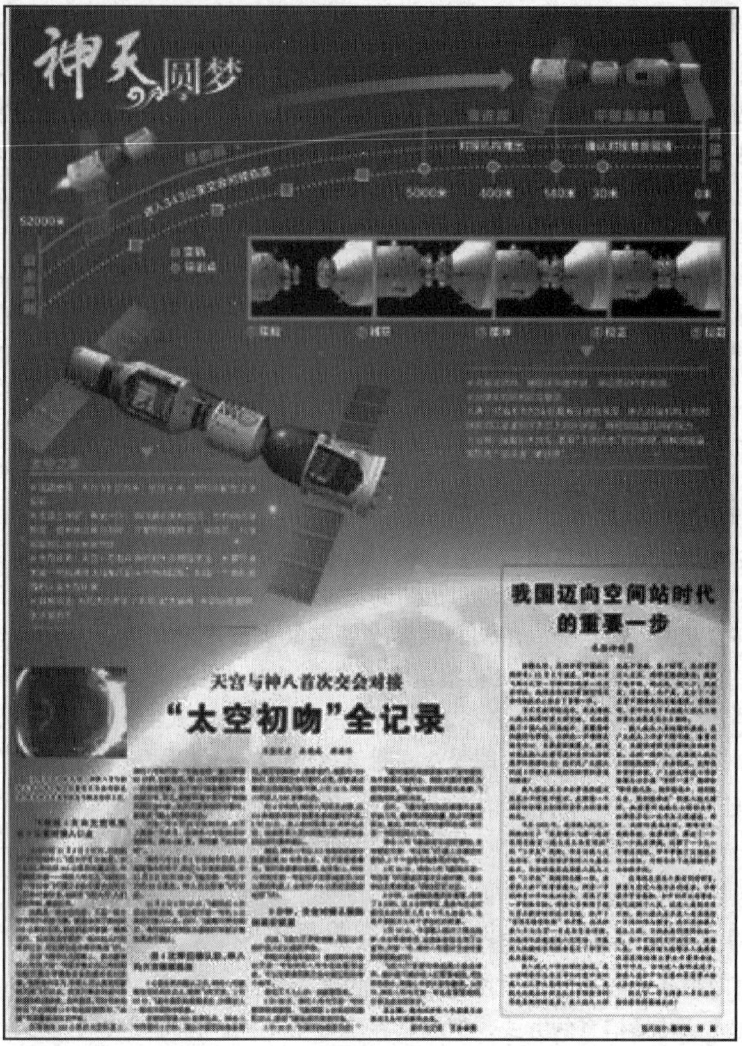

图 6—2 国内某报对“神舟八号”与“天宫一号”对接的报道

（三）信息缺乏质量和数量，虚张声势

信息图表的优势就是浓缩信息的精华，即使信息量不是很大，但信息的质一定要保证。不能单纯追求形式上的浩大与炫丽。2011 年 9 月 27 日某地方报纸在第三版的上半版刊登了一幅 3D 的仿真图（见图 6—3），报道内容很简单：“投资 87 亿多元建设的甘肃省天水至定西段高速公路通车约半年就出现坑槽、裂缝、沉降等重大问题，高速行驶的车辆很难避开，部分路段不得不铲除重铺。”该图表依据的是新华社的一篇报道，内容见《87 亿建高速路 通车半年就大修》。如果仅仅是表述主题信息的话，此图表缺乏地图，缺乏数据，更没有原因分析。图表上的主体仅是一条道路和两个人物的对话，整个图表占据半版，但是这条高速公路多长、连接哪里、路段在什么时候出现问题、具体发生在哪个地方，在图中却找不到任何线索。

图 6—3 某地方报纸的版面

【背景资料】 87 亿建高速路 通车半年就大修

投资 87 亿多元建设的甘肃省天水至定西段高速公路，是连接我国东、中、西部的骨干道路连霍（连云港至霍尔果斯）高速公路的重要组成部分，但通车约半年竟出现坑槽、裂缝、沉降等重大病害，部分路段不得不铲除重铺。这条被称为“畅通甘肃东大门的发展之路、希望之路”，如今因质量问题饱受质疑，被当地居民称为“豆腐渣工程”。

记者从兰州出发，经定西进入天定高速，首先遭遇的就是大大小小的坑槽。在通安驿出口附近，路中央突然出现数十米长的裂缝，最宽处有两指宽。继续前行不远，又遇到一处处塌陷病害。其中一段路中央，立了一块大大的警示牌：“前方路基沉降，限速 20 公里”。负责维修这一段路的施工队队长卯杜儿说，他负责的这 30 公里路段沉降问题较多，已处理了六处。“我们 7 月初开始前来修路，已修了两个多月。”在天水市关子镇至天水市出口路段，工人们一段一段将路面彻底铲除，重铺沥青。

经常往来于天水市区至关子镇的司机李成江说：“这段路破损得如同翻浆的乡村道路，哪里有高速公路的样子？”

路面坑槽破损是公众感受最深的问题，许多人质疑施工方“偷工减料”。

对此，天定高速公路项目办常务副主任张志勇辩称：“这与偷工减料无关，没人敢在这方面做文章。”张志勇称，大量坑槽出现，“可能是铺路时有少量的水渗入引起”。至于沉降问题，则与地质构成有关。除了施工、技术层面的问题，管理方面是否也存在问题？对此，张志勇不愿正面回答。不过，他承认，如果从招投标开始的每一个环节都能做好，一些问题是可以避免的。

据悉，天定高速全长约235公里，总投资约87.5亿元，由75家设计、施工、监理单位参与建设，于2010年12月29日实现大部分路段通车，2011年5月29日全线贯通。据甘肃省交通厅工程处处长谈应鹏介绍，目前1公里高速造价平均约为1亿元，天定高速因四年前招标、开工，造价较低，平均为3 700万元/公里。

谈到公路维修，张志勇回应说，天定高速关子镇至天水市出口那一段，有31公里路面将全部铣刨掉，采用新的结构重铺，其他路段则视病害情况，采取不同的处理方式修补。

修路还要投多少钱？张志勇表示，“我们不核算维修花费，因为在责任缺陷期内，所有损失由施工企业承担。如果施工企业不来维修，那么我们组织维修后，费用将从其质量保证金中扣除。”

天水市甘谷县居民李新定表示：“通车半年就大规模维修，这里肯定有猫腻，一查一个准。”

兰州大学管理学院副院长何文盛说，尽管可能有这样那样的技术问题，但核心问题恐怕还是监管责任。有关方面应正视问题，深入调查，该审计的审计，该问责的问责。

（资料来源：朱国喜等：《87亿建高速路 通车半年就大修》，见新华网，2011-09-26。）

三、技术上的失误

（一）缺乏现场信息，场景制作依靠想象

制作信息图表，信息的质量是第一位的。图表绘制前的资料搜集工作是关键，它决定着能否以图表的形式来呈现信息。因此，资料搜集的内容起码包括新闻信息的基本要素，以便在设计、制作图表时足以真实地还原现场，而不是让图表编辑毫无根据地发挥想象力。尤其在绘制三维仿真图还原现场时，时刻谨记我们做的是新闻，不是科幻插图。要避免使用模棱两可的东西，尽量贴近现实，不能胡乱拼凑，导致受众解读困难或产生歧义。

2008年美国科罗拉多州一所高中发生校园枪击事件。事件中一名歹徒劫持了两名学生作为人质，他将自己和这两名学生困在一间教室内并杀害了其中的一名人质。图6—4中右侧的三幅仿真图是当时的三家报社和电视台在报道时所刊登的，它们的制图资料来源于国家电视台的相关新闻。由于细节不足、缺乏核实导致新闻仿真图出现诸多失实之处：在右上图中，教室门的实际位置应在教室的后面而不是前面；在右中图中，画面显示的是军人冲进教室的情景，而实际情况是警察参与案件处理，没有军人到场；右下图呈现的是歹徒和两名学生在教室中的场景，三人身后没有书架，是制图人凭空添加的，可能觉得有书架就更像教室了。估计编辑在制图时没有拿到歹徒的照片，所以在没有核实歹徒容貌的情况下就把歹徒头发想象成了黑颜色。[①] 现场还原最忌没有依据的凭空想象，把图形元素仅作为装饰，而不是传达和解读信息的内容。信息图表的核心要求是信息传达的准确性，艺术化地呈现应与准确的信息传达相得益彰，不能因为艺术性而减弱图表的可信度。

①参见刘东涛：《精确的视觉新闻》，18～19页，中央美术学院硕士学位论文，2009。

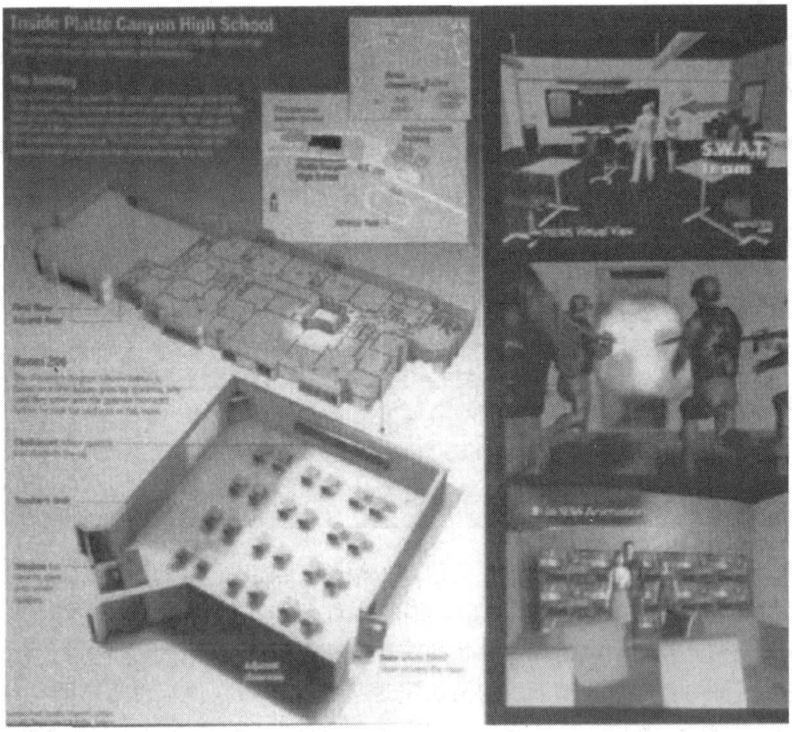

图 6—4 美国媒体对科罗拉多校园枪击案的图表报道

（二）图形选择不恰当，引发歧义

在信息图表中，图形是主要的传播符号，受众通过具象思维或抽象思维与核心信息发生联系，因此图形的直观性、指向性和代表性至关重要。某门户网站曾经刊发过一幅图表《给你一个看得懂的“三公经费”》（见图 6—5），图表中的三段文字只是介绍了中央公开“三公经费”的背景，却没有解释图表的关键词“三公经费”具体指什么。另外，以“文件柜”来指代“三公经费”也不是很恰当。相比之下，新华社图表《商务部去年“三公经费”6171 万多元》所使用的图形比较符合信息内容（见图 6—6）。

图 6—5 某网站《给你一个看得懂的“三公经费”》截图

图 6—6 新华社《商务部去年“三公经费”6171 万多元》

2011 年 1 月，某地方报纸曾在头版以一幅图表报道了“国八条”加大楼市调控的政策（见图 6—7，文前彩色插页）。编辑用红色箭头代表房价“上涨”的概念，此箭头和箭头上方四个“腿脚”形状的图形及其附带的文字，共同构成了图表的主体。让人不解的是四只“脚下”的箭头呈现裂纹，不知是预示着楼市的行将崩溃，还是有别的意思。常用于生活服务类图表的卡通小人，也用在这幅政策解读类图表中，使得本应处于图表主体的楼盘等图形被淡化、被边缘。

（三）图表形式烦琐，重点信息不突出，逻辑性差

2011 年 9 月 25 日某地方报纸围绕着即将在年底开通的地铁 9 号线南段制作了图表《西站“接轨”》（见图 6—8）。因为该线路能够接通北京西客站，大大缓解地面交通拥堵，此事件的社会意义有助于提升图表的服务性和信息价值。从整体来看，该图信息量大，但阅读顺序的逻辑性略显不足。换乘站台简介、地铁车厢简介、地铁装备、设计简介和换乘简介都在同一个版面中出现，显得散乱，各部分之间又没有相应的标识来引导读者阅读。该图的重点是 9 号线南段和西客站，而西客站的地上建筑模型、车厢内部和站台的图像都属于次要信息，或者是冗余信息，这些图形、图像分散了受众注意力和阅读信息的专注度。

（四）图表类型不能准确传达信息要点

统计图表包括条柱图、折线图、饼状图等，示意图也分现场模拟图、示意地图等，不同类型的图表在表述信息时有各自的优势或不足，所以图表编辑在选择图表类型时，要依据信息的内容和意义，扬长避短，选择恰当的类型。图 6—9（a）是一幅关于地铁换乘的示意图。北京地铁西直门站是 2 号、4 号和 13 号线路换乘的枢纽，每天有大批乘客在此处换乘。为了疏导人流、减缓乘车压力，该站曾经把换乘路线安排在地面；2011 年 9 月，换乘路线调整到了地下，减少了乘客的步行距离。由于涉及三条线路之间的换乘，路线和站台的情况复杂，信息量大，某地方报纸使用的平面示意图显然不能很好地传达地铁新建地下通道换乘的空间感，如果换成立体图会好得多。关于地铁 8 号线和 13 号线的换乘，霍营站是两条线路唯一的

图 6—8 某地方报纸《西站"接轨"》

换乘站，《法制晚报》编辑采用了大图加小图、平面加立体的方式，清楚地再现了换乘站的内部结构［图 6—9（b）］。

（五）过于追求形式美感，过于强调设计形式，过于注重表面气氛

信息图表的设计不仅要营造形式美感，更重要的是实现阅读功能。设计要解决阅读的重点、次序、兴趣等问题，而不是脱离信息传播的属性和定位，一味追求主观情感的宣泄和表达。若对信息内容本身缺乏挖掘、提炼，在设计时往往会犯空洞、虚张声势的错误。制作信息图表的目标是提高传输信息的质量和速度，提高信

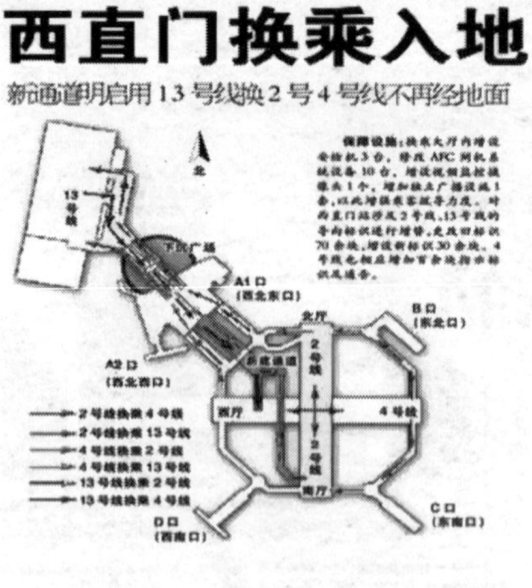

(a)

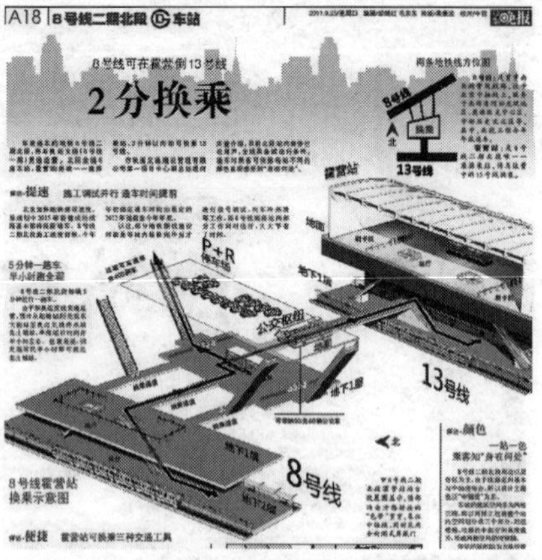

(b)

图 6—9　某报关于西直门地铁换乘与《法制晚报》关于霍营站换乘的图表

息的视觉识别性，节省阅读时间，提高阅读兴趣。所有的制作手段和图形元素都必须服从视觉功能的需要，为实现美感与功能的有机统一服务，任何违背阅读规律的所谓艺术造型或装饰，都是毫无意义的。以图表中色彩的运用为例，尽管色彩对视觉的吸引度非常高，会增加图表的强势效果，但是对于信息图表来说，形式始终要服务于内容（信息的有效传递）。信息图表不是美术作品，艺术美感是其特有的外在表现形式，是为有效传递信息服务的，绝不能舍本逐末。在信息图表的设计、制作过程中，清新淡雅的图表往往别有风味，简约不失为一种更实用的设计理念，“清水出芙蓉，天然去雕饰”在图表制作中远胜于奢华与炫丽。

第 2 节　信息图表使用中的问题

知识点：

● 信息图表在使用中，尤其是在纸媒刊载中，常犯的错误主要有两点：一是与周围的版面元素不协调；二是随意旋转、拉伸导致的图表变形。

一、与周围的版面元素不协调

根据对当前信息图表刊发情况的考察发现，无论是独立传播信息还是作为配图来辅助报道，除了单独占据版面、页面外，图表更多的是作为版面或页面的局部，与其他文字或图像共同构成一个整体。整体中局部效果的发挥必须以统一、避让、追求协调与和谐为前提，不能为了突出某一局部而破坏整体视觉效果。

下面是某报的一个新闻版面（见图 6—10），主打文章是《“饮食难安”问题突出 “保胃”务必重拳执法》，该文为标题三栏宽右齐题，正文横排四栏。编辑之所以这样安排题文关系，其目的就是希望能够在版面的左上角留出一块大约一栏宽10行高的空间，来放置一幅新华社的图表。如果一个版面上只有一幅图片的话，那么该版的图版率是很低的，显得比较呆板、缺乏生机。于是版面编辑就利用信息图表来调节图版率，尽管想法是好的，但是由于编排的位置不太科学，特别是文前的一段文字铺了底色，使得原本独立承担传播信息的图表看起来更像是配图，同时也破坏了标题区的通透感，使上半版显得很拥挤。

"饮食难安"问题突出 "保胃"务必重拳执法
——网民与人大代表共话食品安全问题
南京严查问题猪肉
安全消费保权益
债务催收公告

图 6—10　某地方报纸在编排图表时造成版面元素之间的不协调

某报刊发新华社稿件《泰国将现史上首位女总理》，并配置了新闻照片（见图 6—11）。英拉和阿披实是该报道的两个核心人物，版面编辑为了使读者进一步了解他们的从政生涯，添加了一幅关于他们生平的背景图表。从图文关系和整体效果来看，文字报道加上新闻照片更符合读者的认知规律和阅读习惯。如果以图表替

阿披实辞去党首之职 为泰党组建执政联盟
泰国将现史上首位女总理
环球博览
莫斯科将建"俄版迪斯尼"
墨一男子藏身拉杆箱越狱失败
阿披实辞去泰国民主党党首一职
7月4日，泰国候任总理人选英拉·西那瓦（中）在曼谷出席新闻发布会。
新华社记者 吕小炜 摄

图 6—11　同时用照片和图表配合文字报道有画蛇添足之嫌

代新闻照片，作为文字报道的背景信息也不失为一种选择。但是在新闻照片上面再铺一幅图表的做法，尽管增加了信息量，然而版面视觉效果却只能是1+1<2。

二、随意旋转、拉伸导致变形

信息图表需要有发布平台才能得以进入传播阶段，实现其信息价值。然而发布平台只有忠于原图，才能保证传播质量。2011年7月10日新华社发表了《世界人口今年将达70亿》的消息，新华社图表编辑室据此制作了《世界人口今年将达70亿》的信息图表。

【背景资料】 世界人口今年将达70亿

新华网天津7月10日电（记者吕诺） 2011年10月，全球人口将达到70亿。联合国人口基金特将今年7月11日“世界人口日”的主题确定为“70亿人的世界”，借此引发人们对70亿人口带来的机遇与挑战的关注和思考。

19世纪初，世界人口达到10亿。100多年后，人口总数翻了一番。此后，世界人口增长速度加快，于30多年后达到30亿；由1987年的50亿到1999年的60亿，仅用了12年。

据联合国人口基金统计，1950年至今，世界平均寿命已经从48岁提高到69岁。同时，由于医疗技术的突破和环境卫生、医疗卫生状况的改善，数以百万计的生命得以拯救，死亡率呈稳定下降的趋势。

几十年来，世界人口总生育率大幅下降，妇女平均生育子女数量从1950年每人5个孩子下降到了2010—2015年的2.5个孩子，人口增长速度似乎正在减缓。但是，世界人口在未来几十年仍将呈继续增长趋势。

按照目前的趋势，世界人口大约于本世纪中期超过90亿，并于本世纪末超过100亿。如何既满足上百亿人口的需要，又同时维护生命赖以存续的自然环境的平衡？这是本世纪面临的巨大挑战。

目前，世界人口增长速度为每年增加大约7 800万人。这些新增长的人口每100人中就有97人来自欠发达国家，其中有些国家已难以满足其现有人口的生存需要。贫富差距日益扩大，受食品安全、水资源短缺和与气候有关疾病威胁的人口数量之巨，可谓前所未有。

与此同时，在许多富裕和中等发达国家，低生育率和长寿带来了新的社会问题：人口老龄化。1950年全世界平均12个工作年龄的人供养1位65岁以上的老年人，现在是7个人，到2050年将可能减少到仅3个人。

随着城市化进程加快，未来40年几乎所有的人口增长都会由发展中国家的城市来消化。这些国家需要尽早做出规划，以应对城市快速的扩张。

面对全球人口达到70亿的现状，人类需要互相扶持。国家人口计生委11日将在天津举行“7·11”世界人口日大会，邀请多国代表共同审视当前的人口发展问题。

（资料来源：《世界人口今年将达70亿》，见中国网，2011-07-11。）

新华社图表室制作的图表外形为竖矩形［见图6—12（a）］，但是在被刊发时，某报为了能够在栏目里多挤进去一篇简讯，把原本矩形的图表压扁为正方形，图表中竖长的小人儿变成了矮胖子，圆形的地球仪变成了椭圆状，图表的艺术效果荡然无存［见图6—12（b）］。

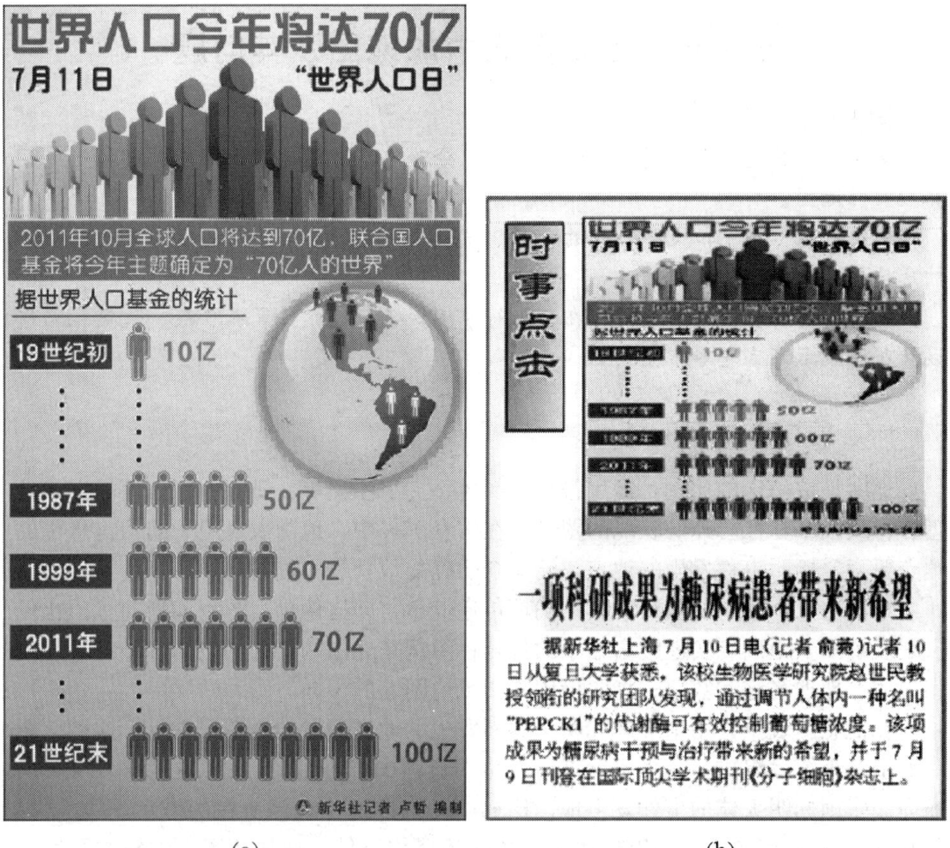

图 6—12　随意压缩图表减弱了艺术效果

有时版面编辑在刊发信息图表时，任意改变图表的长宽比例或者旋转改变角度，都将会引起阅读的不便，既影响了审美效果，也容易引发歧义。新华社图表《确定下一步食品市场专项整治重点》中的文字走向是自左下向右上倾斜，文字块有一定的透视效果（近大远小），文字块的长度略大于宽度，这样的设计编排基本保证了字体尚可辨识［见图 6—13（a）］。但是，该图表在被某报刊发时，编辑加大了文字块的长宽比例差距，导致文字变形过大，从而增加了文字的辨识难度［见图 6—13（b）］。

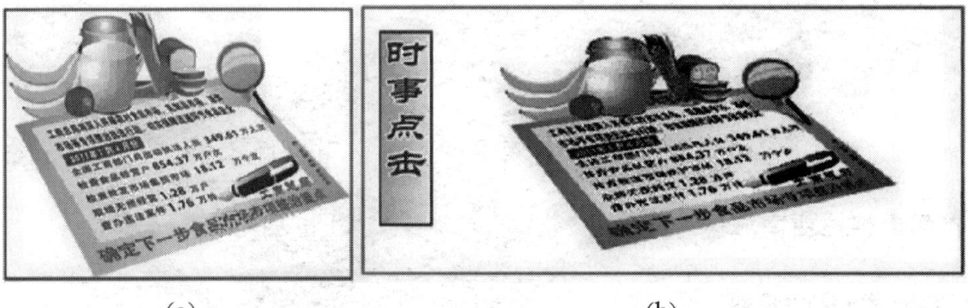

图 6—13　随意改变图表长宽比例增加了文字辨识难度

第 3 节　信息图表中的地图及其问题

知识点：

● 根据其功能，信息图表中的地图可以分为气象地图、方位地图、解释性地图和数据性地图。

● 在新闻传播中，文字给人的方位感是模糊不清的，而地图的使用则会影响到信息传播的准确性。

● 信息图表在使用地图时存在标记符号不规范、边界位置不准确、关键地名遗漏和版图展示不完整等常见问题。

一、信息图表中的地图

地图是按一定的比例，运用符号、颜色、文字注记等，显示地球表面的自然地理、行政区域、社会经济状况的图形。在信息图表中，地图主要用于揭示信息中的地点要素，标明事件发生的地点，给受众明确的地理和方位概念。

地图有三个基本要素帮助其准确地传递信息，即比例尺、图例和指向标。比例尺是表示图上距离和实地距离缩小的程度；图例是地图的语言，包括各种符号、文字说明、地理名称和数字；指向标用来指示地图上的方向。

在信息图表中，用来准确标明一件事发生的地理位置的地图很常见。这种地图一般由两个图表组成，一张显示事情发生的具体的详细地址，比如在某个小地区；而另一张则标明大体的事件发生地，比如事件具体发生地区所在的城市。① 如 2011 年 6 月 23 日在伊拉克首都巴格达发生了连环爆炸事件，新华社图表编辑在图表中就使用了“图中图”的样式，不仅有事发现场的模拟图，而且有标明巴格达具体位置的伊拉克地图（见图 6—14）。信息图表中的地图很少是孤立使用的，它往往有辅助要素，通过运用统计图、剖面图、照片、文字等形式，在内容与形式上对主图进行补充，根据需要配置在主图的适当位置。

图 6—14　新华社《巴格达连环爆炸至少 23 死 117 伤》

①参见［美］多萝西·A·鲍尔斯、黛安娜·L·博登：《创造性的编辑》，309 页。

【背景资料】 巴格达昨晚发生四起连环爆炸 导致23人死117人伤

新华网巴格达6月23日电（记者王宏彬 张宁） 伊拉克内政部消息人士23日说，首都巴格达西南城区当天晚上接连发生4起爆炸事件，造成至少23人死亡，117人受伤。

这名不愿公开姓名的消息人士告诉新华社记者，3辆装载烈性炸药的手推货车当天晚上在一处市场附近几乎同一时间爆炸，由于事发时市场附近聚集大量为周五礼拜天采购物品的巴格达市民，爆炸造成的伤亡惨重。

这名消息人士说，这3起爆炸一共导致至少21人死亡，107人受伤，同时还导致周围商铺和一些民用车辆损毁。事发后，警方迅速封锁现场，救援人员把受伤者送往附近医院。这3起爆炸发生约一小时后，事发地附近一路段又遭遇一起汽车炸弹袭击，造成至少2人死亡，10人受伤。消息人士说，这起汽车炸弹的袭击目标是驶过的一辆警察巡逻车。目前尚不确定死伤者中是否有警察。

这是巴格达近几周来伤亡最惨重的一天。最近伊拉克暴力事件呈回潮趋势，尤其是针对伊拉克安全部队和政府官员的袭击屡屡发生。

（资料来源：《巴格达昨晚发生四起连环爆炸 导致23人死117人伤》，见新华网，2011-06-24。）

在信息图表中，地图作为表达空间现象的一种形式，从认知的角度看，应当帮助受众确立地理信息明确的空间位置，建立地面有形物体间的空间关系。在地图上，一些地理信息诸如道路、河流网、居民点等可以用图形符号直接表示出来，对这些地理符号的分析有助于了解有关现象或事件的规律。从信息传递的效能分析，地图是一种良好的空间信息传递工具。

（一）信息图表中地图的类别

根据其功能的侧重点，信息图表中的地图可以分为气象地图、方位地图、解释性地图和数据性地图。

1. 气象地图

由于1982年《今日美国》的创办，天气气象版日渐流行，并在新闻业界得到普及。图6—15所示的是瑞典某报纸的天气预报。我国报界对气象地图的使用大致始于20世纪末21世纪初的《南方都市报》和《新京报》，随后一些都市报也纷纷效仿，不再以简单的文字、数字，而用“地图＋色彩＋图标”来预报天气情况。如图6—16所示的北京奥运会期间的《青岛早报》和由《中国气象报》出版的《奥运天气资讯》，都注意结合地图绘制气象信息图表，以增加信息的悦读性。除了在纸媒上刊发静态的气象地图外，有的报纸还在其网站开辟动态图表式的气象地图。

2. 方位地图

方位地图主要是以简洁的图形来描述、标明事件、现象发生的地理位置，为受众确立一个空间概念，告诉受众哪里发生了什么事情，或者哪里正在发生什么事情。在没有获取现场照片的情况下，对于事件性报道来说，方位地图是最好的视觉信息说明，尤其是在事件发生初期，Where（哪里）作为最基本的核心信息，在满足受众的浅层信息需求上至关重要。在方位图的制作中，不需要绘制出所有的道路和地点，而只需有明显、易识别的参照点，文字简洁，比例尺准确。延坪岛事件发生后，新华社图表室考虑到地点在新闻事件中的特殊地位，就设计了以地图为主体的图表（见图 6—17）。

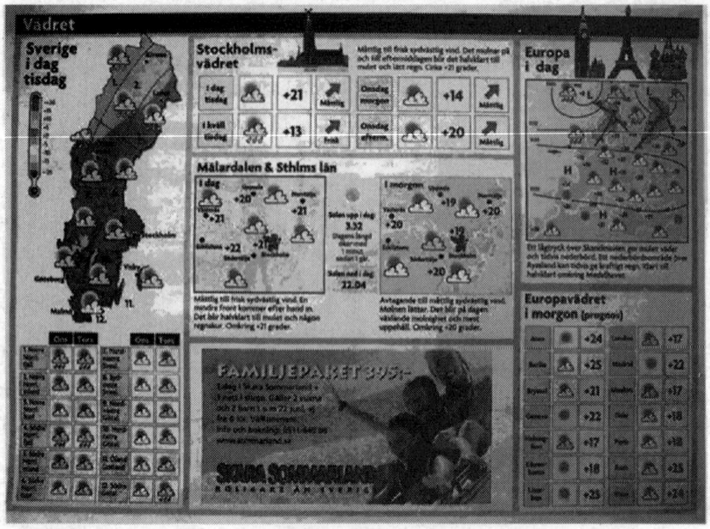

图 6—15　瑞典某报纸上的天气预告

图 6—16　《青岛早报》和《奥运天气资讯》上的气象地图

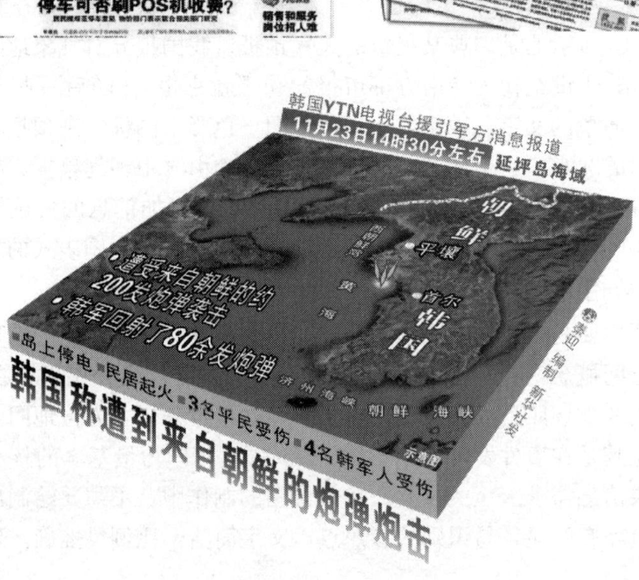

图 6—17　新华社图表室关于延坪岛事件的图表

3. 解释性地图

解释性地图是方位图与简洁文字描述的有机结合。它不仅可以告知受众事件的发生地点，而且通过辅助元素（如箭头、曲线、顺序标志等），可以帮助受众理解事件的相关背景是什么，事件发生的过程、路线与次序等。该类地图常用于战争报道，也用于有明显阶段性和多发地的事件性新闻。该类地图突出实用，不需过于复杂。如图 6—18 是《河北青年报》关于一起银行劫案的报道，图表编辑在梳理案发时间、空间的基础上，把案件过程划分为六个环节，以标注短语的方式予以清晰概括。

图 6—18 《河北青年报》刊发的一起银行劫案的图表

4. 数据性地图

数据性地图用于显示数据在不同地域的分布情况，反映的是某类统计数据在不同地域之间的差距、对比或某种发展趋势。数据可以用数字、百分比，甚至可以用图形大小、颜色的深浅来表示。好的数据地图无论简单或复杂，都可以揭示社会生活中那些引人关注的变化。EG365 公司根据 2012 年美国大选中奥巴马和罗姆尼在各州的得票情况，绘制了数据图表。当鼠标滑动到某一州，该州就会出现浮动窗口，显示两人的得票情况。

（二）地图在信息图表中的价值与制作要求

最需要地图的是一些直接涉及地理方位的国际及国内新闻，如果没有地图，受众仅凭文字描述，即使再详细、再具体，也很难在头脑里形成概念，因为文字给人的方位感是模糊不清的。比如在《四川绵阳水污染原因初步查明：系上游电解锰矿渣污染》（见图 6—19）中，受众对阿坝州松潘县、绵阳市之间的方位关系不甚了解，图表编辑通过四川省地图，以及水污染成因示意图，把泥石流、西川岷江电解锰厂及其渣场挡坝、武都水库之间的逻辑关系交代得一清二楚。

图 6—19 新华社《四川绵阳水污染原因初步查明；系上游电解锰矿渣污染》

【背景资料】 四川绵阳水污染原因初步查明：系上游电解锰矿渣污染

新华社四川绵阳 7 月 27 日电（记者党文伯 杨迪 葛晨） 四川绵阳市城区饮用水污染原因已初步查明，系上游阿坝州松潘县一电解锰厂矿渣因暴雨泥石流被冲入涪江造成。

7 月 26 日，四川绵阳市发布公告，涪江绵阳、江油段水质受到污染，呼吁广大市民近期生活饮用尽量使用瓶装水、桶装水等成品水。

绵阳市环保局 26 日中午对涪江流域平武、江油、绵阳段企业进行排查，未发现企业排污异常。经绵阳市组织专家初步分析判断，此次水质异常原因为松潘小河乡的西川岷江电解锰厂尾矿随水体流至武都水库库区所致。近期涪江水量减少，尾矿积存于库区。

记者从四川省阿坝州松潘县了解到，7 月 21 日凌晨 2 时左右，松潘县小河乡境内突发强降雨，由于小河地区地处地震多发带，1976 年的大地震和 2008 年“5·12”地震造成山体不稳定，此次强降雨导致小河乡龙达沟等沟谷多处发生泥石流灾害。

初步统计，此次灾害造成小河乡丰岩村等 90 户群众共计 100 余亩土地及农作物不同程度受损，两户农户的五间房屋被冲毁，冲毁平松路堡坎 12.5 米，山洪泥石流造成电解锰厂渣场挡坝部分损毁，泥石流卷走部分矿渣。

目前，松潘县已安全转移 68 户 272 名群众，渣场挡坝上方的积水已经控制住，渣场挡坝正在恢复中。经 7 月 26 日检测，泥石流发生处河流出水断面水质除锰含量略超标外，其余指标均正常。

（资料来源：《四川绵阳水污染原因初步查明：系上游由解锰矿渣污染》，见新华网，2011-07-27。）

地图不仅影响信息传播的准确性，还因其包含了领土主权、国界线等政治要素，关系到国际关系。所用地图如有边界错误，可能引发不必要的外事纠纷。因此，根据《中华人民共和国测绘法》，凡是公开发表的地图，包括示意图、广告中的地图，都要由国家测绘部门审查。……凡是涉及国界线的地图，不论是详图还是示意图，都要依照国家正式批准的专业地图出版社出版的最新标准图，不得依照外国的地图。①根据现行的《中华人民共和国地图编制出版管理条例》第九条关于编制地图的要求，首先，要选用最新地图资料作为编制的基础，并及时补充或者更改现势变化的内容；其次，正确反映各要素的地理位置、形态、名称及相互关系；再次，具备符合地图使用目的的有关数据和专业内容；最后，地图比例尺符合国家规定。

图表编辑通过在地图上添加点、线、色块等来展示信息和数据，最大限度地发挥地图简洁直观的特点。与传统地图的不同之处在于，信息图表中的地图经过对传播内容的选择和优化，地图上所呈现的区域、符号、标签等都是为传播特定信息服务的。图表编辑常用的是分段设色地图，即在某一地理区域图上，根据统计数据对不同的区域填充颜色，以不同的色相或明度来区分数据的差异，一般情况下，色彩越深说明数值越大或比例越高。互联网和制图软件的发展推动了互动图表、互动地图的出现，即在原有地图的基础上嵌入时间线、关系图、实景照片等信息素材。这样不仅扩充了地理空间，也为受众展示事件发展的全貌及历时变化过程，从而大大提升了信息图表的表现力和传播效能。

二、信息图表中地图的常见问题

地图在信息图表中特别是事件性新闻图表中担任着重要角色，但是，制图编辑由于对地图使用规范把握不准、地图知识的匮乏和可能的技术性差错，难免在制图上出现一些问题，问题主要集中在如下几个方面。

（一）标记符号不规范

地图上的标记符号主要指表示道路、河流、边界以及具体方位等的符号或图形。2007年4月29日《新京报》刊发了《胡星归案 涉嫌四千余万》的报道，为了使读者对胡星从1月19日凌晨从昆明出逃，到2月18日于新加坡归案的整个过程能有清晰的了解，报道配置了“出逃路线图”（见图6—20）。然而该图出现了一些差错：在中国境内标明了五个地名，即云南、广西、广州、上海和中国香港，云南和广西作为省、自治区级别的名称，在地图上不该以点或小圆圈来表示，应该改为“昆明”和“南宁”；英国首都伦敦的位置也不准确，仅写在海洋上，在陆地上没有具体地点的标示。②

（二）边界位置不准确

边界线分为国界线、省界线等，类型不同，线的形式也不相同。其中，国界是国与国的分界线，是神圣的界线，是不可逾越的。比如，已定国界一般用“点画线”表示，未定国界则一般用“虚线”表示。军事分界线不是正式的国界，其实连国界也算不上，是战争双方签订停火协议所规定的界线，一般用“加号线”表示。2010年7月底，因连日暴雨，吉林市永吉县经济开发区的新亚强生物化工有限公司和吉林众鑫集团库房被冲毁，几千个化学原辅料桶被冲入温德河，经流淌进入松花江。7月30日《北京青年报》刊发了《松花江化工原料桶已打捞1 500只》的报道，并配置一幅标明事发地、流经地的地图。该图中涉及了中俄的界湖——兴凯

①参见陈力丹：《给出新闻事实发生的方位——兼评〈解放日报〉的时事地图》，载《新闻记者》，2002(7)。

②参见陈力丹：《报纸时事地图的绘制和刊登是严肃的事情》，载《新闻与写作》，2007(7)。

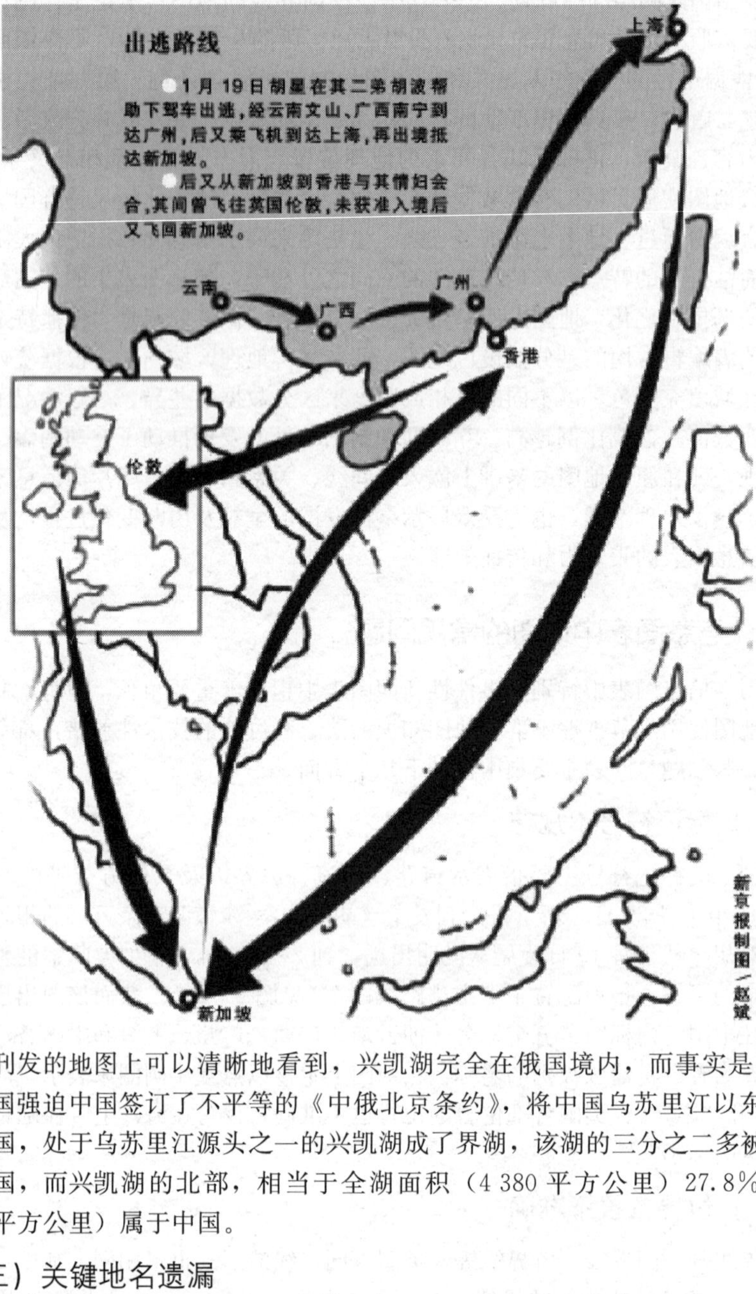

图 6—20 《新京报》配置的“出逃路线图”

湖。从刊发的地图上可以清晰地看到，兴凯湖完全在俄国境内，而事实是 1860 年沙皇俄国强迫中国签订了不平等的《中俄北京条约》，将中国乌苏里江以东地区割让给俄国，处于乌苏里江源头之一的兴凯湖成了界湖，该湖的三分之二多被割让给沙皇俄国，而兴凯湖的北部，相当于全湖面积（4 380 平方公里）27.8%的湖面（1 220 平方公里）属于中国。

（三）关键地名遗漏

在涉及具体方位的地图中，地点名称是不可或缺的要素，关系到信息的完整性、准确性。2007 年 5 月 7 日，《新京报》刊发了一篇《印度拟重修中印缅战略通道》的国际新闻。该文中提到“印度高官日前表示，印度已经开始着手重修一条连接中国东南和印度东北的公路——史迪威公路，希望能借中国的发展势头，推动印度经济落后地区发展。”“这条公路全长 1 726 公里。起于印度东北部的阿萨姆邦，穿越缅甸，终点为中国昆明。”“在中国境内，上月 26 日，史迪威公路的北段——腾密公路（从云南腾冲县至缅甸北部重镇密支那）——已经建成通车。”从这些信息中读者可以得出的结论是：这条战略通道起点是印度东北部的阿萨姆邦，途经缅甸北部密支那，终点是中国云南的昆明。该报道附加的地图如图 6—21 所示。而实际情况是，印度的阿萨姆邦在纬度上看应该在缅甸密支那的西北方向，不可能在一个水平线上，另外，地图仅标明了昆明，缺少了印度和缅甸的两个关键地点。

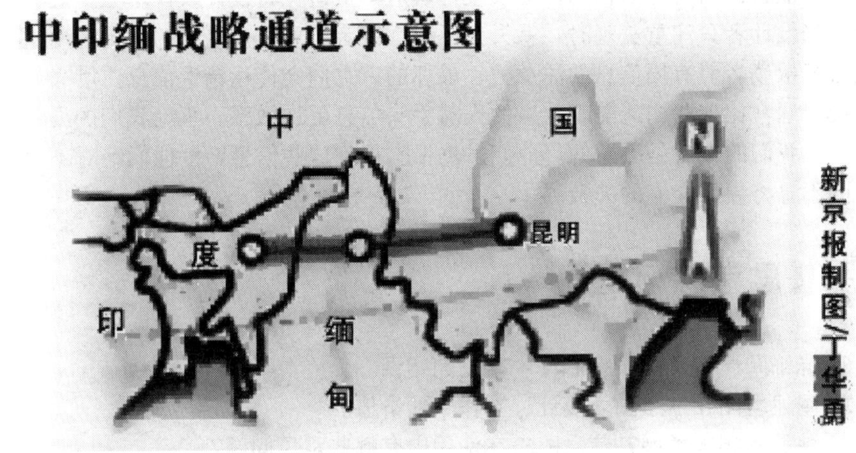

图 6—21 《新京报》《中印缅战略通道示意图》

（四）版图展示不完整

在绘制地图时，版图不完整是政治性错误。个别编辑图省事，有时会从互联网上下载信息和地图。而国外网站上的中国地图往往没有中国台湾，有时也没有南海诸岛。如果我们不加以辨别、思考就复制粘贴，势必造成恶劣影响。而对于国际新闻的地图，则要时刻关注所涉及国家、地区的政治变动，特别是有无新独立的、重新勘定边界的国家和地区。绝不能因为制图上的疏忽带来政治纠纷。20 世纪 90 年代末，国内某大报在报道中非文化交流时刊登了一幅非洲地图（见图 6—22）。埃塞俄比亚东北沿海的厄利特里亚地区在当时就已经成为独立国家，这使得埃塞俄比亚变成了内陆国，但是在该报所刊登的地图上依然显示原来埃塞俄比亚的边界，对已经是独立国家的厄利特里亚没有做任何的标注。另外，在埃及版图上标注的是全埃及的面积和人口，但地图上却没有显示埃及的亚洲版图。①

图 6—22 国内某大报刊发的非洲地图

①参见陈力丹：《刊播地图与传媒人的国家版图意识》，载《对外传播》，2011（2）。

美国耶鲁大学的爱德华·塔夫教授在其著作《定量信息和想象信息的视觉展现》中强调，有用信息和令人赏心悦目的图表设计应该恰当结合。他认为一份高质量的信息图表必须具备以下性质：重要的交流信息；以清晰、准确、有效的方法传递信息；从来不要小视读者的智商；总是告诉读者事实。充满装饰的图表仅是取悦读者而不能告诉读者什么信息。图表设计者应尽量避免将设计仅仅基于美观标准的诱惑。当设计者只注重美观时，就失去了教育读者的意义。最好的情况是用这些暗机关去分散读者对有用信息的注意力；最坏的，它们会传达错误信息。塔夫说，图表的读者通常比那些构造美观效果的人对手头信息更加敏感。不论我们的设计理念是什么，我们的读者是敏感的。他们虽然很想得到这些信息，但他们绝对不傻。对读者的不忠将导致交流的失败。①

【思考练习题】

1. 详细阐述信息图表在制作中常见的错误。
2. 阐述地图在信息图表设计、制作中的价值。
3. 地图有哪些类型？信息图表在使用中有哪些常见问题？

①参见［美］保罗·M·莱斯特：《视觉传播：形象载动信息》，219～220页。

第7章　互联网信息图表

第1节　网络长图表

知识点：

● 网络长图表篇幅长、制作周期长，表现形式丰富多彩，题材涵盖时政、科普、民生、娱乐等领域。

● 网络长图表的传播优势表现在专题性强，分析事物透彻，具有较强的参与感和体验感等方面。

一、网络长图表的特点

长图表，从字面上理解是篇幅“长”于传统图表（指刊发于报纸、杂志上）的信息图表。它除了具有传统图表在信息传达上的直观、形象、简洁等优势外，还具备了信息量大的特点，同时也正是由于信息量大、篇幅长，因而契合了网络传播的特性，使其更适合在网络上刊发。目前，我国的几家门户网站，如新浪、搜狐、网易、腾讯以及新华网，都有发布网络长图表的平台。

门户网站使用长图表大致始于2011年。搜狐《数字之道》首开先河，腾讯《新闻百科》、新浪《图解天下》和网易的《易读》随后问世。它们属于门户网站的新闻产品。这些网络长图表都是前期搜集整理了大量信息、多组数据，再经过加工整理之后，才能制作成一个大专题。

（一）篇幅长、制作周期长

网络长图表在版式上都是竖长型，符合网页浏览习惯。“长图表”的内容庞杂，需要精心梳理，且其题材多以知识型为主，时效性较弱，因而制作周期长，栏目上线之初一般一周发布一期。目前，随着技术成熟，以及人员的增加、生产流程的不断完善，一天能够发布一两幅。相比之下，传统图表强调“短平快”，讲究直观、简洁、精准，它们通常根据文字报道制作，耗时1～2个小时。如遇突发事件，则需要迅速调动手边的各种可用元素，熟练的图表编辑可以在得知消息后半小时内完成一幅长图表的制作。

（二）表现形式丰富多彩

1. 综合性静态图表

之所以称其“综合性、静态”，是因为这是长图表的两个最显著的特征：在主题上包罗万象，在表现形式上静而不动。目前大多数网络图表皆可归于此类。

“Mooc”是发端于美国的前沿教育模式，近年来在全球备受追捧。但“Mooc”究竟是什么呢？开设哪些课程？课程特征是什么？它与传统在线公开课有什么区别？常见的“Mooc”网站有哪些？如何上“Mooc”？通过“Mooc”获取的证书有什么用？如果以传统信息图表来呈现这一系列问题，恐怕在设计制作的思维上要择其重点，精简许多信息和数据。但如果采用网络长图表，则基本上可以保留完整的信息。尽管图表不能“动”，但可以“多”取胜，受众随着鼠标的上下移动，就可以浏览与“Mooc”相关的几乎所有知识信息（见图 7—1）。

图 7—1　新华网数据新闻《关于 MOOC 的二三事》

2. 交互性动态图表

顾名思义，交互性动态图表就是需要受众的网络操作配合动作，运用鼠标点击、滑动、拖拽，甚至是在相应处录入一定的信息。详细内容见本章第 2 节《互动式信息图表》。

（三）题材涵盖时政、科普、民生、娱乐等领域

网络长图表借助互联网的信息传播特性，打破了时空的局限，内容题材丰富多样。时政新闻类图表以综合性总结和历史性回顾为主，内容经过精心策划和筛选；科普知识性图表则类目清晰、面面俱到、细致入微；民生娱乐类图表视角新颖、时尚健康、生动幽默。近日一些门户网站的长图表如《总理说让“提网速”、“降网费”!》（见图 7—2）、《铁案还是冤案？聂树斌案听证会大 PK》（见图 7—3）、《存款准备金率下调知多少》（见图 7—4）等均体现出上述特点。

二、四大门户网站及新华网长图表的特色

（一）搜狐《数字之道》（见图 7—5）

搜狐在四大门户网站中最早试水长图表。其构图有创意，色调平稳，色彩清新，视觉风格统一。而且其三维仿真图和动态图表很有创意，发稿很快，目前已经出品 364 期。它的内容多涉及当前的新闻人物，社会上的热点焦点，有趣味、知识性强的话题。如《为何都抢着给尼泊尔“送钱”?》（见图 7—6）、《起底中美各行薪资水平》（见图 7—7）、《横行中国的奇怪建筑》（见图 7—8）等。

《高速公路十年“大跃进”》是一幅互动的横长图表，受众只需点击黄色出租车按钮，出租车就会沿着公路向屏幕右方行驶，按照高速公路发展的时间顺序展示 12 幅横向延长的图表（见图 7—9）。

（二）新浪《图解天下》（见图 7—10）

新浪《图解天下》上线于 2012 年 6 月。从出版周期看，新浪《图解天下》短则两三天、长则一周发表一

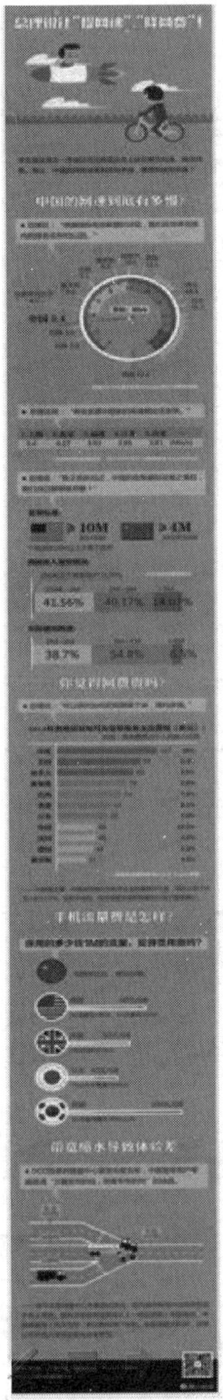

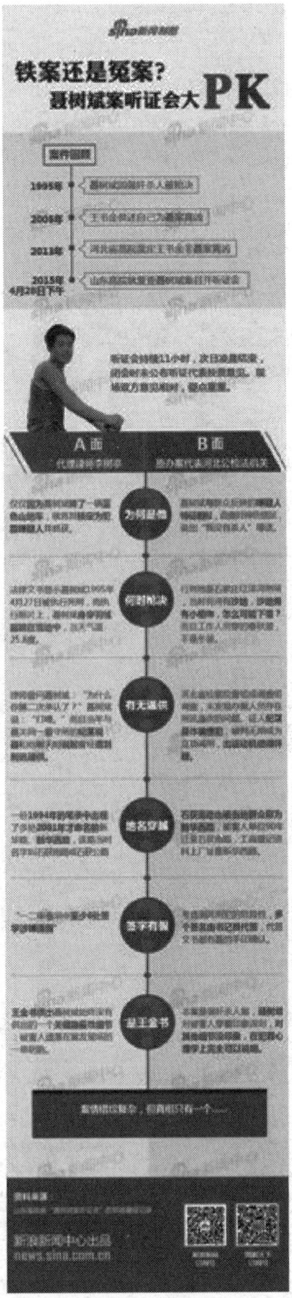

图 7—2 腾讯《总理说让“提网速”、“降网费”!》

图 7—3 新浪《铁案还是冤案？聂树斌案听证会大 PK》

图 7—4 新华社《存款准备金率下调知多少》

图 7—5 搜狐《数字之道》版头截图

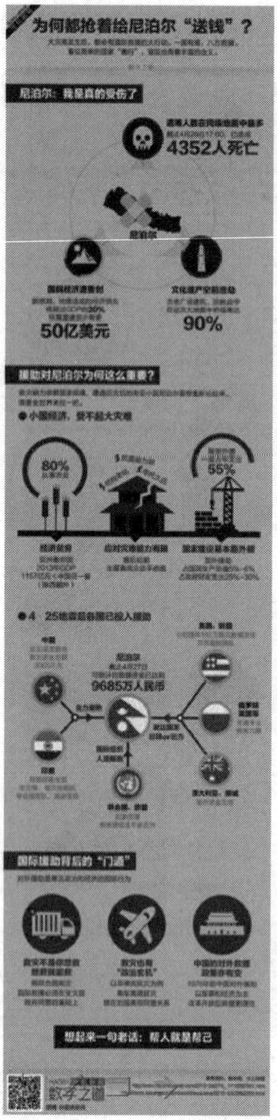

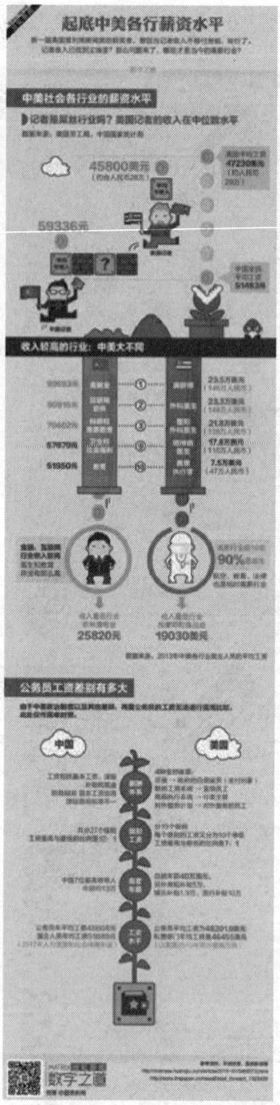

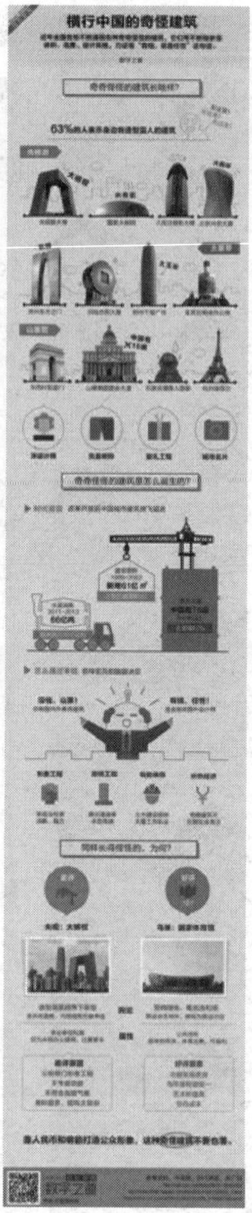

图 7—6　搜狐《为何都抢着给尼泊尔"送钱"?》

图 7—7　搜狐《起底中美各行薪资水平》

图 7—8　搜狐《横行中国的奇怪建筑》

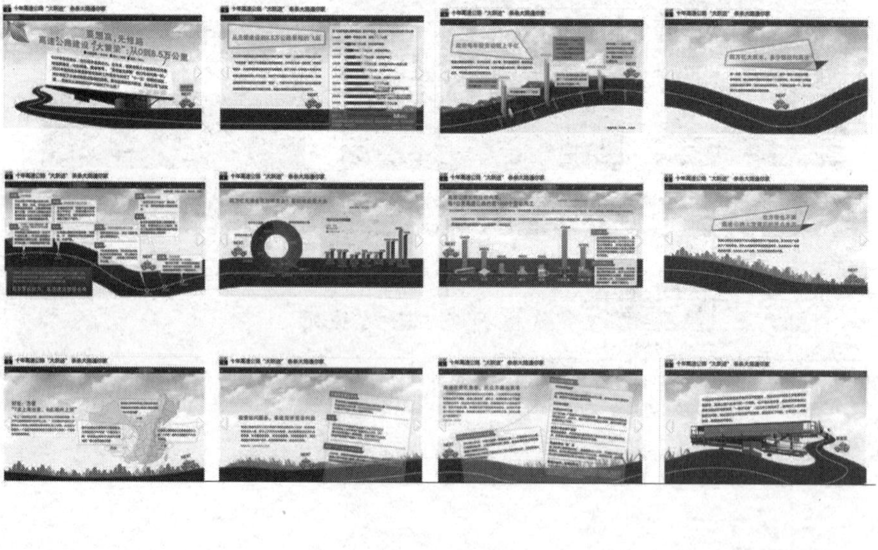

图 7—9　搜狐《高速公路十年"大跃进"》

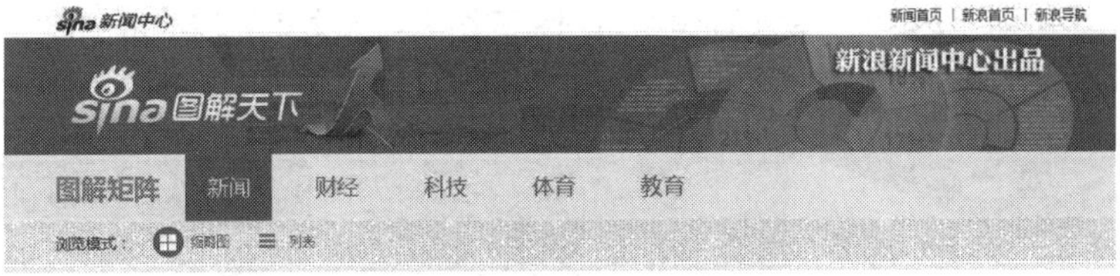

图 7—10　新浪《图解天下》版头截图

幅图表，图表标题比较口语化，诙谐幽默。其选题中新闻人物较多，擅长分析人物之间的关系，同时也关注民生话题、国际时事等。如《数说・2014》（见图 7—11)、《世界各国“高考”制度》（见图 7—12)、《你们摊上延迟退休了》（见图 7—13）等。

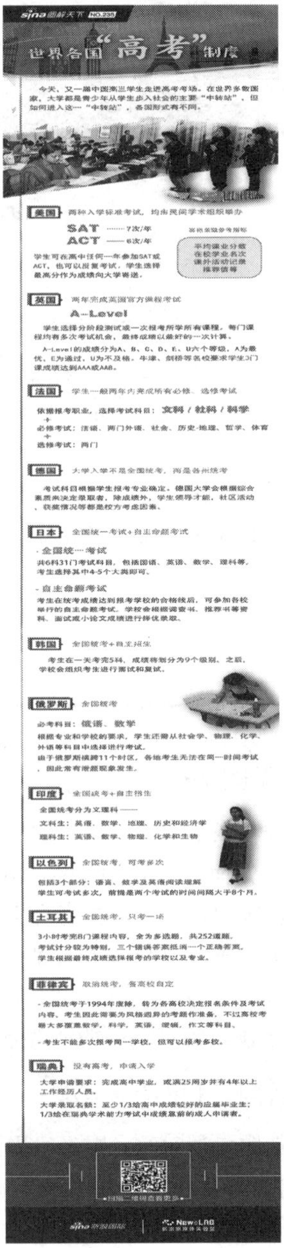

图 7—11　新浪《数说・2014》

图 7—12　新浪《世界各国“高考”制度》

图 7—13　新浪《你们摊上延迟退休了》

有时新浪也围绕重大突发事件组织策划系列图表，如金正男被毒杀事件（见图 7—14）等。

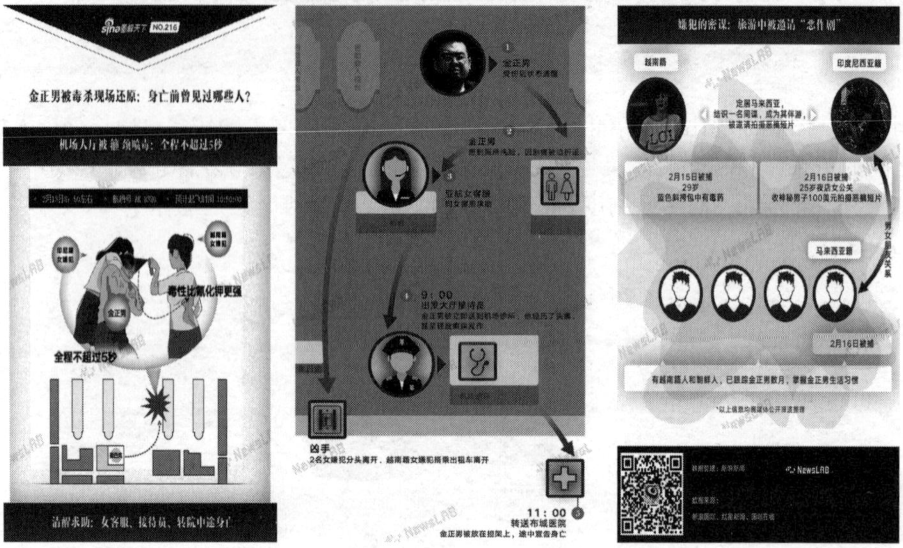

图 7—14 新浪《金正男被毒杀现场还原》

（三）腾讯《新闻百科》（见图 7—15）

腾讯《新闻百科》选题广泛，涉及时政、社会、娱乐、生活等。从版式上看，《新闻百科》的图表更“长”，色彩也较为艳丽，图形元素使用较多。如《中央与地方税收如何分成》（见图 7—16）、《海外企业是怎么行贿的?》（见图 7—17）、《美国的警民关系》（见图 7—18）。个别图表有一定的动画效果，如《争议李光耀》就是当鼠标拖动滑块下拉网页时，相关图表信息才出现。

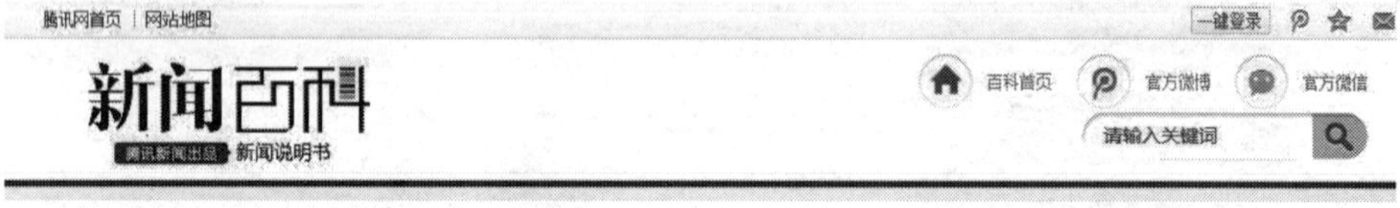

图 7—15 腾讯《新闻百科》版头截图

（四）网易《数读》（见图 7—19）

网易《数读》发布的图表在四个门户网站中数量最少，但选题较分明，主要集中在民生、社会、环境及时政方面，时效性不强。图表类型多样化，设计简约大方，信息量虽少，但主题比较集中，图表下方配有文稿，色彩清新淡雅，图形处理简单化，因篇幅较小，给人感觉不像网络“长图表”。如《恐怖袭击频发》（见图 7—20）、《列宁，你好；列宁，再见》（见图 7—21）、《女性就业歧视调查：学历越高越歧视》（见图 7—22）、《各国政治家们的职业背景》（见图 7—23）等。

（五）新华网《数据新闻》（见图 7—24）

新华网《数据新闻》的选题包括时政、财经、国际、社会、科普、感悟等，图表样式除了常规的静态长图表外，还有动态、交互式图表。如《全面依法治国》（见图 7—25）、《存款准备金率下调知多少》（见图 7—26）、《如何变身行李打包小能手》（见图 7—27）。

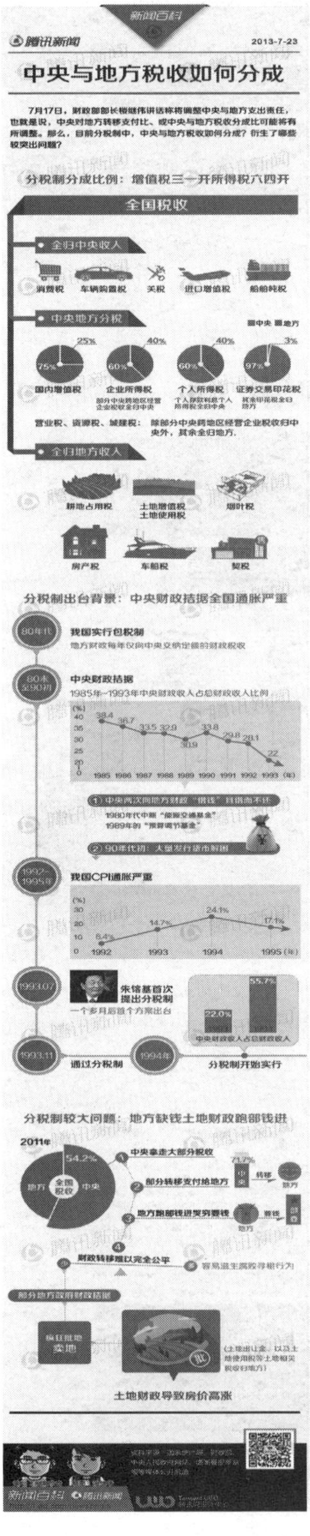

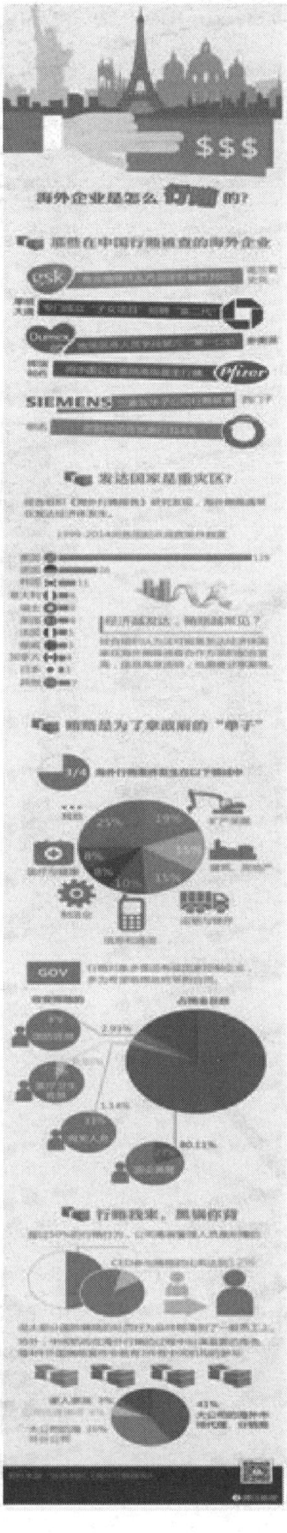

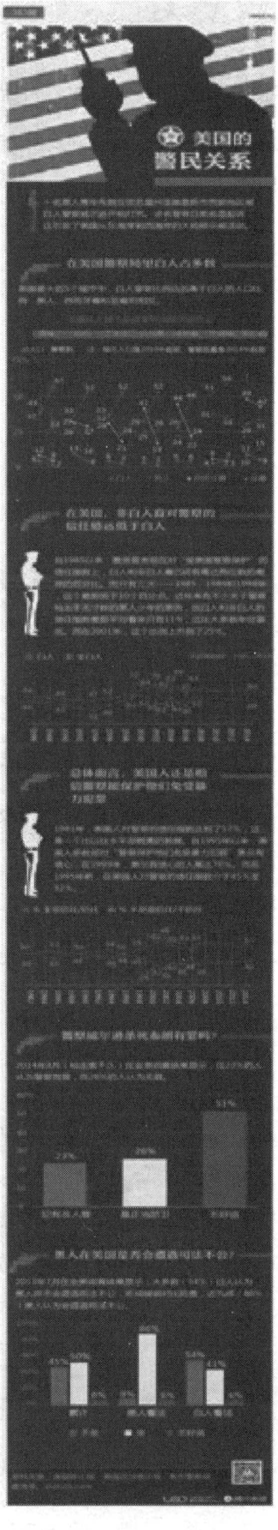

图 7—16　腾讯《中央与地方税收如何分成》

图 7—17　腾讯《海外企业是怎么行贿的?》

图 7—18　腾讯《美国的警民关系》

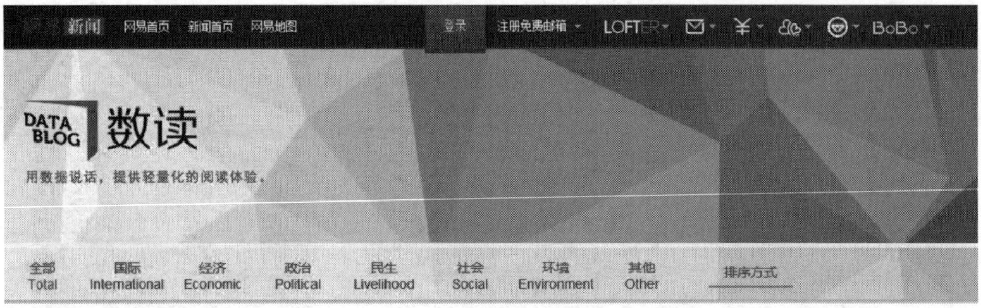

图 7—19　网易《数读》版头截图

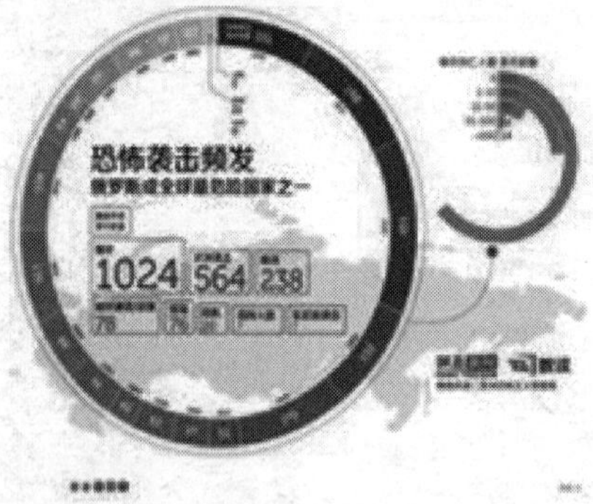

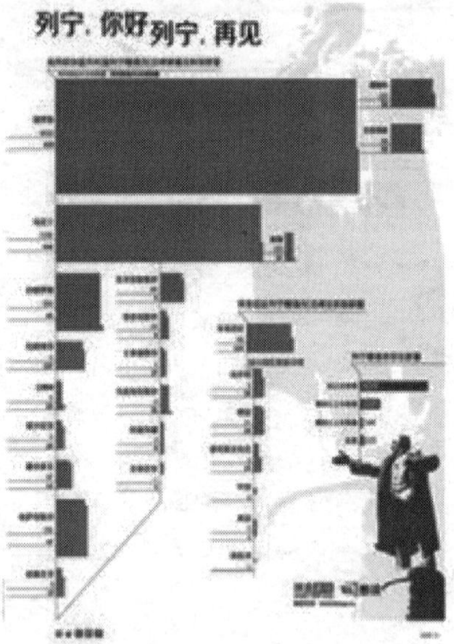

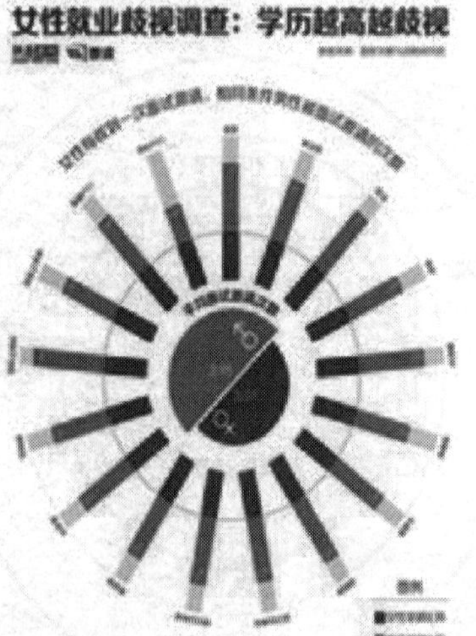

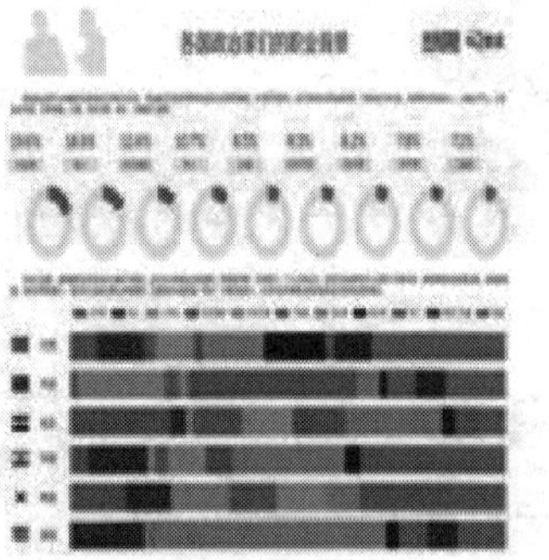

图 7—20　网易《恐怖袭击频发》
图 7—21　网易《列宁，你好；列宁，再见》
图 7—22　网易《女性就业歧视调查：学历越高越歧视》
图 7—23　网易《各国政治家们的职业背景》

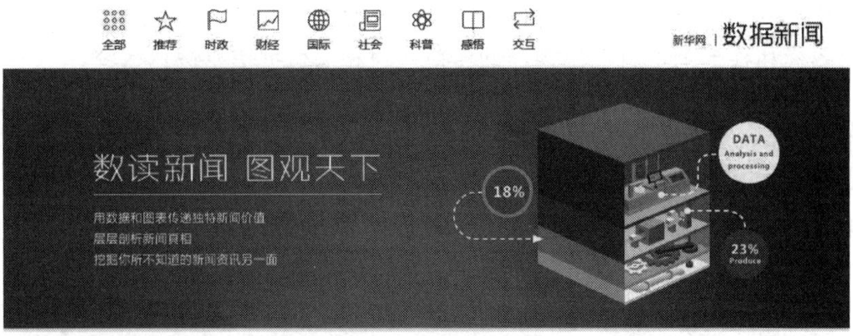

图 7—24 新华网《数据新闻》版头截图

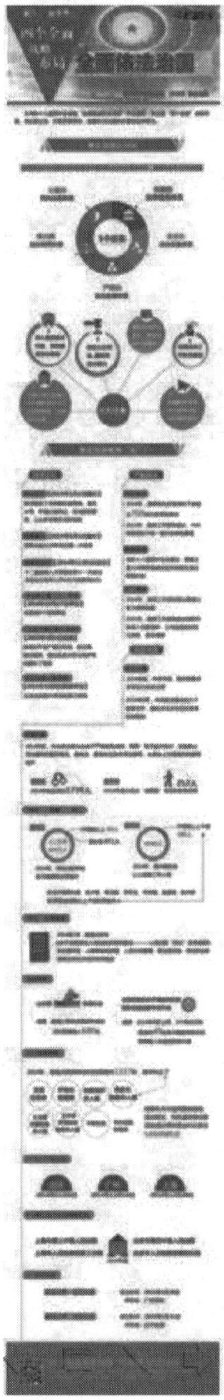

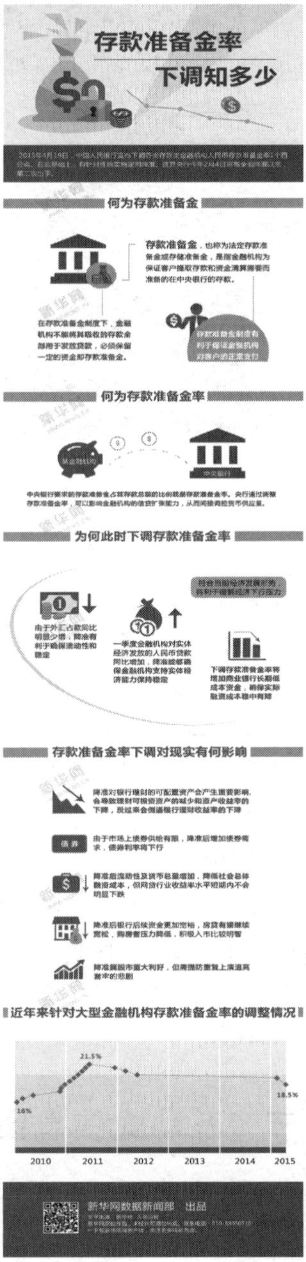

图 7—25 新华网《全面依法治国》
图 7—26 新华网《存款准备金率下调知多少》
图 7—27 新华网《如何变身行李打包小能手》

受众阅读 2014 年《交互数据：解读政府工作报告》图表时，只需把鼠标滑动至圆形图标和柱形上，就会出现浮动窗口，对相关数据信息进行解释。

《2015 年政府工作报告与我》是互动性设计，填写封面要求的信息（见图 7—28）并提交之后，即可进入信息图表页面（见图 7—29，文前彩色插页）。该图表上部呈现的是受众填写的年收入、年花费与全国人均收入的比较，以及依据 2014 年的物价水平用这些收入可以买到的东西；然后，图表从“我们的生活、我们的国家、我们的环境”三个角度对政府工作报告进行了详细解读。

图 7—28 新华网《2015 年政府工作报告与我》互动性设计截面

三、网络长图表的优势

（一）专题性很强，分析事物透彻

借助网络空间的优势，图片编辑可以有条不紊地安排各层级的信息，使得长图表表现出信息量大、数据密集的特点。设计制作长图表犹如做网络专题报道，可以通过梳理时间线、空间线、反应线、互动线和资料线，合理体现信息、数据之间的关系与层次，从多个层面、多个视野上展开立体化的报道，满足人们对于一个事件或主题在广度与深度上的信息需求。

（二）数字化带来参与感和体验感

网络长图表主要刊发在互联网、移动终端上，数字化的传播模式使其以更多的形式吸引受众。从视觉效果和阅读体验看，长图表比单幅传统图表更具连贯性，用户只需滚动鼠标或者滑动移动端的触摸屏便可浏览整幅图表，这种阅读时自上而下的流畅感是传统信息图表所不具备的。

第 2 节　互动式信息图表

知识点：

● 互动式图表的精髓在于“互动”、“对话”。它弥补了传统信息图表传播符号较少、缺乏传受互动的缺陷。

● 根据受众的参与情况和图表设计制作的复杂程度，互动式图表有Flash动画型、信息查询型、问卷调查型和综合集纳型几类。

● 互动式信息图表具有明显的时间线、地理方位、逻辑关系、视觉效果等特征。

一、互动式信息图表的产生及发展历程

互动是一个社会学概念，指各种因素之间的相互影响、相互促进、互为因果的作用和关系。托夫勒在《第三次浪潮》中预言，20世纪90年代之后，社会将进入体验经济时代，会更多地强调受众的参与性和体验过程。在信息社会的大背景下，互动也成为信息图表设计的一个发展方向。

信息图表是一种可视化的传达方式。传统的信息图表是以平面和静止状态呈现的，随着传播方式多媒体化趋势的增强，它逐渐显露出一些难以逾越的障碍。首先，传统信息图表传播符号较少，缺乏趣味性。以纸媒为主要载体的传统信息图表是由文字、数字、图形、色彩或照片组合而成的，是不折不扣的静态图表。即使设计得再有创意，与多媒体的表达方式相比较，它也难以摆脱因表现手法陈旧而显示出的枯燥和平淡的劣势。而动态信息图表则不然，由于加入了音频、视频及动画等元素，增强了画面的动感和生机，它更利于吸引注意力。其次，传统图表信息缺乏传受互动，影响传播效果的提升。我们常说的传播效果，实质上就是传播者通过传递视听信息而对受众产生的影响，使受众在态度、认知或行为上发生变化。积极吸引、动员受众参与传播活动，在传播过程融入交互环节，才能更易于实现引导舆论的目的，取得预期效果。

当然，随着传播技术的发展，传统媒体在内容制作和传播渠道等方面也日益注重对网络特性和优势的运用，互动式信息图表（active infographics）就是在这样的背景下应运而生的。它是发布在网络上，综合了文字、图像、音频、视频等符号，以动态为表现特征，具备了与受众及时互动、双向交流等功能的信息图表。这种传播方式的诞生是新闻行业在媒介融合大趋势下的一种主动而积极的应对。

互动式图表的使用可以追溯到2001年。当时美国的一家网站MSNBC就用Flash报道了“9·11”恐怖袭击事件。该网站用三个图表分别介绍了撞击世贸大厦的飞机的路线、世贸大厦内的情况与坍塌过程、世贸大厦第二次被袭击的情况。该图表运用了互动手法，受众可以连续收看五角大楼遭袭的所有片段，也可以选择其中的某一个片段，或反复收看其中的某一个片段。①

2004年10月，时任新华社图表编辑室副主任的朱剑敏走访了韩国联合通讯社，发现该社自2002年起，为了增加图表新闻参与网络传播的竞争力，充分依据视觉传播原理，引入网络动画、音视频拍摄及剪辑技术，研发了集文字、图片、图表、音频、视频、动画等于一体的网络互动式图表新闻（active news）。该类图表的推出使韩国联合通讯社图表组在韩国国内名声大振。②

互动式图表的精髓在于“互动”、“对话”。帮助、引导受众通过自己的操作完成传播活动，不同的受众可以获得不同的信息。互动式图表同样有助于传播者随着事件的发展及时更新和添加内容。由于匹配了各种多媒体的信息资源，互动式图表的信息容量往往很大，但是其阅读的操作过程却很简单，只需鼠标点击或拖拽便能

①参见彭兰：《网络新闻学原理与应用》，288～289页，北京，新华出版社，2003。

②参见朱剑敏：《国内外图表新闻现状与新华社图表新闻发展构想》，见《传媒发展与未来规划》，128页，北京，新华出版社，2007。

获得所需信息。

二、互动式信息图表的类型

互联网、手机等新媒体的互动功能让传统媒体望尘莫及，借鉴和更好地发挥这种双向的传播模式的优势，增强新闻传播的吸引力和效能，不仅被通讯社、报业集团所瞩目，也被一些门户网站所青睐。互动式图表具备了传统信息图表的构成要素，根据受众的参与情况和图表设计制作的复杂程度，大致可以将其归纳为四种类型。

（一）Flash 动画型

Flash 动画型指的是借助于 Flash 动画技术制作的信息图表，在图表的展示过程中仅需受众用鼠标点击某个图标，不同图片或图表就会接二连三地展示相关信息。2011 年 3 月 11 日，日本发生里氏 9.0 级地震，地震引发大规模海啸，并导致福岛核电站发生核泄漏事故。搜狐网为此做了专题报道《日本 9.0 级地震引发系列灾害》。在该专题的上端就是一幅展示核电站机组运行的动态图表（见图 7—30），标题是《福岛核电站到底发生了什么?》。受众首先看到的是机组在正常状态下的示意图，如果点击右下角的按钮“事故分析”，示意图上的冷凝水泵、水处理器、应急供水系统、循环泵、供水泵等部分即刻出现阴影，同时弹出“标注式窗口 1”，内容为“核电站的紧急供电设备因地震无法工作，冷却水无法被传送到反应堆”。该动态图表就是以阴影和“标注式窗口”的方式分四步依次显示了事故发生的过程和原委。

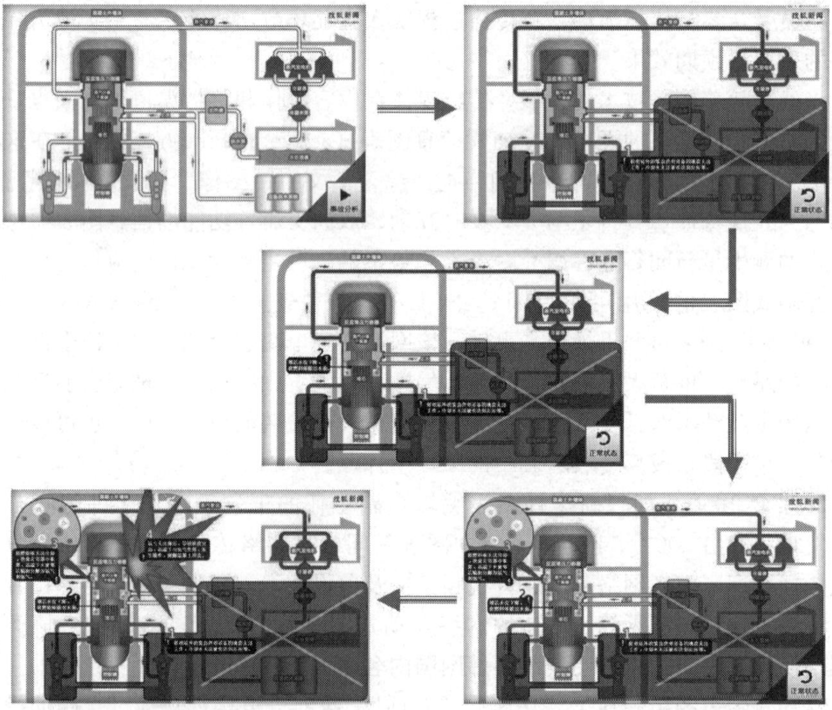

图 7—30 搜狐《福岛核电站到底发生了什么?》

（二）信息查询型

该类型图表主要是通过受众的点击、移动等操作来获取信息的，更多地体现出接受者主动搜寻信息的意识和行为。为此，尽量降低受众在查找时的心智成本，在制图中融入人性化设计成为关键环节。《华盛顿邮报》在其网站上推出了一款交互式新闻地图——“时空”(TimeSpace)。该地图不仅能够显示《华盛顿邮报》里最新的新闻，而且允许用户浏览来自全球各地的新闻、图片、视频、评论、博客等内容。移动地图下方时间条上的滑块，世界地图上则会出现一些灰色方框，这是在某一时间发生在某地并被《华盛顿邮报》报道的新闻，点击灰色方框，即可显示新闻内容，还可以直接进入《华盛顿邮报》网页。有时，“时空”地图上的新闻还整合了来自多家媒体的内容，覆盖范围广，内容丰富。

(三) 问卷调查型

该类型图表是以调查问卷的样式表现出来的。即时反馈信息是网络传播的突出优势之一，借鉴互联网的信息反馈功能，把调查结果即时反馈给受众，有助于提高受众的参与兴趣和动力。在2012年全国“两会”期间，中央电视台、中国国际广播电台以及一些地方媒体和腾讯网合作，推出了诸如《我有问题问总理》、《两会问卷调查》、《民生十问》等与网民互动的栏目。这些互动栏目无一例外地采用了问卷的形式，受众在提交答案后，即可查看统计结果。样式如同在第2章第1节呈现的搜狐网《延迟退休》图表。

(四) 综合集纳型

简单说来，该类图表是对信息的集纳与汇编，是网络媒体超链接技术和网状信息结构的应用，它主要是对近期重大事件或者热点新闻的归纳总结，是一种较完整的信息解读方式。对受众而言，“信息消费只是业余生活中的一部分，他们不可能全天候地跟踪世界的发展与变化，并且还能对这些变化做出合理的解释。这样一种跟踪与解读的工作应该是由媒体来完成的”①。2011年新浪网为“神舟八号”和“天宫一号”制作了特别报道《仰望我们的天空家园》，其中包括了《神舟八号发射全程3D模拟动画》、《透视神舟：中国人未来的太空房间》、《中国载人航天之路》、《生活在太空：聚焦国际空间站》等一系列互动图表。集合了文字、照片、视频、音频、动画等传播符号，对受众而言，这无疑是一场内容丰富的航天知识盛宴（见图7—31）。

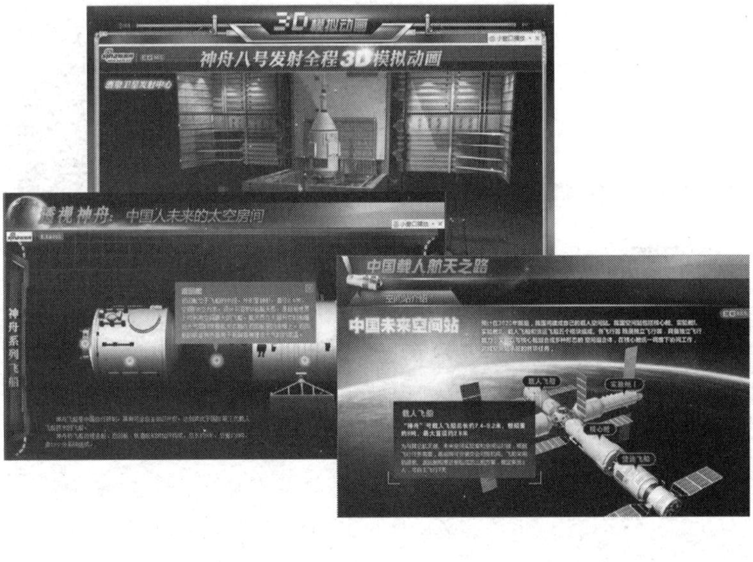

图7—31 新浪新闻专题《仰望我们的天空家园》

①彭兰：《中国网络新闻的六大发展》，载《杭州师范学院学报》(社会科学版)，2004 (5)。

三、互动式信息图表的应用特征

互动式信息图表（interactive graphic）在“图表”的大框架下，将各种多媒体的操作手段运用到设计、制作中。一般而言，互动式图表具有以下五个应用特征。

（一）具有明显的时间线索

事件性新闻往往是按照时间顺序发生发展且环环相扣的。此类互动式图表首先梳理事件发生过程中的关键环节，然后在每一个重要的时间点链接已经采集并加工好的素材（包括文字报道和相关的图片、视频、音频报道，以及现场效果图、Flash 模拟动画等），受众通过点击时间按钮，便能够了解此时发生的事情。2007 年 4 月 16 日的《今日美国》在其网站上采用互动式图表报道了弗吉尼亚理工大学枪击案（Tragedy at Virginia Tech）（见图 7—32，文前彩色插页）。标题下的导航条中的第二个就是“Timeline”。点击该按钮会出现一条 4 月 16 日上午 7 点到下午 5 点的时间线。时间线上标明了 11 个时间点，还有 3 个信封图标。点击这些时间点和信封图标，则会出现对该时间所发生事件的描述和学校发送给学生的 E-mail 的内容。

（二）具有很强的地理特点

在通常情况下，事件发生的地点和时间是如影相随的，但有时，地点的特性比时间还强。通过地点贯穿事件，同样可以使内容条理清晰。《纽约时报》在 2008 年中国汶川地震报道的图表中使用了互动地图（见图 7—33），点击北川、都江堰、绵竹、江油等地名处的图标，则可链接到反映当地灾情或救援情况的图片报道。打开《今日美国》的网络版天气报道，点击“Weather”图标旁边的小箭头，全美地图上的主要城市图标上就会依次显示最近 12 小时的天气情况。如果在右侧的搜索栏中输入城市名称，那么就会在该栏的下面显示最近 10 天的天气情况。与以时间为线索的图表不同的是，以地点为主线的图表更多使用地形图和三维模拟图。

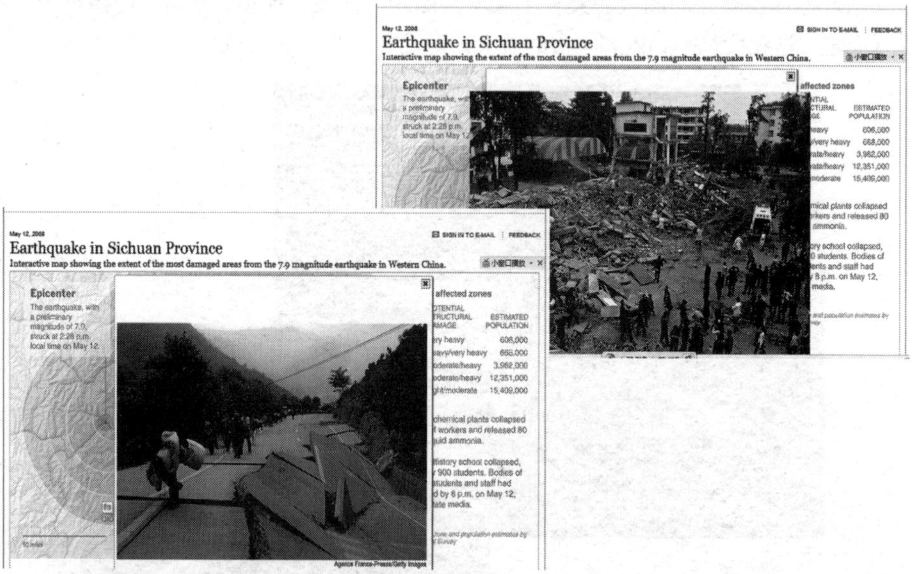

图 7—33 《纽约时报》网络新闻《四川地震》

(三) 具有一定的逻辑关系

这类图表大多关于当前某一社会问题或者热门话题的讨论、对某种社会现象的阐释等，体现信息的深度和广度及各类信息之间的逻辑性是其特色。2008 年 11 月 14 日，《纽约时报》针对总统大选的投票情况做了一个互动式图表。该图表的主体是一幅美国地图，地图上边有一条具有投票资格的县市人口数量的线段。左侧是代表各类人群的按钮，包括黑人、白人、中等阶层、低收入者、天主教徒、失业者、大学生等，点击按钮，并拖动线段上的滑块，会在各州的版图上出现深红、浅红、深蓝和浅蓝的变化（蓝色代表奥巴马的选票，红色代表麦凯恩的选票）。同时，右侧两位竞选人的选票百分比数字也会产生相应变化，右下方代表 3 141 个县市投票情况的柱状图也随之高低起伏。

(四) 注重视觉效果展示

纸媒在报道中很难突破版面容量的限制，无法大面积地使用图表，而网媒则有着足够的空间来拓展报道。新浪、搜狐、网易和腾讯针对 2011 年重大新闻事件（以《人民日报》评选结果为依据）共制作了 109 幅图表，其中 41.3%是以满屏面积展示的。[①] 这样的形式不仅保持了信息的完整性，方便受众专注地读图，而且满屏在构图、色彩上也利于整体设计。如在“神舟八号”和“天宫一号”对接报道中，新浪、网易和腾讯均以一个满屏来展现，深蓝色的宇宙背景给人浩瀚、神秘的遐想，“神舟八号”和“天宫一号”对接的动态三维仿真图让人有身临其境之感，通过点击相关按钮就可以模拟交会的过程，加上采用多种传播符号，在满足视觉、听觉需要的前提下，报道主题得以形象化地展示。

(五) 交互式结构体现认知规律

采用图形符号传播信息的目的就是减轻受众的收受成本；加入互动交流功能，则能够提升受众的接受兴趣，进一步增强传播的效能。综合考察我国四大门户网站在重大事件中所用的互动式图表后发现，人性化在设计中得到了充分体现，并且这些网站都非常尊重认知规律。具体而言，这些互动式图表首先是采用新闻地图或三维仿真图来还原事件发生的场景、展示事物的结构。等受众对事件有了清楚的了解后，再用时间线方式梳理事件发生前后的关键点，分析事件发生的原因。或者以时间线、关键地点、依据事物本身的逻辑性来集纳相关信息，为报道提供背景知识，以拓展报道的深度和广度。

四、互动式信息图表的设计

互动式图表要实现传达信息的目的有两个关键问题需要解决：一是把信息或者数据可视化为相关联的图形；二是在互动中，应使受众易于实现其带有认知目的的操作，从而在可视化的各个环节获得信息。因此，从交互设计的角度出发，互动式信息图表的设计框架主要包括两个部分（见图 7—34）。

①参见李欢：《新闻图表在重大新闻报道中的应用研究》，32 页，中国人民大学硕士学位论文，2012。

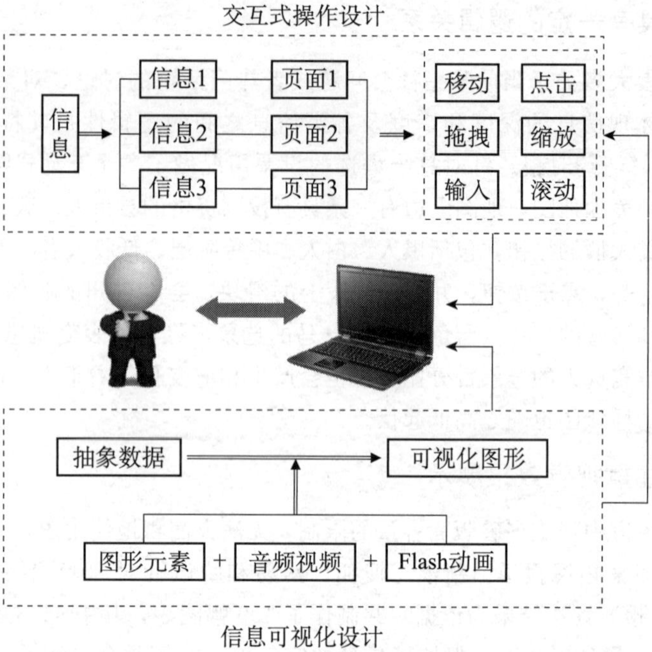

图 7—34　互动式信息图表设计框架图

(一) 信息可视化设计

信息可视化是对某事物建立心理模型或心理图像。它是人类的认知活动，它所涉及的不仅是视觉经验。除了图形外，声音和其他感知形式都可以用作数据描述。信息可视化的主要任务是帮助用户从数据中提取信息。[①]可视化结构是指能够被人的视觉有效处理的图形系统，它一般具有三个基本组成部分：图形空间、标记及其图形属性。[②]可视化设计就是设计者在一定的图形空间里，用标记及其图形属性对数据或信息进行编码。标记就是图形空间中的图形元素，包括点、线、面、箭头、标志、色彩等。设计者通过合理安排形状、大小、位置、排列、各元素之间的关系，以及对视频、音频和 Flash 动画的综合运用，把抽象的数据或信息进行可视化组构。

(二) 传受交互操作设计

互动式信息图表的设计目的就是帮助受众通过交互方式快速、有效地发现所需要的信息，或者探寻到隐藏在抽象信息中的特征、规律或趋势。通常情况下，受众在互动之前有着明确的目标，设计者需要考虑受众的行为和心理特征，依据所传播信息的内容、属性，以及任务流程来进行设计。第一步是把传播内容进行层次化分解，确定各层次展示的先后顺序和位置（串行或并行）。第二步是在此基础上进一步明确不同层级的内容与网页之间的跳转关系。第三步是把操作步骤具体化和人性化。设计者考虑采用移动、点击、拖拽、缩放、输入、滚动等方式来帮助受众进入交互流程，并获取信息。有效的互动一定不只是形式上的，受众在互动中不只是为了点击鼠标，让受众在最短的时间内耗费最少的精力弄明白如何互动并且获得实实在在的信息，是传受交互操作设计的原则。

总之，在互动式信息图表的设计框架中，简洁实用是首要原则，即受众能在互

① 参见［英］Robert Spence：《信息可视化：交互设计》，3 页，北京，机械工业出版社，2012。

② See Card S，Mackinlay J，Shneiderman B，*Readings in Information Visualization：Using Vision to Think*，San Francisco：Morgan Kaufmann，1999.

动中找到获得信息的路径。互动形式是为了更精巧和有趣地呈现内容，并且让受众因此在内容上停留更长的时间，对信息有更多的掌握。①

互动式信息图表相对于传统信息图表，乃至传统新闻报道而言，其意义就在于让受众以一种愉悦、有效的方式参与到信息的传递过程中来，帮助受众更好地理解抽象的概念或复杂的事物。互动只是一种方式，其存在的最大意义是被受众便捷地使用并让其有所收获。

【思考练习题】

1. 简述网络长图表的特点及其传播优势。

2. 互动式图表具有哪些类型？其应用特征表现在哪些方面？

3. 浏览四大门户网站的长图表和交互式图表，梳理其存在的问题，并提出应对策略。

①参见马忠君：《走进〈纽约时报〉互动新闻报道部》，载《新闻战线》，2011（11）。

附录 1 国内外优秀信息图表作品赏析

一、国内获得中国新闻奖的报纸版面（含信息图表）

下面部分点评摘自中国记协网（www.zgjx.cn）中中国新闻奖历届获奖作品介绍。

（一）第 22 届中国新闻奖获奖作品

《新京报》"日本海啸、地震、核泄漏"（见图附 1—1，文前彩色插页）

2011 年 3 月 11 日，日本大地震引发海啸以及核泄漏，《新京报》的编辑、记者亲赴日本采访。在掌握了第一手资料的基础上，将这 10 天里的大事件进行了全程记录，并于 3 月 20 日在 B2～3 版以信息图表的方式予以报道。信息丰富、构图巧妙、布局合理，全面回顾了大地震引发核泄漏的经过，给读者一目了然的阅读体验，帮助读者对整个事件有了全面清楚的认识。版面总体结构分两部分：核危机 10 日大事记和制图区。相较以往的大事记，此次的 10 日记显得有趣而吸引人。选择事件有两个标准，除挑选事件关键性节点外，还挑选了影响社会和公众情绪的事件，并且以提炼关键词的形式将趣味性和重要性直接摆在读者面前。制图区辟出三个区域，分别图解海啸生成的原理、地震的发生，以及核危机的全过程。为了进一步丰富信息和烘托气氛，图表还专门讲述了各国的救援情况，以及国际的援助金额。

《经济日报》"自主创新年度报告"（见图附 1—2）

2011 年 11 月 25 日《经济日报》以《增创新优势 岭南再奋起》为大标题，整版刊发文章，报道广东省强化自主创新、加快转型升级，以制度创新推动创新能力的全面提升，推动经济社会发展走上创新驱动之路。版面设计除了四栏宽的题图外，利用由广东省科学技术厅提供的数据绘制了七幅图表，深入浅出地阐述了广东省在"十一五"期间如何借助科技投入，推进传统产业升级。该版面主题突出，版式设计新颖、特色鲜明、便于阅读，照片、文字与信息图表并用，编排整体协调，实现了新闻性、思想性与艺术性的高度统一。

（二）第 23 届中国新闻奖获奖作品

《河南日报》"龙·舟特刊"（见图附 1—3）

2012 年 6 月，我国在载人航天和深海潜水方面双双获得突破性成就。"神舟九号"飞船与"天宫一号"在太空成功对接，三名航天员开始多人多天太空实验；"蛟龙"号载人潜水器下潜至 7 020 米，创下世界同类型潜水器最大下潜深度纪录。《河南日报》在版面设计上大胆创新，由传统的横连版变为竖连版，这样的编排既可将"神舟"对接放在版面上半部分，又可将"蛟龙"入海放在下半部分，既符合常理，也便于阅读。在版面设计上，以 S 形轨道将上下半个版串联起来，并将版面切分成四个部分，灵动而不突兀。S 形轨道上半部分左侧是从"神舟一号"到"神舟八号"探空的历程回顾，右侧是"神舟九号"与"天宫一号"交会过程的

特别报道　5版
自主创新年度报告
增创新优势　岭南再奋起
自主创新"实"字当头

图附 1—2　2011 年 11 月 25 日《经济日报》5 版截图

"龙·舟"特刊 4~5版
太空驾神舟　九霄云外揽天宫
我国已具备建设空间站的基本能力
中国载人航天载人深潜
双双实现历史性突破
穿越海天的祝福
"蛟龙"探海实现中国深蓝梦想
世界各国载人深潜纪录
"蛟龙"深潜突破 7000 米
大海斩巨浪　五洋深处腾蛟龙

图附 1—3　2012 年 6 月 25 日《河南日报》"龙·舟"特刊截图

五幅三维仿真图，视觉质感逼真。下半部分是我国深潜器“蛟龙”号从 2009 年 8 月至 2012 年 6 月进行深潜实验的四个关键节点（1 000 米、3 000 米、5 000 米、7 000 米）。这四个节点既是时间轴，又是事件发展的渐进路径，版面底部的“蛟龙”号三维仿真图，在增加版面稳定性的基础上，也提升了信息的视觉效果。

（三）第 24 届中国新闻奖获奖作品

《新华日报》“回首五年有看头，展望五年有奔头”（见图附 1—4）

《新华日报》以图表的形式解析过去五年以及未来五年的经济发展形势，突破了以往墨守成规的版面设计，首次尝试运用整版的图表来表达抽象的数据，文字则成为配角，整版文字量不足 1 000 字，但字字珠玑、言简意赅。形象直观的图表加上简约精当的点评，充分解析了江苏省过去五年、未来五年的经济发展形势，生动解读了各领域的发展状况，让政府的“钱袋子”清澈透明，一目了然，有利于读者的理解阅读，也使整个版面更有吸引力。整个版面使用了红、黄、蓝三原色，经典的颜色搭配，讲究色彩的黄金搭配比例，色彩活跃但不杂乱，线条精细而不烦琐。突破往常的横报眉，用时间轴贯穿整个版面。图表以 2012 年为界，分为上下两个部分，精华部分主要是在上半部。每个小图标精确地表达了相关领域的特点，动感的人物瞬间点亮了静止的图形，搭配图形、文字，使整个版面灵动起来。

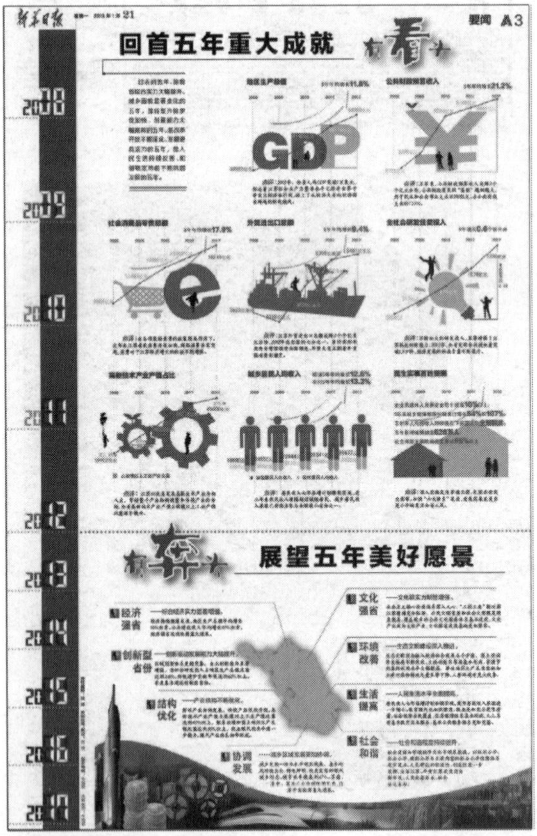

图附 1—4　2013 年 1 月 21 日《新华日报》A3 版截图

《新华每日电讯》“‘嫦娥三号’特别报道”（见图附 1—5，文前彩色插页）

《新华每日电讯》运用彩色通版的形式，对“嫦娥探月”进行了集中展示。该报通过开阔大气的版式设计和生动的版面语言，运用文字、图片、图表、二维码等多种版面元素，对这一重要事件进行集成报道。“‘嫦娥三号’特别报道”以一幅高品质图表为视觉中心，展示了“嫦娥三号”探月工程的路线、轨道、设备等相关信息。制图编辑以三维仿真图再现了发射及入轨、地月转移、近月制动、环月、动力下降、月面工作等重要环节；通过模拟图介绍了登月探测器引入的悬停、避障阶段的意义，展示了四件着陆器有效荷载仪器、三件巡视器有效荷载仪器的详情，丰富了图表的信息量。整幅图表以蓝色地球、悠远的太空和模拟的月球陆地为背景，塑造了科技报道的神秘氛围。图表左右分别安排了几组稿件，从“嫦娥三号”发射的现场记录，火箭、卫星等设备的技术参数分析，到世界各国探月史等几个方面，全方位展示了此次探月的重大意义，并通过链接二维码等形式，来扩展版面信息量。

《大众日报》头版（见图附 1—6）

大眾日報

正在国外访问的习近平就做好安全生产工作再次作出重要指示

发展决不能以牺牲生命为代价

国务院决定：6月初至9月底全国集中开展安全生产大检查

厦门BRT行驶中起火 48死33伤

习近平今天在美会晤奥巴马

中国国家领导人1979年来7次访美

卢展工率全国政协调研组来鲁调研

山东14.39万大学毕业生确定就业岗位

我省启动绿色农房建设示范工作

新股发行时点由发行人自主选择

莫言被“咬文嚼字”进入山东作文题

图附 1—6　2013 年 6 月 8 日《大众日报》头版截图

《大众日报》的这幅头版编辑思想明确、设计理念先进、版面语言丰富，其特点有三。第一，好编排让好新闻增值。该版面在主要位置有两组相互呼应的稿件，即“习近平总书记就安全生产作出重要指示”和“厦门公交事故”；“大学生就业”和“中学生高考”。版面对新闻的整合体现了编辑的思考，凸显了版面语言的表现力。第二，小模块让版式更活跃。索引、导读、饼状图、条形图等小模块形散神聚，跳跃在版面上，从而衍生出亮点、节奏和美感。第三，可视化让版面更加易读、悦读。三维仿真图再现事故现场，大幅竖图裁剪大胆，图解数据现代而美观，这些元素与传统的粗黑标题和文字模块对比碰撞，让版面更有层次，令人赏心悦目。

（四）参加第 25 届中国新闻奖定评的版面（含信息图表）

《京华时报》第 8～9 版（见图附 1—7，文前彩色插页）

版面紧紧围绕马航失联后开展搜救这一主题，对搜救的手段、方式、步骤进行全方位的图片解读，信息丰富，图像立体，使搜寻工作一目了然，具有直观、可读、耐读的特点。

《中国日报》第 18～19 版（见图附 1—8）

此版设计人员精心绘制了故宫全貌，每一个宫殿、每一个庭院都精心呈现，向读者展示了故宫的宏伟气象，生动演绎了宫殿背后的故事，取得了很好的传播效果。

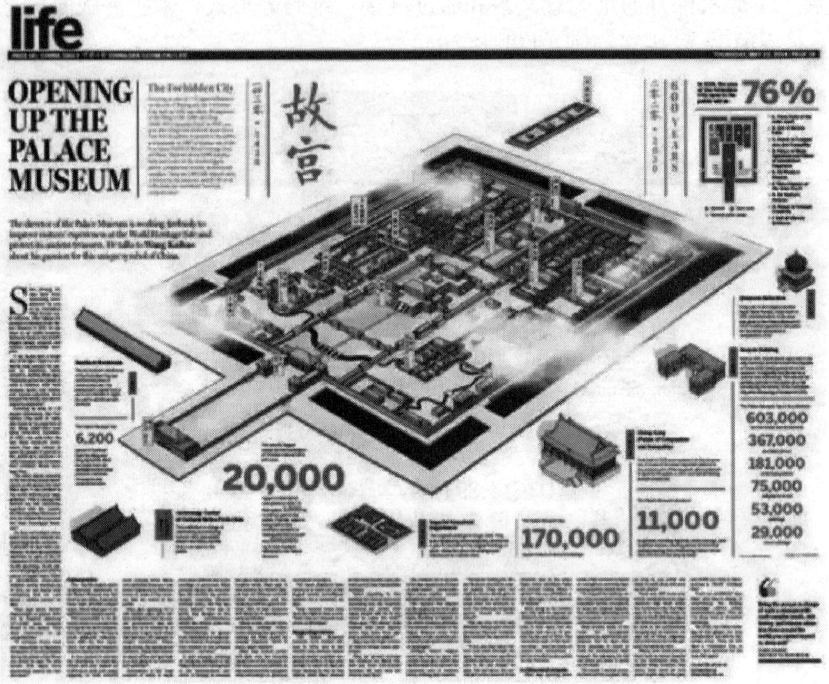
life

OPENING UP THE PALACE MUSEUM

The Forbidden City

故宫

76%

6,200

20,000

170,000

11,000

603,000

367,000

181,000

75,000

53,000

29,000

图附 1—8　2014 年 5 月 22 日《中国日报》关于故宫开放的报道

《南阳日报》"号外"（见图附 1—9）

作品主题重大，新闻性强，内容丰富，既突出展示了中央领导同志的重要批示，又生动展示了南水北调的壮观场景，以及工程建设、移民安置、水质保护、生态示范等内容，版式精美大气，体现出较强的创新意识和编排水平。

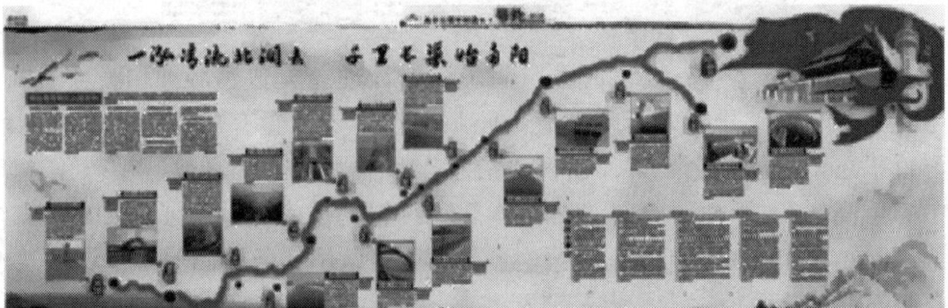

图附 1—9　2014 年 12 月 12 日《南阳日报》南水北调通水的"号外"

《解放日报》头版（见图附 1—10）

作品聚焦中国重大外交主场活动——亚信峰会，在内容配置、主次安排上思路清晰、简洁易懂，通栏大图“全家福”稳重大气，醒目突出，与主标题相得益彰，配合图表内容，表达形式更加丰富，凸显了大报风范。

解放日报
习近平在亚信峰会深入阐释亚洲安全观：共同、综合、合作、可持续
贫瘠的土地上长不成和平大树
连天的烽火中结不出发展硕果
亚洲安全观
共同
综合
合作
可持续
习近平主席精彩言论
习近平：盛会达成“上海共识”，发出共同声音
亚洲要迎来自己的世纪
习近平和普京共同见证合作协议签署
中俄签30年天然气合同

图附 1—10　2014 年 5 月 22 日《解放日报》关于亚信峰会的报道

二、在全球报纸设计（SND）大赛中获奖的中国信息图表作品

（一）在第 30 届 SND 大赛中获奖的中国信息图表作品（见图附 1—11、图附 1—12）

图附 1—11　《辽沈晚报》“奥运史记”版面

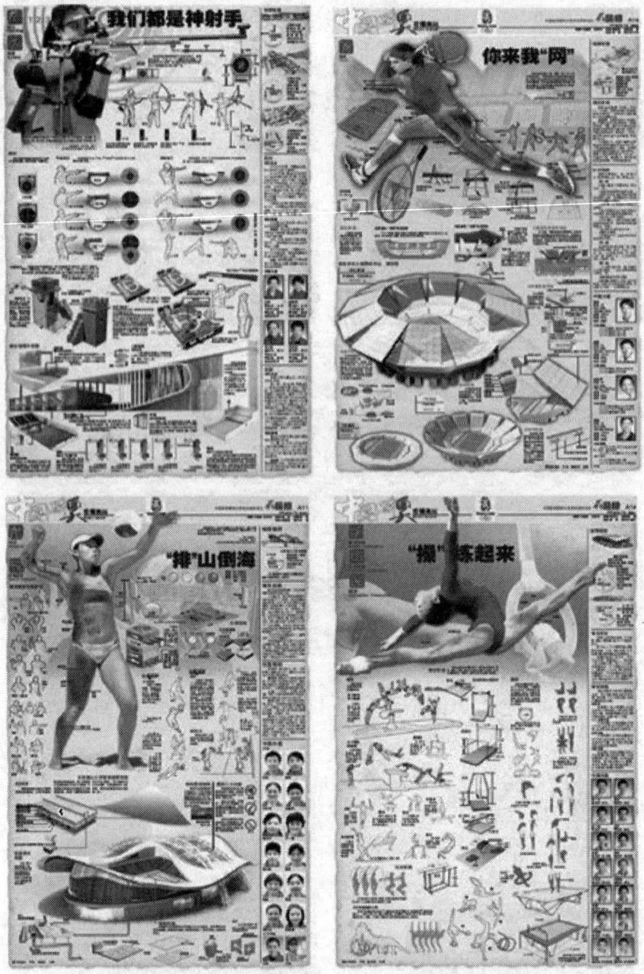

图附 1—12 《华商晨报》"看懂奥运"

（二）在第 31 届 SND 大赛中获奖的中国信息图表作品（见图附 1—13）

图附 1—13 《东方早报》"世博日报系列"版面

（三）在第 32 届 SND 大赛中获奖的中国信息图表作品（见图附 1—14、图附 1—15）

图附 1—14 《辽沈日报》的《东北虎危机》专题报道版面

图附 1—15 《辽宁日报》“水墨世博”版面

（四）在第 33 届 SND 大赛中获奖的中国信息图表作品（见图附 1—16）

图附 1—16 《新京报》“日本地震、海啸、核泄漏”版面

(五) 第 34 届获奖的中国信息图表作品 (见图附 1—17)

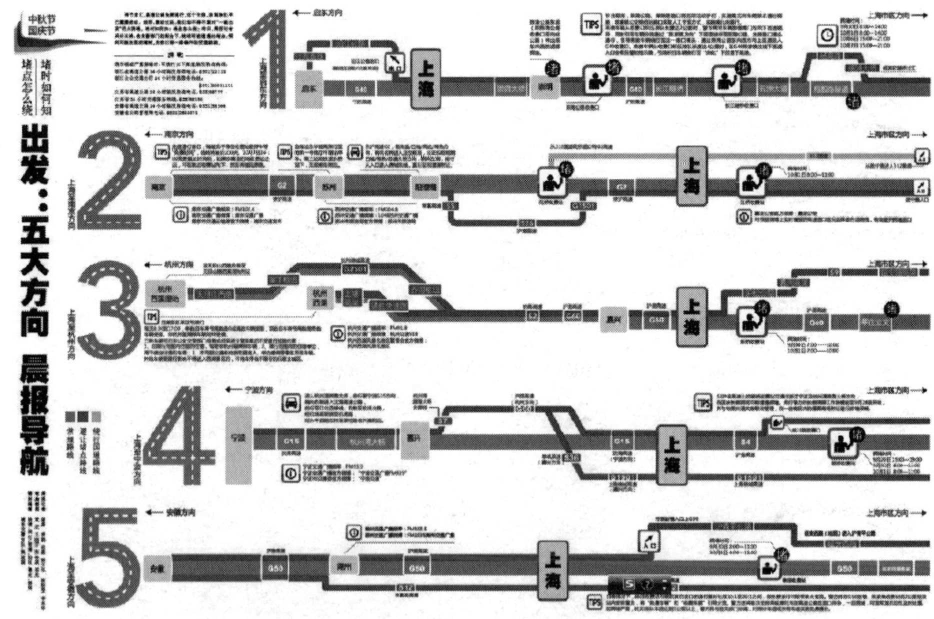

图附 1—17 《新闻晨报》“出发：五大方向 晨报导航”版面

三、全球报纸设计（SND）大赛部分获奖作品与美国 2013 年最佳信息图表精选

(一) 全球报纸设计大赛部分获奖作品

以下四幅图均选自第 29 届 SND 大赛。

1.《纽约时报》

《纽约时报》对长须鲸进食路径科学报道进行了图片解析（见图附 1—18）。科学家第一次跟踪到长须鲸进食的细节：它们下潜 600 英尺（约 183 米）追捕磷虾，长须鲸重复张大它的嘴，吃进去大量磷虾，这些虾超过它自己在水里的体重，因而它们会下沉并停在水里咀嚼食物。

2.《俄勒冈州人报》

俄勒冈州打造了梦之航线。波音 787 诞生后将服务于这条航线。图附 1—19 以上部三分之一的面积介绍了飞机部件生产商分布于世界各地，图表的中间部分则介绍了飞机的组装情况，版面底部呈现的是乘客将要看到的新航线。

3.《华盛顿邮报》

图附 1—20 介绍了华盛顿的一个音乐焰火表演。图表上部介绍了四种烟花，中部是一条从晚上 9：10 到 9：30 的时间线。图表下部是五线谱、礼炮、时间点和四种烟花的交替燃放。随着音乐的变换，四种焰火与一定时间段的音乐相呼应。该图表通过构建多种因素之间的复杂关系，还原了音乐焰火表演的盛况。

4.《南佛罗里达太阳报》

图表说明了 1660—1730 年是海盗的黄金时代。几个世纪之后，在北加利福尼亚海岸发现了黑胡子海盗的沉船。这张以三维仿真图为主体的信息图表介绍了沉船的结构、航行路线、海盗的衣着、用具等（见图附 1—21）。

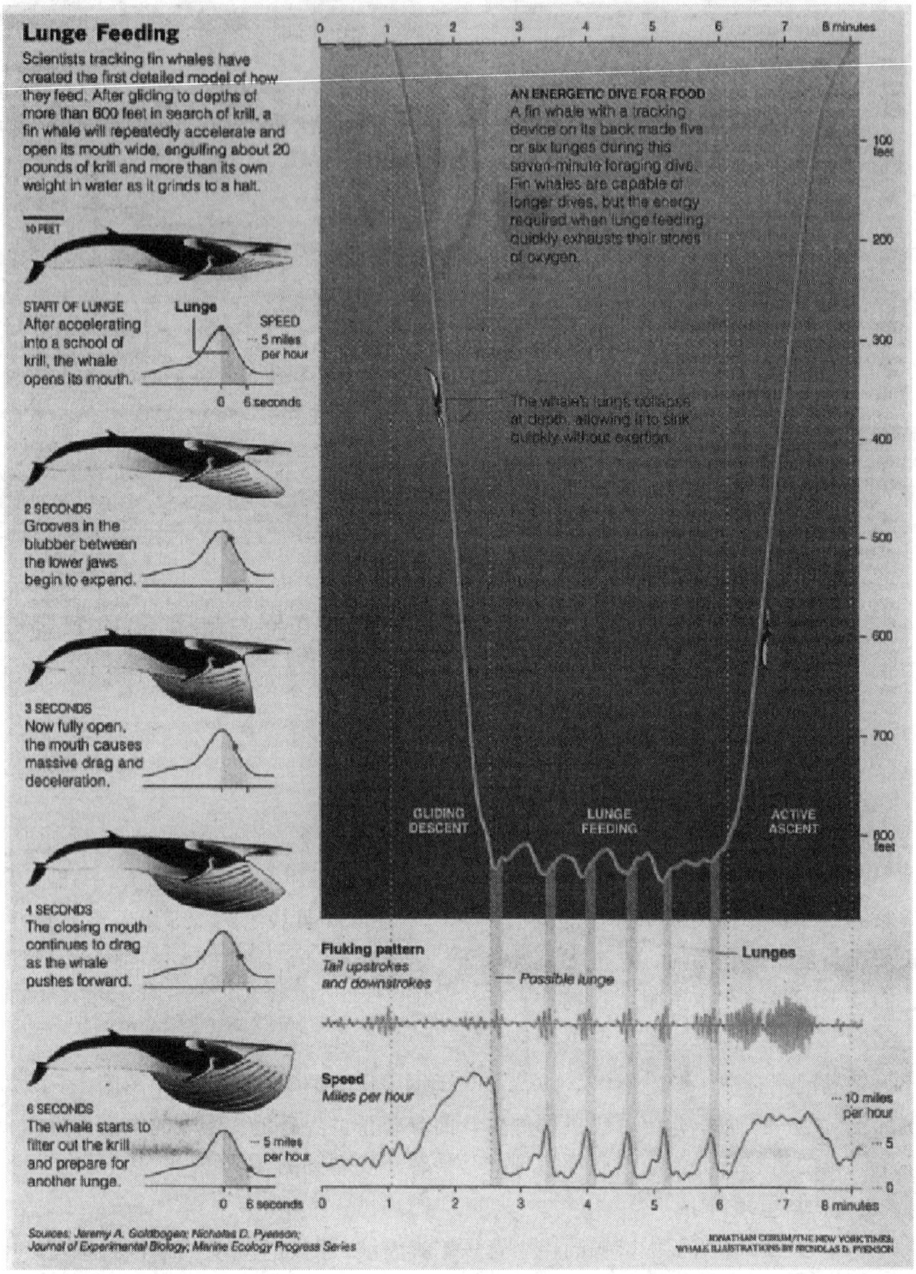

图附 1—18 《纽约时报》对长须鲸进食路径的解析

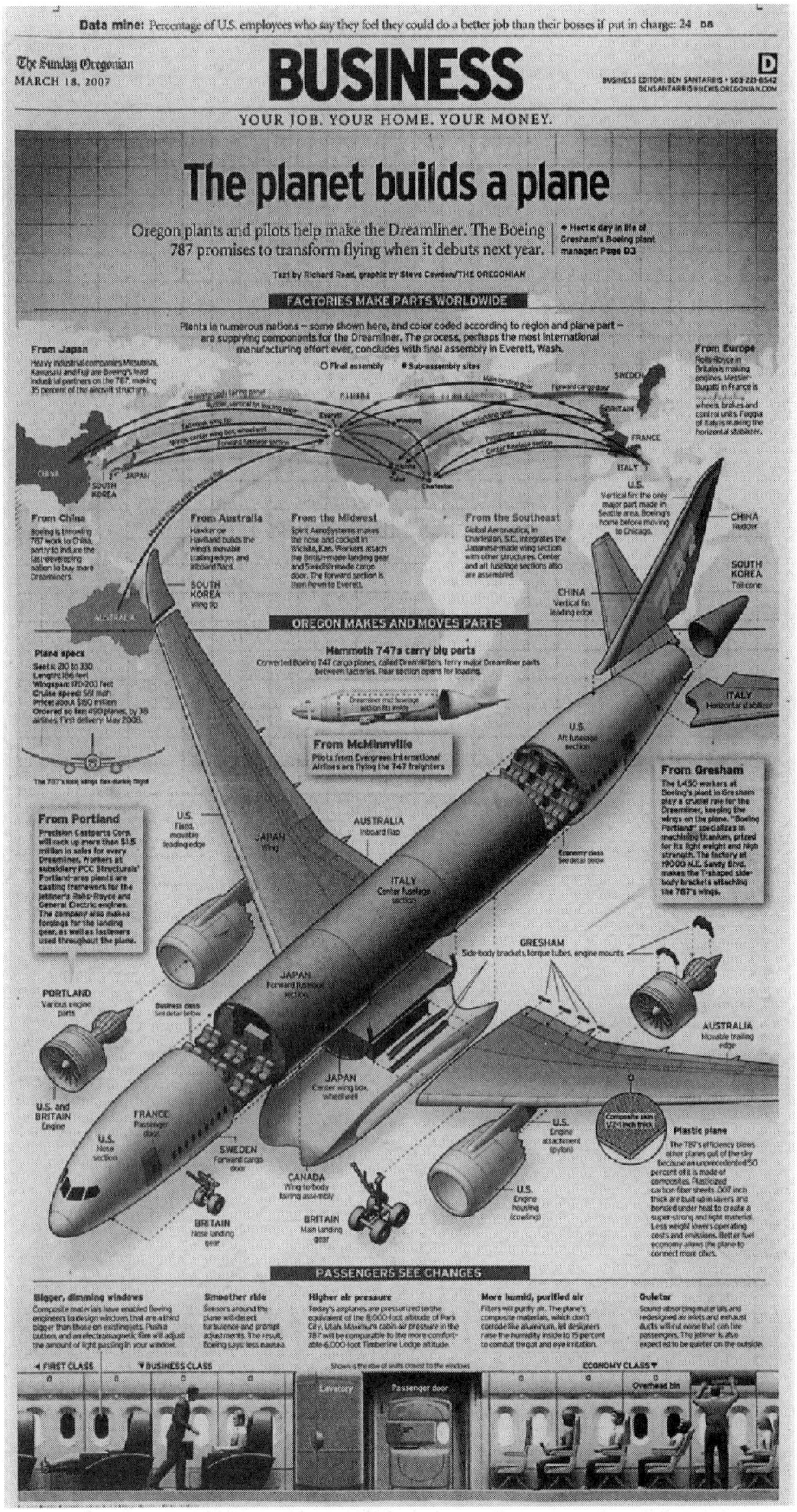

图附 1—19 《俄勒冈州人报》关于“梦之航线”的报道

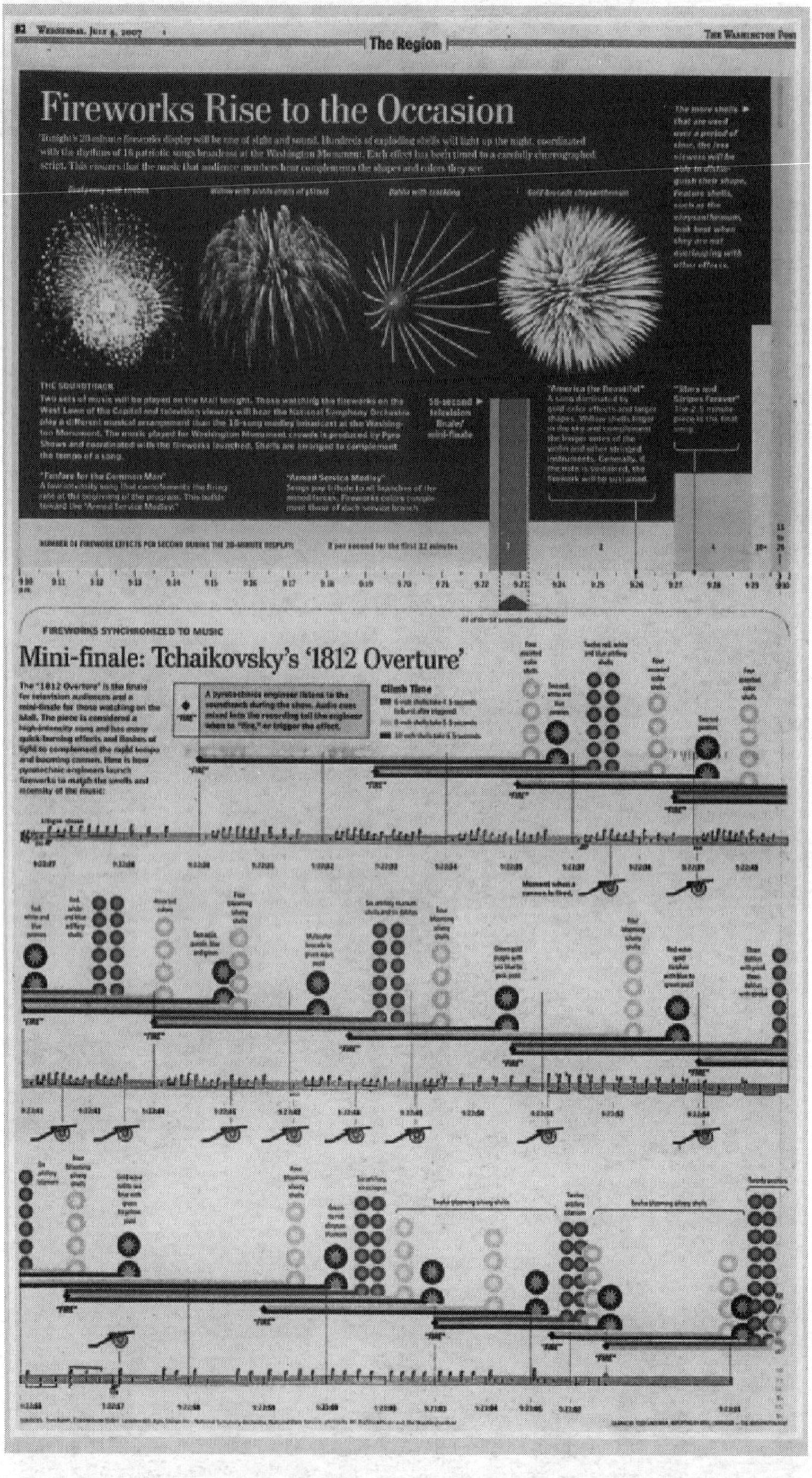

The Region

The Washington Post

Fireworks Rise to the Occasion

THE SOUNDTRACK

"Fanfare for the Common Man"

"Armed Service Medley"

"America the Beautiful"

"Stars and Stripes Forever"

FIREWORKS SYNCHRONIZED TO MUSIC

Mini-finale: Tchaikovsky's '1812 Overture'

Climb Time

图附 1—20 《华盛顿邮报》关于音乐焰火表演的报道

图附 1—21 《南佛罗里达太阳报》关于黑胡子海盗沉船的报道

(二) 美国 2013 年最佳信息图表精选

1. 最常见的出生日期（见图附 1—22）

作者：马特·斯蒂尔斯，华盛顿全国公共广播电台数据新闻记者

图表说明：我在 Facebook 上看到一个朋友分享了这项数据的链接，这个图表由此而来。我的灵感来自 2012 年我和妻子的第一个孩子，而我想知道她的预产期在美国有多常见。小伊娃来得早了一些，不过还是在 9 月——美国人在 9 月出生的最多。显然，美国人喜欢在冬季假期（圣诞节）造人。

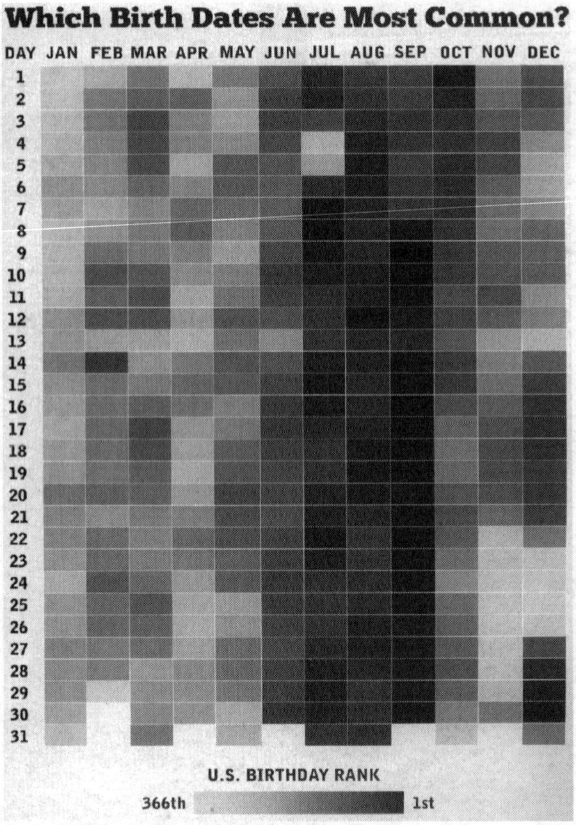

图附 1—22　最常见的出生日期

2. 一片培根带你了解社交媒体（图附 1—23）

作者：科里·史密斯，分众传媒总裁

图片说明：这幅漫画及其下方文字巧妙地用“一片培根”解释了不同社交媒体的使用。

图中英文大意：
Twitter：我在吃培根。
Facebook：我喜欢培根。
LinkedIn：我有吃培根的特长。
Foursquare：我在这里吃培根。
YouTube：来看我吃培根。
Instagram：这是培根的复古照片。
Pininterest：这是培根的菜谱。
Google+：我在谷歌工作，并且吃培根。
Last.fm：我在听和培根有关的音乐。

图附 1—23　一片培根带你了解社交媒体

3. 美国流行音乐前 40 名的变化（见图附 1—24）

作者：加文-波坦萨，纽约布鲁克林的自由职业设计师、插画师

图表说明：这样的数据需要线性的时间线来体现，既然可供我们操作的空间很小，我们就想到蛇形图最合适。实际上需要处理很多数据，所以真正的困难在于不让图表过于混乱。有时候，作为图表设计师，我们觉得自己有义务让图表变得更有趣，于是就增加很多插画或是过多的数据，但我真正喜欢的图表是纯净简单的，本质上只包括色块。有时简单的方法才最有效。

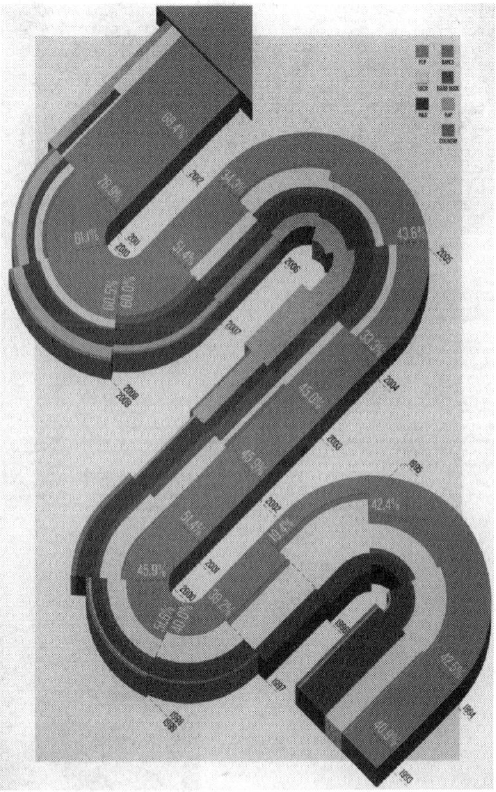

图附 1—24　美国流行音乐前 40 名的变化

4. 谁是 ESPN（美国娱乐与体育节目电视网）喜欢谈论的（见图附 1—25）

作者：里奇·S·金、凯文·奎利、葛兰姆·罗伯茨、艾丽西亚·德桑蒂斯，《纽约时报》记者

图表说明：凭借六个月来《体育中心》节目的字幕，我们总结出哪些 NFL（美国国家橄榄球联盟）球员被提及的次数最多，并通过球场的 3D 图展现出来。这张图当然考虑了关于蒂姆·蒂博（Tim Tebow）的报道。

5. 《绝命毒师》的“死亡周期表”（见图附 1—26）

作者：约翰·D·德拉鲁，密苏里州圣路易斯图表设计师及宣传总监

图表说明：作为一个《绝命毒师》的狂热粉丝，我想要创造出一些东西，让其他粉丝记起一些他们可能遗忘的细节。在整部剧的化学主题下，死亡化学公式和“死亡元素周期表”配合在一起非常合适。图表总结了 AMC 台《绝命毒师》前 54 集所有的死者，给每位死者都设计了一个“化学公式”，以此表现出他们什么时候、怎样死去，以及谁杀死了他们。

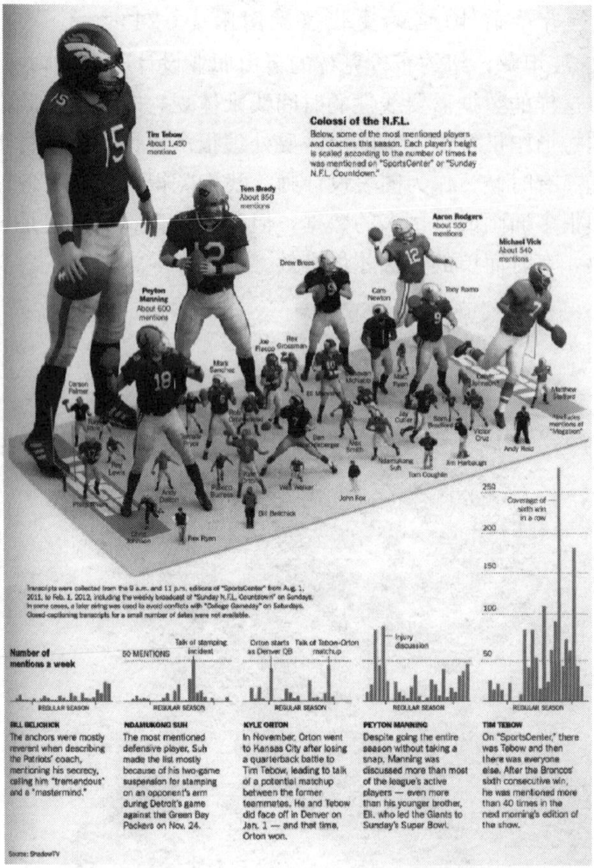

图附 1—25　谁是 ESPN 喜欢谈论的

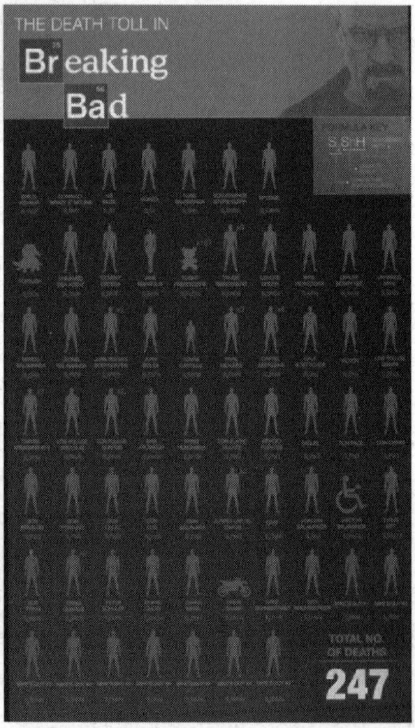

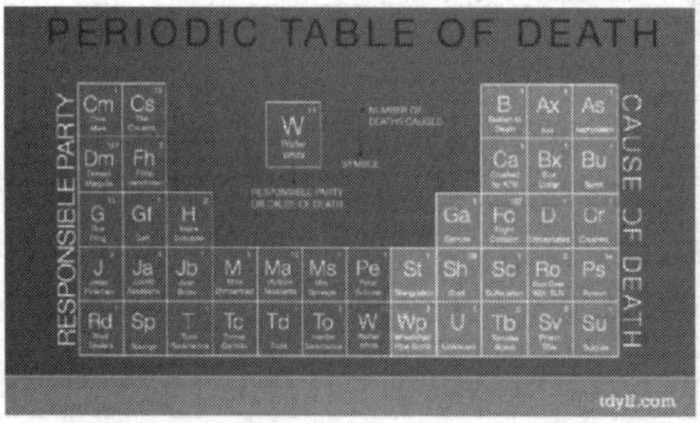

图附 1—26　《绝命毒师》的“死亡周期表”

6. 鸡尾酒（见图附 1—27）

作者：本·吉布森、帕特里克·穆里根，流行图表实验室创始人

图表说明：实际上我们为这张图表付出了一年多的时间。要做出能把 69 种鸡尾酒和它们的配方集中展现在一张纸上的设计，需要很多努力。将各种蒸馏酒画成一张饼图，放在中间，各种鸡尾酒围着它形成一个环，各种果汁和佐料放在上部和下部，这是我们的惊喜一刻。

图附 1—27　鸡尾酒

7. 农产品（蔬菜、水果）的应季年历（见图附 1—28）

作者：拉塞尔·范·克拉延博格，甜牙出版社总经理

图表说明：我设计这张图表是为了鼓励大家购买应季的农产品。应季农产品更新鲜，自然也更便宜。反季的农产品往往被储存了很久，或者经过长途运输，减少了新鲜度，也在途中增加了碳排放。

8. 泰坦尼克之殇（见图附 1—29，文前彩色插页）

作者：凯特琳·雅诺、马特·汤布林，《国家地理》杂志记者；尼克·卡勒特瑞克斯（3D 制作）

图表说明：这幅图是业内顶尖高手合作的结果。我们的功臣是工程师帕克·史蒂芬孙。帕克曾经与詹姆斯·卡梅伦一起工作过多年，拥有世界上最精准的模型来描绘这艘巨轮是如何断裂的。在我们的制作过程中，我们与尼克一起对模型进行了多次修改。詹姆斯·卡梅伦——很少有人像他那样花那么多的时间去琢磨过这艘船——也给我们的模型提供了参考意见。这些图不仅惊人地漂亮，而且准确地呈现了大量的数据。

图表内容介绍：

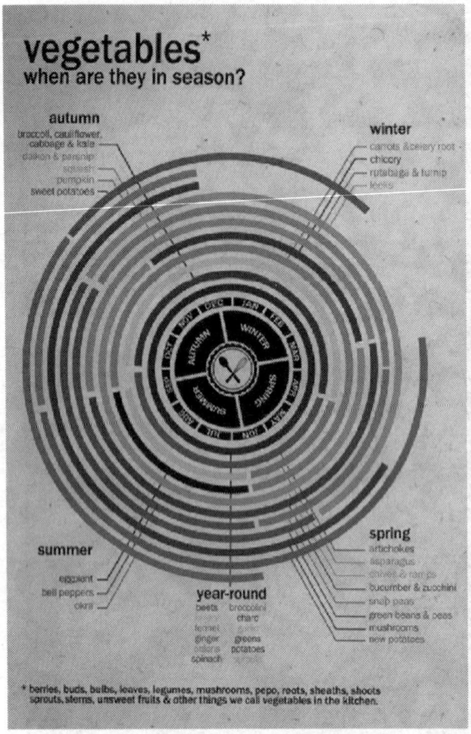

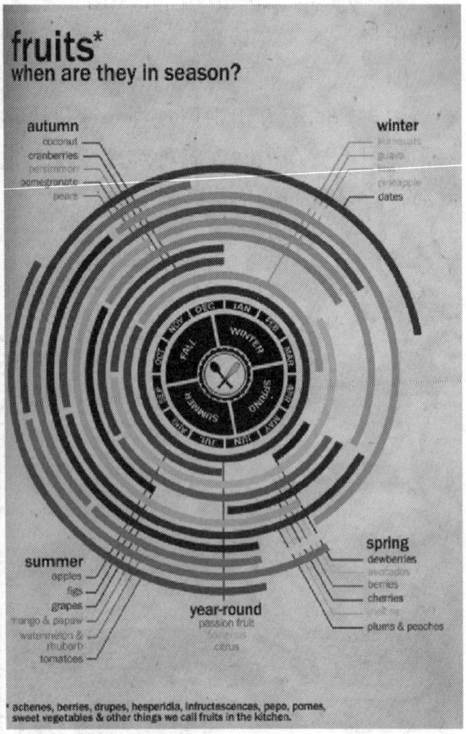

图附 1—28 农产品蔬菜、水果的应季年历

一如它在白星航运公司的姐妹号“奥林匹克”号和“大不列颠”号，“泰坦尼克”号称能抵御几乎所有的意外，包括另一艘船的直接撞击。即使四个——甚至五个——独立的水密门遭到破坏，它也能继续浮在水面上。但是冰山撕碎了它右侧船舷的六个隔水门，彻底冲毁了它的船头。沉船事件的百年之后，作为探索者兼导演的詹姆斯·卡梅伦与泰坦尼克研究专家一起，找到了新的理论来解释这艘巨轮是如何沉没又如何断裂的。

1912 年 4 月 14 日晚上 11 点 40 分

正前方发现了一座致命的冰山，但是“泰坦尼克”号正在以接近每小时 21 海里的速度前进，无法迅速地向左转舵来避免其船头与冰山发生撞击。

4 月 15 日凌晨 1 点 50 分

海水连续两个小时灌入“泰坦尼克”号，船头开始下沉。船身渐渐地向左倾斜，到了凌晨 1 点 50 分，海水灌入了船左侧开着的一个通道，加速了船体倾斜。

凌晨 2 点 15 分

海水的压力使第一个锅炉烟囱变弯，随后烟囱倒掉。水从船身新的开口灌入，加速了船体下沉。

凌晨 2 点 18 分

随着水的涌入，船头变得越来越沉，与相对较轻的船尾之间形成了巨大的拉力，仿佛船头在和船尾拔河。巨大的应力使船体在第三个烟囱前发生断裂。

凌晨 2 点 18 分

数秒之后，巨大的弯曲应力折断了船体，船头和船尾仅靠加固的船底相连。船尾迅速向左侧倾斜，人们都随之倒在了左舷的栏杆上。

2点19分

拉力使船头脱离了依然浮在水面上的船尾。断裂的船尾则与海面平行，向后躺下去，然后，以倾斜的角度下沉。

2点20分

当船头迅速地向海底沉落时，船尾几乎与海面垂直着下沉，从海平面消失，船体的碎片从船身的豁口处脱落。锅炉与船体分离，一头栽向海底。

2点21分

海水冲击着船头，冲断了前桅，撕断了烟囱。大约海下150米的地方，船尾的气囊爆炸，于是船的后半段转了个，船尾向下沉去。

由于船身呈外翻的形状，船头和船尾都以“停停落落”的节奏下沉。船尾顺时针旋转着下沉，更多的碎片从船身脱落，直到撞碎在海底。

船头以每小时30海里的速度下沉，以大约20度的倾斜角度撞向海底，撞碎了船身和甲板。而船尾扭曲的残骸表明，那里发生过更为惨烈的撞击。

巨轮变成残骸（左侧小图）

泰坦尼克号在海面断成两截，船头和船尾分别以不同的路线沉向海底。相对完整的船头直线下沉，每下降5个长度单位，同时向前位移1个长度。受到较少水力冲击的船尾几分钟之后螺旋下沉，停在船头南边约600米的地方。

9. 航天飞机搬家记——“奋进”号是如何乘车穿过洛杉矶市区的（见图附1—30）

作者：汤姆·瑞肯、拉乌尔·拉蒙纳、里斯·邓希斯，《洛杉矶时报》记者

图表说明：我们做了大量的会见和采访工作，而这些消息的来源包括工程师、搬家公司、市政官员、美国宇航局及博物馆工作人员。航天飞机于30年前开始进入美国人民的生活，在这30年间它既给人们带来惊奇，也有悲情的一刻。而这个项目的结束，其本身就是一个值得大书特书的故事。但是今天，把其中一架真正的航天飞机带到洛杉矶，这对当地来说可是一个千载难逢的大事件。

尽管我们与美国宇航局在其他一些项目上曾经有过合作，这个项目还是太过独特，所以有许多地方需要学习，比如运输设备必须要足以承载七架航天飞机的重量。运输车辆通过遥控控制，看起来很像视频游戏控制器。

10. 来世之军——在中国西安秦兵马俑主坑，颜色被首次完整还原（见图附1—31，文前彩色插页）

作者：胡安·贝拉斯科、安·威廉姆斯，《国家地理》杂志记者

图表说明：秦始皇死后用总数超过6 000个兵马俑组成的“军队”陪葬。我们第一次有了足够的来自颜料碎片的线索，用以精确还原兵马俑的颜色。我胡安·贝拉斯科前往中国参与研究项目，并与那里的科学家们共同致力于保护残余颜料和颜色。直到现在，任何微小的彩色碎片都会在新俑出土后几分钟内消失殆尽。纪录摄影师路易斯·马萨腾塔（Lou Mazzatenta）向我展示了一些俑坑的全景照片，我们都认为，如果能够还原这些“军队”的色彩，效果将是多么惊人。在中国的时候，遗址博物馆的摄影师们曾向我展示过一张美丽的全景照片。当你翻到这一页的时候，你会看到来自同一视角的插页，它揭示了全彩“军队”的原貌（见图附1—32）。

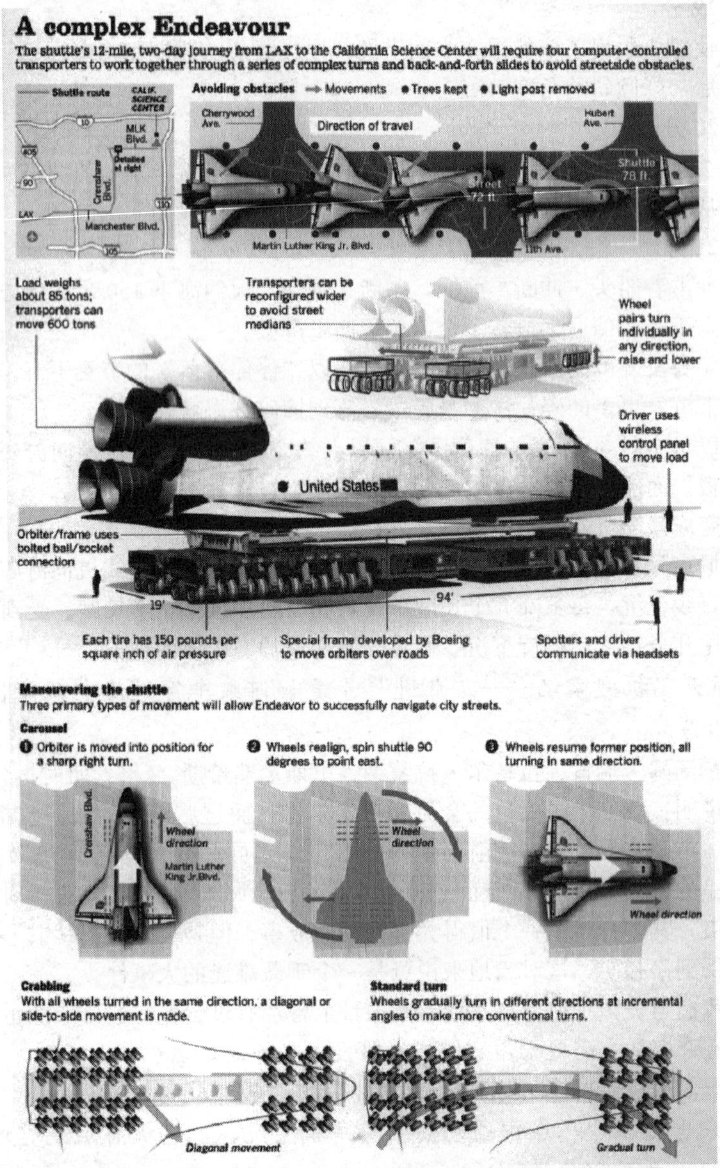

图附 1—30　航天飞机搬家记

图附 1—32　兵马俑全景照片

附录 2　信息图表制作常用技术介绍

说明：技术操作所用软件是 CorelDraw、Illustrator 图形软件和 PhotoShop 图像软件，以及 Office 中的 Word 和 PowerPoint。

一、信息图表的文字操作方法

信息图表中对文字要求使用简练，除了所蕴涵的信息质量要高外，在文字量上还强调少而精。在文字不多的情况下可以直接录入；在有现成文字稿件或争取时间的情况下，也可以复制、粘贴之后加以编辑、修饰。常用的手法主要有如下几种。

（一）文字的复制和编辑

（1）打开 Word 文本，选中所需文字，用“Ctrl＋C”复制（见图附 2—1）。

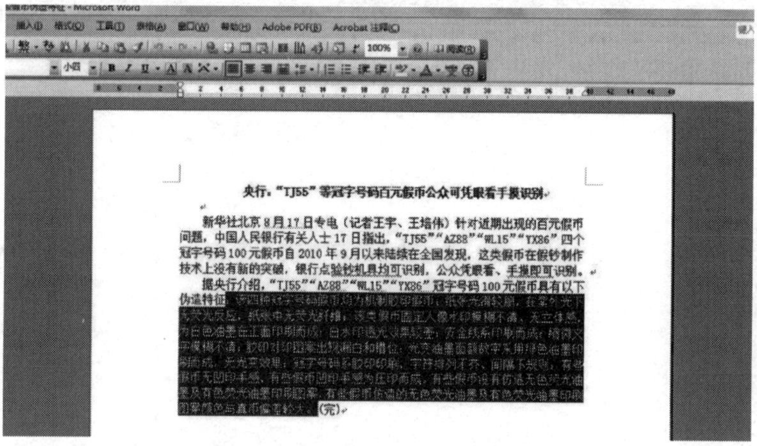

图附 2—1

（2）选择“文本”工具，并在画布的适当位置单击（见图附 2—2）。

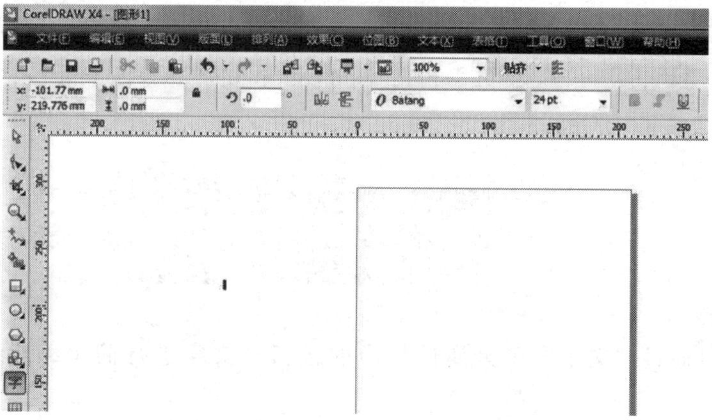

图附 2—2

（3）按“Ctrl＋V”，出现“导入/粘贴文本”对话框，勾选“摒弃字体和格式”，然后单击确定（见图附 2—3）。

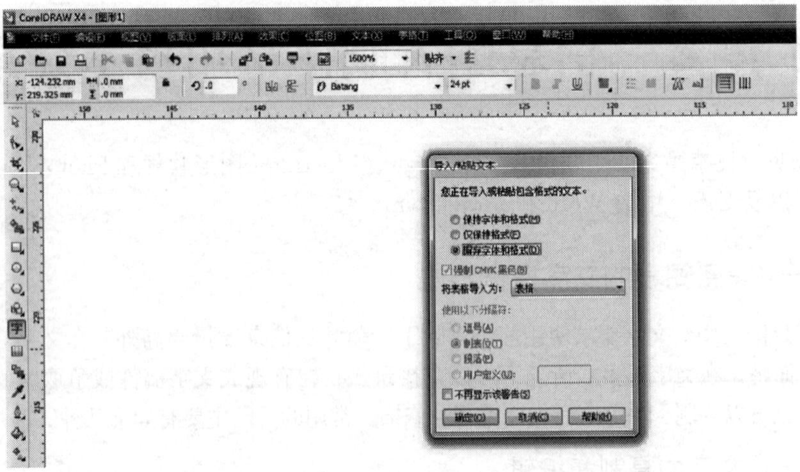

图附 2—3

（4）粘贴后的效果如图附 2—4 所示。

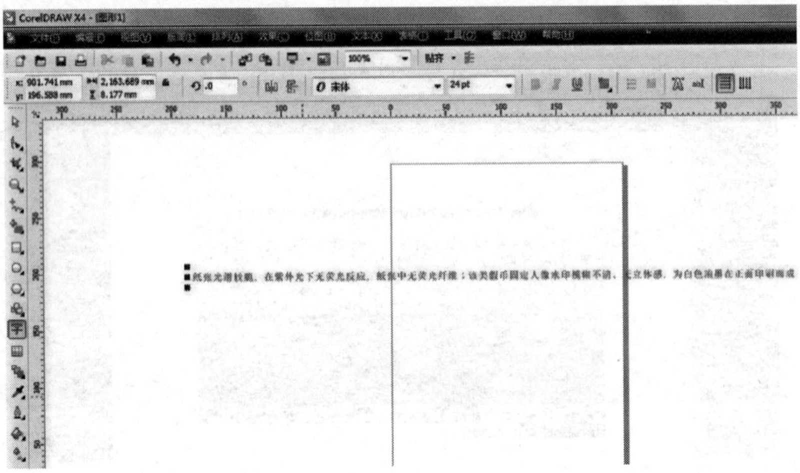

图附 2—4

（5）用回车键进行分行（见图附 2—5）。

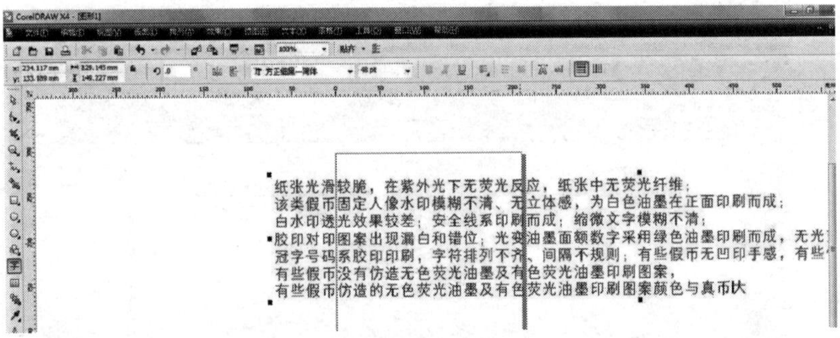

图附 2—5

（6）可通过“文本”工具属性栏中的按钮对文字进行简单编辑（见图附 2—6）。

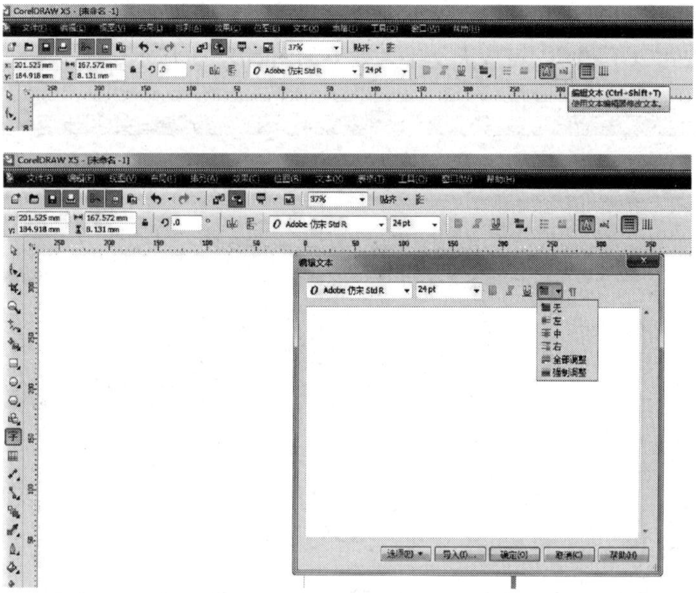

图附 2—6

(7) 可以设置文本的字体、字号、是否倾斜以及有无下划线等（见图附 2—7)。

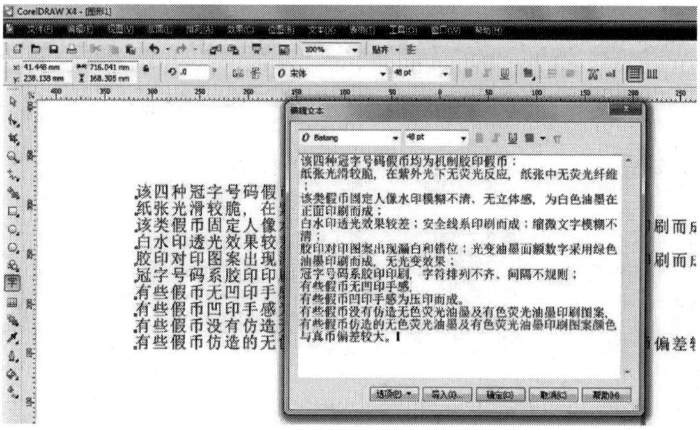

图附 2—7

(二) 段首大字

(1) 先选中段首字（见图附 2—8)。

图附 2—8

（2）按“Ctrl＋X”，鼠标左键单击“文字”工具之后，在合适的位置再进行单击，然后按“Ctrl＋V”，可放大文字，效果如图附 2—9 所示。

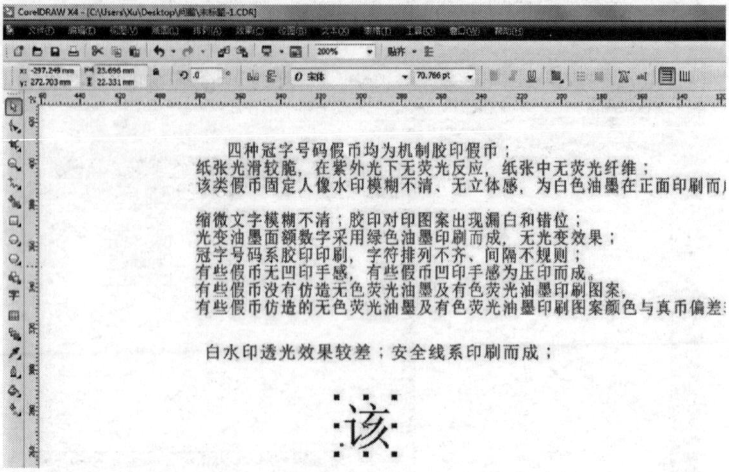

图附 2—9

（3）用“形状”工具调整段落的行间距、字间距，为段首留出空间（见图附 2—10）。

图附 2—10

（4）用“选择”工具把调整好的段首大字移动到需要的位置（见图附 2—11）。

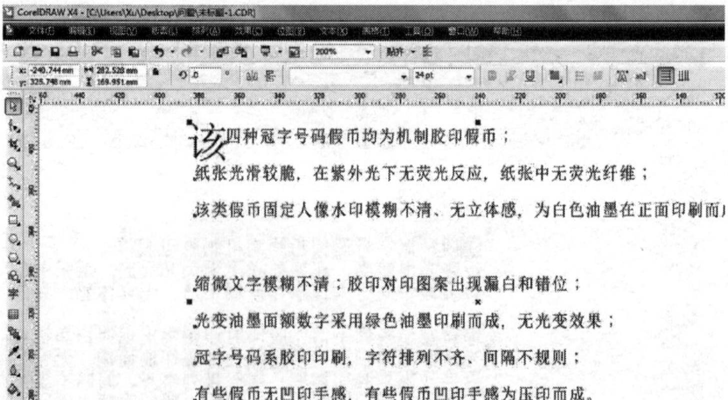

图附 2—11

(三) 文字块的透视效果

(1) 把文字块进行群组之后，选中此文字块（见图附 2—12）。

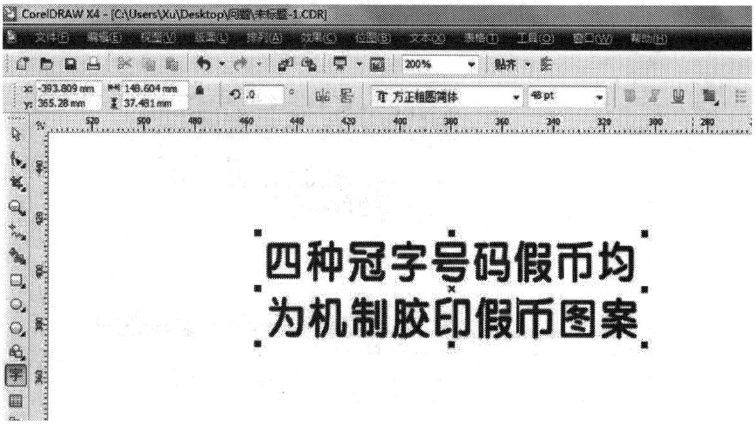

图附 2—12

(2) 单击“效果”菜单中的“添加透视”（见图附 2—13）。

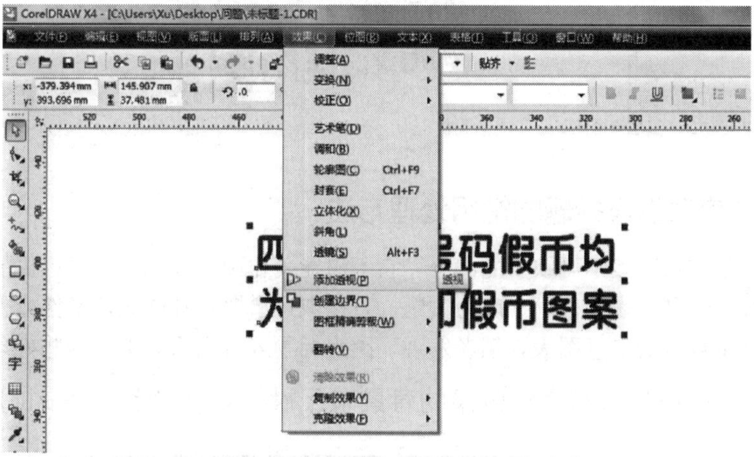

图附 2—13

(3) 用鼠标左键拖拽周边的四个节点（见图附 2—14）。

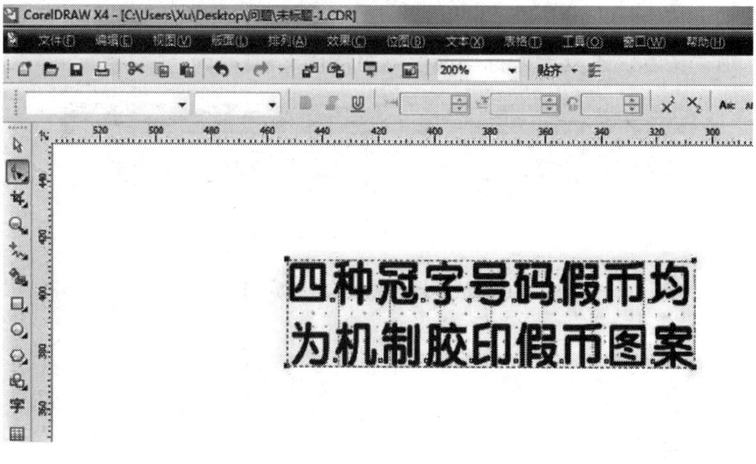

图附 2—14

（4）效果如图附 2—15 所示。

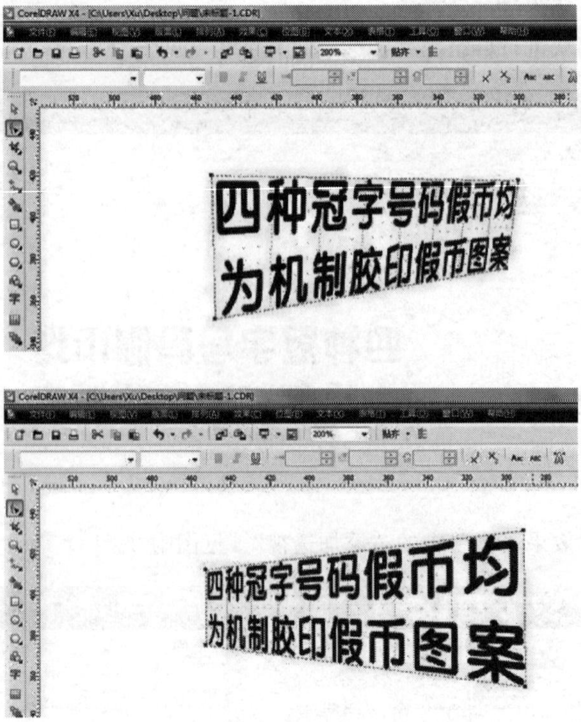

图附 2—15

二、信息图表标题的常用处理方法

标题是信息图表不可缺少的部分，它不仅能美化图表和吸引读者，更能揭示图表的内容。信息图表的标题一般为实题，直接叙述事实，具体表述事件或人物。通过分析一定数量的信息图表，笔者发现，图表标题经常采用如下的一些处理方式。

（一）依托具有渐变色效果的背景来反衬标题（见图附 2—16）

图附 2—16

（1）用“文本”工具录入标题文字（见图附 2—17）。

图附 2—17

（2）用“矩形”工具做一个大小合适的“背景板”（见图附 2—18）。

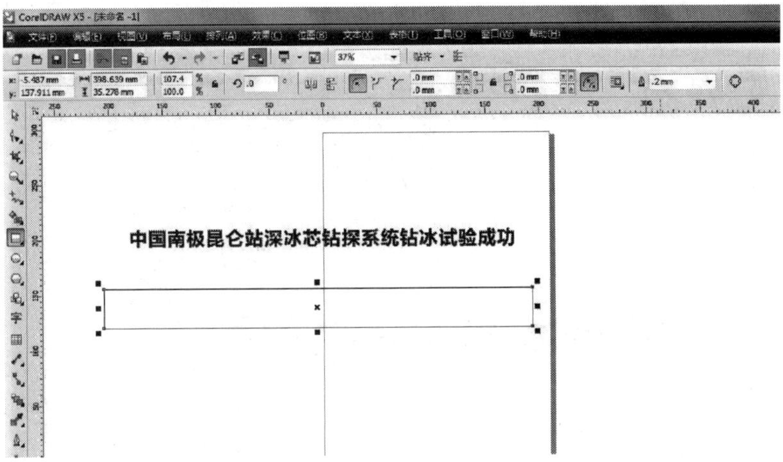

图附 2—18

（3）单击“渐变填充”，“类型”选项选择“线性”，为并调整角度为“－90.0”，“颜色调和”选项选择“自定义”（见图附 2—19）。

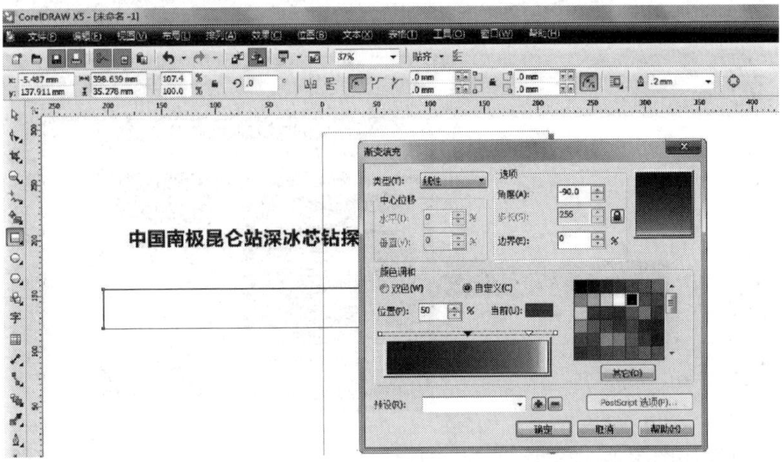

图附 2—19

（4）选择“轮廓笔”工具，“颜色”选项选择“白色”（见图附 2—20）。

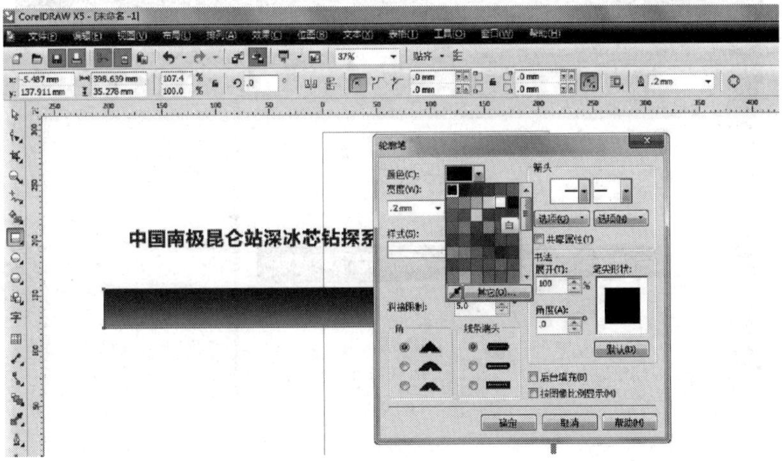

图附 2—20

（5）将标题移动至做好的“背景板”上，点击鼠标右键，在下拉菜单中找到“顺序”选项，选择“向前一层”（见图附 2—21）。

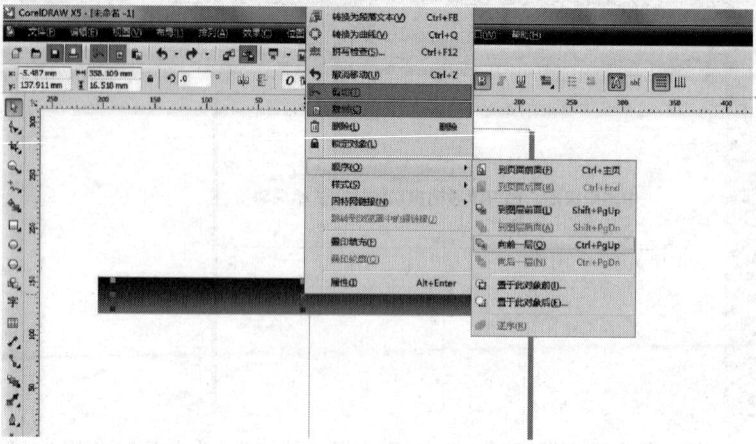

图附 2—21

（6）打开“均匀填充”工具，选择“白色”（见图附 2—22）。

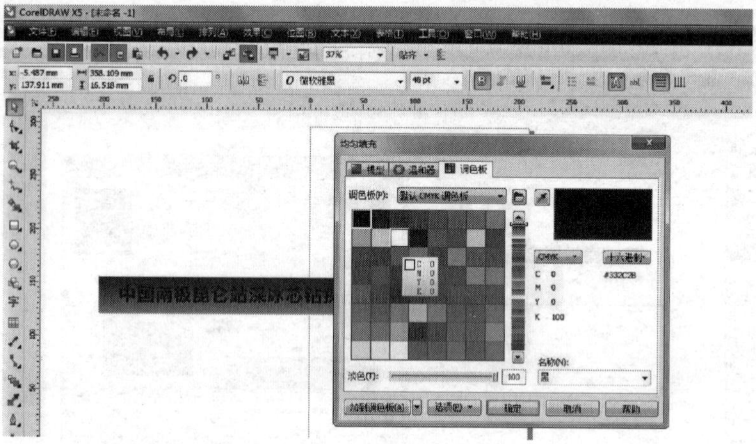

图附 2—22

（7）效果如图附 2—23 所示。

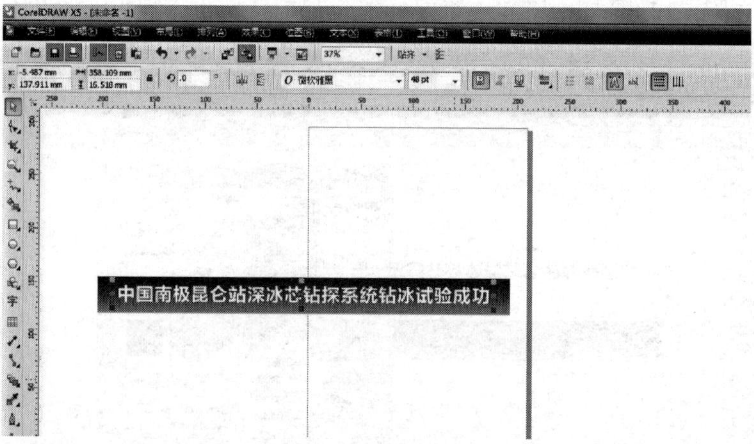

图附 2—23

（8）框选住“标题”和“背景板”，单击鼠标右键，在下拉菜单中选择“群组”（见图附 2—24）。

图附 2—24

（9）群组后的效果如图附 2—25 所示。

图附 2—25

（二）对标题施以描边手法使其醒目（见图附 2—26）

图附 2—26

（1）用“文本”工具录入标题文字（见图附 2—27）。

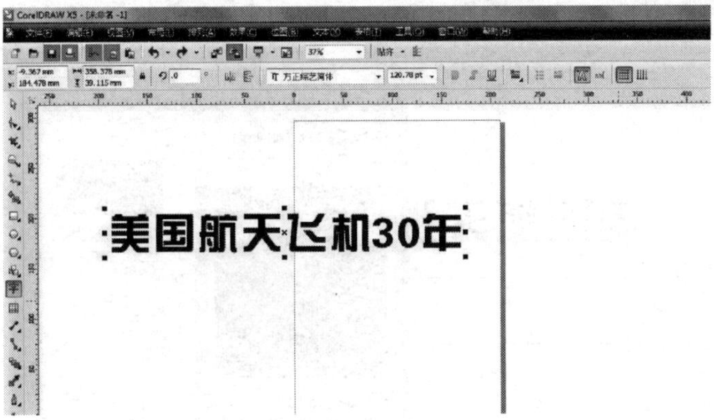

图附 2—27

（2）在选中标题的状态下，打开“轮廓笔”工具，选择合适的宽度和颜色（见图附 2—28）。

图附 2—28

（3）用“矩形”工具制作“背景板”（见图附 2—29）。

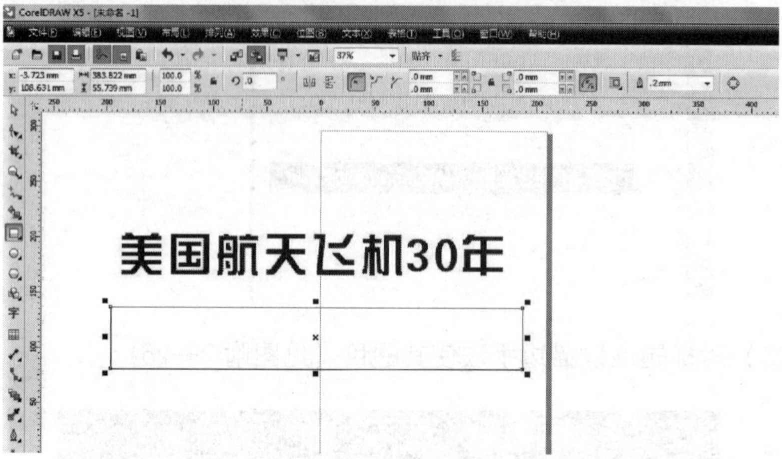

图附 2—29

（4）打开“均匀填充”工具，选择适当的颜色（见图附 2—30）。

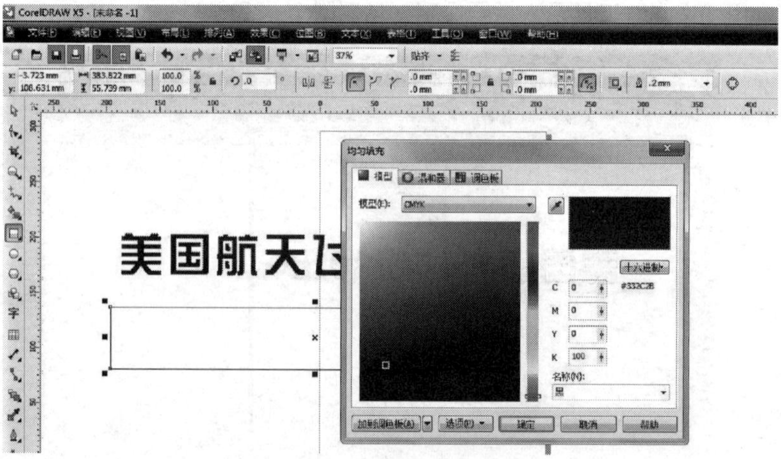

图附 2—30

（5）修改标题文字颜色，以适合“背景板”的色彩（见图附 2—31）。

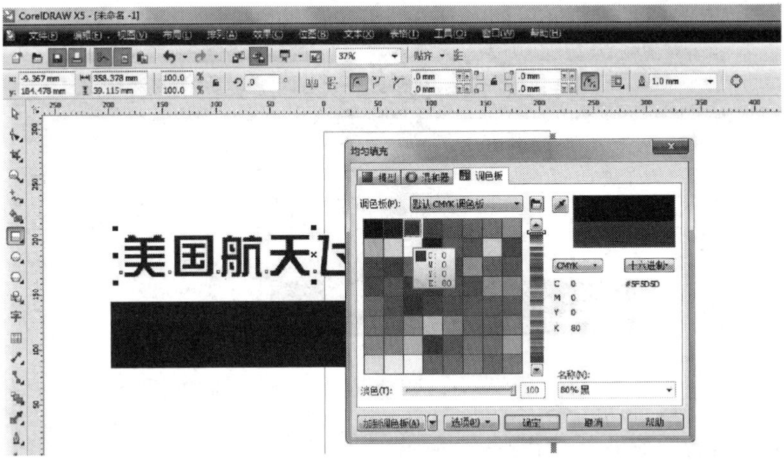

图附 2—31

（6）效果如图附 2—32 所示。

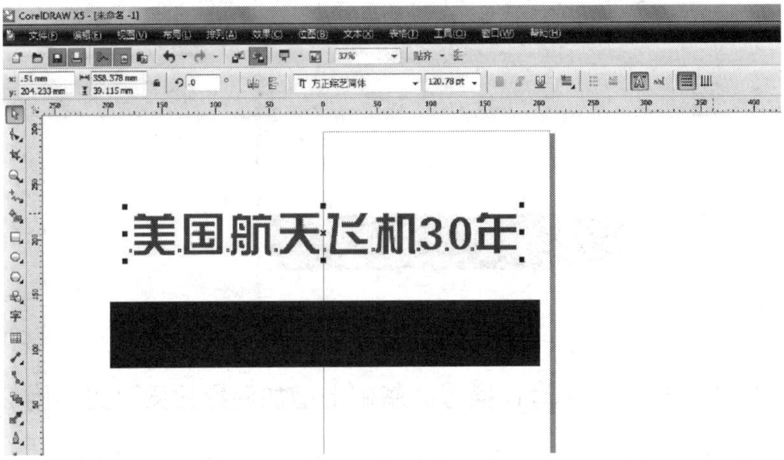

图附 2—32

（7）将标题移动至做好的“背景板”上，点击鼠标右键，在下拉菜单中找到“顺序”选项，选择“向前一层”（见图附 2—33）。

图附 2—33

（8）框选住“标题”和“背景板”，单击鼠标右键，在下拉菜单中选择“群组”（见图附 2—34）。

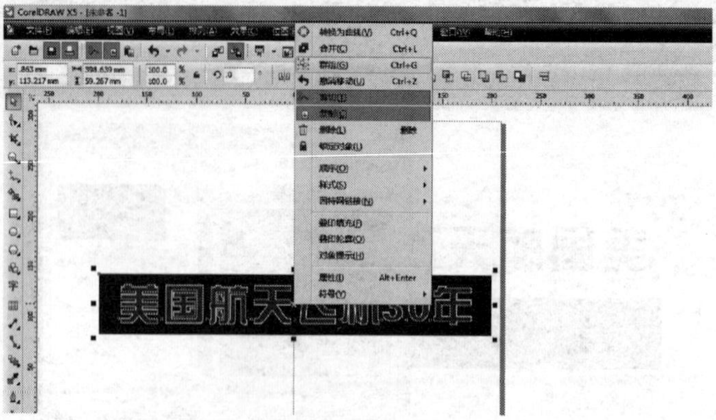

图附 2—34

（9）群组后的效果如图附 2—35 所示。

图附 2—35

（三）处理标题文字时在描边的基础上增加阴影效果（见图附 2—36）

图附 2—36

（1）录入标题之后，复制标题，效果如图附 2—37 所示。

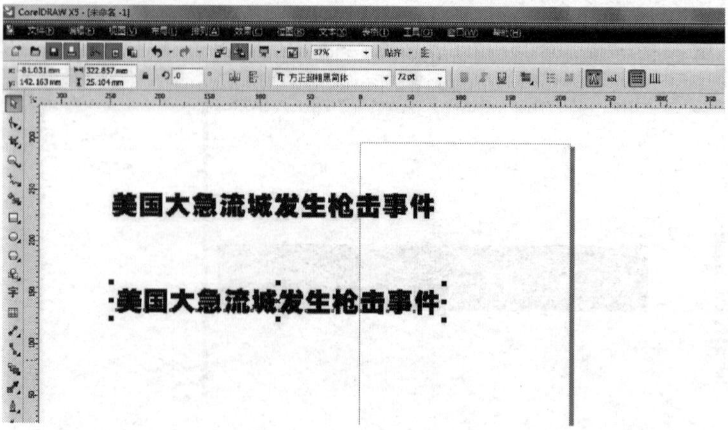

图附 2—37

（2）对复制后的标题文字进行描边处理，方法见上文（省略此步）。

（3）改变原标题文字的色彩，打开“均匀填充”工具，选择浅灰色（见图附 2—38）。

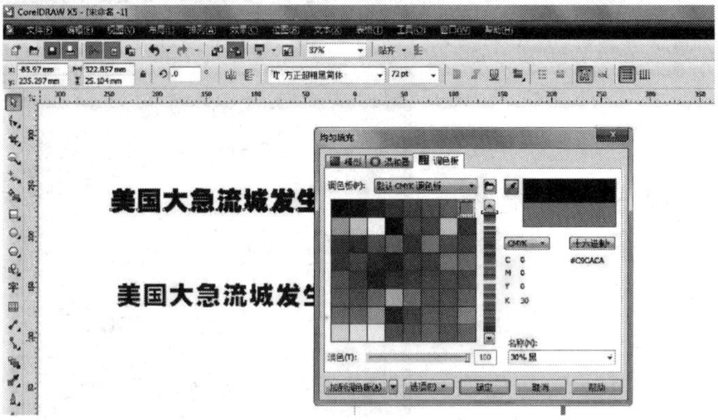

图附 2—38

（4）将描边的标题移动覆盖于灰色标题之上，并略微向右上方移动，然后做组合处理。效果如图附 2—39 所示。

图附 2—39

（四）标题文字本身使用渐变效果（见图附 2—40）

图附 2—40

（1）录入标题（见图附 2—41）。

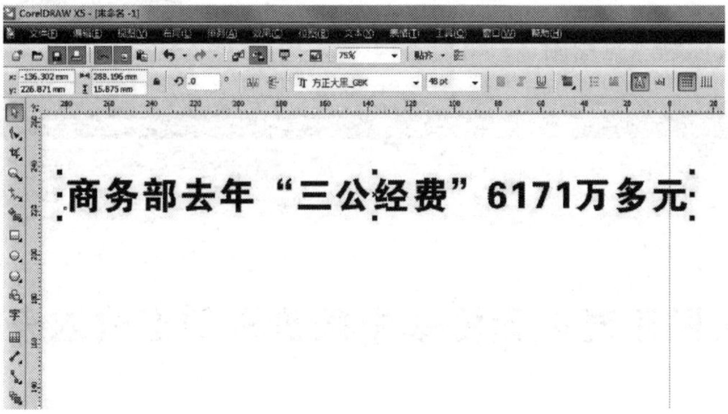

图附 2—41

（2）打开“渐变填充”工具，将“角度”调整为“－90.0”，并选择“双色渐变”选项（见图附 2—42）。

图附 2—42

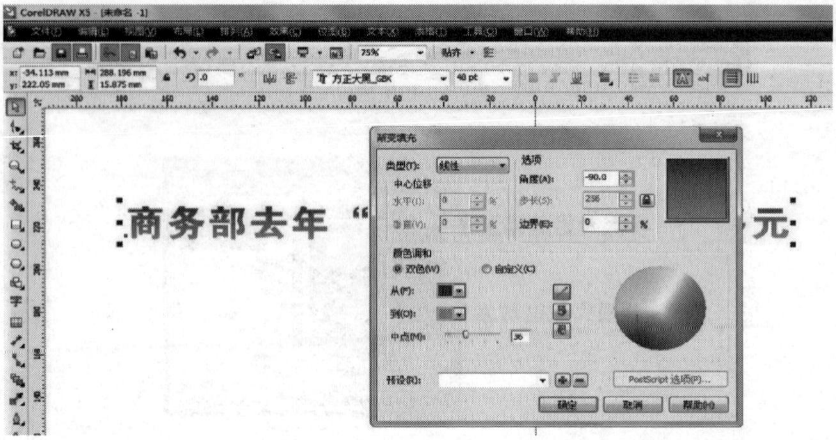

（3）效果如图附 2—43 所示。

图附 2—43

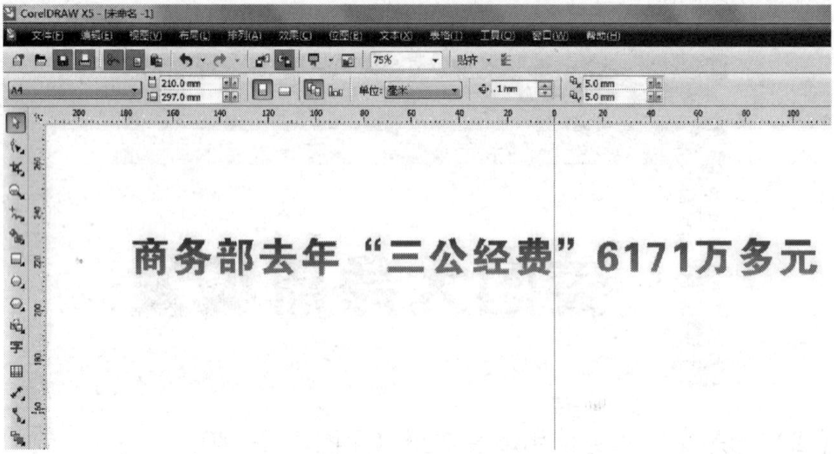

（五）标题文字使用烫金特效（见图附 2—44）

图附 2—44

（1）录入标题（见图附 2—45）。

图附 2—45

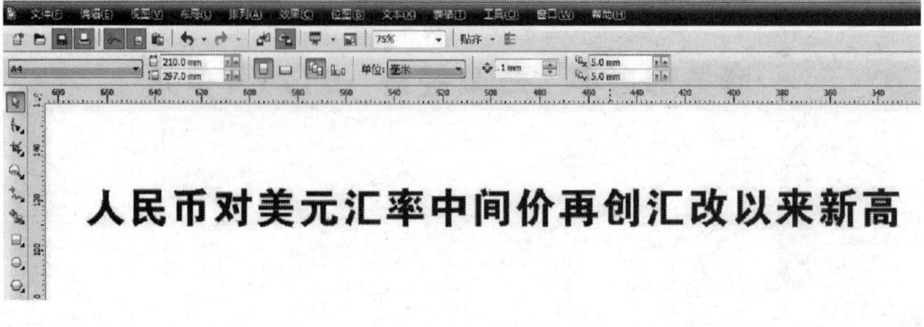

（2）复制标题，移至旁边。将颜色调整为浅灰（见图附 2—46）。

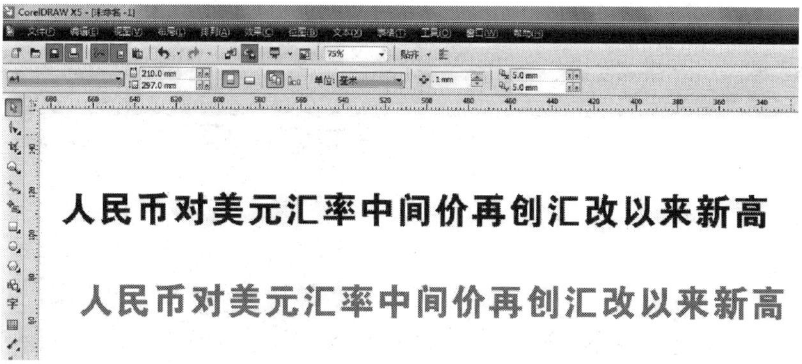

图附 2—46

（3）打开“渐变填充”工具，选择“线性”渐变，将“角度”设置为“－90.0”，“边界”选择“10”，“颜色调和”选择“自定义”。关键之处在于设置自定义色标的大致位置，五个色标的颜色依次为深黄、深黄、深黄、淡黄、白色（见图附 2—47）。

图附 2—47

（4）对烫金字进行描边处理（见图附 2—48）。

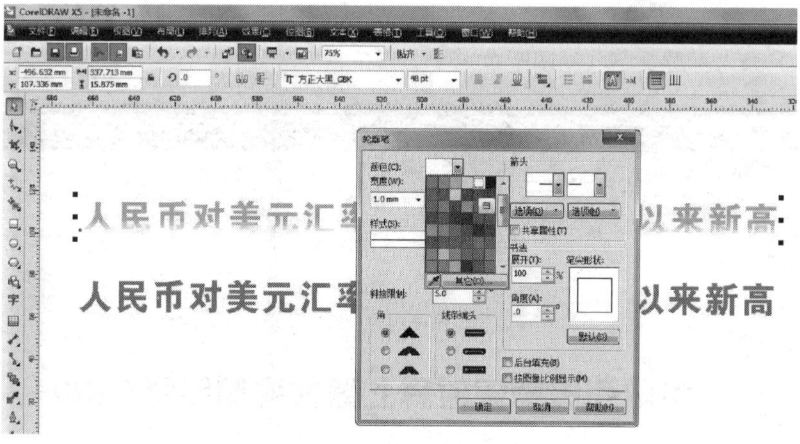

图附 2—48

（5）将烫金字放置于灰色标题下，选择“顺序”选项，选择“向上一层”（见图附 2—49）。

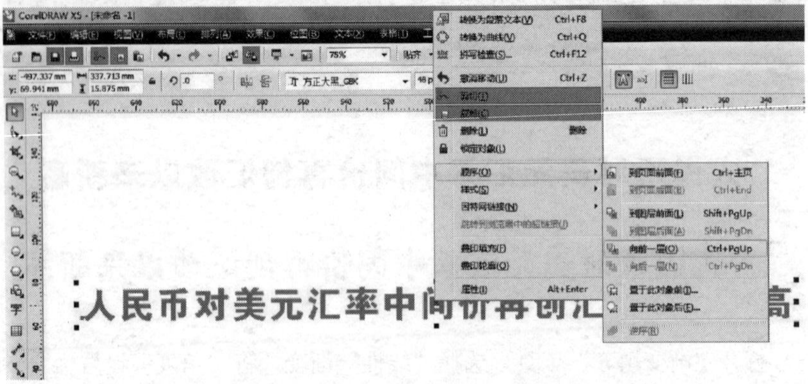

图附 2—49

（6）将烫金字向右下方略移动，效果如图附 2—50 所示。

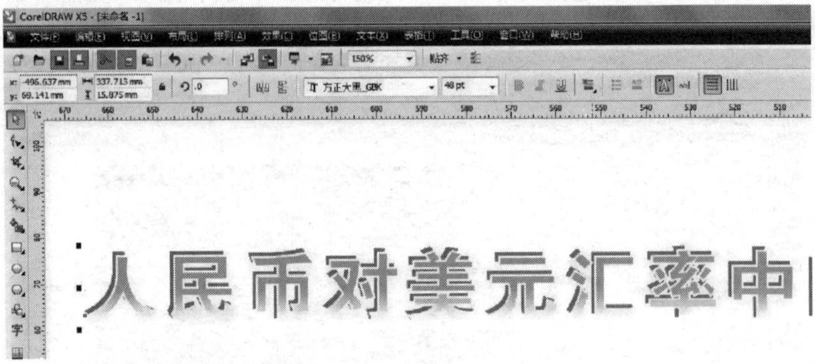

图附 2—50

（六）标题中的个别文字、数字或字母变形或放大（见图附 2—51）

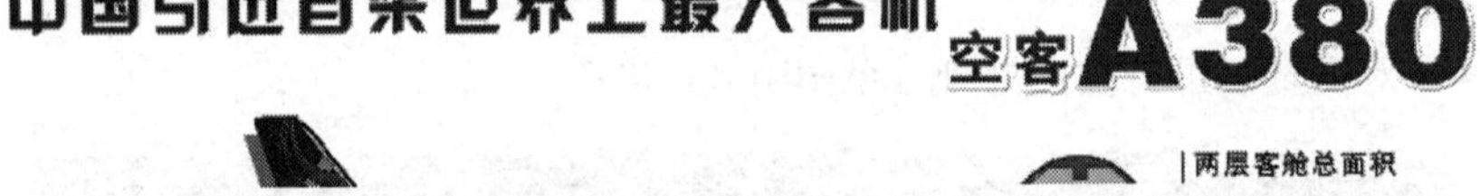

图附 2—51

（1）录入标题文字（见图附 2—52）。

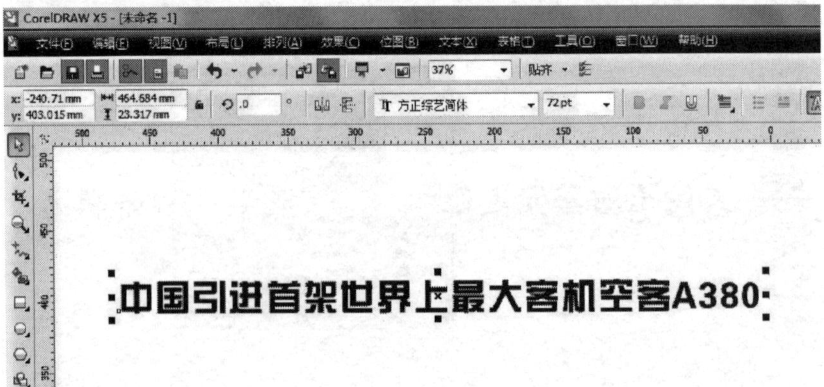

图附 2—52

（2）选中文字组，单击“排列”菜单中的“拆分美术字”（见图附 2—53）。

图附 2—53

（3）此时每个字都可以移动、旋转和缩放以及调整字体（见图附 2—54）。

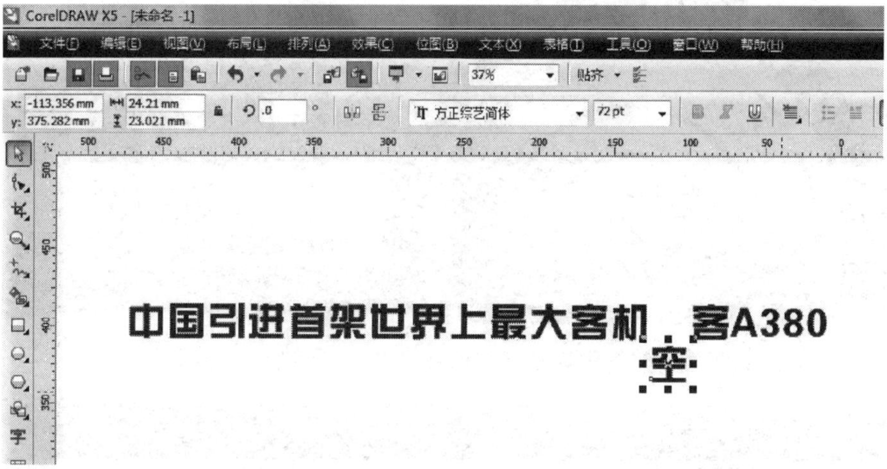

图附 2—54

（4）缩放并调整字体后的效果如图附 2—55 所示。

图附 2—55

（5）可以把相同情况的字进行“群组”并统一调整颜色，描边加阴影，效果如图附 2—56 所示。

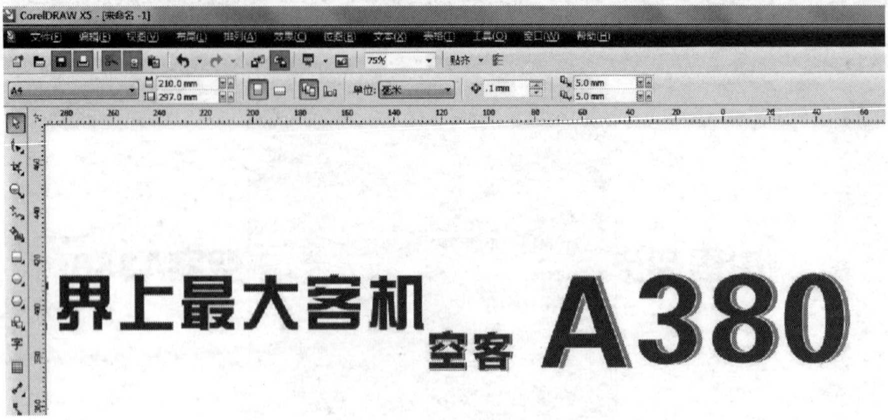

图附 2—56

（七）标题文字呈弧形或半圆排列（见图附 2—57）

图附 2—57

（1）录入标题，按照要求调整其字体和颜色（见图附 2—58）。

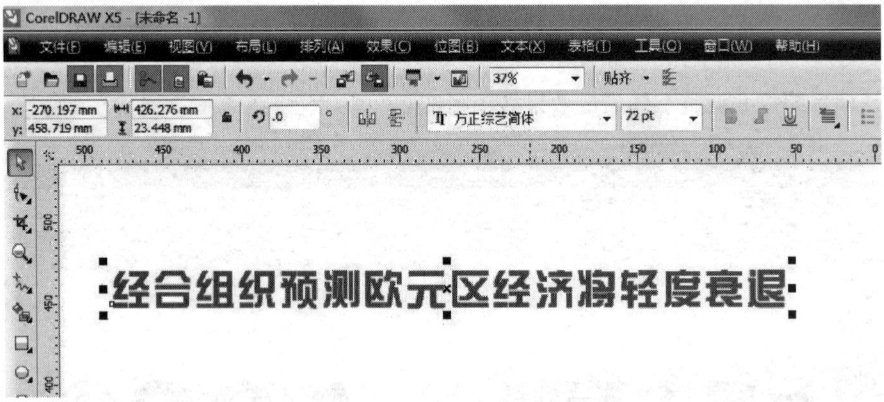

图附 2—58

（2）打开“椭圆工具”，按住 Ctrl 键，画出一个圆形（见图附 2—59）。

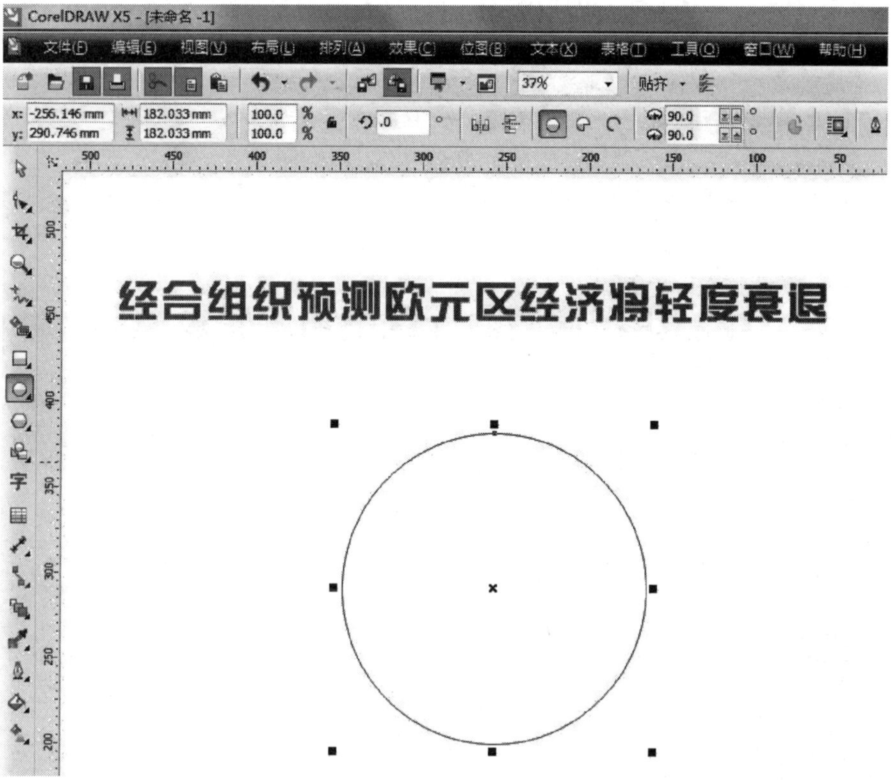

图附 2—59

（3）单击属性栏中的图标“绘制一个弧”（见图附 2—60）。

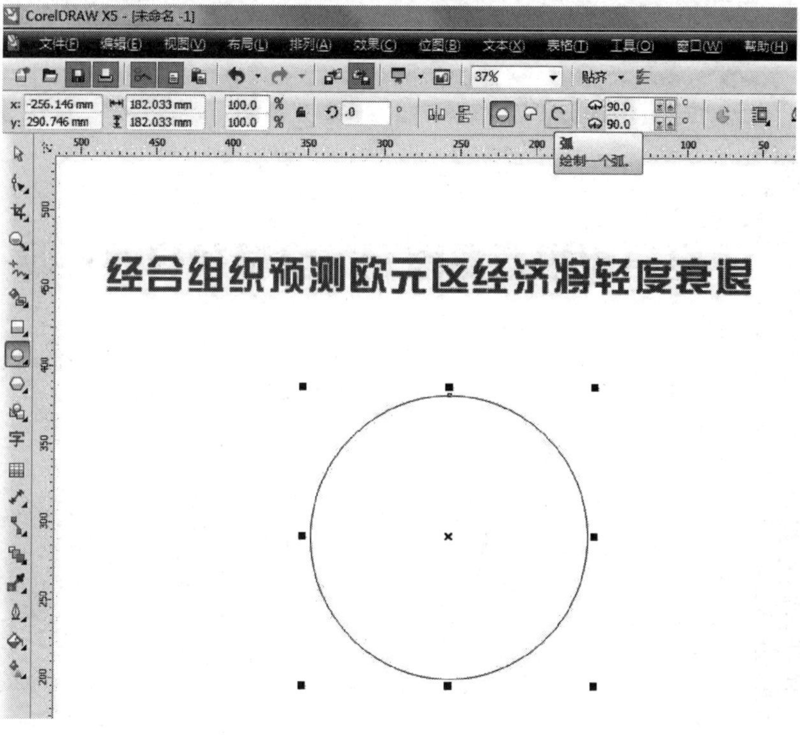

图附 2—60

(4) 打开“形状工具”(见图附 2—61)。

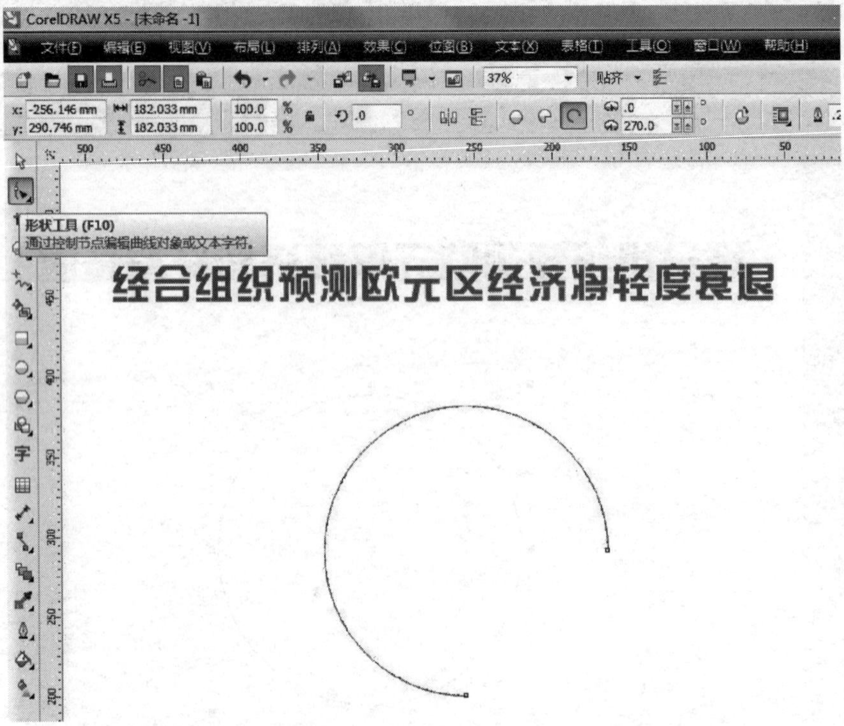

图附 2—61

(5) 用“形状工具”调整半圆形(见图附 2—62)。

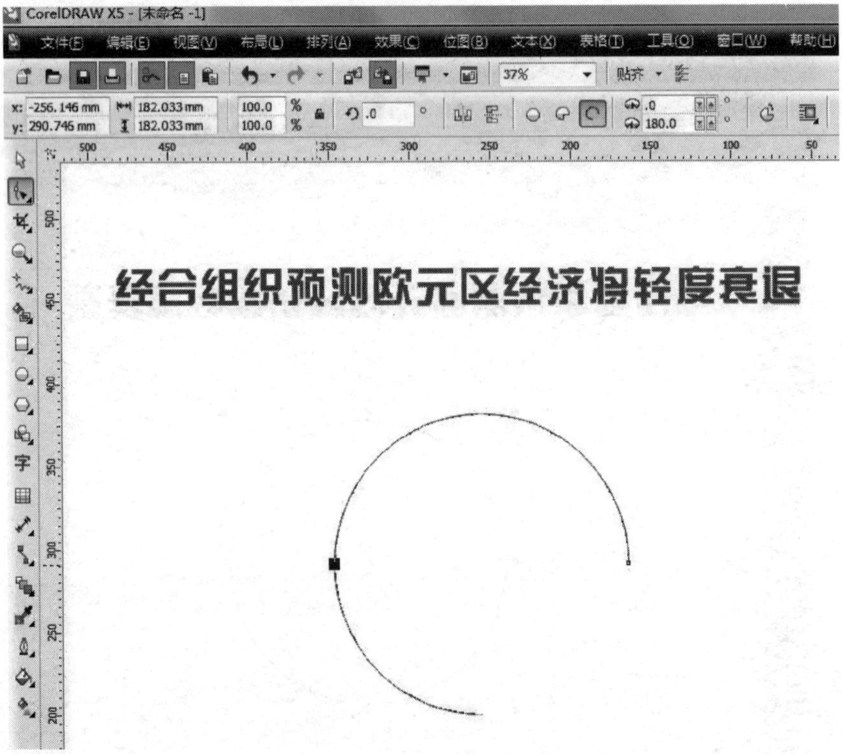

图附 2—62

（6）用“选择”工具选中标题文字（见图附 2—63）。

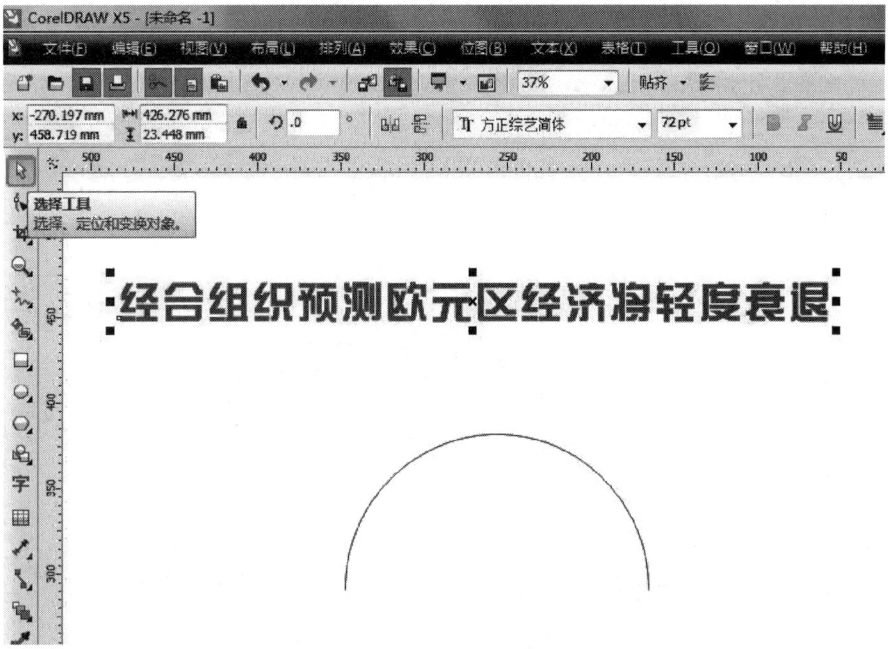

图附 2—63

（7）单击“文本”菜单中的“使文本适合路径”选项（见图附 2—64）。

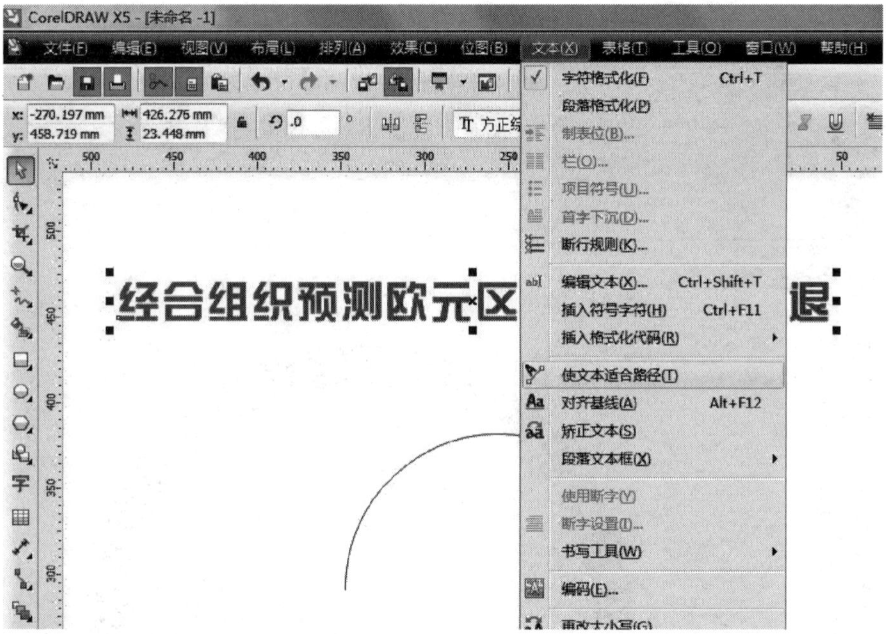

图附 2—64

（8）移动光标至半圆的合适位置后，松开鼠标（见图附 2—65）。

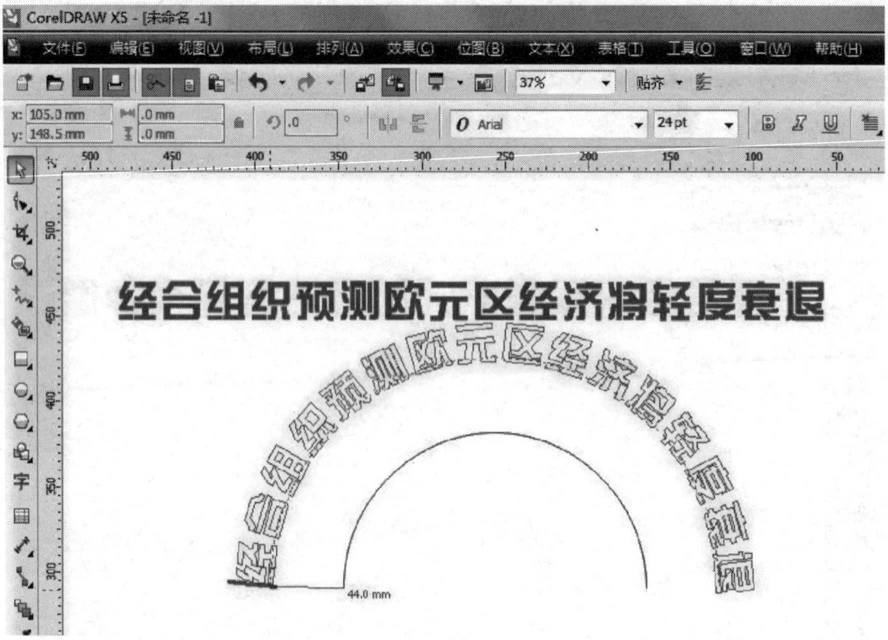

图附 2—65

（9）用“形状工具”选中半圆，然后删除此半圆（见图附 2—66）。

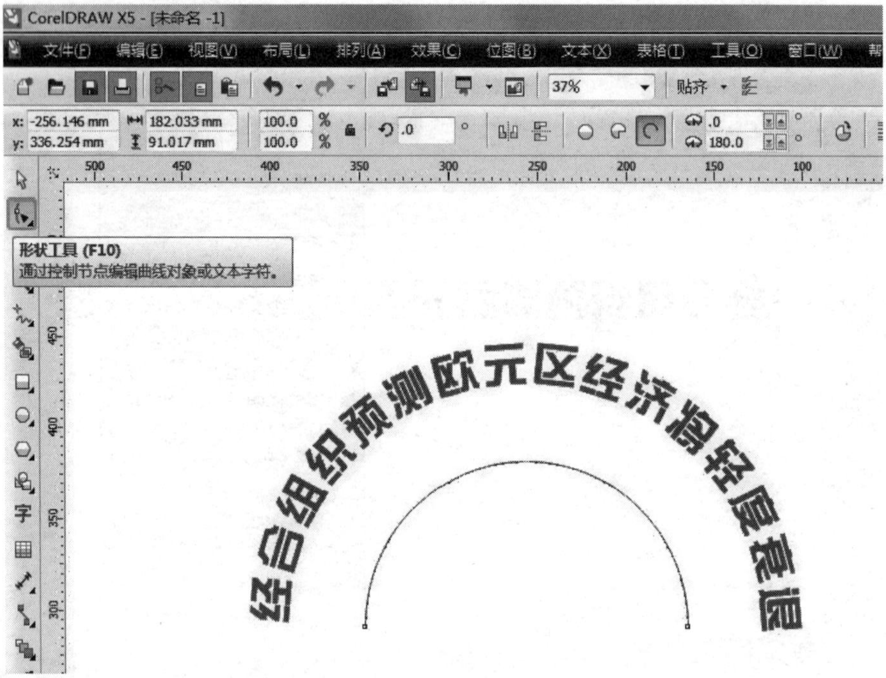

图附 2—66

（10）效果如图附 2—67 所示。

图附 2—67

三、数据图表的制作

数据是信息图表中的主要信息元素，如图附 2—68。

图附 2—68

常用的图形软件 CorelDraw 缺乏制图功能，需要图表编辑另辟蹊径，借助其他软件来完成图表的制作，再复制到 CorelDraw 中，实施美化，完成与其他图形的整合，其制作方法如下。

（1）打开 Office 2007 的 PPT，执行"插入——图表"命令（见图附 2—69）。

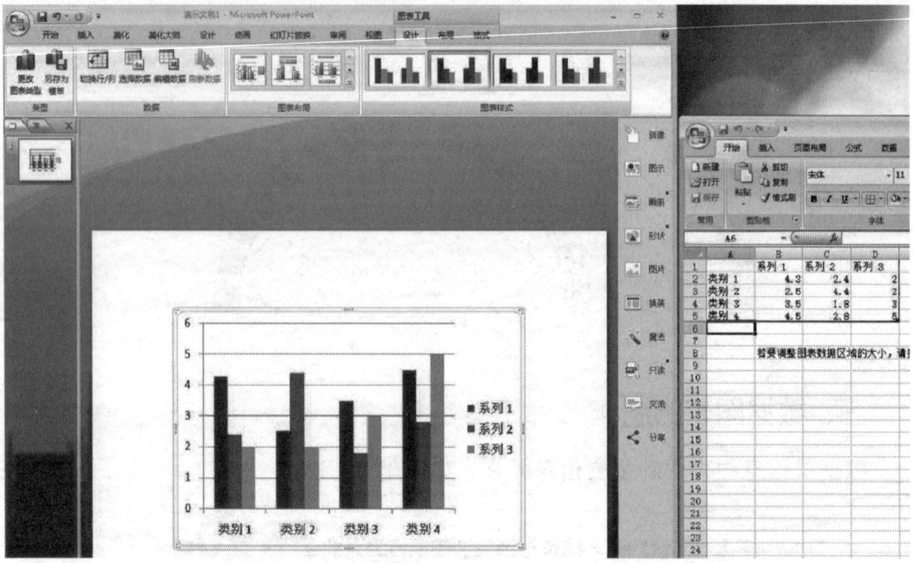

图附 2—69

（2）选中左侧 PPT 里的图表，按"Ctrl＋C"复制，在右侧 Excel 表格中找一个空白格，右键单击"选择性粘贴"（见图附 2—70）。

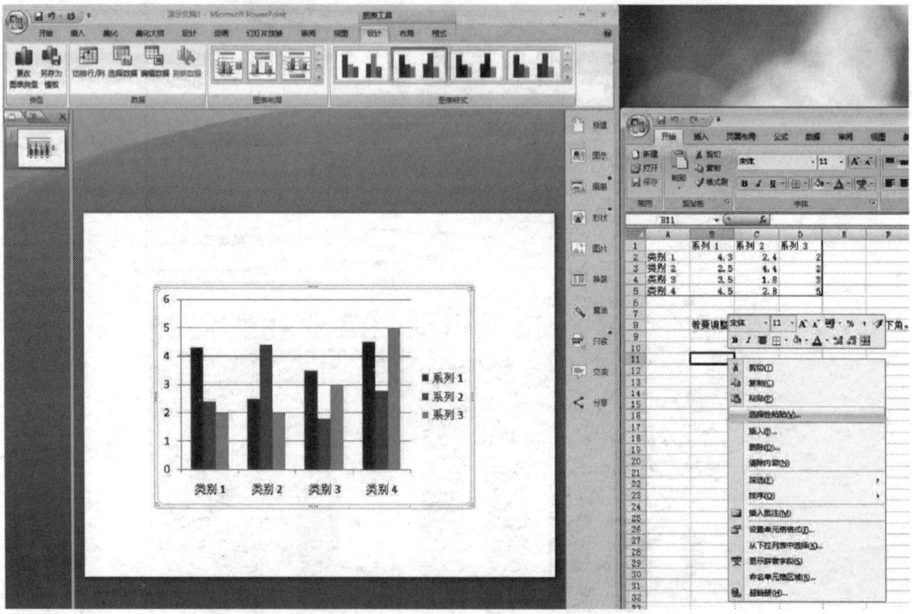

图附 2—70

（3）弹出"选择性粘贴"对话框，选择"图片（增强型图元文件）"一项，点击"确定"（见图附 2—71）。

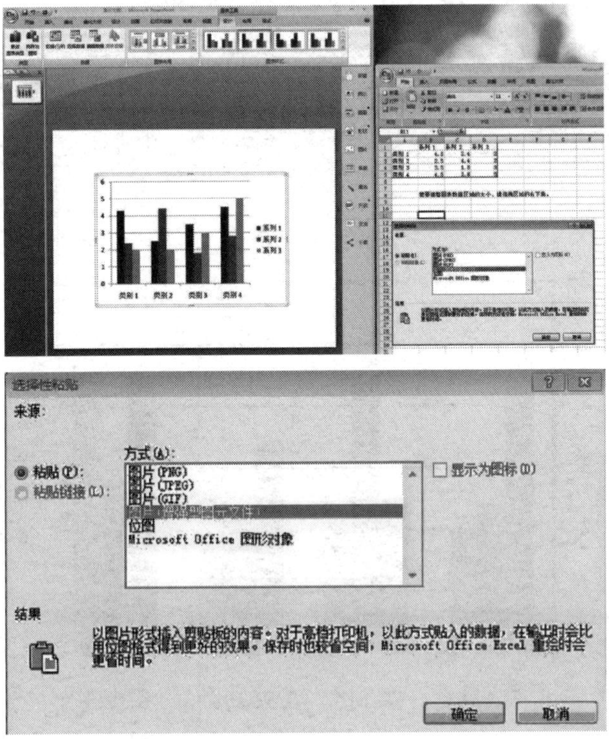

图附 2—71

（4）在右侧 Excel 表格中，单击刚才粘贴的图形，连续操作两次“组合——取消组合”，然后按“Ctrl+C”复制（见图附 2—72）。

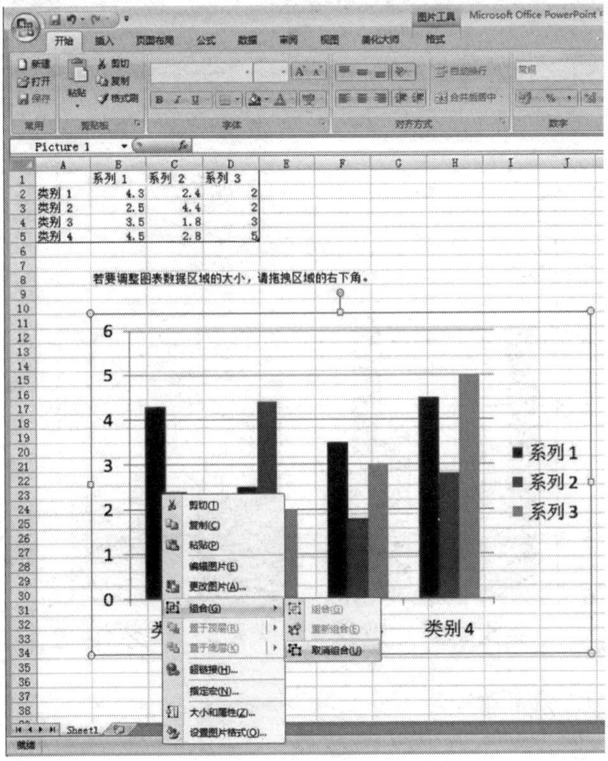

图附 2—72

（5）打开 CorelDraw，按“Ctrl＋V”粘贴（见图附 2—73）。

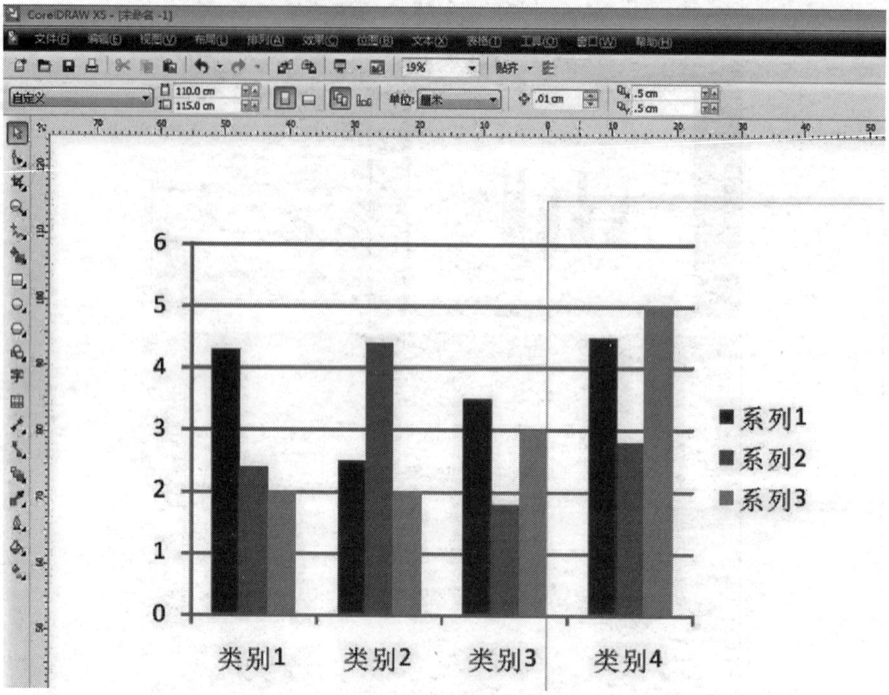

图附 2—73

（6）选中图表，单击右键，选择“取消群组”（见图附 2—74）。

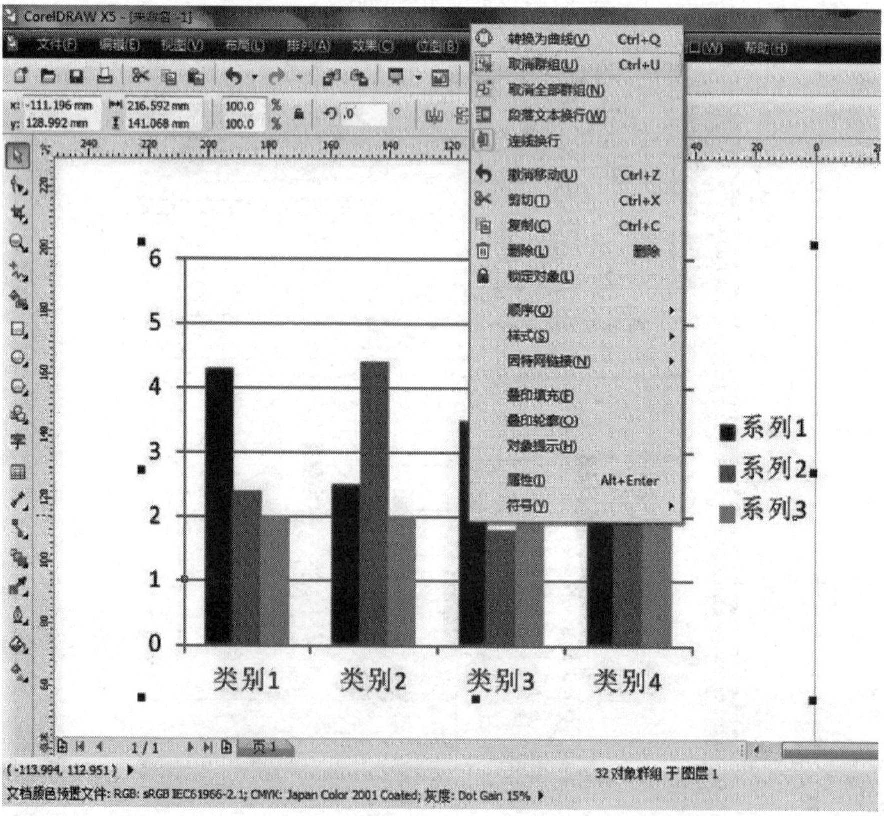

图附 2—74

（7）选中图表，单击右键“转换为曲线”（见图附 2—75）。

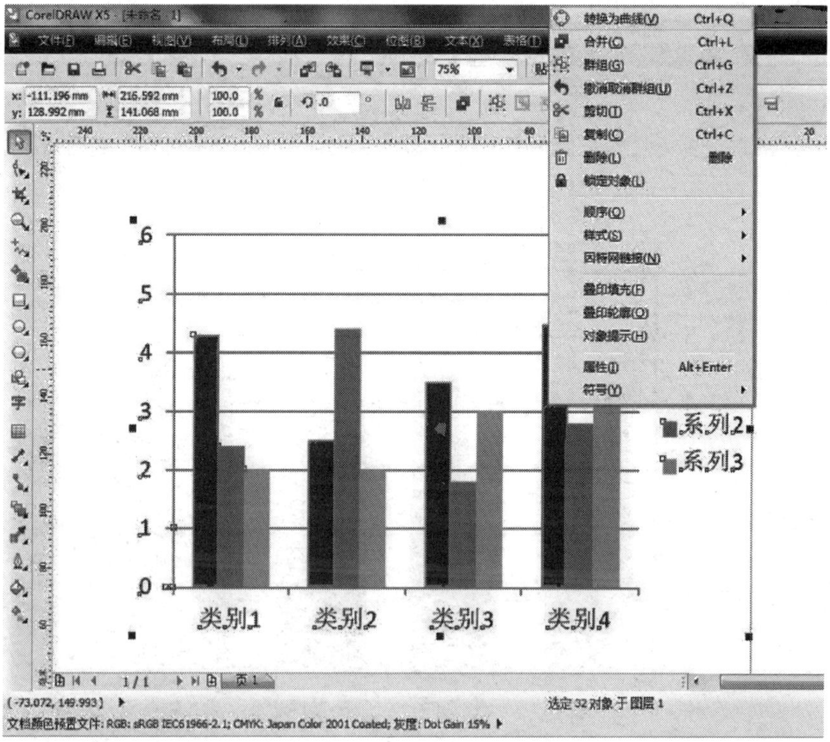

图附 2—75

（8）在空白处双击之后，图表变成下面这种状况（见图附 2—76）。

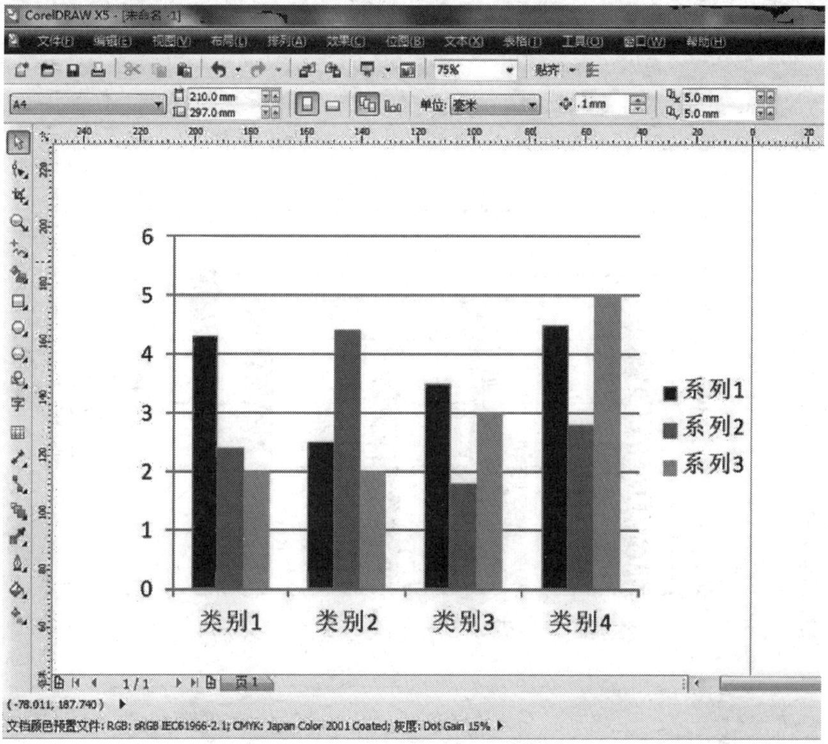

图附 2—76

（9）右键单击图形，选择“拆分曲线”，可以将柱形图打散，更改其颜色（如添加渐变效果等）（见图附 2—77）。

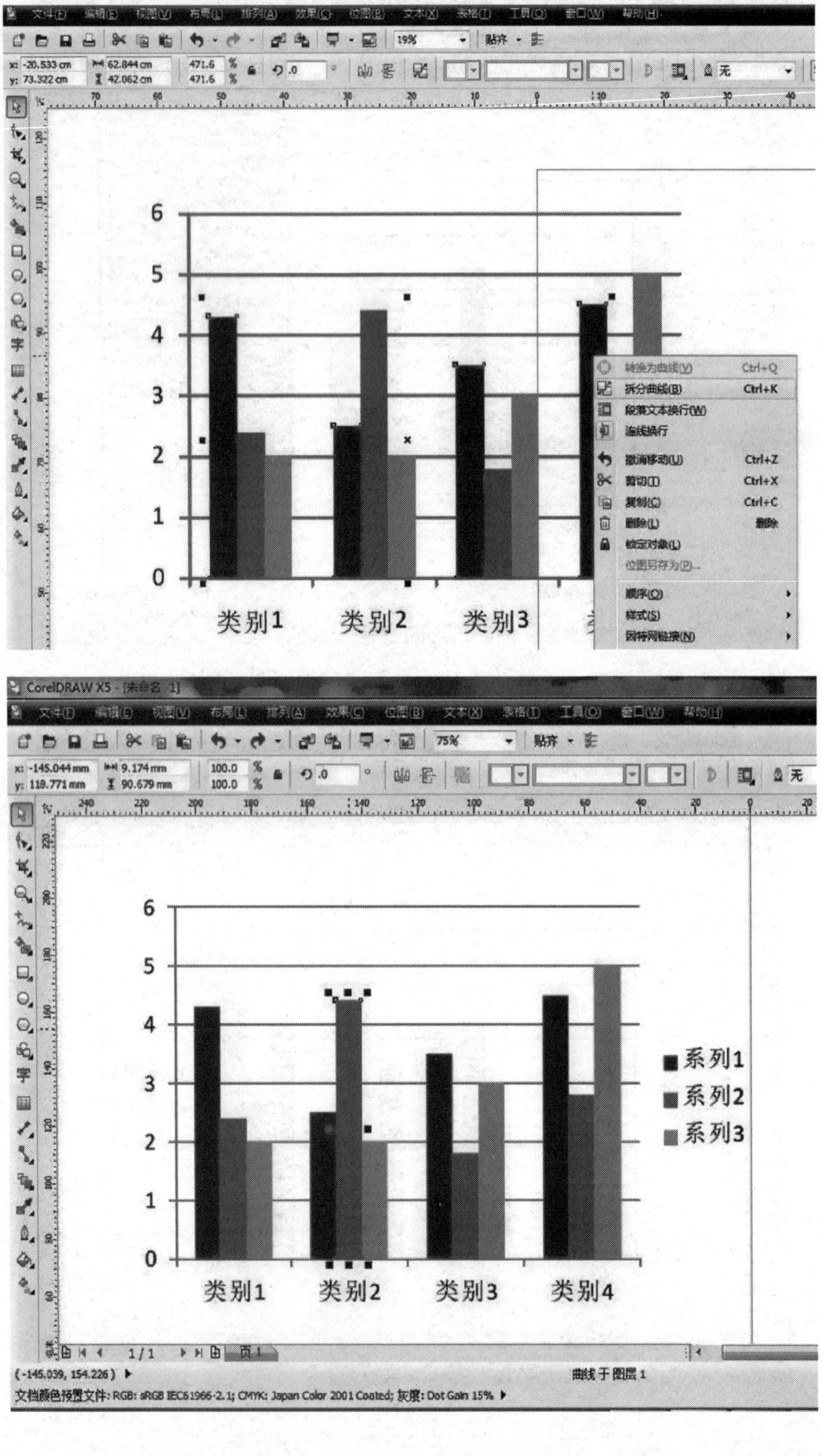

图附 2—77

（10）也可再次拆分曲线后处理（见图附 2—78）。

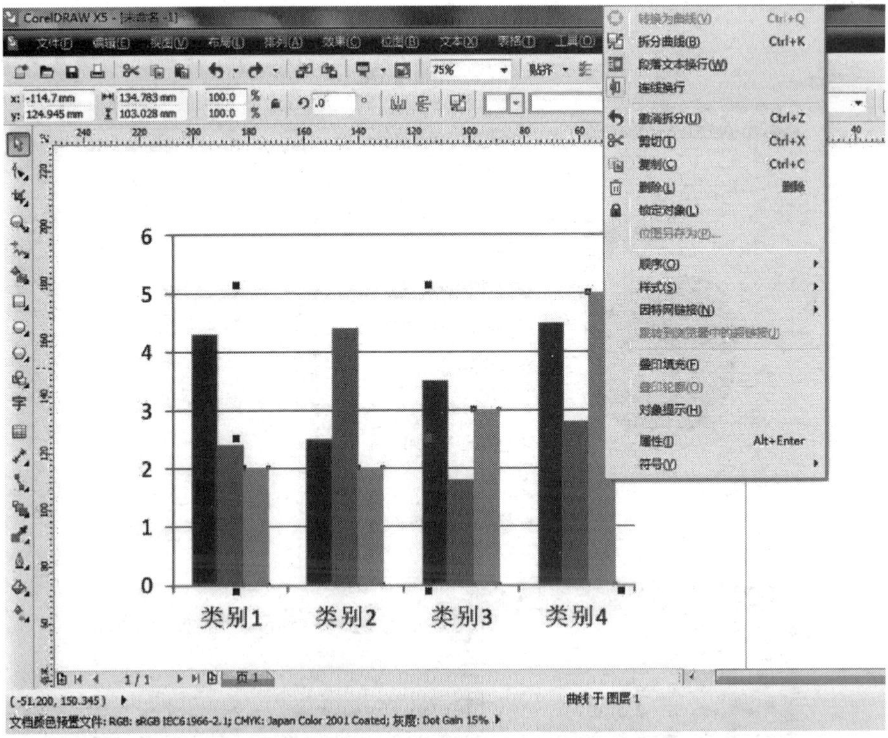

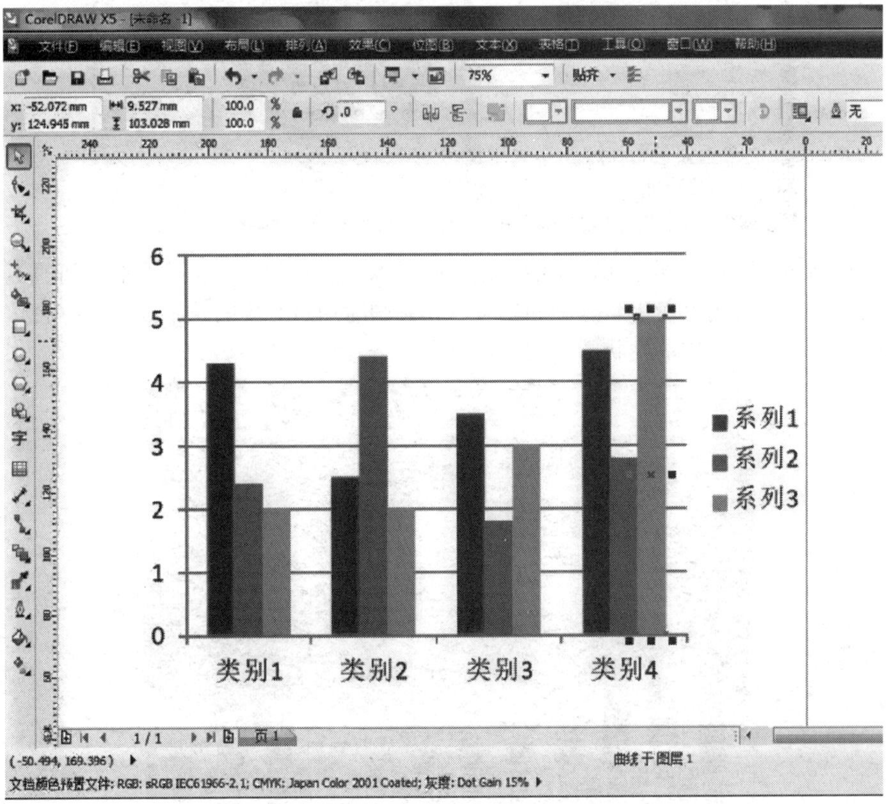

图附 2—78

（11）PPT 软件中还有很多美化图表的功能，比如设置饼图三维视图的角度（见图附 2—79）。

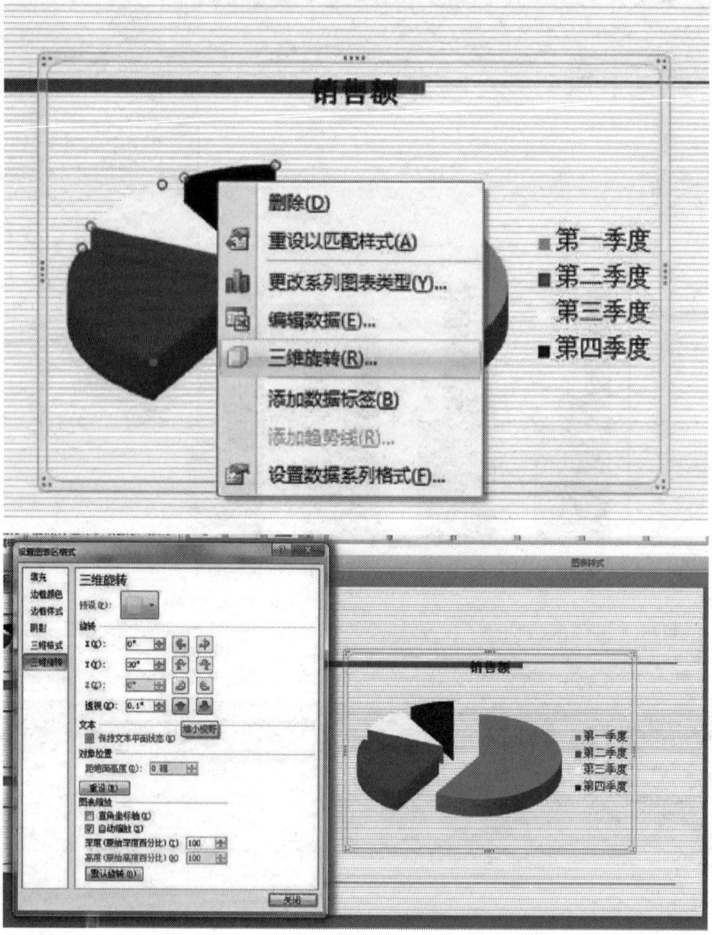

图附 2—79

在制图过程中，还存在数据的数值差距过大导致柱状图内条柱图形之间的不协调问题，从美观角度考虑，这一问题可以在制图时通过必要的技术处理来解决。如图附 2—80 中最左边的柱状图形的制作需要以下几个步骤。

图附 2—80

第一步，先用前面讲述的方法绘制一个柱形图，再在此基础上绘制一个小矩形，并倾斜放置在此柱形上面（见图附 2—81）。

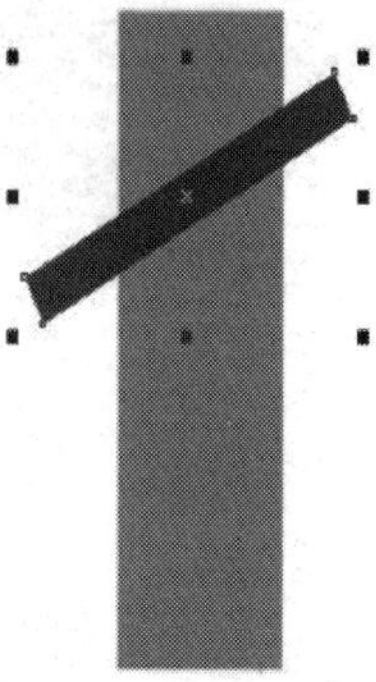

图附 2—81

第二步，选中这两个图形，执行工具栏上的“简化”命令（见图附 2—82）。

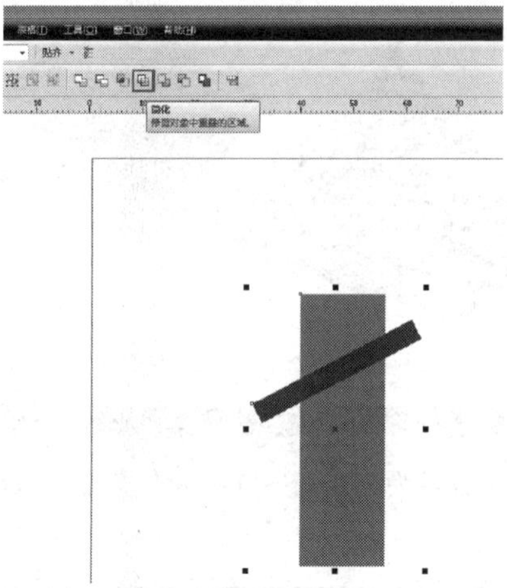

图附 2—82

第三步，可得到如下结果（见图附 2—83）。

图附 2—83

四、eps 文件在 Illustrator 与 CorelDraw 之间的转换

互联网素材网站中，有许多精美的 eps 格式的元素，这种格式的元素在 CorelDraw 软件中不能直接使用，必须经过 Illustrator 软件的转换，才能导入 CorelDraw 软件中。

（1）在 Illustrator 中直接打开 eps 格式文件“黄金 3D 小人与金条”，然后点击

“文件——存储为”（见图附 2—84）。

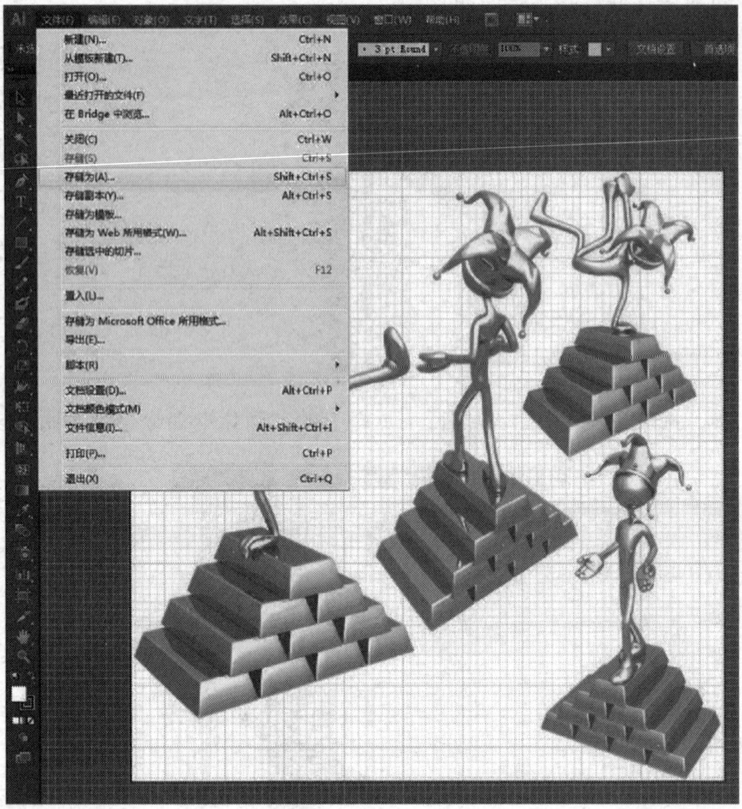

图附 2—84

（2）将新存储的文件命名为“黄金 3D 小人与金条- CDR”，保存为 ai 格式（见图附 2—85）。

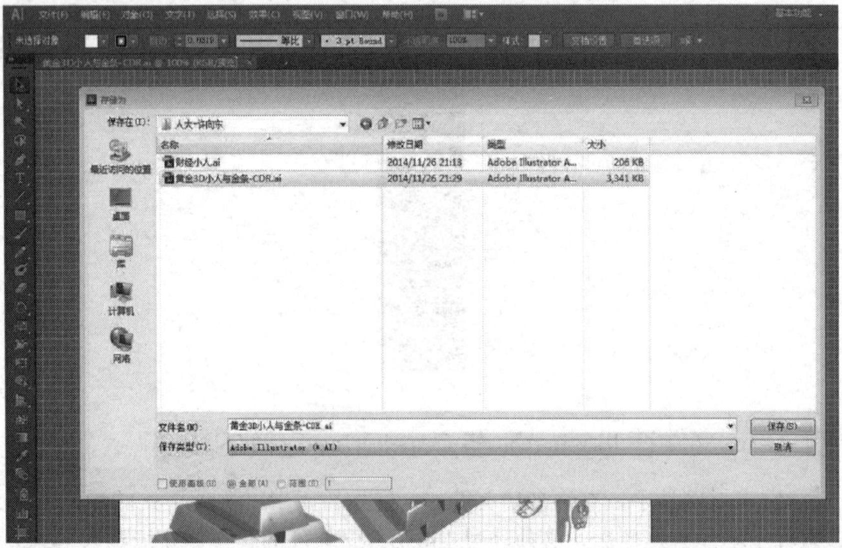

图附 2—85

（3）弹出“Illustrator 选项”窗口，“版本”选择“Illustrator 8”或者更低版本。“选项”如果保存为 Illustrator 10 以上版本，要将“使用压缩”前面的对勾去掉。点击“确定”按钮（见图附 2—86）。

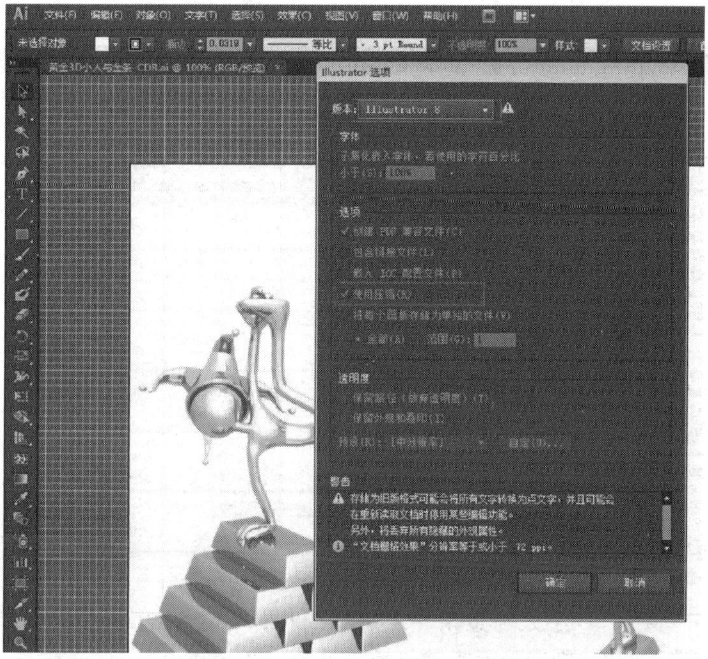

图附 2—86

（4）打开 CorelDraw，点击“文件——导入”（见图附 2—87）。

图附 2—87

（5）找到刚才保存的“黄金 3D 小人与金条-CDR”文件，点击“导入”（见图附 2—88）。

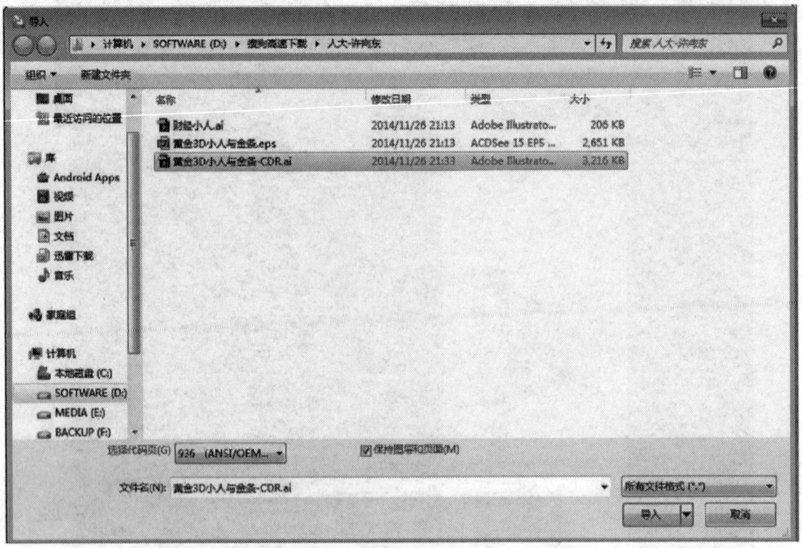

图附 2—88

（6）将“黄金 3D 小人与金条- CDR”文件导入 CorelDraw 中。选择图形，右键单击“取消群组”，则图形元素被打散（见图附 2—89）。

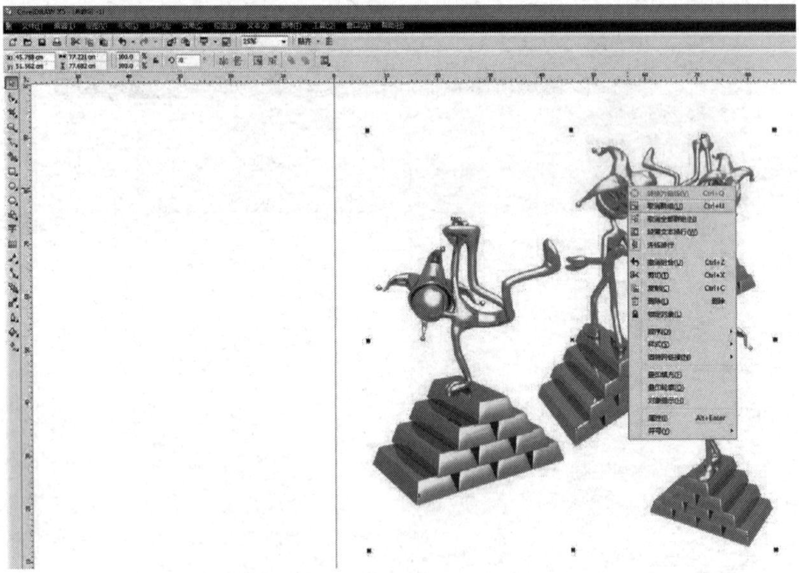

图附 2—89

要点：Illustrator 或者 eps 格式的文件，如果想在 CorelDraw 中打开，需要先另存为 AI 8.0 以下的版本，再用高一点的 CorelDraw 版本，执行“导入”命令即可。

五、云标签的制作

从信息传达的质量和数量的角度考虑，词云图并不实用，但是在信息图表中偶见使用，且表现手法比较新颖，故推荐给大家，偶尔的尝试也未尝不可。

（1）输入网址：http：//www. tagxedo. com，打开网页，云标签是在线制作的（见图附 2—90）。有时可能需要“翻墙”。

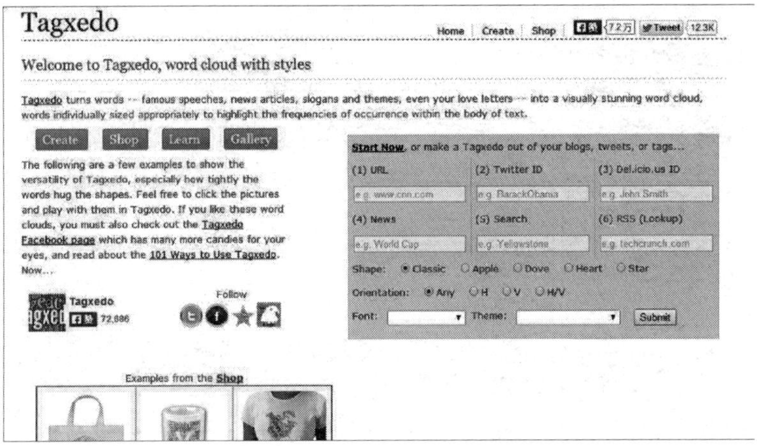

图附 2—90

（2）点击“create”，转到以下页面（见图附 2—91）。

图附 2—91

（3）从网上搜索需要制作的文本，并保存为 txt 文件（见图附 2—92）。

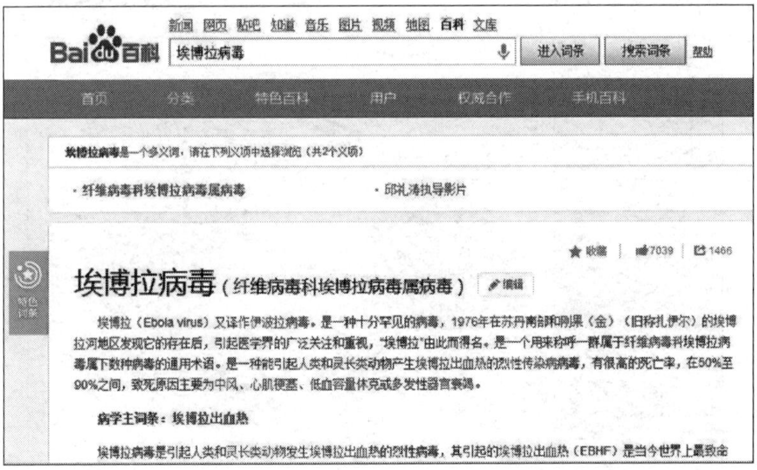

图附 2—92

（4）点击“load”，转到以下页面（见图附 2—93）。

图附 2—93

（5）用“Ctrl＋C”和“Ctrl＋V”完成复制粘贴（见图附 2—94）。

图附 2—94

（6）点击“submit”，转到以下页面（见图附 2—95）。

图附 2—95

(7) 点击“shape”后面的小三角（见图附 2—96）。

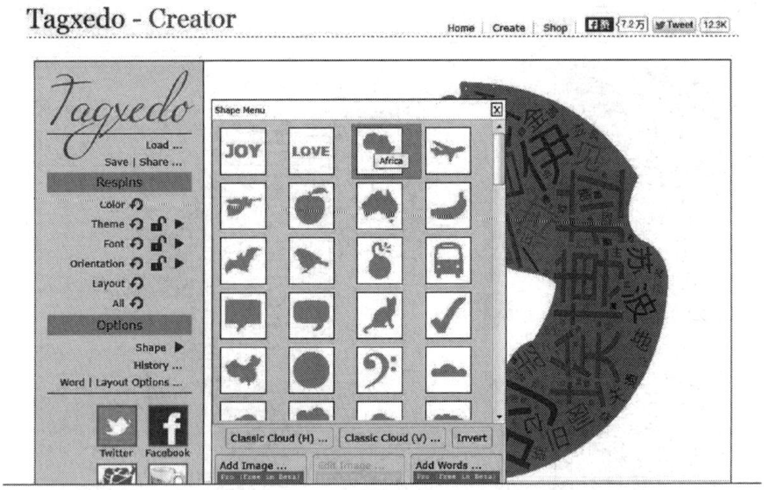

图附 2—96

(8) 选择“非洲”地图的图形，转到以下页面（见图附 2—97）。

图附 2—97

(9) 点击“orientation”后面的小三角，调整文字的走向（见图附 2—98）。

图附 2—98

(10) 选择“H/V (erthegonal)”(水平和垂直)后的文字走向，效果如图附 2—99 所示。

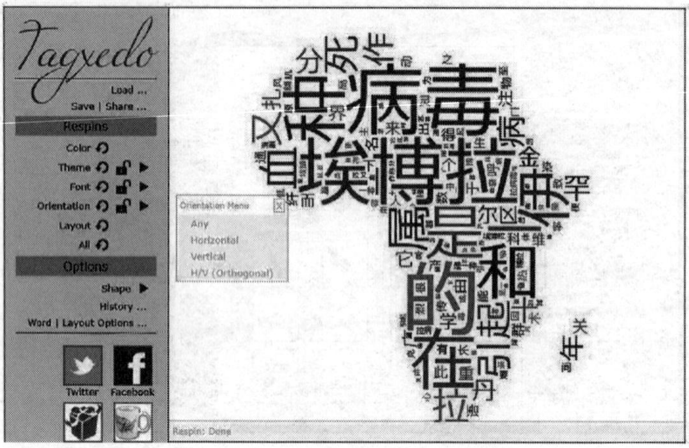

图附 2—99

(11) 点击“Theme”后面的小三角，调整文字的色彩(见图附 2—100)。

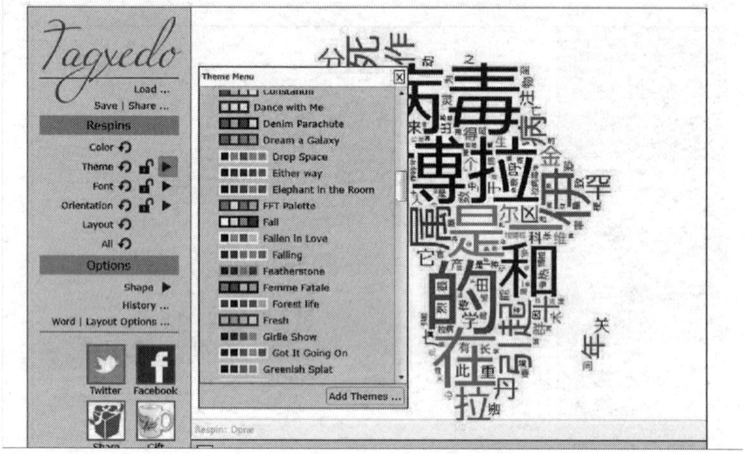

图附 2—100

(12) 还可以点击“Color”，调整文字的色彩(见图附 2—101)。

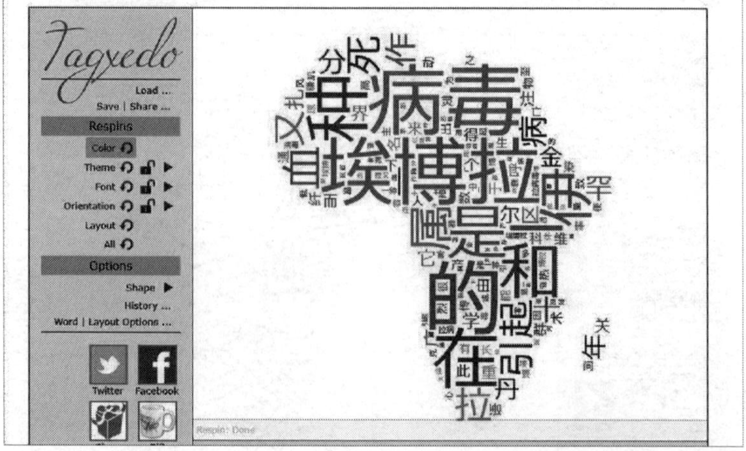

图附 2—101

（13）点击“word/layout”，没有经过“分词”的，选“Yes”（见图附 2—102）。

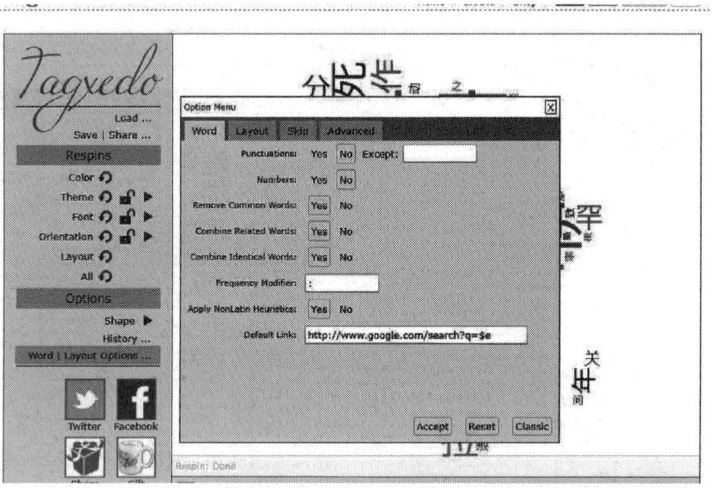

图附 2—102

（14）拖动“Tightness”上的滑块，设置字间距（见图附 2—103）。

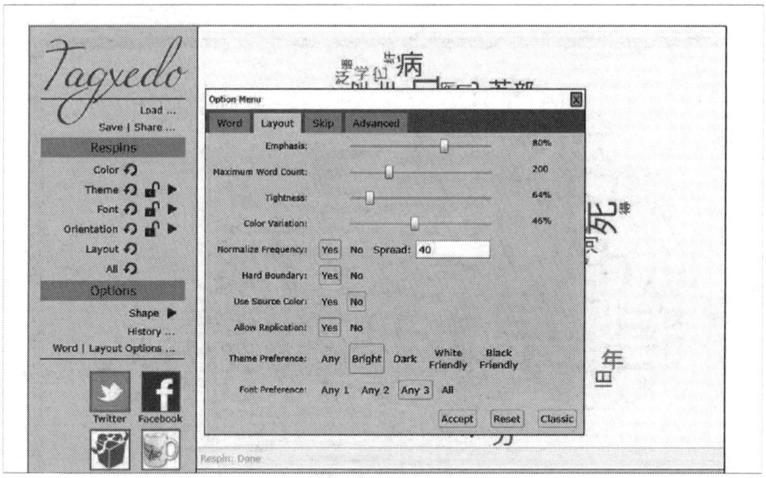

图附 2—103

（15）调整字间距之后的效果（见图附 2—104）。

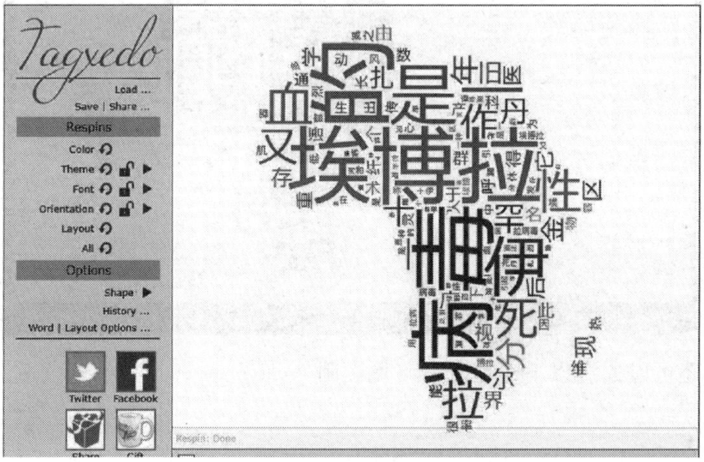

图附 2—104

（16）点击“save/share”之后保存和分享（见图附 2—105）。

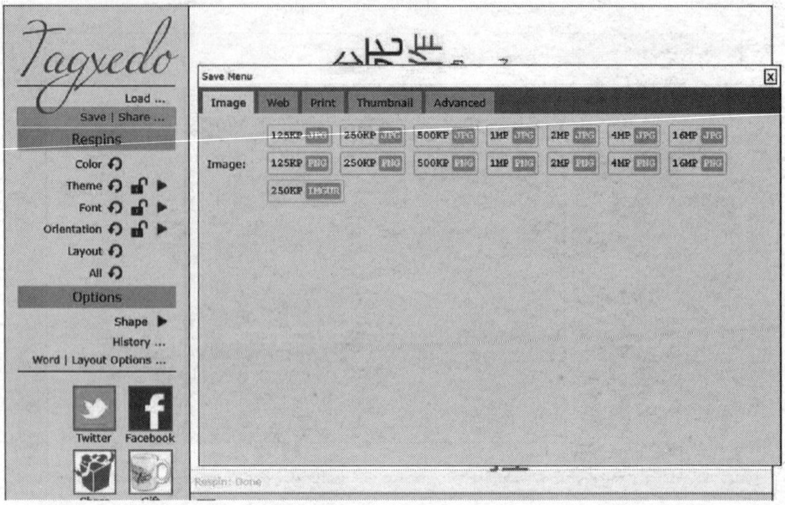

图附 2—105

（17）最后的效果如图附 2—106 所示。

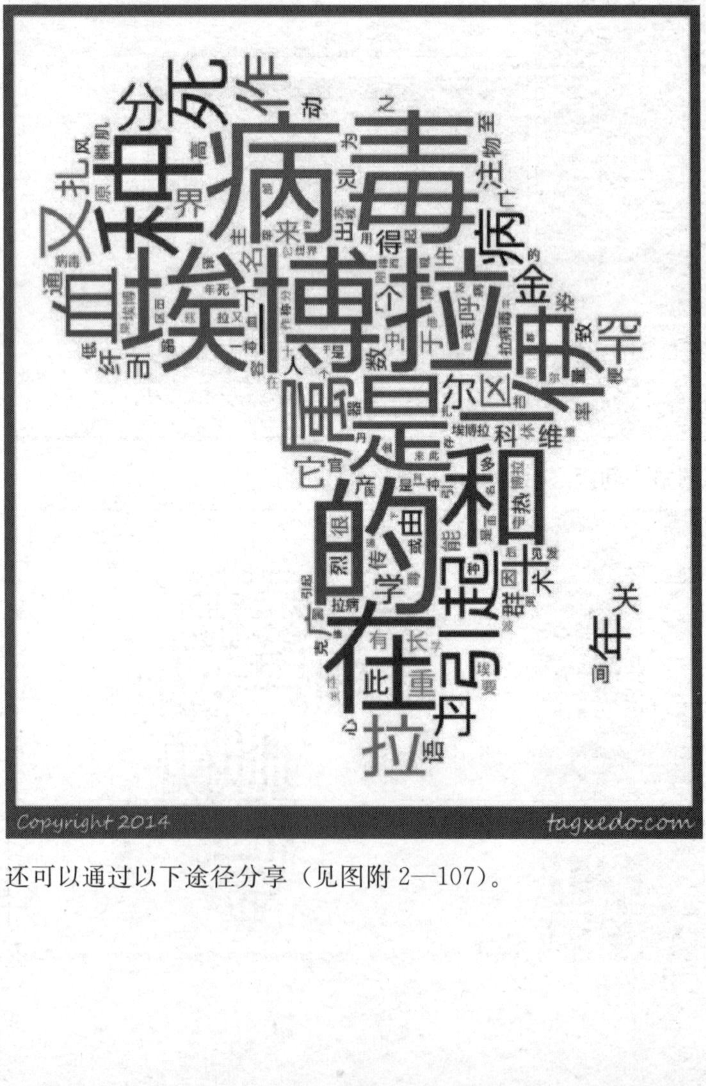

图附 2—106

（18）还可以通过以下途径分享（见图附 2—107）。

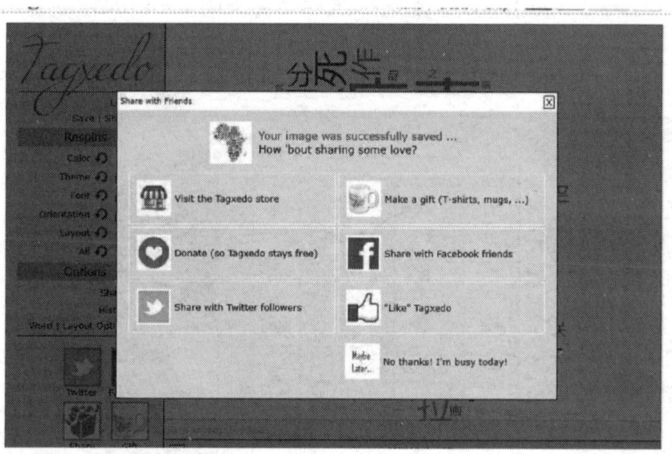

图附 2—107

下面以莫言头像为例，制作个性化主题词云图。

第一步，搜索关于莫言的照片和文本介绍，文本文件保存为 txt 文件，然后复制粘贴到下面的页面中（见图附 2—108）。

图附 2—108

第二步，提交之后，效果如图附 2—109 所示。

图附 2—109

第三步，点击“Add Image”来选择照片（见图附 2—110）。

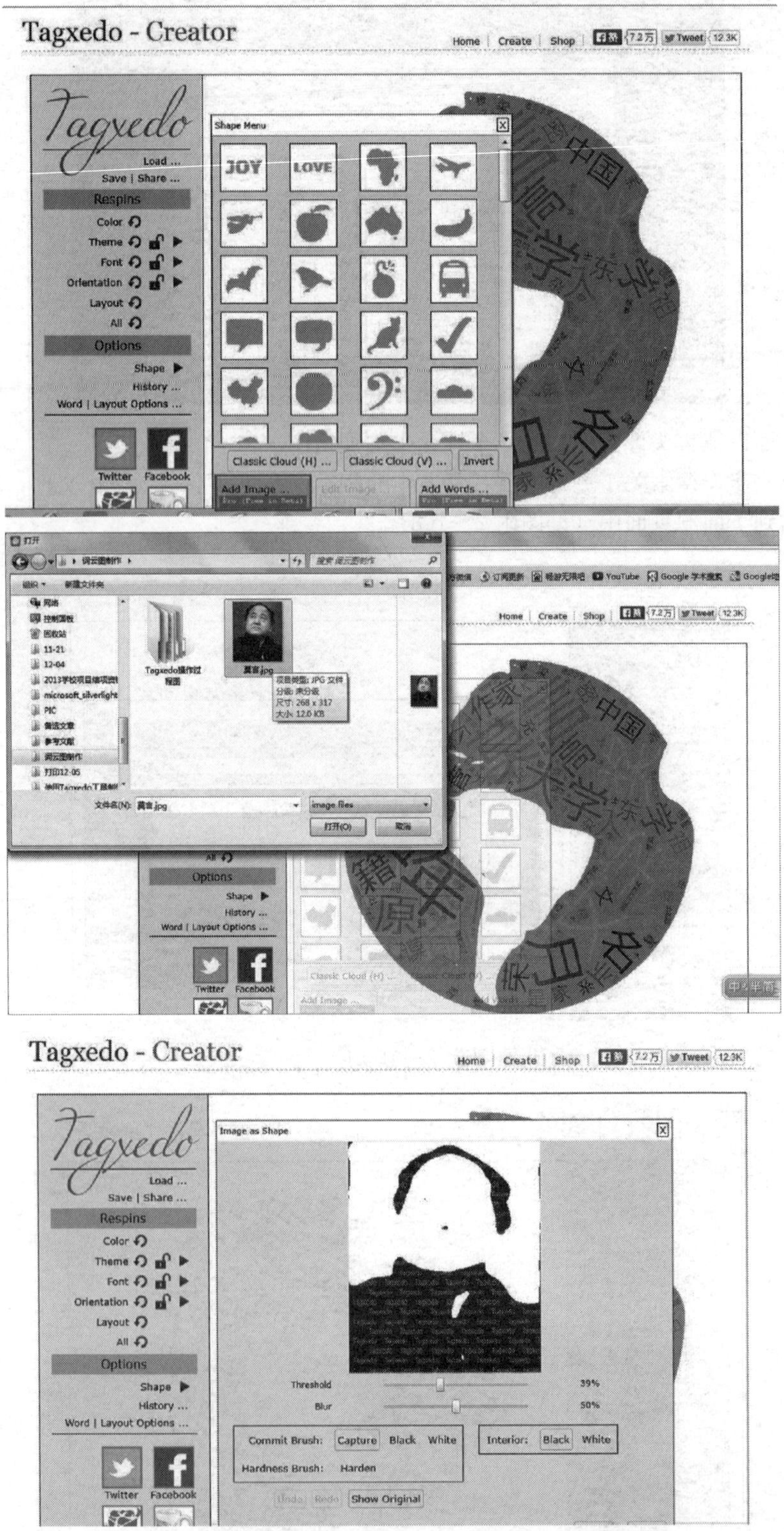

图附 2—110

第四步，调节“Threshold”和“Blur”，待图像符合要求之后点击“Accept”（见图附 2—111）。

图附 2—111

六、3D 小人的搜索与处理

3D 小人在信息图表中经常出现，有时它指代新闻事件中的人物，有时仅起装饰作用，有时通过 3D 小人的动作或表情来渲染所传递信息的氛围（见图附 2—112）。

图附 2—112

3D 小人具有较强的立体感，如果通过三维软件来制作的话，将会耗费较多的时间和精力，最简洁、有效的方式是从百度图片里搜关键词“3D 小人”，然后下载符合自己需要的。3D 小人是位图，不能在 CorelDraw 中进行调整。需要先在 PhotoShop里用“魔术棒”或“钢笔”工具修去白色背景，再存为 png 格式（背景透明），之后导入 CorelDraw 中使用。

(一) 使用“魔术棒”抠图

使用“魔术棒”工具抠图具体步骤如下。

(1) 在 PhotoShop 中打开一张素材图（见图附 2—113）。

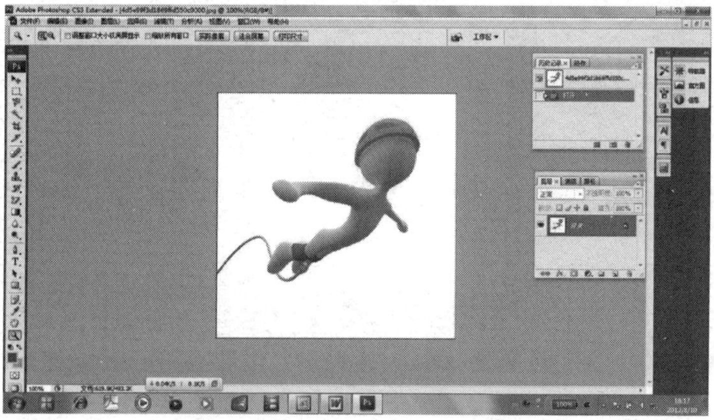

图附 2—113

(2) 选中“背景”图层，按住左键，拖动到“新建图层”按钮上（见图附 2—114）。

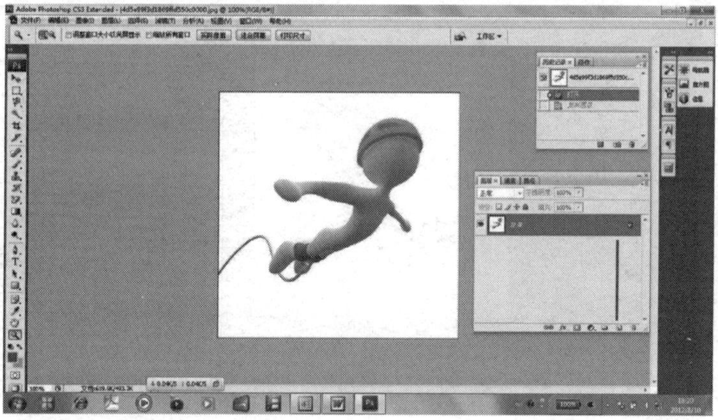

图附 2—114

(3) 放开鼠标左键，得到一个“背景副本”图层（见图附 2—115）。

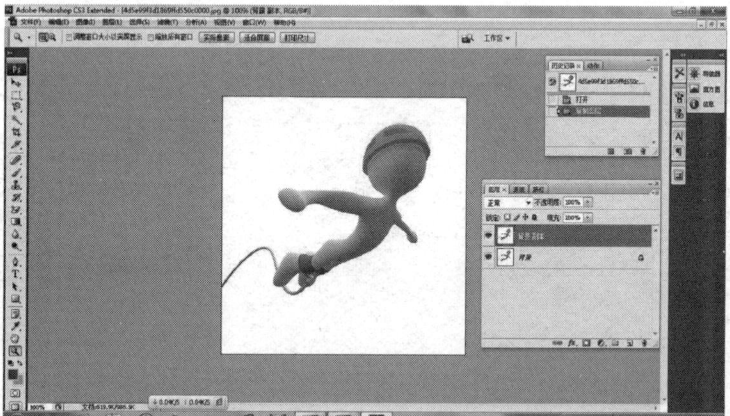

图附 2—115

（4）点击“背景”图层前面的“眼睛”，则“眼睛”消失，“背景”图层被隐藏（见图附 2—116）。

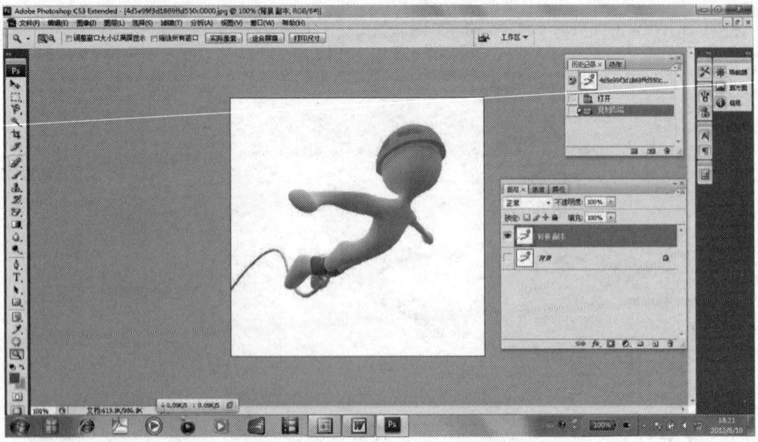

图附 2—116

（5）选择工具栏内的“魔术棒”工具（见图附 2—117）。

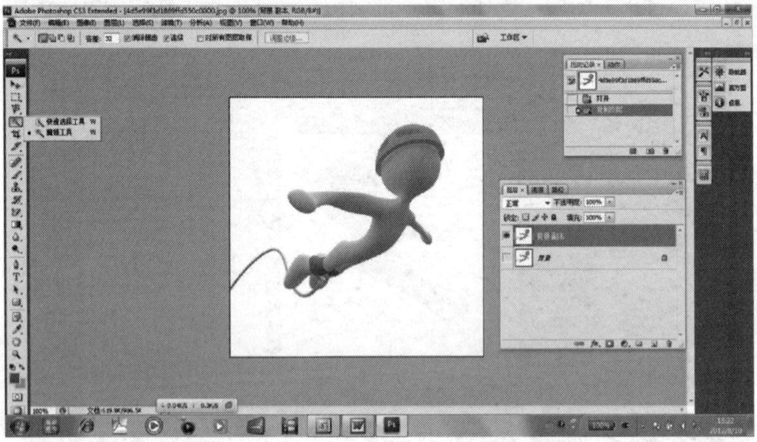

图附 2—117

（6）用“魔术棒”点选“背景副本”图层的白色区域，并按 Delete 键删除（见图附 2—118）。

图附 2—118

（7）执行“文件——存储为”命令（见图附 2—119）。

图附 2—119

（8）选择图片存储格式为 png，导入 CorelDraw 即可使用（见图附 2—120）。

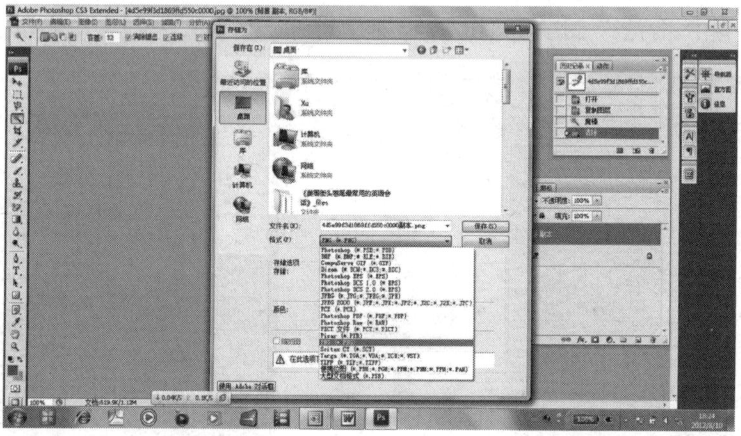

图附 2—120

（二）使用“钢笔”抠图

有时“魔术棒”工具无法完整抠图，就需要选择“钢笔”工具（见图附 2—121），其具体步骤如下。

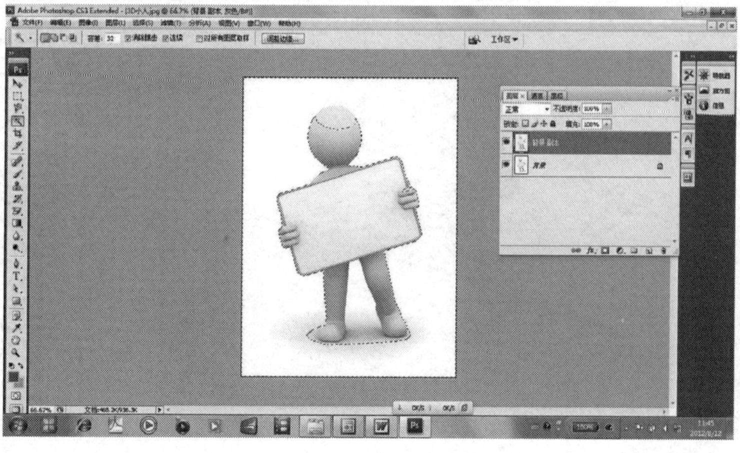

图附 2—121

（1）打开需要抠的图之后，选中“钢笔”工具，并单击属性栏中的“路径”按钮（见图附2—122）。

图附 2—122

（2）选中“背景”图层，按住左键，拖动到“新建图层”按钮上（见图附2—123）。

图附 2—123

（3）用“钢笔”工具勾画轮廓（见图附2—124）。

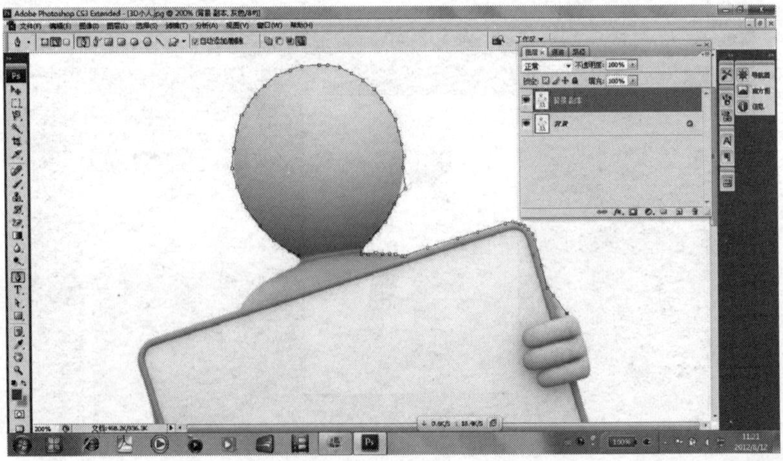

图附 2—124

（4）用“直接选择”工具调整轮廓节点（见图附 2—125）。

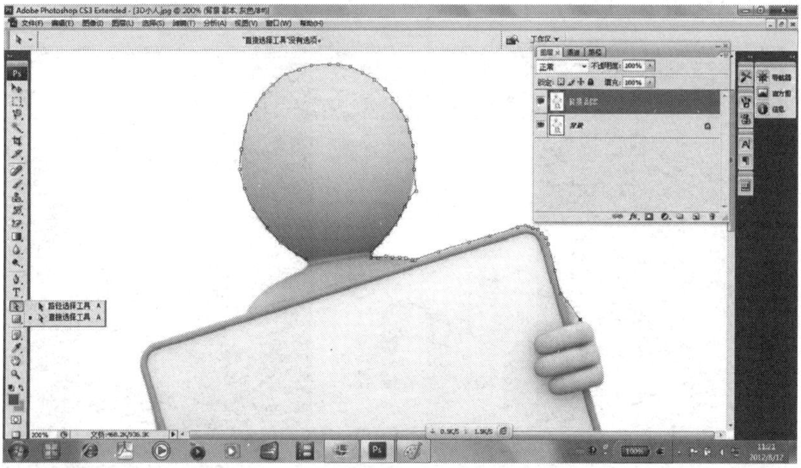

图附 2—125

（5）切换到“路径面板”，并单击“将路径作为选区载入”按钮（见图附 2—126）。

图附 2—126

（6）效果如图附 2—127 所示。

图附 2—127

（7）切换回“图层面板”，会看到勾画的轮廓为虚线。按“Ctrl＋C”复制虚线内的图像（见图附2—128）。

图附2—128

（8）按“Ctrl＋V”粘贴图像，PhotoShop软件会自动新建一个图层（见图附2—129）。

图附2—129

（9）点击“背景”和“背景副本”图层前面的“眼睛”（见图附2—130）。

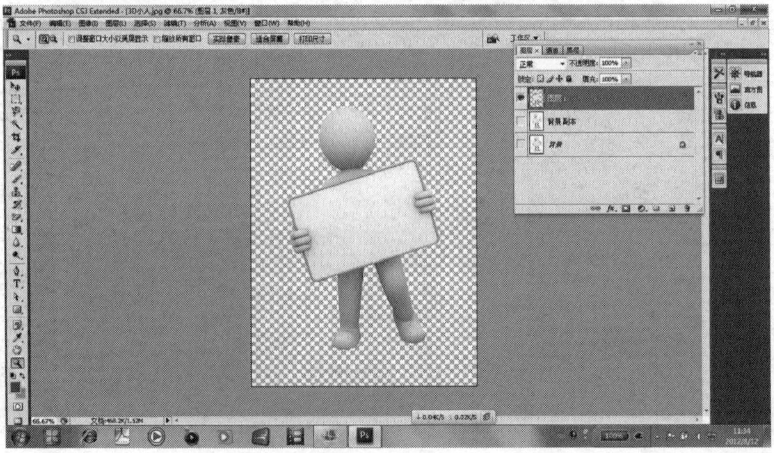

图附2—130

（10）执行“文件——存储为”命令（见图附 2—131）。

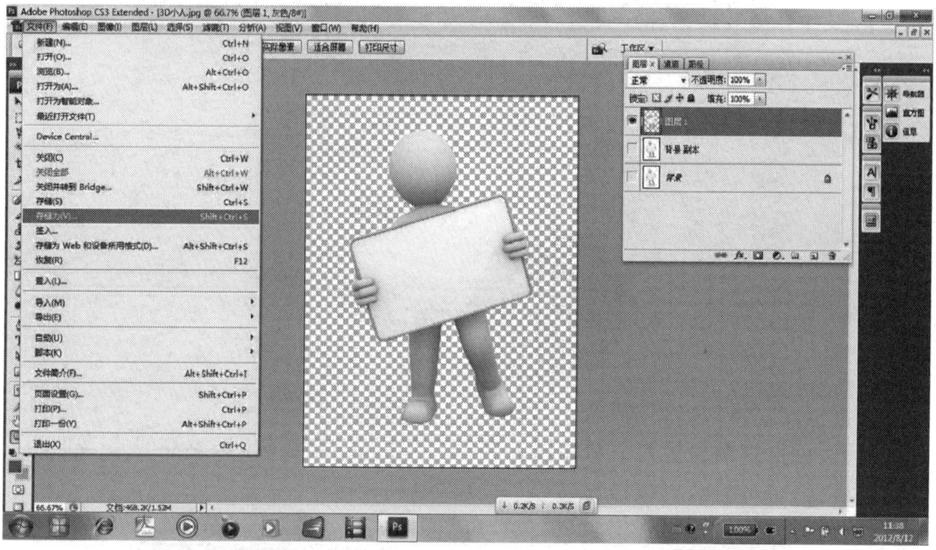

图附 2—131

（11）选择图片存储格式为 png 格式（见图附 2—132）。

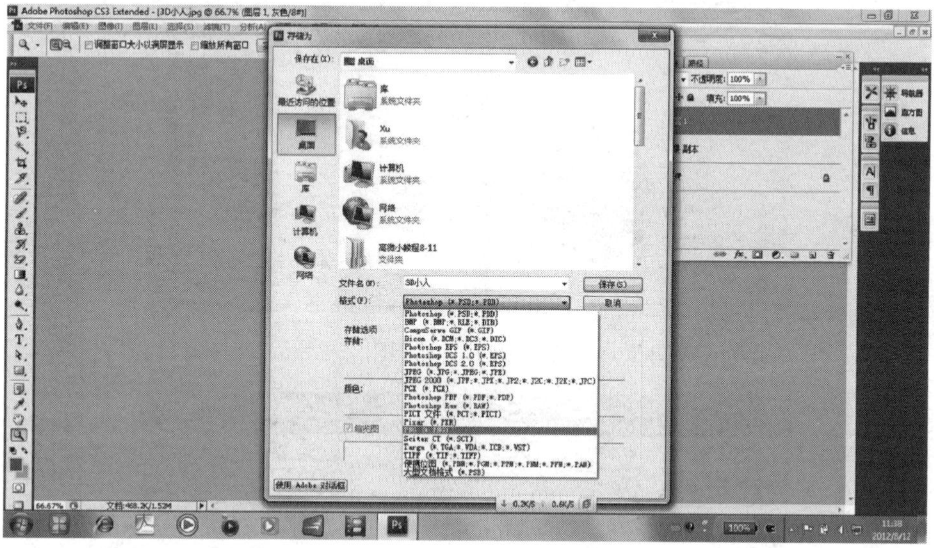

图附 2—132

七、立体小球和水晶小球的制作方法

立体小球和水晶小球在图表中常常被缩小后充当一个点，来标明时间点、地点或者事物发展过程中的关键点。之所以用装饰性强的立体小球和水晶小球，是因为其视觉效果更美观、更醒目，更易于凸显该点的重要性。

（一）立体小球的制作方法

（1）按着 Ctrl 键画圆形，从调色板中选择颜色（见图附 2—133）。

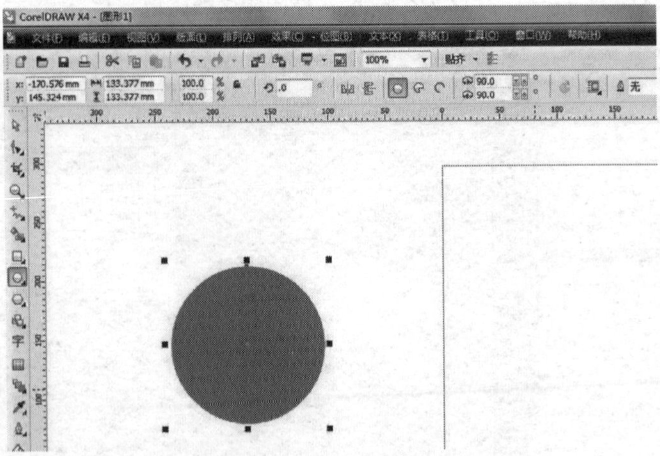

图附 2—133

（2）选择“渐变填充”对话框，“类型”选择“射线”，调整高光点（见图附 2—134）。

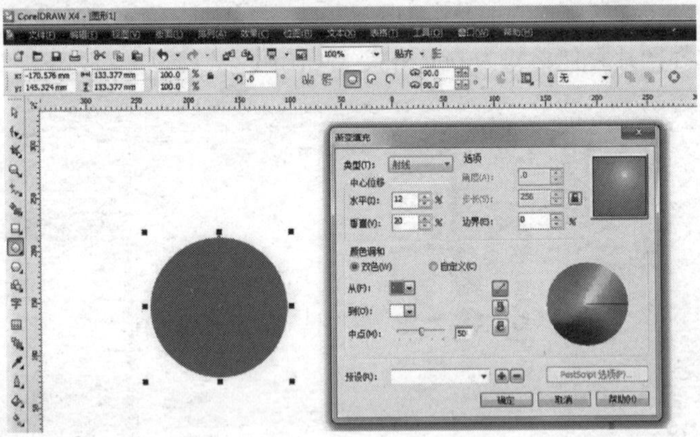

图附 2—134

（3）用“交互式透明工具”进行加工（见图附 2—135）。

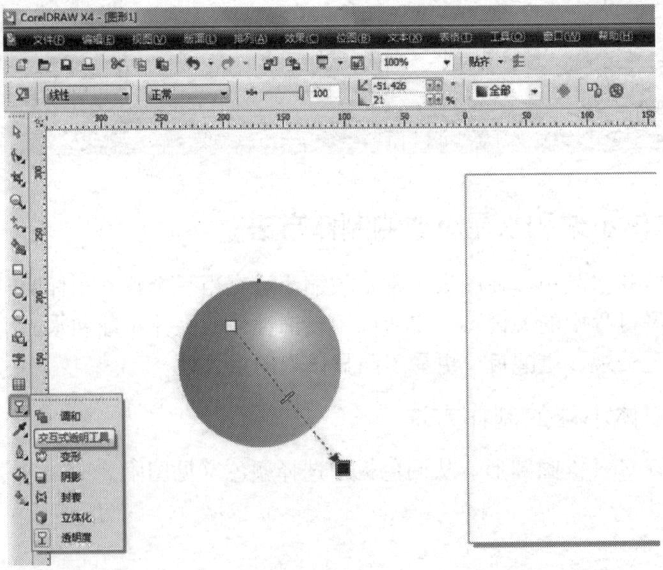

图附 2—135

(4) 有时为了更逼真，可以用“交互式阴影工具”添加阴影（见图附 2—136）。(在图表中有时则需要省略阴影)

图附 2—136

(5) 设置阴影的颜色（见图附 2—137）。

图附 2—137

(6) 设置阴影的透明度（见图附 2—138）。

图附 2—138

（7）设置阴影的羽化程度（见图附 2—139）。

图附 2—139

（8）最终效果如图附 2—140 所示。

图附 2—140

（二）水晶小球的制作方法

（1）按住 Ctrl 键画圆，选择“均匀填充”的模型为 RGB，数值分别是 63、106、205（见图附 2—141）。

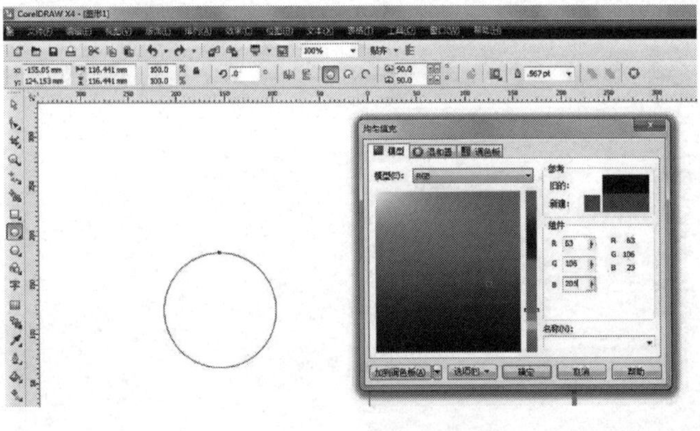

图附 2—141

（2）复制圆形，将其压扁缩小，选择“均匀填充”的模型为 RGB，数值分别是 187、255、254（见图附 2—142）。

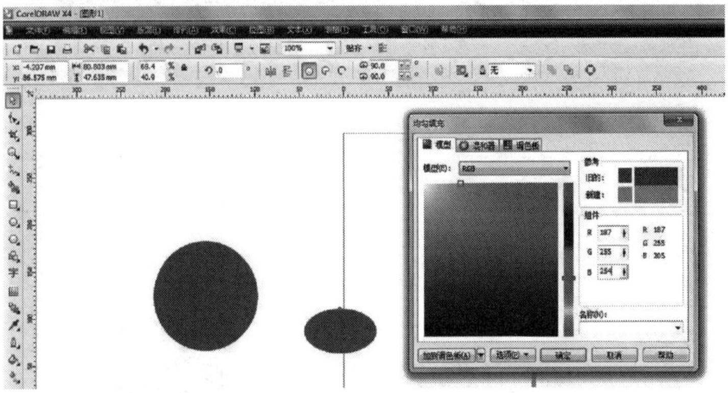

图附 2—142

（3）把填好色的两个图形“垂直居中对齐”（见图附 2—143）。

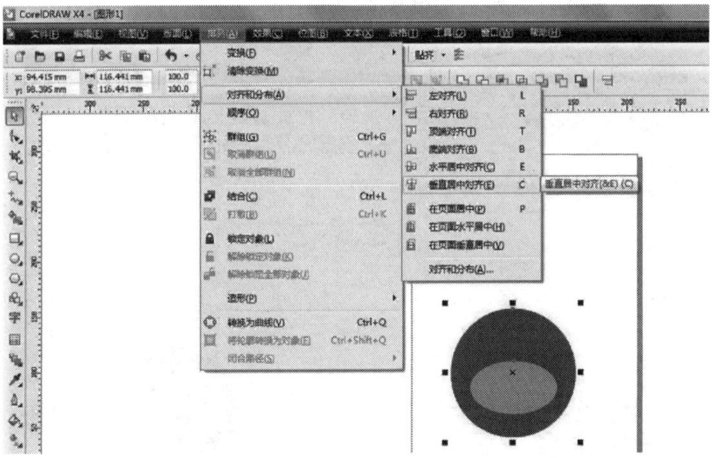

图附 2—143

（4）用“交互式调和工具”将两个图形“调和”（见图附 2—144）。

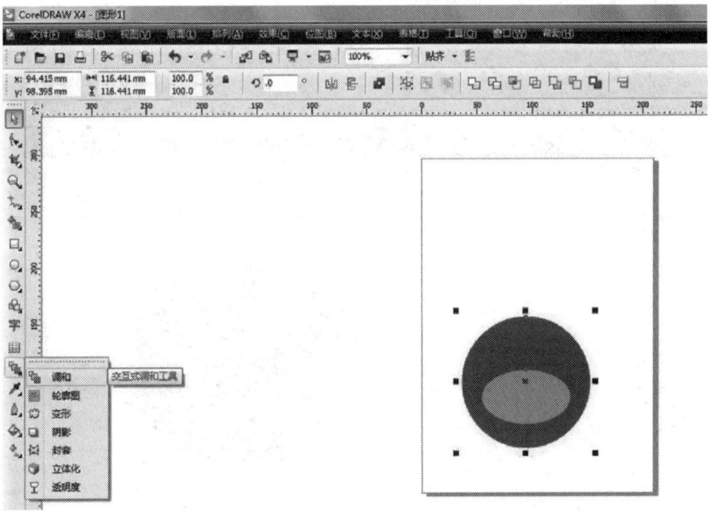

图附 2—144

（5）将“步数”调整为 40，效果如图附 2—145 所示。

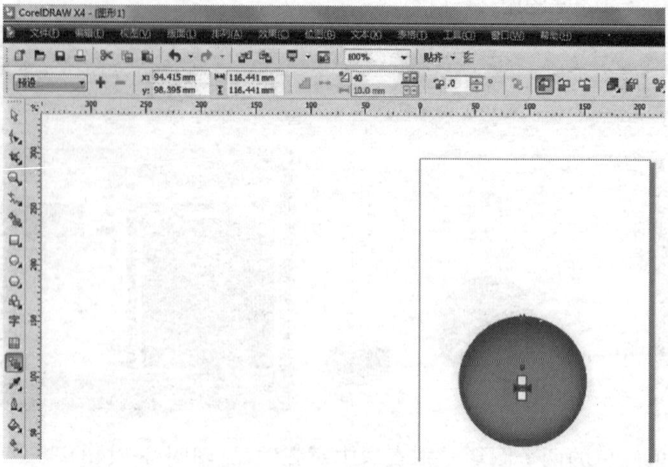

图附 2—145

（6）用“交互式透明工具”进行操作（见图附 2—146）。

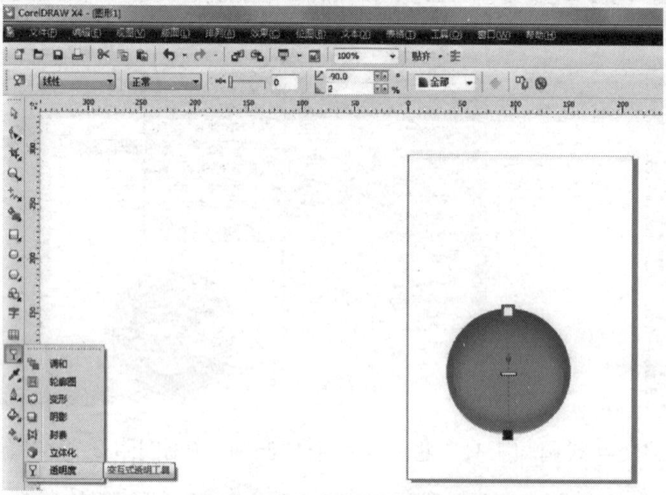

图附 2—146

（7）用“交互式阴影工具”添加阴影，调整阴影的颜色、羽化和不透明数值（见图附 2—147）。

图附 2—147

参考文献

蔡雯，许向东，方洁．新闻编辑学（第三版）．北京：中国人民大学出版社，2014.

陈振平．报纸设计新概念．福州：福建人民出版社，2004.

甘险峰．新闻图片与报纸编辑．福州：福建人民出版社，2008.

刘晓璐．经典报纸版式设计．广州：广东人民出版社，2008.

任悦．视觉传播概论．北京：中国人民大学出版社，2008.

孙皓琼．图形对话——什么是信息设计．北京：清华大学出版社，2011.

许期卓．美国报纸视觉设计．北京：中国人民大学出版社，2008.

肖勇，张尤亮，图雅．信息设计．武汉：湖北美术出版社，2010.

余志鸿．传播符号学．上海：上海交通大学出版社，2007.

卓培荣主编．传媒发展与未来规划．北京：新华出版社，2007.

姚鹤鸣．传播美学导论．北京：北京广播学院出版社，2001.

张咏华．媒介分析：传播技术神话的解读．上海：复旦大学出版社，2002.

张向春．新闻仿真制图．北京：清华大学出版社，2008.

[美] 鲁道夫·阿恩海姆．视觉思维：审美直觉心理学．成都：四川人民出版社，1998.

[美] 鲁道夫·阿恩海姆．艺术与视知觉．成都：四川人民出版社，1998.

[美] 布雷恩·S·布鲁克斯，詹姆斯·L·平森，杰克·Z·西索斯．编辑的艺术（第八版）．北京：中国人民大学出版社，2009.

[美] 保罗·M·莱斯特．视觉传播：形象载动信息．北京：北京广播学院出版社，2003.

[美] 查尔斯·科斯特尼克，戴维·D·罗伯茨．视觉语言设计：职业传播者策略．北京：中国人民大学出版社，2005.

[美] 塞西莉亚·弗兰德，唐纳德·查林杰，凯瑟琳·C·麦克亚当斯．美国当代媒体编辑操作教程．广州：南方日报出版社，2008.

[美] 蒂莫西·萨马拉．设计元素——平面设计样式．南宁：广西美术出版社，2008.

[美] 蒂莫西·萨马拉．完成设计——从理论到实践．南宁：广西美术出版社，2008.

[美] 多萝西·A·鲍尔斯，黛安·L·博登．现代媒体编辑技巧．北京：新华出版社，1999.

[美] 梅尔文·门彻．新闻报道与写作．北京：华夏出版社，2004.

[美] 卡罗尔·里奇．新闻写作与报道训练教程．北京：中国人民大学出版社，2004.

[美] 多萝西·A·鲍尔斯，黛安娜·L·博登．创造性的编辑．北京：中国人民大学出版社，2008.

[美] 谢丽尔·吉布斯，汤姆·瓦霍沃．新闻采写教程——如何挖掘完整的故事．北京：新华出版社，2004.

[英] Robert Spence. 信息可视化交互设计．北京：机械工业出版社，2012.

Dona M. Wong. The Wall Street Journal. Guide to Information Graphics. New York：W. W. Norton&Company Inc.，2010.

Eric K. Meyer. Designing Infographics. Hayden Books，1997.

Jason Lankow，Josh Ritchie，Ross Crooks. Infographics——The Power of Visual Storytelling. John Wiley & Sons，Inc.，2012.

Mark Smiciklas. The Power of Infographics. Pearson Education，Inc.，2012.

Nathan Yau. Visualize This——The Flowing Data Guide to Design，Visualization and Statistics. Wiley Publishing，Inc.，2011.

Society of News Design. The Best of Newspaper Design. 29th Edition. Rockport Publisher Inc.，Beverly，Mass，2008.

David Byrne，Gareth Cook. The Best American Infographics. Houghton Mifflin Harcourt Company，2013.

Brian S. Brooks. Journalism in the Information Age：A Guide to Computers for Reporters and Editors. Allyn & Bacon A Viacom Company，1996.

图书在版编目（CIP）数据

信息图表编辑/许向东著．—北京：中国人民大学出版社，2015.7
21世纪新媒体专业系列教材
ISBN 978-7-300-21565-5

Ⅰ．①信… Ⅱ．①许… Ⅲ．①视觉设计-编辑工作-高等学校-教材 Ⅳ．①J062

中国版本图书馆CIP数据核字（2015）第143298号

21世纪新媒体专业系列教材
信息图表编辑
许向东 著
Xinxi Tubiao Bianji

出版发行	中国人民大学出版社		
社　　址	北京中关村大街31号	**邮政编码**	100080
电　　话	010－62511242（总编室）		010－62511770（质管部）
	010－82501766（邮购部）		010－62514148（门市部）
	010－62515195（发行公司）		010－62515275（盗版举报）
网　　址	http://www.crup.com.cn		
经　　销	新华书店		
印　　刷	北京昌联印刷有限公司		
规　　格	185 mm×260 mm　16开本	**版　　次**	2015年7月第1版
印　　张	17 插页 12	**印　　次**	2022年8月第3次印刷
字　　数	396 000	**定　　价**	45.00元

关联课程教材推荐

书号	书名	作者	定价	出书时间
978-7-300-27214-6	新媒体概论（第三版）	匡文波	49.80元	2019-08
978-7-300-24588-1	网络传播概论（第四版）	彭　兰	45.00元	2017-07
978-7-300-28094-3	网络传播导论（第三版）	钟　瑛	49.80元	2020-05
978-7-300-21417-7	社会化媒体	彭　兰	39.80元	2015-07
978-7-300-26519-3	数据新闻概论（第二版）	方　洁	49.80元	2019-02
978-7-300-18923-9	精确新闻报道：记者应掌握的社会科学研究方法（第四版）	[美]菲利普·迈耶	45.00元	2015-01
978-7-300-28460-6	网络新闻编辑	胡明川	45.00元	2020-08
978-7-300-17786-1	新媒体编辑	詹新惠	35.00元	2012-08
978-7-300-21033-9	超越门户：搜狐新媒体操作手册	吴晨光	39.80元	2015-05
978-7-300-25971-0	自媒体之道	吴晨光	49.80元	2018-07
978-7-300-15767-2	跨媒体新闻传播理论与实务	雷蔚真	25.00元	2012-08

配套教学资源支持

尊敬的老师：

衷心感谢您选择使用人大版教材！

相关的配套教学资源，请到人大社网站（www.crup.com.cn）下载，或是随时与我们联系，我们将向您免费提供。

欢迎您随时反馈教材使用过程中的疑问、修订建议并提供您个人制作的课件。您的课件一经采用，我们将署名并付费。让我们与教材共成长！

联系人信息：

地址：北京海淀区中关村大街31号206室　　龚洪训 收　　邮编：100080

电子邮件：gonghx@crup.com.cn　　电话：010—62515637　　QQ：6130616

如有相关教材的选题计划，也欢迎您与我们联系，我们将竭诚为您服务！

选题联系人：　　电子邮件：　　电话：

翟江虹　　zhaijh@crup.com.cn　　010—62515636

俯仰天地　心系人文

专业教师QQ群：259226416（全国新闻教师群）

期待您加入专业教师QQ群，开展学术讨论，交流教学心得